S

CAN

ÇAĞDAŞ DÜNYA YAZARLARI

1. basım: 2005
2. basım: 2005

Yayına Hazırlayan: Seçkin Selvi
Dizgi: Gülay Yıldız
Düzelti: Fulya Tükel
Montaj: Mine Sarıkaya
Kapak Düzeni: Semih Özcan

Kapak Baskı: Çetin Ofset
İç Baskı ve Cilt: Şefik Matbaası

ISBN 975-510-0483-5

CAN YAYINLARI LTD. ŞTİ.
Hayriye Caddesi No. 2, 34430 Galatasaray, İstanbul
Telefon: (0212) 252 56 75 - 252 59 88 - 252 59 89 Fax: 252 72 33
http://www.canyayinlari.com
e-posta: yayinevi@canyayinlari.com

Susanna Tamaro

RÜZGÂR NE DİYOR

ÖYKÜ

İtalyanca aslından çeviren
EREN CENDEY

CAN YAYINLARI

SUSANNA TAMARO'NUN
CAN YAYINLARI'NDAKİ
KİTAPLARI

AKLI BİR KARIŞ HAVADA / *roman*
ANİMA MUNDİ / *öykü*
DAHA ÇOK ATEŞ DAHA ÇOK RÜZGÂR / *mektuplar*
EVE DOĞRU / *söyleşiler*
TEK SES İÇİN / *öykü*
YANITLA BENİ / *roman*
YÜREĞİNİN GÖTÜRDÜĞÜ YERE GİT / *roman*
RÜZGÂR NE DİYOR / *öykü*

Susanna Tamaro, 1957 yılında kentsoylu bir ailenin kızı olarak Trieste'de doğdu. Güç bir çocukluk geçirdi. 1976'da, 18 yaşındayken Friuli'de tanık olduğu deprem ve 25 yaşındayken geçirdiği ölümcül hastalık Tamaro'nun üzerinde derin izler bıraktı. Yazmaya 27 yaşında başladı. Başarısız birkaç denemenin ardından, ses getiren ilk kitabı *Tek Ses İçin* oldu. 1994'-te yayımlanan *Yüreğinin Götürdüğü Yere Git*, yazarı büyük üne kavuşturdu. Kitap İtalya'da aylarca liste başı oldu. Tamaro, kedileri ve köpeğiyle birlikte Orvieto yakınlarında oturmaktadır.

Eren Cendey, İtalyan Lisesi ve İ.Ü. Edebiyat Fakültesi Felsefe Bölümü mezunudur. Calvino'dan *Kozmokomik Öyküler, Karga Sona Kaldı*; Cesare Pavese'den *Güzel Yaz, Ağustosta Tatil, Tepedeki Ev*; Valerio Massimo Manfredi'den *Büyük İskender*, Niccolo Ammaniti'den *Korkmuyorum*; Susanna Tamaro'dan *Yüreğinin Götürdüğü Yere Git*; *Anima Mundi, Sevgili Mathilda, Eve Doğru, Yanıtla Beni, Kitaplardan Korkan Çocuk, Daha Çok Ateş Daha Çok Rüzgâr, Aklı Bir Karış Havada, Tombul Yürek, Büyülü Çember, Tobia ve Melek*; Roberto Calasso'dan *Ka*; İsabel Allende'den *Aşktan ve Gölgeden, Eva Luna Anlatıyor*; Ermanno Cavazzoni'den *Budalalar Takvimi*, Marlo Morgan'dan *Bir Çift Yürek* adlı kitapları ve Geronimo Stilton dizisini Türkçe'ye çevirmiştir.

İÇİNDEKİLER

Rüzgâr Ne Diyor 9
Salvacion 39
Gökyüzünden 63
Kim Takar 97

Rüzgâr
Ne Diyor

Nabila karanlıktan korkmadan yaşayabildiği tek bir gün bile anımsamıyordu. Kardeşleri onunla bu konuda hep alay etmişlerdi; karanlık çökmeye başlayınca arkadan yaklaşıp ya kolunu ya omzunu çimdiklerler ya bir köşeye gizlenip yabani kediler gibi miyavlarlar ve sonra da "İşte canavar, işte seni dişleri arasında kum gibi öğütecek olan şeytan burada!" diye bağırarak onu korkuturlardı.

Nabila bu şakalara hiçbir zaman gülemedi; her zaman korkuyla çığlık atıp karanlıkta katıla katıla ağladı.

Beş yaşındayken böyleydi, on yaşına geldiğinde de hiçbir şey değişmedi.

On iki yaşına basınca, annesi onu alıp köyün bu tür konularda deneyimi olan yaşlı akıl hocasına götürdü.

Yaşlı kadın, doğum ânından başlayarak olan biten her şeyi öğrenmek istedi: Doğum gündüz mü gece mi olmuştu? Sancılar sırasında acayip bir ses duymuş muydu? Odaya yarasa ya da benzeri bir hayvan girmiş miydi? Bebek üzerinde gömleği ile mi doğmuştu? Kıllı mıydı? Ve en sonunda yaşlı kadın ellerini kızın başının çevresine koymuş ve şöyle demişti: "Evlendiği zaman her şey geçecektir."

Annesi akşam olunca onu karşısına almış ve

"Gördün mü bak?" demişti. "Hiçbir şey yok; gündüz neyse akşam da o var. Sadece artık görünmez oldular."

Nabila bunu kabullenmiş ve uyuyakalmıştı.

Saat üç olduğunda sıçrayarak uyanmıştı. Onlar gene oradaydılar, renkli giysileriyle hasır yaygının çevresinde dans ediyorlardı.

Şehvetli bir ses tonuyla "Nabila," diye kulağına fısıldıyorlardı, "zavallı aptalcık; bizden kurtulabileceğine nasıl da inandın?" Sonra kahkahalarla güldüler, gülerken yabani domuzlar gibi sesler çıkartıyorlardı.

Nabila karanlıktan değil, karanlığın içinde bulunan cinlerden korktuğunu kimselere söyleyememişti. Neredeyse her gece gelip onu buluyorlar, pek çok kötü söz söylüyorlardı.

Ama küçük bir kızın cinleri görmesi hayırlı sayılmayacağı için bunu kimseye anlatamamıştı.

Bir keresinde büyükannesi ona cinlerin her şeyin içinde yaşadıklarını anlatmıştı. Su cini, çanak cini, masanın yapılmış olduğu tahta cini vardı. Her şeyin iki cini vardı; biri iyi, biri kötüydü. Birini değil de ötekini çağırmak, şükran duymak ya da karşı çıkmak bizim elimizdeydi. Nabila iyi cinleri hiç görmemişti; her gece gözlerini yummadan uzun uzun onları çağırıyordu ama asla başarılı olamıyordu.

Gelmediklerine göre, diye düşünüyordu bunun üzerine, demek ki benim içimde hiçbir iyi cin yok; ya doğum ânımda yok oldu ya da ona bir kötülük yapmamış olmama karşın beni terk edip uzaklara gitti.

Nabila on yedi yaşında evlenmişti. Düğünle

birlikte yaşlı kadının dediği gibi, cinler de çekip gitmişlerdi.

Üç yıl sonra Raj doğmuştu. Doğum beklenenden çok önce, bir gece vakti olmuştu. O gece Tiru evde değildi. Ebe ona bebeği gösterir göstermez Nabila onun arkasında yeşilimsi bir gölge gördüğünü hissetmişti; dalgalar arasında oynaşan bir denizanasını andıran gölge sonradan yok olmuştu.

İlk üç yıl huzurlu geçmişti. Bebek güzel güzel büyüyor, her şeyiyle babasına benziyordu, annesinden aldığı hiçbir özelliği yoktu. En azından Nabila öyle sanıyordu.

Tiru'nun ortadan kaybolduğu geceye kadar.

O gece Raj uyanmış ve gözlerini fal taşı gibi açarak haykırmaya başlamıştı. Şimdi neyin annesine çektiği belli olmuştu: gecelerden ve cinlerden korkması.

Nabila, Tiru'nun öldürülmüş olduğunu iki gün sonra öğrenmişti. Şafaktan önce biri gelip kapısına yabani bir domuzun kesik kafasını atmıştı. Günler boyunca ormanda onun bedenini aramış, ama bulamamıştı.

Bir hafta sonra cenaze töreni yapılmıştı ve Nabila resmen dul kalmıştı; artık pek çok şehitten birinin yürekli ve güçlü karısıydı o. Raj'ın gözleri daha büyük ve daha beyaz olmuştu; çocuk sanki bakışlarıyla başka bir dünyaya gidermiş gibi hep karşıya bakıyordu.

Bir öğleden sonra, havada yoğun bir tarçın kokusunun duyulduğu, ormandaki hayvanların günbatımı şamatasına başladığı saatlerde Nabila oğlunu sokak kapısının önünde buldu. Büyük adam gibi dirseklerini dizlerine dayamış oturuyordu. Nabila hafifçe omzuna dokunduğunda arkasına bile bakmadan usulca konuştu: "Babam nerede? Onu çağırıyorum, neden gelmiyor?"

Nabila oğlundan çekiniyordu, onun zihninden geçen her şeyi anlayamıyordu. Merdivende yanına oturup ona sarıldı.

Yavaşça "Baban artık yanımıza dönemez," dedi. "O öldü."

"Öldü ne demek?"

"Çok uzaklara gitti demek."

"Uzaklara, nereye?"

Nabila bir an sustuktan sonra konuşmayı sürdürdü: "Büyükannenin de gittiği yere. Orası bizim göremediğimiz harika bir yer; bir ucundan ötekine koşabileceğin ve her zaman mutlu olabileceğin büyük bir ova. Orada meyve ağaçları, hayvanlar, serin ırmaklar var; hava her zaman ılık ve hiçbir zaman muson yağmurları yağmıyor."

"Peki, bizi neden yanına almadı?"

Nabila onu hemen yanıtlamadı.

"Bir gün biz de gideceğiz oraya."

"Neden şimdi gitmiyoruz?"

"Çünkü önce yapacak çok işimiz var. Sen okula gitmelisin, büyümelisin."

Bir ayağını toprağa sürten Raj "Ben ölü olmak istiyorum," dedi.

'Ben de' demek isterdi Nabila. Oysa ancak şunu söyleyebildi: "Buna biz karar veremeyiz. Ne baban, ne de büyükannen kendisi karar verdi."

"Kim karar veriyor peki?"

O anda arkalarından hafif bir esinti yükselerek ormanın nemli ve sıcak kokusunu getirdi;

evin önündeki hindistancevizi ağacının tepesi sallanmaya başladı.

"Rüzgârı duyuyor musun?"

Raj, havayı koklayan bir hayvan gibi başını yukarı kaldırdı. "Duyuyorum."

"Rüzgâr bir dalga gibidir. Büyük ovayla aramızda rüzgâr var; ölmüş olanların sözlerini bize taşıyan odur."

"Babam rüzgârın diliyle mi konuşuyor?"

"Baban, büyükannen, gözlerimizin önünde olmayan herkes."

"Bizi görüyorlar mı?"

"Görüyorlar ve bizimle konuşuyorlar."

Raj annesinin gözlerine bakmadan, "Ama ben bir şey duymuyorum," dedi.

Bunun üzerine Nabila oğlunun üzerine eğilip yavaşça yüzüne üfledi. "Ne diyor rüzgâr?"

Çocuk omuzlarını kaldırdı. Annesi yeniden üfledi.

Raj ürkekçe "Bir şey söylüyor mu?" diye sordu.

"Şöyle diyor," dedi annesi. "Korkma Raj çünkü seninleyim. Büyümeli ve benim gibi güçlü ve cesur olmalısın."

Raj, "Babam cesur muydu?" diye sordu.

"Yavruları olan bir kaplandan daha cesurdu."

"Ya sen?"

Nabila sessizce durdu, sonra oğlunun gözlerinin üzerine bir daha üfledi.

"Rüzgâr ne diyor?" diye sordu Raj.

"Rüzgâr geç olduğunu ve uyuman gerektiğini söylüyor."

Onları Avrupa'ya götürecek olan geminin ambarında gizlice yolculuk yaparlarken Nabila oğlunun aylar öncesi sorduğa bir yanıt bulmaya çalışıyordu.

Ülkesini terk etmek cesurca bir davranış mıydı? Yoksa bu ödleklikten, kalleşlikten başka bir şey değil miydi?

Bu soruya her sefer değişik bir yanıt veriyordu. Sabah uyanır uyanmaz kendi kendine şöyle diyordu: Bu cesurca bir davranış, çünkü insanın yerleşmek üzere tek başına ve dört yaşında bir çocukla hiç tanımadığı bir ülkeye gitmeye karar vermesi yüreklilik ister. Ama öğleye doğru ödleklik ettiğini düşünmeye başlıyordu. Cesaret demek, ülkesinde kalmak ve halkın kurtuluşu için kocasının ve öteki Tamillerin giriştiği mücadeleyi sürdürmek demekti. Ama dul bir kadın, hele bir de küçük bir çocuğu varsa, ne yapabilirdi ki? Hayır, hayır, gitmek en doğru seçimdi. Peki o zaman –diyordu hemen bir ses– haklı olduğuna bu kadar inanıyorsan neden yola çıkacağından kimseyi haberdar etmedin? Sonra kendi kendine, çünkü hiç akrabam kalmadı, diye yanıt veriyordu. Ama bu yanıtı verirken bile bunun bütünüyle doğru olmadığını biliyordu.

Cinlerin yeniden ona musallat olduklarını kendine itiraf etmekten de kaçınıyordu. Çok yıllar önce annesi onu yaşlı kadına götürdüğü zaman, aslında onu korkutanın karanlık değil, karanlığın içinde gizli olanlar olduğunu söyleme gücünü kendinde bulamamıştı. Neden yapmamıştı bunu? Belki daha o zaman onlardan kurtulabilirdi. Yaşlı kadın pek çok dua ve yöntem biliyordu, belki de onun durumuna uygun bir tanesi bulunabilirdi: Kısa süre içinde kendi iyi cinini çağırmayı öğrenir, kötü olanlar da çekip giderdi. O da sonunda bunlardan kurtulmuş olurdu.

Oysa işler böyle gitmemişti. Ölebilecek bu kadar adam varken, onun kocası Tiru can vermişti. Neden o da, bir başkası değil? Hâlâ yanlarında kocalarıyla yaşayan kadınlar vardı.

Uzun yolculuk günlerinde çocuk çığlık çığlığa bağırmaktan başka bir şey yapmadı. Köyden daha gün doğmadan ayrıldılar. Ertesi gece de bu gemiye bindiler. Gizlenmiş oldukları ambarda minicik bir ışık bile yoktu.

Denizin üzerinde ilerlemeye başladıklarının ilk saatlerinde Nabila şaka yapmaya çalıştı. Ambarı dolduran çay çuvallarının arasında kollarını çırparak uçma taklidi yapıp "Bak, Raj," dedi, "ben bir yarasadan daha başarılıyım."

Oğlan annesine görmüyormuş gibi bakıyor, elleri kucağında kenetli oturduğu yerde tek söz etmiyordu.

Daha sonra sıcağa ve makinelerin gürültüsüne yenik düşerek uyuyakaldı; Nabila uyuduğu sürece onu seyretti. Derken çocuk sıçrayarak uyandı.

Olduğu yerde dikilerek oturdu ve "Güneş öldü!" diye haykırdı.

Nabila onu kollarının arasına aldı, yatıştırmaya çalıştı. Ama oğlunun bedeni kaskatıydı.

"Hayır, Raj," diye fısıldıyordu, "sen ne diyorsun, güneş hiç ölmez. Duvarın arkasında, onu göremeyen biziz."

"Öldü!" diye bağırmaya devam ediyordu çocuk. "Ben korkuyorum. Çok uzun zamandan beri yok, öldü!"

Bunun üzerine Nabila, "Bunu rüzgâra soralım," dedi.

Birkaç kez üfledikten sonra Raj sakinleşti.

Başını annesinin omzuna yaslayarak, "Rüzgâr ne diyor?" diye sordu.

"Rüzgâr korkmaman gerektiğini, güneşin her zaman var olduğunu ve sonsuza dek senin hayatının üzerinde ışıyacağını söylüyor."

On gün sonra Fiume'de gemiden indiler.

Geceydi ve soğuk bir yağmur çiseliyordu.

Raj çoktan uyumuştu; Nabila onu ıslanmaktan korumak için sarisinin kenarına sardı.

O kentte üç gün geçirdiler. Kepenkleri kapalı bir apartman dairesinde bekleşiyorlardı. Onlarla birlikte anlamadığı bir dilde konuşan başka insanlar vardı. Günde bir kez, bir adam içecek ve sandviç getiriyordu.

Raj uyanır uyanmaz "Geldik mi?" diye sordu.

Kepenklerin arasından incecik bir güneş ışığı odaya sızıyordu. Nabila bunu oğluna gösterdi: "Neredeyse geldik."

Evin içindeki herkes susuyordu. Bekliyorlardı.

Biraz gürültü yapan iki kişi, kâğıt oynayan, çekik gözlü ve siyah düz saçlı iki delikanlı idi.

Kucağında Raj ile bir köşeye oturmuş olan Nabila oğluna usul usul kendini evinde hissettiren ninniler söylüyordu.

Bir gece ötekiler yere uzanmış uyurlarken Nabila kalkarak odalarda dolaşmaya başladı.

İki delikanlı başlarını kollarına dayamış uyuyorlardı; kendi ülkesinden gelen kadın bir salyangoz kabuğu gibi kendi içine sarmalanmış yatıyordu. Raj da elindeki mendili yanağına sıkıca bastırarak, aynı biçimde kıvrılmış uyuyordu.

Nabila, oğlunu seyrederken onun uykusunda bile aynı hüzünlü ifadeden sıyrılamadığını, alnının gergin, dudaklarının aşağı doğru kıvrık olduğunu fark etti. Küçücüktü, ama çoktan yorulmuş ve hayal kırıklığına uğramıştı. Ancak bir yaşlının olabileceği gibi yorgun ve kırgın.

Parmaklarının ucunda yürüyerek pencereye yaklaştı ve kepengin aralıklarından dışarıya baktı. Yeniden yağmur yağıyordu, aşağıda asfaltlanmış bir cadde ve bir trafik lambası vardı. Lamba düzenli aralıklarla portakal rengi ışığını yakıp söndürüyordu. Arada sırada bir otomobil geçiyordu. Işığa vardıklarında yavaşlayacaklarına daha da hızlanıyorlardı.

Onların sahip olduğu güven duygusuna sahip olmak isterdim, diye düşündü Nabila; geçsem ve hatta hızlansam bile hiçbir şey olmayacağı güvencesini duyabilseydim; ya da onlardaki bilinçsizliğe sahip olabilseydim, hani çocukken sıcak günlerde bir kayaya çıkıp buz gibi suya atladığımız günlerdeki gibi davranabilseydim.

Nabila içini çekti, parmağını kepenkte gezdirdi ve sonra tozlanan elini çekti. Arkasında horlayan biri vardı. Kadın uykusunda konuşuyordu, konuşmaktan çok sanki bir çocuğu çağırır gibi mırıldanıyordu. Yanından geçerken Nabila dudaklarının ağlamak üzereymiş gibi titrediklerini gördü.

Uyku sırları ortaya çıkartıyor, diye düşünürken yakaladı kendini; uyurken, pazarda mallarını sergileyen satıcılar gibi korkularımızı gösteriyoruz. Böyle olunca da cinler birer birer bizi demetten seçiyorlar, uyuyan bedenlerin üzerinde uçuşuyorlar ve bir iç çekişten, bir yüz ifadesinden her şeyi anlıyorlar. Sadık ve tutkulular. Uygun bir insanı bulduklarında asla terk etmiyorlar. Doğru insanın iyi kapanmamış bir kapıya benzediğini biliyorlar; içeri girebilmek için şöyle bir omuz vurmak yeterli oluyor.

Tiru ile evlenir evlenmez cinlerin çekip gitmeleri boşuna değildi. Ve onun ölümünden sonra geri gelmeleri de öyle. Tiru uyurken bile yüzü uyanıkken olduğu gibi huzurlu ve güçlü olurdu. Onu alıp götürdükleri gece, askerlerin baskınından önce kocasının uyumasını seyretmişti.

Nabila yeniden pencerenin yanına geldi ve onu hafifçe araladı. Ta uzaklarda bir kenardan gökyüzü yavaş yavaş karanlığından sıyrılmaya başlamıştı.

Karşıda hepsi birbirinin aynı ve bir sıraya dizilmiş yapılar vardı. Aralarında da ancak sırıklara bağlanarak ayakta durabilen cılız ve hastalıklı ağaçlar büyümekteydi.

Pencerenin önünde büyük bir ağacın dalları vardı. Yapraksızdı, onların yerine dallara plastik torbalar takılmıştı.

Bir tanesi o kadar yakındı ki Nabila uzansa ona dokunabilecekti. Rüzgâr onu bir kurbağa boğazı gibi bir şişiriyor, bir söndürüyordu. Ama torba vıraklayacağına hışırdıyordu. Konuşmak ister gibiydi. Nabila düşüncesiyle ona "Tiru gerçekten öldü mü?" diye sordu. Torba bir süre sönük durdu, sonra kocaman şişti. Olduğu yerde çırpınıp duruyordu. İçinde müthiş bir güç vardı. Torbanın önce bir sapı, sonra da öteki kurtuldu. Nabila onun karşıdaki yapılara doğru uçuşunu izledi.

Kepenk hızla vurdu. Nabila onu yeniden kapattı ve dönüp içeriyi seyretti. Oda karanlığa gömülmüştü, herkes uyuyordu; Raj yatışını bozmamıştı.

Başının üzerinde küçük bir ışık dolaşıyor, havanın içinde dans ediyor ve yüzünü aydınlatıyordu.

Nabila ona yaklaşarak "Tiru..." diye fısıldadı. Işık zerresi kendi çevresinde döndü ve önce yoğunlaştı, sonra söndü. Nabila yeniden Raj'ın yanına uzandı ve bir bezle yüzünü örttü.

Uyuyakalmadan önce "Tiru," dedi, "sen bunu yapabilirsin, gelecekteki günlere uç. Ben ve oğlum mutlu olabilecek miyiz, söyle."

Ertesi sabah, daha önce hiç görmedikleri bir adam geldi. Koca bir göbeği vardı, alnına düşen saçları kısa, ensesine dökülenler uzundu.

Herkesten dolarları ve pasaportları topladı. İşaretparmağını tükürükle ıslatarak herkesin verdiği parayı ikişer kez saydı. Sonra beyaz bir kâğıt aldı, yere serdi ve yanına oturdu. Mavi bir kalemle kâğıdı ortadan ikiye bölen bir çizgi çizdi. Sola İTALYA yazdı, sağa ise ağaçlar ve kareler çiziktirdi. Kareler evlerdi. Sonra onları gösterdi ve çöp adamlar çizdi. Bu adamlardan bir ok çıkıyor, ok İtalya'ya gidiyordu. Bu aşmaları gereken yoldu. Resmi bitirdiği zaman iç cebinden kırmızı bir kalem çıkardı. Sınır boyunca minik bulutlar çizdi ve kocaman BUM yazdı.

Raj, Nabila'nın kucağında her şeyi dikkatle izliyordu.

Adam 'Bum!' yaparken "Anne, bu bir oyun mu?" diye sordu.

Nabila onun saçlarını okşadı. Kulağına usulcacık "Evet," diye fısıldadı. "Bu bir oyun. Bir hazine bulmalıyız."

O anda adam ayağa kalktı ve "Orrait?" dedi.

Kâğıt oynayan delikanlılardan biri "Orrait," iye yanıtladı.

Adamın kolunda kocaman siyah bir saat vardı. Kapıya geldiğinde saatin kadranına iki parmağıyla vurdu ve açık elini havaya kaldırdı.

Bir kez daha "Orrait?" dedi ve odadan çıktı.

Öğleden sonra saat beşte güneş kaybolmuştu. Adam tam zamanında geldi, onları iki gruba ayırdı. İnsanları asansörle garaja indirdiğinde, orada kapıları açık bekleyen beyaz bir kamyon buldular. Arkasında dışarı bakabilecekleri bir penceresi yoktu. Yolda, Nabila bir süre yalnızca dışarıdan gelen trafik gürültüsünü duydu. Sonra bu vızıltı da hafifleyince kentten çıktıklarını anladı. Raj huzursuzlanmıştı.

Dizlerinin üstüne oturmuş "Nereye gidiyoruz?" diye soruyordu.

"Bu sabahki beyi hatırlıyor musun?"

Raj hatırladığını söyledi.

"Şimdi hazineyi aramaya gidiyoruz."

Yola çıktıklarından beri Nabila oğlunun gözlerinde ilk kez değişik bir ışık gördü.

Bir süre durduktan sonra "Bulursak bizim mi olacak?" diye sordu.

Nabila oğlunun minicik ellerini ellerinin arasına aldı. Buz gibiydiler, neredeyse donmuşlardı. Dudaklarıyla alnına dokundu. "İyi misin Raj?" diye sordu.

Raj, "Hazine bizim mi?" diye yineledi.

Nabila "Evet, sonsuza dek bizim olacak," diye yanıtladı.

"Ama bu ne hazinesi?"

Annesi ona yanıt vermedi, yalnızca gözlerinin üzerine üfledi.

Raj, "Rüzgâr ne diyor?" diye sordu.

"Rüzgâr, Raj uyumalı diyor," dedi.

"Neden uyumalıyım?"

"Çünkü hazine avı uzun ve zahmetli olacak. İyi dinlenmemiş olursan, hazineyi bulamazsın."

Raj söz dinledi; annesinin kollarına yattı ve gözlerini yumdu. Nabila onun bacaklarına dokundu, bacakları da buz gibiydi. Soluk alırken burnunun ve ağzının önünde minik bulutçuklar olduğunu fark etti. Çocuğun ayakları çıplaktı ve üzerinde yalnızca külodu ile kısa kollu bir tişört vardı.

Nabila başına bir yumruk vurmak istedi. Nasıl olmuş da kışı aklından çıkarmıştı? Erkek kardeşi ona pek çok mektubunda bundan söz etmişti. Hatta bir keresinde bembeyaz, üzerleri karla kaplı dağların göründüğü bir kartpostal bile göndermişti. Yanında çalıştığı aile ile Noel tatili için o dağlara gitmişti. Kartın arkasına da selamlar ve dileklerden sonra şöyle yazmıştı: 'Burada öyle soğuk bir hava var ki, insanın burnunu bile kapıdan uzatmaması gerekir.'

Yola çıktığı gece Nabila hem korkuyordu hem de telaşlıydı. Tiru'nun biriktirdiği bütün paranın dışında yanına hiçbir şey almamıştı. Kaçmaktan, cinleri arkasında bırakmaktan başka hiçbir şey düşünememişti. Acelesi ve korkusu ona kışı unutturmuştu.

Nabila ellerine hızla üfledi ve birbirine sürttü. Isınır ısınmaz da oğlunun bacaklarını, kollarını ovuşturdu; bir ineğin buzağısını yalaması gibi ellerini çocuğunun bütün bedeninde dolaştırdı durdu.

Yol fazla uzun sürmedi. Bir saat sonra Nabila yolun asfalt değil taşlı olduğunu anladı. Kamyon sallanıyor, sarsılıyordu ve herkes birbirine tutunmak zorunda kalıyordu. Sonunda adam motoru söndürdü. Uzaklarda yedi kez vuran çanların sesi duyuldu. Adam kapıyı açtı, indiklerinde kendilerini bir ormanda buldular.

Bu, Nabila'nın hayatı boyunca gördüğü ormanlara hiç benzemiyordu. Yaşlı erkekleri andıran sıska ve hüzünlü ağaçların altlarında hiçbir bitki yoktu; toprak futbol sahası gibi çıplaktı. Böylesi daha kolay olacak, diye düşündü Nabila.

Raj bu sırada uyanmıştı.

"Neden güneş yok?" diye sordu.

Annesi onu, "Hazine geceleri aranır," diye yanıtladı.

Adam karşılarında duruyordu. Bir kolunu kaldırmış gidecekleri yönü gösteriyordu. Kâğıt oynayan delikanlılar harekete geçtiler, kadın da onları izledi. Nabila ormana bakıyor, gecenin karanlığının koyu bir sıvı gibi içine aktığını, kanıyla karıştığını, başına tırmandığını hissediyordu. Korkuyordu.

"Go!" diye haykırdı adam. "Go!"

Sonra Nabila'nın yerinden kımıldamadığını görünce onu omuzlarından tuttu ve ileriye itti. "Schnell!"

Nabila yürümeye başladı, bacakları kum dolu kovalar gibi ağırdı. Bacakları ona ait değillerdi, sanki bir başkasınındılar; kendini yere atmak ve ağlamak istiyordu.

Raj, annesi sanki yürümeye üşenen miskin bir atmış gibi Nabila'yı tekmeledi, vurdu.

"Anne!" diye bağırdı. "Ötekiler oraya gittiler bile!"

Nabila bakışlarını yerden kaldırdı ve tepeye tırmanmaya başlayanların karaltılarını seçti. Adımlarını hızlandırdı.

Arkalarında kalan kamyon gidiyordu. Onun kıvrıla kıvrıla inen beyaz yolda uzaklaşmasını ve yok olmasını dinlediler.

Nabila ansızın gecenin buralarda sessiz olduğunu fark etti. Kendi topraklarında olduğu gibi burada hayvan sesleri yoktu. Kükremeler, ulumalar, cıvıltılar yoktu.

Bir süre ayın kararsız ışığı altında sessizce yürüdüler.

Çok geçmeden Nabila adımlarını ötekilere uyduramayacağını anladı. Onun kucağında çocuk vardı ve çocuk ağırdı. Onu yere indirse de yavaş yürümek zorunda kalırlardı. Neredeyse tepenin zirvesine vardıklarında Nabila durdu ve arkasına baktı.

Tarlaların arasında şuraya buraya dağılmış evler görünüyordu. Pencerelerde ışık vardı. Arada sırada camın önünden geçen birinin silueti seçiliyordu. Işık sarı ve yoğundu; evin içi sıcak olmalıydı.

Bunlar adamın kâğıda çizdiği evler miydi acaba? Yoksa onlar öteki tarafta mıydılar?

Nabila artık hiçbir şey anımsayamadığını fark etti. Gece cinlerin krallığıydı ve düşüncelerini karıştıranlar da onlardı. Evini, açık kapısından içeriye giren gecenin temiz kokusunu anımsadı. Neden çekip gitmişti ki? Şimdi her şey bir çılgınlık gibi görünüyordu. Birinin onun elinden tutmasını, yol göstermesini isterdi; karar vermek ve hiçbir şey yapmak gelmiyordu içinden. Küçüğüm, dedi kendi kendine ve sırtımda ağır bir yükle yürüyorum. Kim koydu bu yükü sırtıma? Neden bana bu yükü yüklediklerinde farkına varmadım? Belki de sırtımda bu yükle doğdum ve bu yük benim mezarımı örtene dek onu taşıyacağım.

Raj, annesinin omzuna dokundu. "Anne, neden ileri gitmiyoruz?"

O anda üzerlerinde bir kuş öttü. Hüzünlü bir ötüştü bu, ağacın üzerinden gelmese bir bebek ağlaması sanılabilirdi.

"Kim o?" diye sordu Raj.

"Bir arkadaş," dedi annesi yeniden yürümeye koyularak. "Bize gitmemiz gereken doğru yolun hangisi olduğunu söylüyor."

Şimdi patika tepeden aşağıya iniyordu. Çevrede ne ev, ne de asker kulübesi görünüyordu.

Yerlerde yalnızca her adımda kırık cam parçası gibi çıtırdayan kuru çam yaprakları vardı.

Ağaçların tepelerinin arasından arada sırada göğü görebiliyordu; ay şişkin ve beyazımsı bir bulutla örtülmüştü. Onun arkasından rüzgârın ittiği başka bulutlar yıldızları örtmek üzere koşuşturuyorlardı. Soğuk bir rüzgâr akımı sanki donmuş bir el gibi ormanı tarayıp geçerken onu da titretti.

Nabila sarisini olabildiğince kapalı tutmaya çalıştı. Çevresindeki ağaçların gövdeleri öyle güçlü çatırdıyorlardı ki âdeta kırılmak istiyorlardı.

Raj "Ne kadar kaldı?" diye sordu.

Nabila, "Çok az," diyerek oğlunu alnından öpmek için eğildi. Çocuğun alnı ateş gibiydi. Yarı çıplak göğsü koşmuş gibi hızla inip kalkıyordu. "Üşüyor musun?" diye sordu Nabila.

Çocuk "Çok uykum var," yanıtını verdi.

Nabila onu elleriyle ovuşturdu.

"Şimdi uyuyabileceğimiz bir yer bulacağız. Sıcak bir yer bulup güneşin doğmasını bekleyeceğiz."

Ay yeniden özgürleşmişti, soğuk ışığını dallara döküyordu. Nabila bir taşa takıldı ve sandaleti yırtıldı. Ötekini de çıkartıp attı.

Epeydir yürüyorlardı. Kamyondan ineli ne kadar olmuştu acaba? Bir saat mi, iki saat mi, yoksa dört saat mi? Sınıra ne kadar vardı? Peki ya sınırı geçtiğini nasıl anlayacaktı?

Raj'ın dinlenmesini sağlayabileceği korunaklı bir yer bulmalıydı. Rüzgârın esmediği, onu yapraklarla örtebileceği bir yer.

Ansızın, bir açıklığın ilerisinde sanki daha karanlık gibi görünen ve mağarayı andıran bir yer görür gibi oldu.

Tam o sığınağa doğru yürürken çayırın ortasındaki bir tabela dikkatini çekti. Kocaman, Nabila'dan bile büyük bir tabelaydı.

Karanlıkta, üzerinde pek çok yazı olduğunu seçebildi. Nabila sözlerden birini okumaya çalıştı, ama hiçbir şey anlamadı. Yazının sonunda bir sayı vardı: 300. Nabila göğsünün içinde, yüreğinin daha hızlı çarptığını hissetti. Kolunu kaldırıp yazıya dokundu: 300. Bunun anlamı kesinlikle şöyle olmalıydı: Üç yüz metre önce sınırı geçmişlerdi. İtalya'daydı.

Raj'a sıkı sıkı sarıldı, onu gözlerinden öptü. Çocuk gözlerini araladı.

"Başardık!" dedi annesi.

Raj gözkapaklarını kaldırdı. "Hazineyi bulduk mu?"

"Evet," dedi Nabila. Sonra yavaşça ekledi: "Neredeyse."

Açıklığın sonunda gördüğü karanlık gerçekten bir mağaraydı. Nabila ayaklarının altında kaygan yosun kaplı taşları hissetti. Burnunun üzerine soğuk bir su damlası düştü. Rüzgârdan korunabileceği kadar, bir ya da iki metre karanlıkta ilerledi, sonra Raj'ı yere yatırdı.

Orada, mağaranın içinde rüzgâr sanki dışarıda olduğundan daha ürkütücüydü. Sesi daha yüksek, daha güçlüydü; sanki bin cin bir araya gelmiş gibi uğulduyordu. Nabila bir an için buraya girmekle tedbirsizlik yaptığını, burasının bir kaplanın ya da vahşi bir hayvanın ini olabileceğini düşündü. Yüksek sesle kocasının adını söyledi ve hemen aklına bir düşünce geldi: Raj'ın uyumasına izin vermemeliydi. Onu adıyla çağırarak sarsmaya başladı. Küçük, cılız bir sesle yanıt verdi. Nabila onu kucağına alıp daha hızlı sarstı. Ona dokunurken, kendi ellerinin de buz kestiğini fark etti. Dudaklarıyla Raj'ın önce kollarına, sonra bacaklarına dokundu. Sanki bir taşı öpüyordu, öyle kaskatı, öyle soğuktu.

Kulağına eğildi ve "Dinle Raj," dedi, "sana hazineyi anlatmamı ister misin?"

Raj güçlükle kımıldadı, evet dercesine inledi.

"Bizim hazinemiz," diye başladı, "elmas dolu on sandıkta duruyor. Her sandıkta değişik renkli bir papağanın resmi var. Hazineyi onlar koruyorlar. Sadece büyülü sözcüğü duydukları zaman sandığı açıyorlar. Büyülü sözcük ne biliyor musun? Biliyor musun bunu? Sözcük: İtalya."

Nabila sustu. Raj masalı dinlemiyordu. Bedeni iki kez uzun uzun titremişti ve şimdi soluğu daha da hafiflemişti. O anda yabani bir hayvan gibi oğlunun üzerine kapaklandı. İşte o pozisyonu alınca Nabila kendini çok ama çok yorgun hissetti. 'Gözlerimi bir an yumayım, sadece bir an,' diye düşündü. Ve bir an sonra önünde beyaz sütunları olan büyük bir villa gördü. Bu erkek kardeşinin çalıştığı villaydı. O tek başınaydı ve giriş kapısına doğru uzanan yolda yürüyordu. Kepenkler kapalıydı, kapıda da kimse yok gibiydi. Ancak çok yaklaştığı zaman sütunların altında Raj'ın durduğunu fark etti. O da erkek kardeşinin gönderdiği fotoğraflardaki kuzenleri gibi giyinmişti: blucin, tişört, spor ayakkabılar ve sırtında rengârenk bir çanta. Onu selamlamak için kolunu kaldırdı. Rüyasında yüksek sesle 'Raj!' diye seslendi. Raj parmaklarının ucunda yükseldi ve onu gördü. Gülümseyen ağzı kulaklarına varıyordu. O da ellerini sallayarak 'Anne!' diye bağırdı. O anda evin içinde bir gümbürtü koptu; hava akımı yüzünden kepenkler ve kapılar duvarlardan koptular. Arkalarında müthiş bir güç vardı. Bu bir fırtına ya da tayfunun gücü değildi ama milyonlarca, milyarlarca altın ve gümüş paranın gücüydü; paralar gürültüyle tepeden dökülüyorlar ve sanki her şeyi yıkmaya çalışıyorlardı. Nabila 'Kaç!' diye bağırdı. 'Kaç!' Ama Raj onu duymuyor gibiydi. Başına yağan paralara bakıyordu, bacakları çoktan paralara gömülmüştü. Bir soluk alma süresinde bütün bedeni görünmez oldu. 'Rajjjj!' diye haykırdı Nabila ve mağarada yankılanan kendi sesinin gürültüsünden uyandı.

Sırtı buz gibi soğuk terle ıslanmıştı. Neredeyim, diye düşündü. Ne oluyor? Sonra altında yatan Raj'ı hissetti. Yeni doğmuş bir kuş gibi soluk alıp veriyordu. Yanağını onun burnuna dayadı. Hâlâ soluyordu. Nabila bütün gücünü topladı ve yerden kalktı.

"Haydi," dedi Raj'a. "Yeniden yürümeye başlamalıyız."

Dışarıda rüzgâr daha da şiddetli esmeye başlamıştı. Gökyüzünden beyaz ve soğuk bir toz dökülüyordu. Rüzgâr bu tozları yüzüne, kollarına, bacaklarına vuruyordu. Keskindiler.

Nabila gözlerini açık tutmakta zorlanıyordu. Ansızın birinin kendini çağırdığını hissetti.

Bir kör gibi çevresine dönenerek "Kim o?" diye bağırdı.

Sonra onu gördü, mağaranın yakınındaydı.

Rüzgâr gibi hareket eden saydam bedeni yeşilimsi bir ışık yayıyordu. Kötü kötü gülüyordu.

"Nabila!" diye kükredi ona doğru. "Zavallı aptal! Bizim irademizden kaçabileceğini sandın, ama gene bizim kollarımıza düştün!" Sonra son kez bir domuz çığlığı attı ve gecenin karanlığında eridi gitti.

Nabila içinde korkunç bir enerjinin yükselmekte olduğunu hissetti; bu Tiru'nun, yavrularını koruyan kaplanın sahip olduğu enerji idi. Serbest olan elini yumruk yapıp havaya kaldırdı ve midesinden yükselen bir sesle "Alçaklar!" diye bağırdı. "Lanet olasıcalar! Sizi konuşturan öfkeden başka bir şey değil! Ben ve Raj başardık! Çoktan kurtulduk, anlıyor musunuz, kurtulduk! Anladınız mı?"

Rüzgâr büyük bir dalı kırarak onu yanıtladı. Bir çam ağacının tepesinden, Nabila'nın bir-iki metre ötesinde yere düştü.

Nabila, yanından geçerken ona bir tekme attı ve asker gibi patikada yürümeyi sürdürdü. Artık aç değildi, üşümüyordu, korkmuyordu. Mücadelesini kazanmak, kendine ve herkese en iyi şeyi yaptığını, onun hayatının Raj'ın geleceği olduğunu göstermek için çok az kalmıştı. Savaşsız, savaşçısız, gencecik ölmek üzere doğan çocukların olmadığı bir gelecek vardı.

Yokuş aşağı süren yoldan inerken Nabila küçükken erkek kardeşi ile söylediği şarkıları söylemeye başladı. İki ya da üç gün sonra birbirlerine kavuşacaklar, hepsi birlikte onun çalıştığı büyük mutfakta hep birlikte toplaşacaklar, yiyecekler, içeceklerdi. Raj ateşin yanı başında kuzenleri ile oynayacaktı. Gece, yatak odasının sıcağında konuşmayı sürdüreceklerdi. O kardeşine Tiru'nun ölümünü, yolculuğunu, kuşkularını, korkularını anlatacaktı. Konuşmayı sürdürerek uyuyakalacaklardı.

Patikanın bir dönemecini geçtiğinde Nabila ansızın tepenin altında üç ya da dört evin karaltısını fark etti. İçlerinden birinin penceresinde hâlâ ışık vardı.

Raj'ı uyandırmak istedi, onu kuvvetle sarstı, burnunu onun burnuna dayadı ve soluk alıp verdi. Raj gözlerini açmadı, hafifçe dudaklarını oynattı.

Nabila bu hareketi yorumlamaya çalıştı ve oğlunun 'Rüzgâr ne diyor?' demeye çalıştığını düşündü. Yüzünü öpücüklerle kapladı ve "Rüzgâr geldiğimizi söylüyor," dedi.

Evlere bir kilometreden daha az kalmıştı.

Tepenin arkasında rüzgâr biraz daha az esiyordu; kar yağmaya devam ediyordu.

İnerken, Raj'ın büyüyünce hekim olmasını her şeyden daha çok istediğini düşündü. Bir ay içinde ya da daha önce terzilik mesleğine başlayacaktı; erkek kardeşi ona yardımcı olacaktı. Raj yeni bir dil öğrenecek, annesi onu okutacaktı. İlk günden başlayarak hayatlarını sürdürebilmek için para biriktirecekti. Artık Tiru olmadığına göre onun hayatı, bütün hayatı Raj idi. Kendini ölüm yatağında yatan yaşlı ve bembeyaz bir kadın olarak görüyordu. Ölüm gelecekti ve o korkmayacaktı; cinler o kadar geride kalmış olacaklardı ki, onları anımsamayacaktı bile. Raj onun kuru elini, kendi güçlü ve hassas ellerinin arasında tutacaktı. Yanında karısı ve üç çocuğu olacaktı. Kız çocuğa onun adını verecekler, Nabila diyeceklerdi. Çevrede bir sessizlik olacaktı; hiç kimse umutsuzluk içinde ağlamayacaktı. Bu nedenle, işte sadece bu nedenle yaşanıyordu. Çocuğunun ve torunlarının çevrelediği kendi yatağında yaşlılıktan ölebilmek için yaşanıyordu.

Nabila ilk eve varmıştı; çevresi üzeri dikenli tellerle kaplı yüksek bir duvarla çevriliydi. Giriş kapısının yanında karların arasında küçük bir bisiklet vardı. Bu evde çocuklar var, diye düşündü Nabila ve zili çaldı.

İlk seferinde parmağını zile hafifçe bastı ve kısa süre tuttu.

Bir ses duyar gibi olmadı. Hiçbir pencere aydınlanmadı.

Az bastığını düşünerek zile bir kez daha bastı ve içinden ona kadar saydı, ama yine bir şey olmadı.

Bir kez daha, bir kez daha çaldı. Arada sırada, yukarıdaki pencerelere bakıyordu. Perdelerin bazıları açık, bazıları kapalıydı. Bir an kepenklerin birinin arkasında cılız bir ışık görür gibi oldu.

Bunun üzerine bağırmaya başladı: "Ben bir anneyim, oğlum hasta!" Kimsenin onun ne dediğini anlamayacağını biliyordu, ama önemi yoktu. Önemli olan birinin onu görmesi, gerçekten kucağında çocuğu olan bir anne olduğunu anlamasıydı.

Bakışlarını yeniden pencereye kaldırdı, oda şimdi karanlıktı.

'Belki de yanıldım,' diye düşündü. 'Belki bu evde kimse yoktur. Işık, yorgun gözlerimin, üzerime yağan karın bana oynadığı bir oyundur.'

Yüzünü eliyle korumaya çalışarak Nabila, öteki eve doğru yürüdü. Uzak değildi, ama oraya varana dek ona sonsuzluk kadar uzun gelen bir süre geçti.

Yerdeki kar sert ve kaygandı. Kar yere değer değmez rüzgâr onu bir buz levhasına dönüştürüyordu ve yüzüne doğru esen rüzgârla, yalınayak yürümesini neredeyse olanaksız kılıyordu.

Raj'ı göğsüne bastıran Nabila, nereye bastığına çok dikkat ederek ve iki büklüm eğilerek ilerledi.

Parmaklığın önüne gelince kendini birdenbire çok ihtiyar hissetti. Kardan ıslanan, rüzgârdan donan sarisi ikinci bir deri gibi bütün bedenini sarıyordu. Artık bacaklarını hissetmiyordu, nerede olduklarını bilemiyordu. Mağarada üzerine çöken uyku yeniden bastırmıştı. Hatta bu sefer daha ağırdı ve içinden bir ses ona hükmederek şöyle diyordu: 'Yere uzan ve uyu. Uyumak güzeldir. Yorgunsun. Uyumak hakkındır. Uyu ve mutlu ol...' Nabila bunun üzerine bir kez daha serbest olan elini duvara vurdu. Birisi o elini de yok etmişti. Artık onun eli değildi, vuruyor, vuruyor ama bir şey duymuyordu. Sanki bir taşı, bir tahta parçasını vuruyor gibiydi; onunla ilgisi olmayan bir şeydi eli.

Sonra çok büyük bir çabayla zile doğru yürüdü ve düğmeye bastı.

Bahçenin içinde yüksek sesle bir 'Driiin' duyuldu. Çalıyor, çalıyordu çünkü Nabila elini zilden kaldıramıyordu.

Ev öncekinden daha büyüktü ve önünde kocaman bir bahçesi vardı. Birinci katın çok geniş pencereleri vardı ve evin içinde bir ağaç duruyordu. Bu dışarıdakiler gibi bir ağaçtı, ama üzerinde her renkten ışıklar vardı. Bu ışıklar hiç durmadan belli aralıklarla yanıp sönüyorlardı.

Bir süre hiçbir şey olmadı, havada yankılanan ses duyuluyordu, ama pencereler hâlâ karanlıktı.

Sonra ansızın Nabila üzerinde bir ıslık işitti. Bakışlarını kaldırdığı anda başının az üzerinde bir ışık yandı; duvarda sanki bir tür fotoğraf makinesi vardı. Nabila gülümsemeye çalıştı ve bu ışığın olduğu yerden bir şeyler diyen bir ses duyuldu.

Nabila Raj'ı kaldırarak makineye gösterdi. Şöyle dedi: "Çocuğu olan bir anneyim ve çocuğum iyi değil." Konuşmasını bitiremeden makine söndü ve çevresi yeniden karanlık oldu.

Nabila Raj'ın üzerine eğildi, onu öptü. Şimdi bir eve gidiyoruz, dedi ona, sıcak bir yere giriyoruz ve sabırla gözlerini kapıya dikti.

Kapı hemen açılmadı, ama Nabila meraklanmadı. Şimdi onu gördüklerinden ve dışarıda çocuklu bir kadın olduğunu bildiklerinden emindi. Belki de giyinmek zorundadırlar, diye düşündü Raj'ı kucağında sallarken; ev çok büyük, merdivenleri inmeleri, bir uçtan ötekine gitmeleri uzun sürer. O tam böyle düşünürken, giriş kapısının arkasındaki ışığın yandığını gördü ve kilidin içinde dönen anahtarın ve hatta kapı kulpunun gürültüsü kulağına kadar geldi. Ama kapı açılacağı yerde şöyle bir aralandı, aralıktan kulakları dimdik bir köpek çıktı. Öfkeyle havlayarak parmaklıklara koştu. Öyle hızlı koşuyordu ki ayakları âdeta yere değmiyordu; Nabila, karanlık onu yutacak kadar geri çekilene dek, kıpkırmızı ağzı, bembeyaz dişleriyle havlamayı sürdürdü.

Nabila soluksuz kalmıştı. Bir an için, bir düğümün boğazını kilitlediğini, bedeninin hâlâ yaşayan kısmının tirtir titrediğini hissetti. Bir dakika boyunca evlerin arasında bir heykel gibi durdu. Köpeğin uluması yavaş yavaş kesiliyordu. İçinden bir ses ona şöyle diyordu: 'Öteki eve gitmelisin.' Bir başka ses ise cesaretini kırıyordu: 'Her şeyi yitirdin. Başaramadın, sonsuza dek yitirdin.'

Şimdi yüzünde karın dışında bambaşka, sıcak bir şey vardı. Bunlar gözyaşlarıydı; yanakları boyunca iniyorlar, burnunun oralarda donuyorlardı. Tiru öldüğü günden beri ağlamamıştı. Gözyaşlarının gündüz ve gece gibi birbirlerinden farklı olabileceklerini düşündü ve sonra dizlerini kırdı, topuklarının üzerine oturdu ve ağzını aralamadan bir ninni tutturdu.

Raj bebekken bu ninniyi çok söylerdi; diş çıkartırken acısını bundan başka hiçbir şey dindiremezdi. İlk ezgileri duyar duymaz ağlamayı keser, dudaklarında bir gülümseme, annesinin kolları arasında uyuyakalırdı.

Raj şimdi de uyuyordu. Çömelirken Nabila oğlunun ona seslendiğini duyar gibi olmuştu. Sanki usulcacık 'Anne' demiş ve sonra uyuyakalmıştı. Uykusunda yüzünün ifadesi değişmişti; artık hüzünlü değil huzurluydu. Onun üzerine eğilen Nabila oğlunun gülümsemesini seyrederken yanında birinin varlığını hissetti.

Sağında kocaman, tüylü ve sıcak bir şey vardı. Bir an için yorgunluğun ona cinleri gösterdiğini düşündü. Gözlerini ona çevirdi; artık onunla savaşacak gücü yoktu. Gözleri büyük bir köpeğin kara ve yuvarlak gözleriyle karşılaştı. Uzun ve kıvırcık tüyleri vardı; sırtı ve başı kardan bembeyaz olmuştu.

"Ne istiyorsun?" diye sordu Nabila. Köpeğin gözleri parladı, boğazından bir uğultu çıktı. Bu ses öfke ve açlık kokmuyordu. Daha çok bir şey söylemek ister gibiydi.

Kısa bir sessizlikten sonra Nabila ona yavaşça sordu: "Kimsin?"

Köpek yanıt olarak yüzünü Raj'ın başının altına soktu, dirseğinin kıvrıldığı boşluktan yararlanarak başını iki ya da üç kez yavaşça kaldırdı.

Sanki 'Kalk!' demek ister gibiydi. 'Teslim olma!'

Köpeğin güçlü sırtına tutunarak Nabila yeniden ayağa kalkabildi. Son ev tam karşısındaydı; oraya varması için yirmi ya da otuz metre vardı. Yanında köpekle yavaş yavaş yürüdü. Yürürken, belki de köpek bu evindir ve sahibi onu beni karşılaması için yollamıştır, diye düşündü. Efendisi içeride kalmıştır, sıcak bir şeyler hazırlıyordur, belki de telefonda bir doktor, ambulans, bize yardım edebilecek birini arıyordur.

Gerçekten de pencerelerin biri bütünüyle aydınlıktı. İçeride yürüyen biri de görünüyordu; mavi bir giysisi vardı; saçları sanki beyazdı.

Neyse ki yaşlı biri, diye düşündü Nabila. Artık kapıya gelmişti; serbest eliyle zili çaldı. Çalıyor ve yaşlı adamın odada ileri geri yürüdüğünü görüyordu. Anahtarları bulamadığı için ileri geri yürüyordur, dedi kendi kendine.

Aşağıya baktığında köpek yoktu. Geldiği gibi sessizce gitmişti. Adam hâlâ aşağı inmiyordu.

Nabila bunun üzerine haykırmaya başladı; kendi sesi onu şaşırttı; bu kadar güçlü oluşu onu bile korkutmuştu. Zili çalıyor ve haykırıyordu. Haykırıyor ve zili çalıyordu. On dakika sonra adam pencereyi açtı.

Nerdeyse ak saçları vardı; pencereden beline kadar sarktı, kolunu havada sallayarak o da bağırmaya başladı: "Defolup gidin! Gece bile bize rahat vermiyorsunuz! Defolup gidin. Gidin yoksa polis çağırırım!"

Tarih: 22 Aralık 1992.

Kimliği belirlenemeyen bir ihbar üzerine, Slovenya sınırına 500 metre uzaklıkta .... yakınlarında, esmer tenli, siyah saçlı, Doğulu hatlara sahip, milliyeti belirsiz bir kadın baygın olarak bulundu. Üzerinde para ve kimlik yoktu. Yaşı tahminen yirmi beşti. Yasadışı yollardan ülkemize girmeye çalışıyordu. Yanında küçük oğlu vardı. Tahmini yaşı: Dört. Ölüydü.

Salvacion

Salvacion'un ilk dikkatini çeken şey aradaki mesafe oldu. Bu evde yaşamaya başlayalı bir ay olmuştu ve patronların davranışlarını ancak anlamaya başlıyordu.

Evin hanımı ilk haftalarda sık sık onu yanına çağırdı. Ev işlerinin nasıl yürüdüğünü, tencerelerin, temizlik bezlerinin nerede durduğunu, elektrik süpürgesi ve cila makinesinin nasıl kullanıldığını, çamaşır makinesini doldururken renklileri renklilerle, beyazları beyazlarla atması gerektiğini anlattı. Ona ipeklilerle öteki dokumaları birbirinden ayırmayı da öğretti, çünkü bir tek ipekliler elde yıkanıyorlardı.

Sonra yemek dersleri başladı: Hanım, pirinçli domates yemeği, taskebabı, patlıcanlı güveç, karbonara soslu makarna pişirmeyi öğretti. O dönemde evin hanımı gölgesi gibiydi; nerede zorluk çekse hemen yardımına koşuyor, her şeyi bir kez daha anlatıp açıklıyordu.

Öğrenecek o kadar çok şey vardı ki, göz açıp kapayıncaya kadar ay uçup gitti. Bu onun serbest olacağı ilk pazar günüydü; evin hanımı iki gün önce kır evine gitmiş, doktor kocası da bir önceki akşam ona katılmak üzere yola çıkmıştı.

Salvacion büyük ve aydınlık evde tek başınaydı. Gözlerini açtığında aklına ilk gelen şey bu mesafe oldu. Bir önceki akşam doktorun ona gösterdiği yakınlığı hanımefendi hiç göstermemişti. Genellikle evin beyi konuştuğu zaman bunu öyle uzaktan yapardı ki, kolunu bile uzatsan ona değemezdin.

Oysa bir önceki akşam onu elinde valiziyle kapıdan uğurlamaya hazırlanırken adam ansızın dönmüş ve saniyenin binde biri gibi bir anda çarpışmalarına ramak kalmışken yüz yüze gelmişlerdi.

Kız hemen bir adım geri atmıştı, böylesine yakın olmak ona saygısızlık gibi gelmişti. Erkek ise bir adım öne yürümüştü.

Bir an için birbirlerine o kadar yakın durmuşlardı ki Salvacion, beyin soluğunu kendi alnında duymuştu. Sırtından incecik bir ter akmıştı. Bu pozisyonda durdukları sürece terlemesi artmıştı.

Sonra ansızın kızın yanağından makas almış ve "Kaç yaşındasın?" diye sormuştu.

"On dokuz beyefendi."

Doktor kapıyı açarken gülümsemişti...

"Eğlenmene bak. Biz pazartesi sabahı döneceğiz."

Salvacion o pazar sabahı alıştığı üzere erken uyandı ve gene alıştığı üzere günün ilk yarım saatini dua ederek geçirdi. Sonra duş yaptı, ama suyun altındayken bile huzursuzluğu geçmedi. Alnında hâlâ doktorun soluğunu hissediyordu.

Bu düşünce kötü bir şeytancık gibi içine sızmıştı. Kuzini saat onda uğrayarak onu alacak ve bu tatil gününü birlikte geçireceklerdi. Onun gelmesine daha iki saat olduğu için ayakkabılarını giymeden terasa çıktı ve çiçekleri suladı.

Beyazımsı bir nem tülü arkasına gizlenmiş olsa bile güneş havayı ısıtmaya başlamıştı. Bir çiçeğin taçyaprakları arasından bir mayısböceğinin arka ayakları görünüyordu.

Kapı zili çaldığında Salvacion sanki onu biri onu duyabilirmiş gibi seslendi: "Geliyorum!" Sonra alarmı kurdu ve elinde beyaz çantasıyla merdivenlerden indi.

Epey kalabalıktılar; öğle yemeği için beyaz yapıların arasındaki minik, yapay bir gölün kıyısına gittiler.

Piknik yapmak üzere hazırlanmışlardı, hep birlikte kendi memleketlerinin müziğini dinleyerek yemeklerini yediler.

Bir delikanlı ona "Nereden geliyorsun?" diye sordu.

Salvacion kuzinini göstererek "Jordan Ilo Ilo'dan geliyorum; onun gibi," dedi.

"Raketle oynamak ister misin?"

Salvacion gülümsedi. "Hayır, şimdi istemem. Belki bir başka sefere."

Delikanlı da gülümsedi ve oynamaya gitti.

Şimdi güneş yakmaya başlamıştı. Salvacion çantasını açıp mektup kâğıdını çıkarttı. Ayrıldığından beri evdekilere yazmamıştı.

'Sevgili anne, sevgili kız kardeşlerim,' diye yazdı ilk kâğıda. *'Bugün pazar ve arkadaşlarla kentin ortasında bulunan bir çayırdayım. Buraya vardığımdan beni size yazabilecek tek bir boş ânım bile olmadı. Pek çok şey öğrendim; hanımefendi çok iyi yürekli ve bana karşı çok sabırlı.*

Sizi sık sık düşünüyorum ve uyumak için yattığımda çevremde evimin seslerini duyamadığım için çok üzülüyorum.

Önümüzdeki hafta size ilk aylığımı yollayacağım. Ben burada iyiyim ve hiçbir eksiğim yok.

Sizi kucaklıyorum. Salvacion.'

İkinci mektubunu okuduğu yatılı okulun başrahibesine yazdı. Birkaç yıl gidip Avrupa'da çalışmasını öneren oydu.

Salvacion on altı yaşındayken rahibe olmak istemişti. Hayattaki amacının, hayatının anlamının bu olduğu dürtüsünü o zamandan hissetmişti. Öğretmeni ile bunu uzun uzun konuşmuşlardı. Başrahibe onun içindeki çağrıdan kuşku duymuyordu, ama böylesine erken yaşta yapılacak olan bir seçime karşıydı.

İki yıl önce ansızın babası ölünce durum pek acı biçimde ortaya çıkmıştı. Başrahibe ona "Sen evin en büyüğüsün," demişti, "her şeyden önce aileni, küçük kardeşlerini düşünmelisin. Manastır burada, seni bekler. Bu arada dünyaya açıl, üzerinde rahibe giysin olmasa bile İsa seni izleyecektir."

Salvacion mektubunda, burada bulunmaktan mutlu olduğunu yazdı. Ailesine yararlı olabilmek, üzüntüsünü ve yalnızlık duygusunu hafifletiyordu. Ama boş zamanlarında hep manastırı düşünüyordu. Kutsal yeminini edeceği gün, hayatının en güzel günü olacaktı.

Akşam, kuzini onu evine bıraktıktan sonra

can sıkıcı bir şey oldu. Anahtarlarıyla kapıyı açar açmaz alarm çalmaya başladı. Apartmanın merdivenlerinde ve boşluğunda son derece yüksek bir sesle yankılanıyordu.

Şifreyi yazarken bir yanlışlık yapmış olmalıydı: Ellerini kulaklarına tıkadı, ne yapacağını bilemeden çevresine bakınmaya başladı.

Böylece dururken asansör geldi ve içinden yaşlı kapıcı kadın çıktı.

Salvacion'a doğru yürüyerek "Ne oluyor burada?" diye bağırdı.

Sonra onun bileğini yakaladı ve sertçe sarstı.

"Hırsız!" diye bağırdı. "Hırsız, şimdi polis çağıracağım!"

Salvacion hıçkıra hıçkıra ağlamaya başladı. Anahtarlarını kapıcıya uzatarak "Çalışmak... Attanasio..." deyip duruyordu.

Kapıcı kadın anahtar demetinin üzerinde yazılı olana baktı ve kızın bileğini rahat bıraktı.

"Artık bu apartmanda hiçbir şey anlaşılmaz oldu!" diye bağırdı. "Burası ev değil, Babil Kulesi'ne döndü. Bir gün maymun suratlılar, bir gün sarı yüzlüler karşımda," diyerek daire kapısına doğru yürüdü. "Ben ne anlayacağım, sizi birbirinden ayırana aferin; hepiniz aynısınız!"

Alarm hâlâ yüksek sesle çalmayı sürdürüyordu.

Kapıcı, kızın elinden anahtarları kaptığı gibi alarm makinesinin başına gitti.

Siren sesi ansızın kesildi.

Şimdi yaşlı kadın daha da hızlı konuşur olmuştu. Ağzında yalnızca üç diş vardı.

"Söyle bakalım," dedi göz kırparak. "içeride

erkek arkadaş yok, değil mi?" Salvacion onun ne dediğini anlamadı, gülümseyerek teşekkür etti.

"Kendin bilirsin..." diye mırıldandı yaşlı kadın önünden geçerken, "bütün bu acayip yabancılar..."

Salvacion yalnız kaldığında kendini salondaki divanın üstüne attı. Ağlamak istiyordu ama gözlerinden yaş gelmiyordu. Alarmın gümbürtüsü hâlâ beyninde yankılanıyordu.

Divanın üzerinde büyük bir tablo asılıydı. Oldukça karanlık, eski zamana uygun giysiler giymiş ve bir masanın çevresinde oturan insanları gösteren bir resimdi. Sofra yiyeceklerle donatılmıştı ve altında bir köpek oturuyordu. Sıska köpek yere oturmuş ama yalvaran gözlerini yukarıya çevirmişti.

Az sonra yatakta ışığı söndürmüş ve battaniyesini yüzüne kadar çekmişken, o köpeğin görüntüsü bir an için gözkapaklarının arkasında beliriverdi. Tablodakinden daha canlı duruyordu ve acıklı bakışlarıyla sanki onunla konuşmak istediğini söylemek ister gibiydi.

Salvacion, nedenini bilmeden ağlamaya başladı. Farkına bile varmadan ağlamaktan, uykuya geçiverdi.

Ertesi sabah evin hanımı ve beyi güneşten yanmış tenleri ve neşeli halleriyle geri geldiler. Salvacion çantaları boşalttı, kirli çamaşırları makineye doldurdu. Sonra hanımıyla birlikte alışveriş listesini yaptılar ve onun verdiği parayı çantasına koyup pazara gitti.

Pazar çok kalabalıktı; üstelik kuyruklarda herkes onun önüne geçiyordu. Eve döndüğünde hanımı onu azarladı.

"İki parça şey alman bu kadar uzun mu sürüyor?"

Salvacion, gözlerini yere indirdi, önlüğünü takarak öğle yemeğini hazırlamaya girişti.

"Bu akşam," dedi hanım, "yemeğe konuklarımız var."

Doktor ve hanımı üniversitede profesördüler ve akşamları sık sık konukları oluyordu.

Öğleden sonra hanımı onu nasıl davranması gerektiği konusunda uyardı. Bir önceki sefer Salvacion pek çok hata yapmıştı.

"Tabağı soldan uzatmalısın," dedi, "ve konuğun yemeğini almasını beklemelisin. Herkesin tabağı boşalınca bir kez daha dolaşmalısın. Su ya da şarap bitince benim mutfağa bağırmamı beklemeden bir şişe daha getirmelisin. Anladın mı?"

Salvacion anladığını belirtti. Evin hanımı "Umarım iyi anlamışsındır," diye mırıldanarak mutfaktan çıktı.

O gün öğleden sonra Salvacion dinlenecek bir an bile bulamadı.

Akşam konuklar geldiğinde yorgun ve sinirli idi. Her kapı çalışta gidip açıyordu. Her birinin ceketini ve yağmurluğunu alıyor, vestiyere götürüyordu.

Başlangıçta konuklar pek konuşmuyorlardı, ama sonra şarabın ve yiyeceklerin gelmesiyle ısınmaya başladılar. Kısa süre içinde yemek odasına müthiş bir karmaşa egemen oldu. Herkes sanki birisi tehlikedeymiş gibi bağırışıyordu.

Salvacion servis tabaklarıyla sofranın çevresinde dolaşıp duruyordu. Kimsenin gözlerine bakmıyordu, ama sesler kulağına geliyordu.

Birisi "Bu gidişle bakalım nereye varacağız?" dedi.

Tiz bir kadın sesi, "Bu hoşgörüsüzlüğün geri gelişi korkunç bir şey!" diye haykırdı.

"Kabahat hükümetin politikasında."

"Hayır, bilgisizlikte; gençlerde artık tarih bilinci yok!"

"Peki, bilgisizlik," dedi doktor, "hükümetin politikasının ürünü değil de ne?"

Salvacion deterjandan çıkan promosyon saatine baktı. Dokuz buçuktu. Acaba Jordan Ilo Ilo'da şimdi saat kaçtı? Manastırda olsa bu saatte ne yapıyor olacağını hayal etmeye çalıştı. Kendini kilisede ilahi söylerken ya da mutfakta yerleri fırçalarken düşündü.

Farkına bile varmadan bir bileği boşalıverdi ve bifteklerden biri bir konuğun bacağına düşüverdi.

"Salvacion!" diye bağırdı hanımı.

Konuk ansızın ayağa fırladı. "Lanet olasıca!" diye haykırdı. "Giysimi yeni temizletmiştim!"

Salvacion kımıldamadan duruyor; usulca yineliyordu: "Bağışlayın... bağışlayın..."

"Kazık gibi dikilme!" diye bağırdı hanımı. "Git pudra getir."

Salvacion seğirtti.

Elinde pudra ve nemli bir bezle salona döndü, konuğun ayakları dibine diz çöküp lekeyi temizlemeye başladı.

Konuklar sabaha karşı ikiye doğru gittiler.

Salvacion her birinin ceketini uzattı. Ev sahipleriyle vedalaşırken onun yüzüne bile bakmadan aldılar ceketlerini.

Kocası yağmurluğunu giymesine yardım ederken, hanımlardan biri "Harika bir akşamdı," dedi.

Bir başka bey ise kapı eşiğinde "Bizim için karanlık günler yaklaşıyor," kehanetinde bulundu.

Hanım onu öperek tatlı bir sesle, "İşte bu nedenle birlikte olmalı, insani dayanışma göstermeliyiz," dedi.

Bu tanım ötekilerin de hoşuna gitti. Merdivenlere doğru yürürlerken hep bir ağızdan "Evet, insani dayanışma..." diye yinelediler.

Salvacion bulaşık yıkamayı bitirdiğinde saat üçü geçmişti.

Odasına gitti. Kendini hem çok yorgun, hem çok uyanık hissediyordu. Huzursuz olduğu zaman hep böyle olurdu. Uykuya dalmadan önce yatağında defalarca döndü.

Sabah altı buçukta saat çalınca onu susturup öteki yana döndü. Gözlerini açtığında yarım saat geçmişti.

Dua etmek için zamanı kalmamıştı.

Yıkanmadan giyindi ve mutfağa koştu.

O gün doktor ve karısı bütün bir gün üniversitede kaldılar. Salvacion da bundan yararlanarak köşe bucak temizlik yaptı.

Ertesi perşembe göz açıp kapayana dek geliverdi. Öğleden sonra izinliydi ve dışarı çıkabilmek, kendi düşünceleriyle baş başa kalabilmek için can atıyordu.

Kapının eşiğindeyken hanımı "Dikkatli ol!" diye uyardı. "Roma büyük ve tehlikelerle dolu bir kent."

Salvacion, başını öne eğdi. "Saat altıda evde olurum."

Dışarıda güzel bir ilkyaz güneşi vardı; havada kavakların tohumları uçuşuyordu. Arada biri gözüne kaçıyor, gözünü yaşartıyordu.

Salvacion kararlı adımlarla pazara giderken defalarca görmüş olduğu kiliseye doğru yürüdü. Modern ve heybetli bir kiliseydi bu.

Merdivenleri tırmanırken sanki bir arkadaşıyla buluşmaya gider gibi sevinçliydi. Büyük bronz kapıyı itti, ama kapı açılmadı. Bir kilise kapalı olamaz, diye düşündü ve yanda bir giriş bulabilmek için arkaya doğru yürüdü. Bulamadı.

Bunun üzerine yakın bir durağa gidip otobüs beklemeye başladı.

Kent merkezinde, iki ev arasına sıkışmış küçük bir kilisenin önünde indi. İçerisi nem kokuyordu; bodrum kokuyordu. İlk iki sırada yaşlı kadınlar oturmuş tespih çekiyorlardı. Onların arkasında, biraz geride şişman bir adam vardı. Başını öne eğmiş, yumruğu ile alnını dövüyordu.

Salvacion en arka sırada diz çöktü. Küçük bir pencereden sızan güneş mihrabın arkasındaki freskin küçük bir dilimini aydınlatıyordu. O noktada da İsa'nın ayağı ile bir kuzunun ön ayakları vardı.

Salvacion, o günlerde kaderine isyan ettiği, mutsuzluk duyduğu için Tanrı'dan kendisini bağışlamasını diledi.

Işık mihrabın arkasından çekildiği zaman "Sana teslim oluyorum," diyerek ayağa kalktı.

Geç olmuştu.

Çıkarken genç bir Fransisken rahiple karşılaştı. Salvacion rahibin selamına karşılık verdi. Genç din adamı birkaç yıl Filipinler'de misyonerlik yapmıştı, böylece Salvacion'un dilinde konuşabildiler. Vedalaşırlarken rahip adının Andrea olduğunu söyledi. Bir şeye gereksinmesi olursa, onu her zaman bu kilisede bulabilirdi.

Otobüs neredeyse yarım saat sonra geldi. Salvacion evin kapısını açtığında saat sekize on vardı.

Hanımefendi onu görünce "Eğlendin mi?" diye sordu.

"Evet, teşekkür ederim," dedi Salvacion.

O rahiple karşılaştığı için mutlu olmuştu ve canı şarkı söylemek istiyordu. Buzdolabını açarken ilk notalar döküldü ağzından.

Buzdolabının kapısı ardına dek açık dururken, doktor içeri girdi. O sebzeliğin önünde çömelmişti ki beyi kollarını uzattı, dolabın kenarlarından tuttu ve kızı tepeden tırnağa süzerek "Eğlenmişsin ha?" dedi.

Salvacion bir an için doktorun bacağının sırtına değdiğini hissetti.

Şarkı söylemeyi kesti.

Salondan karısının sesi geldi: "Ketçap buzdolabında değil, bulaşık makinesinin üstündeki rafta."

Salvacion o gece her zamankinden daha uzun dua etti. Koruyucu meleğine yalvardı. Kutsal resimlerini kaldırmak için masanın çekmecesini açtığında yılan görmüş fare gibi donakaldı.

Orada renkli bir dergi sayfası duruyordu. Sayfadaki dört ayrı resimde iki erkekle bir çıplak kadın görünüyordu. Biri zenci biri beyaz olan erkekler de çıplaktılar. Adamlar ata benziyorlardı. Çekmeceyi kapamadan önce ikisinden birinin ayaklarında çorap olduğunu fark etti.

Ayağa kalktı, pencerenin yanına gidip açtı. Avlunun dibindeki kapıcı dairesinden televizyonun yüksek sesi geliyordu.

Odasında bu kâğıt varken uyuyamazdı.

Hiç bakmadan çekmeceyi yeniden açtı, kâğıdı aldı, paramparça yırttı, bir zarfa koyup dışarıya, apartmanların arasına fırlattı.

O gece hava değişti; ilkbahar gitti, kış geri geldi.

Isının böyle ansızın düşmesi yüzünden ertesi gün doktor hastalandı.

Öğle yemeği saatinden önce eve döndü ve yüksek ateşle yatağa yattı. Öğleden sonra onu ziyarete bir arkadaşı geldi, ilaçlar verdi ve bir hafta yatakta kalmasını öğütledi.

Ertesi pazartesi, karısı bir kongre için evden ayrıldığında ateşi iyice düşmüştü.

Evin hanımı, evin kapısında, elinde bavulu ile dururken, Salvacion'a son buyrukları verdi: "Sabırlı ol," dedi ona, "hasta olduğu zaman bir çocuk gibi kaprisli olur."

Dışarısı hâlâ soğuktu ve artık kalorifer yanmadığı için odayı elektrikli sobayla ısıttılar.

Salvacion akşam olunca sıcak bir çorba yapıp doktorun odasına götürdü. Çıkmadan önce, "Sobayı söndüreyim mi?" diye sordu, ama adam ateşinin yeniden çıktığını ve üşüdüğünü söyleyerek hayır dedi.

Salvacion, odasına çekilince, televizyonunu açtı. Bir dizi vardı; sözlerin pek azını anlıyordu, ama yine de seyretti.

Ertesi sabah uyandığında boynunun tutulduğunu fark etti. 'Çarpık yatmış olmalıyım ya da farkında değilim, ama sinirliyim,' diye düşündü.

Doktorun odasından gelen çıngırak sesini duyar duymaz hemen oraya koştu, pencereleri açtı ve ne yemek istediğini sordu.

Bey gerinerek "Bugün kendimi iyi hissediyorum," dedi ve ondan kahve, meyveli yoğurt ve portakal suyu istedi.

Salvacion az sonra döndü, elindeki tepsiyi komodinin üstüne koydu.

Tam gitmek üzereyken, doktor onu bileğinden yakaladı.

"Otur," dedi, "hep kaçıyorsun."

Salvacion ayakta kaldı; koluyla direnç gösteriyordu.

Doktor yavaş bir sesle yeniden "Otur," diyerek kızı yatağın kenarına doğru çekti.

Sessizlik içinde öylece oturdular.

Yoldan bir hoparlörün sesi geliyordu. Bir sirk kamyonu akşamki gösteriyi ilan ediyordu.

Doktor Salvacion'un arkasına gelecek biçimde doğrulup oturdu; koluyla kızın boynuna sarıldı ve onu kendine doğru çekerek kulağına şöyle dedi: "Sizin oralarda nasıl aşk yapıyorlar?"

O pazartesi günü Salvacion altı kez yıkandı.

Doktor öğleden sonra onun çıkmadığını görerek merak etti ve odasının kapısına vurdu.

Salvacion yanıt vermedi.

Su sesini duyunca, doktor, 'Duş yapıyordur,' diye düşündü ve içi rahat etti.

Salvacion öfkeyle bedenini ovuşturuyordu; aslında suyun dışını değil, içini temizlemesini isterdi. Ağzını açtı ve işe yaramasını umut ederek suyu ağzından akıtıp yuttu.

Bu da bir işe yaramadı; kendini hâlâ kirli hissediyordu.

Bir keresinde başrahibe ona bir şeytan çıkarma sahnesine tanık olduğunu anlatmıştı. Adam haykırarak çırpınıyor, kendini oradan oraya vuruyordu. Salvacion da onun gibi yapabilmek isterdi; içinden bağırmak, kendini yere atmak, başını bayılana dek duvarlara vurmak geliyordu.

Bunun yerine, duştan çıkınca yatağının yanına diz çöktü ve alnını şilteye dayadı. Ağlamadı, ama midesinden bir hıçkırık yükseldi. Hıçkırığın çok derinlerden çıkagelmesi onu korkuttu.

Belki gerçekten şeytan onun içine inmişti. Ne olacaktı şimdi ona? Bu sırla nasıl yaşardı? Kendini kirli hissediyordu ve herkes onun gözlerinde bu kiri görebilirdi. Artık başrahibenin yüzüne bakamazdı, hiç kimseye bakamazdı.

Karanlık odasını sarıp sarmaladığında, komodinin üstündeki lambasını yaktı ve çekmeceden İncilini aldı. Birkaç kez şu cümleyi okudu: Onları bağışla, çünkü ne yaptıklarını bilmiyorlar. Bu sözler boş bir odayı andıran içinde yankılanıyordu.

Orada onu dinleyebilecek, anlayabilecek kimse yoktu.

Bir süre sonra evin çevresindeki gürültüler kesildi. Çalar saati ikiyi gösteriyordu. Salvacion battaniyesinin altına girdi. Üşüyordu, kıvrıldı, kollarıyla kendini sardı. Bir yanağı hâlâ yanıyordu. Doktor inleyerek uzamış sakalını yanağının orasına sürmüştü.

Ertesi sabah evin hanımı döndü.

Onu görür görmez şöyle dedi: "Suratın bembeyaz olmuş! Yoksa şimdi de sen mi üşüttün?"

Salvacion başını salladı. Saat onda doktor çıktı ve hanım yazılı ödevleri düzeltmek üzere çalışma odasına çekildi.

Salvacion saat on buçukta hanımına söylemeye karar vermişti. Bunu mutlaka yapmalıydı.

Hanım gözlerini kâğıttan kaldırmadan "Ne var Salvacion?" diye sordu.

Salvacion sustu; arkasına götürdüğü bir elinin tırnaklarını öteki elinin ayasına batırıyordu.

"Evet," diye yineledi hanım, "ne vardı?"

Salvacion derin bir soluk aldı ve "Bulaşık makinesinin deterjanı bitmiş," dedi.

Sonraki günler her zamanki gibi akıp gitti. Odada yalnız kaldıklarında doktor ona daha da yakın duruyordu.

Çarşamba akşamı yemek hazırlarken arkasına gelmiş ve kasığıyla onu fırına doğru itmişti.

Karısına karşı her zaman nazikti; eve geldiğinde onu öpüyor, divanda otururken ona sarılıyordu.

Salvacion bu nedenle ona bir şey söylememişti; hanımını üzmek istemiyordu.

Perşembe sabahı biraz daha hafiflemiş olarak uyandı. Saat üçte kapının önüne çıkmıştı bile.

Giderken hanımı "İyi eğlenceler!" diye seslendi.

Salvacion kent merkezine giden otobüse binmek için hemen durağa yürüdü.

Küçük kilisenin kapısı hâlâ kapalıydı. İki eliyle çantasını tutarak bir kenarda bekledi. İçi biraz rahatlamıştı. Az sonra konuşabilecek, günah çıkartabilecekti.

Görevli kapıyı açtığı zaman sessizce girdi; kilisenin içinde bir tek o vardı. Oturdu ve birkaç saniye kendi kendiyle baş başa kaldı. Arada bir başını kaldırıp Peder Andrea'nın gelip gelmediğine bakıyordu.

Saat beşe doğru tespih çekmek için üç-dört yaşlı kadın girdi. Salvacion cesaretini toplayıp kalktı ve arka odaya geçti. Bir rahip tören giysisini giyiyordu.

"Bağışlayın," dedi, "Peder Andrea yok mu?"

"Peder Andrea inzivaya gitti," dedi din adamı; "bir hafta sonra döner."

Salvacion kalakaldı.

Rahip onu mihraba doğru yönlendirerek "Bir haber bırakmak ister misin?" diye sordu.

"Hayır," dedi Salvacion. "Önemli değil, yeniden gelirim."

Akşam olduğunda hanımı Salvacion'a "Seninle konuşmalıyım," dedi.

Birlikte yatak odasına gittiler. "Salvacion senin için kaygılanıyorum; yüzünde hiç hoşuma gitmeyen bir ifade görüyorum. Kendini iyi hissettiğine emin misin? Biliyorsun; izinsiz çalışıyorsun ve başına bir şey gelirse bizim için büyük sorun olur."

"Ben iyi hanımefendi," dedi Salvacion. "Merak etmeyin."

"Eninde sonunda," dedi hanımı, "benim çocuğum olacak yaştasın; benimle annenmişim gibi konuşabilirsin."

Sonra durdu. "Biliyor musun; çocuk sahibi olmamak için pek çok yöntem vardır. İstersen, bunları bilmiyorsan, seni bir hekime götürebilirim. O sana her şeyi anlatır ve hepimiz rahat oluruz."

"Teşekkür ederim hanımefendi," dedi Salvacion. Sonra sahip olduğunu bile bilmediği bir cesaretle ilk aylığını sordu.

O akşam evin hanımıyla beyi dışarı çıktı ve böylece Salvacion odasında oturup televizyon seyretti. Mercan Adaları hakkında bir belgesel vardı; denizin ve adaların renkleri ona evini anımsattı.

"Bazı balıklar," diyordu sunucu, "küçük olmalarına karşın büyükler tarafından yutulmazlar. Sözgelişi soytarı balık, denizşakayığının yakıcı dokungaçlarınca korunarak yaşamını sürdürür. Doğal ayıklanma onu bu davranışı benimsemeye itmiştir ve böylece tür soyunu korumuştur. Okyanusun hareketli ve acımasız dünyasında hayatta kalabilmek ikinin birliği ile sağlanmıştır."

Geceliğini giyerken, Salvacion iki kişi birlikte olunca hayatta kalabilmek daha kolay oluyor, diye düşündü. Battaniyenin altına girdiğinde yatılı okuldaki sıra arkadaşını hatırladı. Bütün okul hayatı boyunca en iyi arkadaşı o olmuştu. Kişilikleri çok farklıydı, çünkü arkadaşı her zaman hüzünlü bir kızdı. Kendisi ona hayatın güzel yanlarını göstermeye ne kadar çalışsa da, o bütün ergenliği boyunca kendini öldürmekten söz etmişti.

Bir pazar sabahı birlikte kumsalda gezinirlerken, "Bunu bir tek biçimde yapabilirim," demişti. "Denize girerim, dalgalar beni örtene dek ufka doğru yürürüm. Tatlı olur değil mi?"

Salvacion o gün onu yanıtlamamıştı, çünkü ölümü arzulamanın nasıl bir şey olduğunu anlayamıyordu.

Cumartesi sabahı kulağında bir ağrı ile uyandı. Bir önceki akşam duş yaparken su kaçmış olmalıydı. Başını çevirirken sanki deniz kabuğunu kulağına dayayıp dinlermiş gibi denizin sesini duyuyordu.

Alışveriş yapmak için çıkmadan önce hanımın yanına gitti ve aylığını istedi.

"Şimdilik yarısını vereceğim," dedi hanım çantasını açarken, "çünkü ilk üç ay daima deneme süresindesin."

Pazarın kurulduğu alanda postane vardı.

Salvacion oradan ailesine para ve onları çok sevdiğini, çok özlediğini yazdığı bir de kartpostal gönderdi.

Öğle yemeği saatinde hanımıyla beyi kır evine gitmek üzere yola çıktılar. Onları uğurladı ve tembihlerini dinledi.

Pazar günü buluşmak için kuzini aradığında ona biraz ateşi olduğunu söyledi.

Saat altıda büyük modern kiliseye gitti.

Hava güzeldi ve içeride pek az insan vardı. Rahibin sözleri sanki hangardaymış gibi yankılanıyordu.

Ayin bitince, kiliseden çıkmadan önce Salvacion mırıldandı: "Tanrım, bağışla beni; artık senin sevgine layık değilim. Bir zamanlar benim için yaptığın planları biliyorduysam bile artık onları bilemiyorum ve anlayamıyorum."

Kutsal suyla haç çıkardıktan sonra bir anda sağ yanağından süzülen gözyaşını fark etti.

O gece bir türlü gözüne uyku girmedi. Hava sıcaktı ve uzun uzun terasta oturup yıldızları seyretti.

Güneş ufukta doğmadan az önce giyindi. Şafak sökerken sokaktaydı.

Rahatlamaya, soluk almaya gereksinmesi vardı.

Uzun süre otobüs bekledi, bindiği ilk otobüsten inince bir başka otobüse, sonra da metroya bindi.

Saat yediyi geçerken kumsala vardı.

Kumlar kirliydi; naylon torbalar, plastik şişeler uçuşuyordu. Denizin gürültüsü her yerde aynıydı. Gözlerini bir an yumunca kendini evinde hissetti.

Salvacion sandaletlerini çıkarttı. Az ötede ihtiyar bir adam vardı; iriyarıydı ve minicik bir taburede oturuyordu. Elinde olta vardı.

Salvacion yanından geçerken, adam bakışlarıyla onu izledi.

Dört-beş martı, dalgaların kumu yaladığı yerin üzerinden sessizce uçtu. Salvacion onlar gibi olabilmenin, her şeye içine girmeden yukarıdan bakabilmenin ne güzel olacağını düşündü.

Ansızın bir noktada arkasını döndü ve adamın çok uzakta kaldığını fark etti. Ayağı bir şeye takıldı, eğildi, kumu eşeledi. Bu bir bebekti. Birisi –ya da deniz– tek bacağını koparmıştı; onun yerinden açılan kara delik çenesine kadar uzanıyordu. Gözlerini temizledi, eğdi; bebeğin gözleri açıldı. Bunlar açık mavi cam gözlerdi. Onu suya fırlatmak üzere kolunu kaldırdı, ama sonra bir kez daha düşündü ve bebeği denize karşı oturttu.

O da denize döndü, önce bir ayağını, sonra ötekini suya soktu ve yürümeye başladı.

Dalgalar kuvvetli ve soğuktu; tatlı okşayışlardan çok tokadı andırıyordu.

Acaba burada da soytarı balıklar var mıdır, diye düşündü. Kendini tuhaf hissediyordu. Suda yürüyen ve suda yürüdüğünü gören o, Salvacion muydu? Bu hiç başına gelmemişti. Gerçek Salvacion kimdi? Yürüyen mi, yürüdüğünü gören mi?

Su çenesine gelince bir an ürperdi ve durdu. Soytarı balıkların denizşakayıkları var, diye düşündü; insanların da koruyucu melekleri olduğu gibi.

Küçük ve yuvarlak bir bulut güneşi örtmüştü.

Önceleri mavi olan su şimdi kurşun rengine bürünmüştü. Kıyıdan ne kadar uzaklaşmıştı?

Salvacion başını kıyıya çevirdi. Aynı anda onu gördü ve sesini duydu: Kumda nereden çıktığı belli olmayan bir köpek duruyordu. Yerden yüksekçe ama sıska bir köpekti; tüylerinin beyaz olanları katrana bulanmıştı. İki ön ayağını suya sokmuş, sanki oyun oynamak istermiş gibi ona doğru havlıyordu. Gözlerinde hüzün ve cesaret vardı.

Salvacion yeniden dönüp açık denize baktı. Uzaktan bir şilep geçiyordu. Daha yakından bir motorun sesi duyuluyordu. Bu büyük bir sandalın değil, büyük bir sivrisineğin vızıltısını andırıyordu.

Köpek yeniden ama daha kuvvetle havladı.

Salvacion gene ona döndü. Birisi hayvanların insanların bakmasına katlanamadığını söylemişti. Şimdi bunun doğru olmadığını biliyordu.

Yarı aralık ağzı, dik kulaklarıyla köpek ona bakıyor ve bir yanıt bekliyordu. Geliyor musun, gelmiyor musun? O âna dek bir köpeğin gülümsediğini hiç görmemişti. Bunun üzerine kendi de gülümsedi: "Geliyorum!" diye seslendi köpeğe ve ona el salladı.

Köpek kuyruğunu sallamaya başladı ve onu karşılamak üzere suya girdi. Havada kolunu sallayan Salvacion da ona doğru beş-altı adım attı.

Motorun sesi şimdi iyice yaklaşmıştı. Artık bir sivrisineği değil, karasineği, atsineğini andırıyordu sesi.

Nereden geldiğini merak etti.

O sırada köpeğin başının sudan çıktığını gördü; hayvan ona doğru yüzüyordu. Bakışları değişmişti; sanki ona bir şey söylemek ister gibiydi.

Bana ne demek istiyor olabilir, diye düşündü Salvacion.

Gümbürtü şimdi çok yükselmişti. Salvacion arkasını döndü, motosiklete benzeyen bir şey ona doğru geliyordu; suya değmeden âdeta uçar gibi giden aletin üzerinde yarı çıplak bir delikanlı oturmuş, iki büklüm öne eğilmişti.

Salvacion kollarını kaldırdı ve 'Hayır!' diye bağırmak için ağzını açtı.

Ağzı suyla doldu; üzerinde kırmızı bir lekenin yayılmakta olduğunu gördü. Şimdi güneş açmıştı; denizin yüzeyine vuruyor, onu pırıl pırıl yapıyordu.

Her yer karanlık olmadan önce, soytarı balıklar neredeler, diye düşündü.

Gökyüzünden

Nereden geleceklerdi? Gökyüzünden. Peki neden? Onu alıp yanlarında götürmek için. Onu yukarıya, geldikleri ülkeye, en geniş hayal gücünün bile hayal edemeyeceği güzellikteki yere götüreceklerdi. Mutluluk o ülkede bulunuyordu; çocukların mutluluğu. Ama hayır, mutluluk bir bitki, bir ağaç değildi. Bir hayvan mıydı? Asla! Mutluluk, tanımlanamayan bir şeydi; hani bir şey yediğin ve o karnına indiği zaman hissettiğin duygu gibi. İnsan tatlı bir sıcaklık hisseder ya, onun gibi. Buna benzer, ama daha güzel bir şey. Kaldı ki bunu söylemek boşunaydı: Pek yakında o kendi de bunu bilecek, gözleriyle görecek, yüreği ile hissedecekti. Çok yakında, ne zaman? Üç gün sonra. Üç kez uyuyacak, üç kez uyanacak ve onlar burada olacaklardı. Elbette onları zaten tanıyorsun, bak şu fotoğraflara: Adlarını anımsıyor musun? Bu hanım Carla ve şu sakallı adam Antonio. Ama senin için onların bir başka adları daha olacak: anne ve baba. Söyle bak; an-ne, ba-ba.

Evlat edinme servisinde çalışan ve herkesin kısaca Filo dediği genç sosyal hizmet görevlisi Filomena, dört haftadan beri her gün misyonerlerin merkezine gidiyor ve Arik ile konuşuyordu. Her görüşmeyi, çocuğun özel kartına gelişme olarak işliyordu.

Gerçeği söylemek gerekirse, ilk buluşmalarında kaydedecek pek bir şey olmamıştı; çünkü küçük oğlan kendi üzerinde yuvarlanıyor, bütün bir öğleden sonra yaşam belirtisi vermeden bir köşede kıvrılıp kalıyordu. Sonra yavaş yavaş davranışları değişmeye başladı. Arik gözlerini açmış, başını kaldırmaya başlamıştı. Dişlerini gıcırdatmadan kıza, doğrudan kızın gözlerine bakabilmişti. Kendine dokunmasına izin vermişti. Sonunda gülümsemişti. Arik'in ilk gülümsemesi.

Arik dokuz yaşındaydı ve beş yaşından beri misyon yurdunda yaşıyordu. Nerede doğduğu, kimin doğurduğu bilinmiyordu. Onun gelişinden sonra çevrede dişi bir aslanın dolaşmaya başladığı fark edilmişti.

Eğitimini Peder Johannes üstlenmişti. İlk aylarda çok çetin, neredeyse olanaksız bir çalışma olmuştu bu. Çocuk onun buyruklarına ve açıklamalarına vahşi bir hayvanı andıran ürkek ve düşmanca bakışlarla yanıt veriyordu. Peder'in bütün bir gün boyunca öğrettiklerini ertesi gün çoktan unutmuş oluyordu.

Sonra bir sabah, Peder misyonun hesaplarıyla ilgilenmeye niyetlenmişken, Arik koşarak odasına girmiş, ikna edici çığlıklarla onu bahçeye çıkmaya zorlamıştı. Orada, duvarın gölgesinde bir köpek yavrulamıştı. Hâlâ ıslak ve sıcak, patileri hâlâ yumuşacık olan yavrular, annelerinin memelerini arıyorlardı. Arik eliyle Peder Johannes'in eline dokunmuş, âdeta dokunmadan onun elini tutmuştu; sonra yavrulardan biri ötekinin üstüne tırmanırken sırtüstü yuvarlanınca Peder'in elini sımsıkı sıkmış ve yüzünü onun bacağına gömmüştü. Dişlerini gıcırdatacağına gülmüştü.

O andan itibaren de Peder'in elini bırakmamıştı. Hep onun yanında olmak, ona dokunmak istiyordu.

Birkaç ay sonra yağmur mevsiminin ilk damlaları teneke damları dövmeye başladığında nihayet konuşmuştu: "Yağmur yağıyor!" Ayarlayamadığı sesi boğuktu. Zamanla ve alıştırmalarla düzelmiş, çocuklara özgü o gümüşi tonu yakalamıştı.

Ertesi yıl okumayı sökmüştü. Avluda çevresinde köpeklerle saatlerce oturuyor ve okuyordu. Yavrular artık büyümüşlerdi ve Arik içlerinden birine özellikle bağlanmıştı. Bu meraklı ve tatlı bakışları olan bal rengi bir köpekti. Adını Umbú koymuştu. Peder Johannes'in yanında vakit geçirmediği zamanlarda onunla oynuyordu: Birlikte zıplıyorlar, koşuyorlar, yere yuvarlanıyorlar, yan yana olmanın mutluluğunu ve heyecanını paylaşıyorlardı.

Bu evlat edinme başvurusu geldiğinden beri Peder Johannes bir kristal küresinin olmasını ne çok istediğini fark etti. Masallarda büyücüler bu küreye bakıp geleceği görebiliyorlardı. O da bunun günah olduğunu düşünse de, geleceği bilmek istiyordu.

Arik'in geleceği nasıl olacaktı?

Antonio demiryollarında kondüktör olarak

çalışıyordu; Carla ise ilkokul öğretmeniydi. Evlendikten hemen sonra Milano yakınlarında bir köye yerleşmişlerdi. İkisi de dindar ailelerde yetişmişlerdi ve neredeyse on yıl boyunca çocuklarının olmasını beklemişlerdi boş yere. Bir akşam televizyondaki bir programı seyrederken evlat edinmeye karar vermişlerdi.

Bütün sevgilerini verebilecekleri masum ve savunmasız bir yaratık o kötü canavarı uzaklaştırmak için en iyi tedavi olacaktı. 'Kötü canavar' pek açıklık kazanamayan nedenler yüzünden Carla'nın öğretmenlikten ayrılmasından sonra yaşamış olduğu ağır depresyondu.

Evlat edinme bürosuna telefon etmeyi ilk isteyen Carla olmuştu. Bir zamanlar sahip olduğu tasasız ve neşeli ses tonuyla şöyle demişti: "Onu hemen istiyoruz, olabildiğince çabuk; küçük veya daha büyük olması önemli değil; Hintli de olur zenci de."

İşlemler için gerekli iki yıl göz açıp kapayana dek geçti. Üç ay önce Afrika'ya gidecekleri belli oldu.

Uçaktan indiklerinde gökyüzünün genişliği ve parlaklığı her ikisini de çok etkiledi.

"Sanki bir film sahnesi gibi," dedi Carla.

Antonio ona katıldı.

Evet, böyle bir gökyüzünü yalnızca sinemada görmüşlerdi. Ülkeye giriş işlemleri uzun saatler aldığından, ancak akşamın ilerleyen saatlerinde otellerine varabildiler.

Evet, yapraklar gökyüzünden dökülürler. Bazen dallar ve meyveler de ağaçlardan yere düşerler. Mevsimi gelince yağmur da gökyüzünden iner; bulutlardan kocaman damlalar dökülür. Kuşlar bunu yapabilirler, ayaklarıyla toprağa tutunup yere iniverirler. Gökyüzünden. Arik, üç gün boyunca dikkatle çevredeki bütün baobablara ve akasyalara bakmıştı. Onları görememiş, yapraklar arasında ne Carla'nın ayağını, ne Antonio'nun elini seçebilmişti. Peki nereden inecek-lerdi onlar? Yoksa göklerin maviliğinin ardında başka bir ülke mi vardı? Belki de öyleydi: Orası annelerin ve babaların ülkesiydi. Bir zaman geliyor gökten iniyorlar ve bir evlat alıyorlardı. Oysa Umbú'nun annesi hep yanında olmuştu. Ama köpeklerin ruhu yoktur; kuşların da. Bunu ona Peder Johannes söylemişti. Sadece konuşabilenlerin ruhu olurdu. Yalnızca ruhu olan anne ve babalar o ülkeden aşağı iniyorlardı. Demek ki Peder Johannes'in annesi ile babası da oradan gelmişlerdi. Tabii onlarınki bembeyaz bir ülkeydi.

Olasılıkla beyaz daha hafifti. Acaba o da beyaz olacak mıydı? Dişleri gibi bembeyaz. Umbú buna ne diyecekti? Onu gene tanıyabilecek miydi? Yoksa geceleri çakallara uluduğu gibi uluyacak mıydı? Umbú onunla geliyordu, bu göklerdeki güneşten daha açık seçikti. Onlar bir gün bile birbirlerinden ayrı yaşayamazlardı. Eğer yukarıda başka köpekler vardıysa, beyaz köpekler yavaş yavaş onlara da alışır, onlarla da arkadaş olurdu. Her neyse, kendisi yukarıya nasıl çıkacaktı? Belki de Carla ve Antonio yanlarında onun için ve

Umbú için kanatlar getirirlerdi. Ama anne ve babasının kanatları yoktu; Filo öyle demişti. Göklerden iniyorlardı, ama onlar melek değillerdi. Peki neden göklere tırmanmak zorundaydı? Annesi ve babası onun yanında kalamazlar mıydı?

Arik, branda bezinden yatağına kıvrılmadan önce Peder Johannes'in çalışma odasında asılı olan bir resimdeki görüntüyü anımsadı. Orada uzun kahverengi giysisi olan bir adam vardı ve ayaklarının dibinde terlik gibi rahat iki geniş bulut duruyordu. Peder'e bunların ne olduğunu sormuştu. O da "Bu Aziz Francesco'nun göğe yükselişidir," diye yanıtlamıştı.

Yükselme, elbette ya.

Peki ya o ve Umbú aziz olmak üzere seçilmişlerse?

Carla ve Antonio ertesi sabah kahvaltı salonuna inen ilk müşteriler olmuşlardı. Çaylarını içer içmez Antonio kamerasını kontrol etmişti. Yolculuğun sarsıntısı ve iklim değişikliğine karşın her şey yolundaydı.

Sessizce kalktılar, otelin girişinde duran görevli onlara taksi çağırdı.

Bütün yol boyunca Carla çevredeki manzaraya ilişkin hiçbir şey fark edemedi. Kendi kendine psikologun öğütlerini yineleyip duruyordu. Sakin ve ağır hareketler yapacak, az ve yavaş konuşacak, kararlı davranacak ama zorlamayacaktı.

Sonra Peder Johannes'in onlara doğru ilerlediğini gördü. Onu aynen böyle tahmin etmişti. Ruhunun ciddiyeti bedeninin uyumuna yansıyordu. Fazla gösteriş yapmadan onları çalışma odasına almıştı. Arik'in sosyal yardım uzmanının yanında olduğunu söyledi.

Bir saatten daha fazla çocuk hakkında konuştular; daha doğrusu Peder Johannes konuştu, onlar dinlediler.

Oğlanı ilk günden gösterdiler. Üzerinde ayaklarına kadar inen uzun bir önlükle koridorun dibinde duruyordu. Yanında elinden tutan zenci bir kadın vardı. Yaklaşırlarken -koridor bitmek bilmiyordu- Carla çocuğun gözlerindeki ışıltıya şaştı kaldı. Sonra gülümsedi. Gözü kameranın arkasına gizlenmiş olan Antonio da gülümsedi.

"Gülümse," dedi Filo, ama yüzünü onun bacağına gömmüş olan Arik dişlerini sıktı ve Umbú'nun çakallara uluması gibi yabani bir sesle hırladı.

O gece Carla rüyasında sirk gördü. Cüceler, kaplanlar, aslanlar, cambazlar ve at binicileri vardı. Ansızın ışık yok oldu ve orkestra çalmayı bıraktı. Derin karanlıkta sadece sessizce ona doğru yürüyen bir hayvanın parlak gözleri kaldı.

Peder Johannes ve Filo, bir şeylerin doğru gitmediğini hemen hissettiler. Mosca çifti bürodan ayrıldıkları andan itibaren Arik beklenmeyen bir huzursuzluğa gömüldü. Bir odaya giriyor, havayı kokluyor, gözlerini kısıyor, sonra küçük adımlarla yan odaya geçiyordu. Akşam Peder Johannes onu yatağında değil, avluda tek bir beden olmuşçasına sarıldığı Umbú ile yatarken buldu.

Kanatları yok, göklerden de inmediler. Ayakları ve ayakkabıları ile koridora girdiklerini gördüm. Kadının elleri serbestti, gözlerinde korku vardı; adam gözünün üstünde ortasında büyük bir delik olan kara bir tüfek tutuyordu. Kurşun atmıyordu, ama gene de gürültü yapıyordu. Kendimi korumak için hırladım, ama ateş etmeyi sürdürdü. Aslanların öldüğü gibi ölmedim, ama o da zaten korkmadı.

Daha sonraki günlerde Arik'in davranışları daha da kötüye gitti.

Bir hafta sonra Carla bir huzursuzluk krizi geçirdi. Peder Johannes'in mektuplarda anlattığı çocuk ile bu hırlayan küçük şeytan arasında en ufak bir benzerlik bulmak olanaksızdı. Gazetede her gün inançlı kişilerin nasıl dolandırıldıklarına ilişkin haberler okuyorlardı. Bu kuşkusunu kocasına açtı. Ya onlar da böyle karanlık bir düzmecenin içine düştülerse?

Sekizinci gün Antonio, Peder Johannes'e burada daha fazla kalamayacaklarını bildirdi. Arik istese de istemese de onlarla birlikte gitmek zorundaydı. Peder Johannes buna karşı çıktı. Çocuk bu koşullarda yola çıkacak durumda değildi.

"Çocuklar," dedi bunun üzerine Antonio, "biraz köpeklere benzerler.. Zayıflığımızı onlara belli edersek onların kölesi oluruz."

Peder Johannes ise "Çocuklar ve köpekler arasında," dedi, "tek ama büyük bir fark vardır. Bu da ruhtur."

"Ruh da her şey gibi eğitilir," dedi Antonio. "Ruh ya da ruh değil; her neyse, çocuk artık bizimdir ve onu alıp gitmeye hakkımız var."

Aynı akşam Arik manyoka çorbasında acayip, acı bir tat hissetti.

Saatler sonra ağzında bu tatla uyandı.

Annesi ve babası ona eğilmişlerdi. Dişlerini göstermeden sabit bakışlarla ona gülümsüyorlardı. Beklenmedik bir hareketle kendi üzerine kıvrıldı, başını karnına gömdü.

Arkasını dönerken, camın arkasında beyaz, yumuşak ve büyük şeyler gördü.

Demek ki yükseliyordu. Bir kuş tarafından yutulmuştu, onun parlak karnında gerçekten de yükseğe çıkıyordu.

Onu uçağın merdivenine kadar kucakta taşımak zorunda kalmışlardı. Bütün yolculuk boyunca Arik kirpi gibi kıvrılmış kalmıştı. Ülkelerinde küçük bir kalabalık onları karşılamaya gelmişti. Mahallenin papazı, en yakın arkadaşları ve çocukları, bazı iş arkadaşları.

Pasaport kontrolünde küçük bir karmaşa yaşandı. Çocuğun yüzünü göremeyen polis onu geçirmek istemedi. Carla gözyaşlarına boğulmak üzereydi.

Ancak dışarıda arkadaşlarının sevgi dolu kucaklamalarıyla son günlerde üzerinde biriken gerginlikten sıyrılabildi ve sonunda ağladı.

Fotoğraf makinelerinin flaşları karşısında Antonio ve Carla Arik'i havaya kaldırmışlar, neşeyle gülerek bu ânı ölümsüzleştirmişlerdi.

Otomobillerinin kapısını kapamadan az önce bir arkadaşının oğlu, "Ama o çikolatadan yapılmış!" diye bağırmış ve ona dokunmak istemişti.

Sisin yuttuğu otomobil görünmez olmuştu.

Demek ki bulutlar böyleydiler, bazıları saydamdı, bazıları değil. Gri ve ıslaktılar ve içlerinde katı görünümlü bir dünya gizliydi. Pek çok beyaz ve yüksek ev, tozsuz sokaklar, pek çok beyaz insan, dişlerinden de beyaz insanlar vardı. Anne ve babası bu hafif buhar içinde rahatça hareket ediyorlardı, ama o ne yapacaktı? Başka bir dünyadan gelen, siyah ve ağır olan Arik, toprağa basarsa mutlaka derinlere gömülecekti, şimdiye dek kimsenin görmediği bir çukura girecekti. Hayır, onların kollarından yere inmemeliydi. En azından ona da bunun nasıl yapıldığını öğretmeliydiler; onlar gibi havada ayakta durabilmek için gerekli büyülü kelimeyi öğrenmeliydi.

O akşam Carla çocuğu kucağından indirmekte zorlanmıştı. Tatlı ve sakin konuşmalar, uzun açıklamalar bir şeye yaramamıştı. Arik onun sorularına yanıt vermiyor, yalvarmalarına karşın başını kaldırıp bakmıyordu bile.

Gece yarısına doğru Antonio sert davranmaya karar vermişti. Çocuğun ellerini karısının bedeninden koparmış, onu koltukaltlarından yakalamış ve odasına doğru sürüklemişti. Yatağa koyduğu anda Arik kollarını ve bacaklarını havada sallayarak, "Hayır!" diye bağırmaya başlamıştı.

İlk kez sesini duyuyorlardı.

Carla eliyle saçlarını okşayarak onu sakinleştirmişti. "İyi geceler tatlım," demiş ve onu alnından öpmüştü.

Ne acayip bir karanlık, bulutların arasındaki karanlık! Arada bir beklenmedik bir ışık odayı dolaşıyor, bütün etraf görülüyor ve sonra bir homurtuyla yok oluyordu. Belki de düşen ve ileriye giden yıldızlar vardı. Kükremeler ve ulumalar vardı ama bunlar kanatlı, pençeli şeylere ait değildi. Şimdiye dek hiç görmediği şeylerdi. Önemli olan büyülü kelimeyi bilmeyi başarmaktı. Boşluğa gömülmemek için: İyi geceler tatlım. Her adım atışta bunu tekrarlamak gerekecek miydi? Yoksa sabahları bir kez söylemek yetecek miydi? Burada, yukarıdayken güneş hangi yandan doğacaktı? Soldan mı, sağdan mı, yukarıdan mı, aşağıdan mı, alttan mı? Peder Johannes'in kitaplarında bir resim görmüştü. Ne kadar büyük olursa olsun, güneş küçük, altın bir top gibiydi. Daha karanlık başka toplar onun çevresinde dönüyorlardı. Acaba o şimdi hangi topun üzerindeydi? Pencereden sarkarsa aşağıyı, uzakları, misyon yurdunun teneke damını görebilir miydi? Büyük bir ağacın üstünden aşağıya baktığında her şeyi olduğundan küçük görürdü. Bir baobabın tepesine çıktığı zaman Umbú'yu bir fare kadar görürdü. Umbú.

Umbú neredeydi? O da o acı çorbadan içtikten sonra yükselmiş miydi? Ayaklarının altında dört küçük bulutla. Yükselmiş olmalıydı. Kuyruğunu üç kez yerdeki tozlara vurarak evet demiş, ona söz vermişti. Çok uzaklarda olamazdı, birbirlerini hiç terk etmezlerdi; kırk ya da elli adımdan fazla uzaklaşmazlardı. Çağırmak yeterdi; üç kısa dört uzun ıslık çalardı; hani şu ava gittiklerinde yaptığı gibi alçacıktan çalardı ıslıkları ve o gelirdi.

Hayır, çevresinde kımıldayan hiçbir şey yoktu; ne bir soluk, ne bir pençe tıkırtısı. Bu arada karnında bir şeyler oluyordu. Ne demişti Filo? Mutluluk insanın karnında büyüyen bir ağaç gibidir. Ama o açtı, üşüyordu, şimdiye dek tatmadığı, iliklerine dek işleyen bir üşümeydi bu. Açtı ve ona kimse yemek vermiyordu; üşüyordu ve Umbú yoktu. Umbú neden yükselmemişti?

Arik ertesi sabah yataktan inerken yüksek sesle "İyi geceler tatlım!" diye bağırdı. Carla gülümsedi. Çocuk konuşuyordu.

"Hayır bir tanem," dedi, "şimdi şöyle demelisin: Günaydın anneciğim."

"Günaydın," diye tekrarladı Arik, "günaydın, günaydın annecim." Mutfağa dek dikkatli adımlarla annesini izledi. Carla ona orada zengin bir kahvaltı hazırladı ve yanına oturdu.

"Bak Arik," dedi pencereyi göstererek, "çok

şanslıyız ki bugün güneş var. Hava soğuk ama güneş var. Yemeğini bitirdiğin zaman seninle gezintiye çıkacağız. Çevrede ne güzel şeyler olduğunu göreceksin."

Arik onun gözlerinin içine bakmadan "Umbú!" diye bağırdı.

"Umbú mu? Umbú ne, tatlım? Söyle bana nedir o?"

"Umbú!" diye yineledi çocuk ve yavaşça hırladı.

Carla o zaman anımsadı. Umbú misyondaki küçük, sarı köpekti! Mutfaktan çıktı, Arik'in odasına gitti ve kucağında kocaman, bez bir köpekle döndü.

Bunu Arik'e uzatırken "İşte bu senin yeni Umbú'n!" dedi. Arik onu boynundan yavaşça tuttu, uzun uzun gözlerine baktı, sonra iki parmağını burun deliklerine soktu ve öylece durdu.

"Şimdi gidelim Arik; bu güzel saatleri kaçırmayalım. Köpeğinle sonra oynarsın." Bunu söyledikten sonra Carla oğlanı kucağına aldı, üzerine, etiketi hâlâ duran bir ceket giydirdi, kulaklarına fil biçimli peluş kulaklıklar taktı, bağcıkları olan botlar giydirdi, sonra kendi de mantosunu üzerine geçirdi ve sokağa çıktılar.

Uzun yol boyunca çocuğun yavaşlığı onu şaşırttı. Ağır ağır yürüyordu; sanki yaşlı ya da hasta biri gibi atıyordu adımlarını ve her adımında ayaklarına bakıyordu. Ona bir şey söylemedi. Onun için her şeyin yeni olduğunu, alışmasını zamana bırakması gerektiğini biliyordu. Kendi de yavaşladı ve bir saat dolmadan süpermarkete geldiler.

Orada bazı sorunlarla karşılaştı. Bu kadar malı daha önce bir arada görmemiş olan Arik her şeyi tatmak istiyordu. Duygulanan satıcılar, ona karşı çıkmıyorlar ve görmezden geliyorlardı. İçten içe buna karşı koyan kendiydi. Çocuk kesinlikle bütün bu gördüklerinin onun olabileceğini düşünmemeliydi. Sert ve kararlı bir sesle ona çıkışarak ağzına attıklarını çıkarttırdı. Bu pek işe yaramadı. Arik neredeyse öfkeli bir tavırla önüne gelen bütün kutuları açmaya çalışıyordu.

Bunun üzerine daha önce köpekle buraya gelişlerini anımsadı. Onu kısa zinciriyle kapıdaki özel demirlere bağlıyordu. Arik'e de aynı şeyi yaptı.

Kancayı ceketinin bir askısına takınca çocuk tek söz etmeden dizüstü çöktü. Yanında kıvrık kuyruklu, melez bir köpek vardı.

Elinde torbalarla çıktığında Carla yaşlı bir hanımın ikisinin üzerine eğilmiş olduğunu gördü. Hanım ikisinin de başını okşuyordu. Carla'yı görür görmez hangisinin ona ait olduğunu sordu.

"Bu," diyen Carla torbalarını yere koydu ve Arik'in ceketini kancadan kurtardı. Orada birkaç saniye daha durdu. Yaşlı hanım çocuk hakkında her şeyi öğrenmek istiyordu. Carla nezaketle çocuğun kendine ait olmadığını anlattı. Daha doğrusu kocası da beyazdı. Çocuk onun değildi ama ona aitti. Sonunda gülümseyerek, bu karışık sözlerin anlamını açıkladı; o ve kocası bu çocuğu kısa süre önce Afrika'da evlat edinmişlerdi.

Evin kapısını açarken Carla acayip bir koku duydu. Bu ağır, yabani hayvan kokusuydu. Tuhaf, diye düşündü; çünkü o sabah Arik uyanmadan önce bütün evi çamaşır suyuyla silmişti. Belki de onların yokluğunda açık kalmış bir pencereden eve bir sokak kedisi ya da köpeği girmişti. Her tarafa bakmaya başladı. Bu arada Arik, bez köpeği ile odasına kapanmıştı.

Ayakta durabilmek için gerekli sözcükler iki tane: İyi geceler tatlım ve günaydın anneciğim. Bu şekilde toprağa hiç batmazsın. Sabahları olan daha güçlü bir söz; bir kez söylemekle bulutlar yok oluyor ve misyondaki gibi güneş açıyor. Neredeyse misyondaki güneşi andırıyor, çünkü bu yalancı güneş; hiç ısıtmıyor. Anne, Umbú yerine bana neredeyse örtüden yapılmış küçük bir köpek verdi, ama bu hem dilsiz hem gözleri sabit hem de burun deliklerinde hava yok. Umbú gibi ama soluk almıyor. Bu Umbú'nun totemi. Umbú hâlâ aşağıda, yerde ve bu onu yukarıya, yanıma çağırmak için gerekli olan totem. Bir tek büyü yapmak gerekli. Aşağıda bazen büyü yapanları görürdüm. Totem yakılır ve hiçbir yerde olmayan sözcükler yüksek sesle söylenerek çevresinde zıplanır.

Antonio o akşam saat tam beşte evde oldu. Carla yerleri bir kez daha silmeyi yeni bitirmişti. Lastik eldivenlerini çıkarmadan koşup kocasını karşıladı ve o da karısını alnından öptü. Sonra

Antonio kendine bir kadeh likör koydu ve birlikte divana oturdular.

Carla, Arik ile ilk gezintilerini anlattı. Süpermarkette olan acayip davranışı dışında her şey yağ gibi akıp gitmişti. Çocuğun bu kadar sakin ve bu kadar uysal olabileceğini hiç ummamıştı.

Antonio likörünü yudumladı. "Bu minnet duygusu," dedi, "bize karşı minnet duyuyor. Çocuk uysal, çünkü..."

"Acayip bir koku duymuyor musun?" diye sözünü kesti Carla. "Eve döndüğümüzden beri duyuyorum bu kokuyu. Sanki içeri bir sokak köpeği girmiş gibi..."

Antonio havayı kokladı. "Hayır, doğruyu söylememi istiyorsan, koku duymuyorum. Evet, çamaşır suyu kokusu var ama... Ah, evet şimdi duydum. Pis bir koku. Yabani hayvan gelmedi ya!"

"Ay!" diye fırladı Carla. "Bu yanık kokusu."

Köpeğin bedeninden kara bir duman, minik alevler çıkıyordu; oyuncağın etrafını bir hale sarmıştı. Arik elbiselerini çıkartmış, acayip sözcükler bağırarak oyuncağın çevresinde dönüyordu.

Carla bir kova su getirip köpeğin üstüne döktü. Antonio bir sıçramada çocuğun üstüne atıldı ve onu yere yatırdı. Arik küçük bir yabandomuzu gibi bağırıyor, bağırmayı ve çırpınmayı kesmiyordu. Carla kovayla mutfağa gitti, onu suyla doldurdu ve odaya gelip onu çocuğun üzerine döktü.

Soğuk su etkisini gösterdi. Arik durdu, hareketsiz kaldı.

Antonio, "Artık vahşiler arasında değiliz," diyerek onu ayağa kaldırdı ve giyinmesini istedi. İki kişi birden çocuğu zorla ayağa dikmek, tepeden tırnağa kurulamak ve giydirmek zorunda kaldılar.

Akşam yemeği saati gelmişti.

Donatılmış sofra karşısında çocuk ağzını açmadı.

Sadece onu yatağa, battaniyenin altına yatırdıklarında konuştu. "İyi geceler tatlım," dedi.

"Hepimiz için yorucu bir gün oldu," diye yanıtladı Carla, "ama merak etme, yarın her şey daha kolay olacak." Ve onu alnından öptü.

Sofrayı toplarken Antonio, karısına psikologa telefon etmesini önerdi. Bu elbette sıra dışı bir olaydı, ama aydınlatıcı bir gözle bakmak yerinde olurdu. Carla da buna katıldı. Ertesi sabah onu arayacaktı.

Işığı söndürdüğünde, yatakta kocasının bedenini aradı. Sonra Arik'in bedenini anımsadı. Onu çıplak gördüğünde bir çocuk olmasına karşın tam bir erkek olduğunu fark etmişti. Belki her şey normal değildi, bedensel işlevlerinde yolunda gitmeyen bir şeyler vardı. Bu kuşkularını Antonio ile paylaşmak üzereyken vazgeçti. Onu heyecanlandırmak, hatta belki de kıskandırmak istemiyordu. Kaldı ki bu herkesin bildiği bir şeydi: söylentilere göre zenciler... Arik bir zenciydi. Elbette böyle olacaktı. Carla derin bir soluk aldı. Yanık kokusu gitmişti. Ama o acayip koku geri gelmişti, bunu şimdi kendi üzerinde ve kocasının bedeninde duyuyordu.

Totemi yok ettiler, üstüne su döktüler. Umbú asla gelemeyecek. Büyü yaparak bile Umbú'yu buraya yükseltmeyi başaramamıştı. Şimdi yalnızdı, burada, bulutların arasında sonsuza dek yalnız olacaktı. Yemek yerken bile karnında hiçbir sıcaklık hissetmiyordu. Köpeği olmazsa bedeninin hiçbir yerinde sıcaklık hissedemeyecekti.

Ertesi gün Antonio bir treni yarımadanın öteki ucuna götürmek üzere yola çıktı.

Yangın olayından geriye sadece seramik karoların üstünde daha koyu renkli bir çember kalmıştı. Arik olayı zihninden silmişe benziyordu ve Carla bu konuya geri dönmemeye özen gösterdi.

Öğle yemeğinden az önce Arik ellerini yıkarken, Carla psikologun telefon numarasını aradı. Bir kâğıt parçasına yazdığını ve büyük ajandasının arasına koyduğunu anımsıyordu, ama defalarca karıştırdığı halde bulamadı.

Arik sofrada hiçbir şey yemek istemedi. Umutsuzluğa kapılan Carla onu boynundan yakaladı ve yemekleri ağzına tıkmaya çalıştı. "Ya çorbanı içersin ya şu pencereden atlarsın!" dedi.

Arik bir yılan kıvraklığıyla onun elinden kurtuldu ve koşarak pencereye tırmanıverdi.

Carla öne atılarak ve bacaklarından yakalayarak onu tam zamanında durdurabildi. Birlikte yere yuvarlandılar. Beden bedene yatarlarken onun erkek olduğunu bir kez daha hissetti. Her ikisi de soluk soluğa bir an böylece yattılar. Sonra annesi onu ensesinin altından yakaladı ve odasına sürükledi; ortalıkta bıçak, kibrit gibi nesneler olmadığından iyice emin olunca anahtarı kilitte iki kez döndürerek onu odaya kapattı.

Koridorda yürürken psikologu aramasının şart olduğunu düşünüyordu. Bu arada o acayip koku odaya yeniden yayılmıştı. Sandık odasına gitti, gereken malzemeyi aldı ve son derece titiz bir biçimde bütün odaların yerlerini sildi.

Antonio ertesi gün öğle yemeği saatinde eve döndü. Arik'e yolculuğunu anlattı; üzerinde pek çok insan olan bir treni kullanmanın ne kadar keyifli olduğundan söz etti. Yemeği bitirdiklerinde mutfağa karısının yanına gitti ve ona psikologun ne dediğini sordu.

Gözlerini bulaşık suyuna diken Carla "Her şey yolunda, her şey normal; hep böyle sevgi dolu yaklaşımımızı sürdürmeliyiz," dedi.

Sanki içinde bir cin ruhu varmış gibi üzerine atlayıvermişti. O sadece evine dönmek, annesinin söylediği gibi aşağıya atlamak istemişti. Oysa bu kargaşa olmuş, kargaşa sonucu birlikte yere yuvarlandıklarında ansızın o şeyi hissetmişti. Bir sıcaklıktı bu ama karnında değil, bacaklarının arasında hissetmişti bu sefer. Annesi bir süre güneşte yatan bir kertenkele gibi hareketsiz kalmış, onu koklamıştı ve o da annesini koklamıştı. Sonra cin onu bir yerlerinden ısırmış, öfkeyle iki ayağının üstünde dikilivermişti.

Cinler! Onları misyon yurdunun çevresinde kimi zaman gece, kimi zaman gündüz binlerce kez görmüştü. Cinler yapması akıllıca olmayan her şeyi yaptırırlardı. Köpekler canavarlar gibi havaya hırlarlar, insanlar toprağı ekmeye ya da pınara gideceklerine gündüz vakti yere yatarlar, gözlerini bembeyaz açıp haykırırlardı. Büyü ile şifa bulunurdu; cinler ya tıslayarak insanın dişlerinin arasından ya da büyük bir gürültüyle poposundan çıkarlardı. Eninde sonunda o da bir büyü bulacaktı. Carla o zaman onlardan kurtulacak, sonsuza dek onun annesi olacak, her iki bedende de tatlı bir sıcaklık olacaktı.

Ertesi gün Carla ve Antonio uyandıklarında Arik'i kendi yataklarında buldular ve çok şaşırdılar. Oradaydı; pijamalarıyla battaniyenin üstüne yatmış, Carla'ya sokulmuştu.

Antonio ona "Üşüyeceksin!" dedi ve altına girmesi için battaniyeyi kaldırdı. Pazar sabahıydı... Yan yana yatarak uzun süre böyle battaniyelerin arasında oyalandılar. Sözleri birbirinin ağzından kaparak Arik'e yakında başlayacağı okulunu anlattılar. Büyüklerin yaptığı şeyleri yapabilmek için, dediler, okula gitmek gereklidir. Derslerini çalışarak doktor, mühendis, profesör olabilir ya da babası gibi tren kondüktörlüğü yapabilirdi.

Arik her şeyi dikkatle dinledi. Annesinin gözlerinin içine bakıyor, babasına bakıyor, annesinin daha aşağılarına bakıyordu.

Kalktıkları zaman güzel bir banyo yaptılar.

Antonio küveti doldururken Carla onu soydu.

Bir süre suda oynamasını seyrettiler, elleriyle balon köpüklerini yakalamak isteyişine güldüler.

Sonra Carla büyük bir sünger aldı ve sabunlayarak oğlanın göğsünü ve sırtını temizledi. Sırtını yıkadıktan sonra Arik ayağa kalktı, kollarını ve bacaklarını annesine uzattı. Carla onun bileği ile dizinin arasını yıkarken telefon çaldı. Antonio yanıt vermek üzere banyodan çıktı ve Arik annesinin elini yakalayıp daha yukarıya çekti.

Antonio banyoya döndüğünde "Nasıl da kıpkırmızı olmuşsun!" dedi. "Burada boğucu bir sıcak var." Sonra Arik'i kollarının altından yakaladı ve sudan çıkarttı.

Onu büyük ve yumuşak bir havluyla kurulayan gene Carla oldu. Pudralamayı da bitirince hâlâ çıplak olan Arik onun üstüne atladı. Boyu annesinin beline geliyordu ve onu kendince kucakladı.

Antonio da karısına sarıldı.

"Gördün mü?" dedi. "Olanaksız ya da gizemli olan hiçbir şey yok. Kendini sevdirmek için biraz şefkat göstermek yeterli."

Okula gitme günü geldi çattı. Arik, yepyeni okul çantası elinde, filli kulaklıkları başında, Carla ile erkenden evden çıktı. Bütün ötekilerle birlikte okulun kapısından girdiler. Onlar geçerlerken çocuklar kaçamak davranışlarla Arik'e dokunmak istiyorlardı.

İlk iş olarak müdüre gittiler. Carla ona çocuğu tanıştırdı, müdür oğlanın üzerine eğildi ve masada, kalemlerin yanında duran mavimsi karamelalardan ikram etti. Sonra yalnız kaldıklarında Arik'i büyük bir karatahta önüne götürdü ve sabırla bir saat kadar sorular sordu. Sonunda çocuğun hemen hemen hiçbir şey bilmediği kararına vardı.

Birinci sınıf öğretmenlerinden birini çağırdı ve yeni çocuğun durumunu ona bildirdikten sonra birlikte sınıfa gitmelerini söyledi.

Öğretmen genç ve konuşkandı. Sınıfa gidene dek Arik'e küçükken Afrika'ya gitme hayalleri kurduğundan söz etti. Misyonerlik yapmak, onun gibi küçük çocuklarla ilgilenmek isterdi. Filleriyle, aslanlarıyla ve geri kalan bütün güzellikleriyle oralar harika yerler olmalıydı...

Arik, yanında yürürken parlayan gözleriyle ona bakıyor, sessizce dinliyordu. Sınıf kapısına vardıklarında öğretmen onun paltosunu ve kulaklıklarını çıkarttı ve eliyle onu içeriye doğru itti.

İçeride beklenmedik bir sessizlik oldu. Cetveliyle, silgisiyle oynayanlar elleri havada donup kaldılar.

"Çocuklar!" diye bağırdı bunun üzerine öğretmen. "Bu sizin yeni arkadaşınız. Adı Arik ve çok uzaklardan, Afrika'nın kalbinden geliyor. Ona karşı nazik davranmalı, gereksinmesi olduğu her sefer yardımcı olmalısınız. Elbette o da bunun karşılığında size ülkesine ilişkin pek çok harika şey anlatacaktır."

Bunları söyledikten sonra Arik'i sırasına oturttu ve her günkü gibi derslerine başladı.

Arik'in yanında tombul ve kızıl saçlı bir kız oturuyordu. Bu küçük kız onun çantasını özenle açtı, gerekli kitap ve defterleri düzenle sıraya dizdi.

Öğretmen, çocuklara Roma tarihini anlatıyordu. Romus ve Romulus adındaki ikizler, insanların acımasızlığı sonucunda nehre bırakılmışlardı ve sonunda sevgiyi bir dişi kurtta bulmuşlardı. Bu vahşi hayvan onları kendi yavruları gibi emzirmişti. Bu açıklamalar bittikten sonra öğrencilerden renkli kalemlerle öğrendiklerinin resmini çizmelerini istedi.

Yarım saat sonra kızıl saçlı kız Arik'in resmini kürsüye getirdi.

Öğretmen bu resmi dikkatle inceledi. Kâğıdın üzerinde dişi kurt değil bir dişi aslan görünüyordu. Aslanın memelerine yapışmış üç yavrusunun yanı sıra bir de zenci çocuk vardı. Öğretmen bir şey söylemeden kâğıdı ötekilerin arasına koydu. Bu çocuğun hayal dünyasına ait bir şey miydi? Yoksa gerçekten böyle mi olmuştu?

Teneffüs zili çaldı. Çocuklar büyük bir şamata içinde koridora döküldüler. Yalnız kaldığında Arik başını dizlerine dayayıp kendi içine kıvrıldı.

Teneffüsten sonra coğrafya dersi başladı. Öğretmen onlara halklar arasındaki farkı gösterdi.

Bütün insanlar aynı atalara sahiptiler ve hepsi iki kişiden türemişlerdi. Ne var ki zamanla, iklim ve beslenme farklılıkları sonucunda onlar da farklılıklar göstermişlerdi. Sarı saçlı beyaz insanların yanı sıra tenleri siyah, sarı ve Kızılderililer gibi kızılımsı olan ırklar vardı. Bazı beyaz insanların saçları siyah olabilirdi.

Sonra Arik'in sırasının yanına geldi. Bir elini onun başına koydu ve herkese savanların kuru sıcağında doğan çocuğun burun deliklerinin geniş, güneşin en kızgın ışınlarına maruz kalan teninin onu korumak için koyu renk olduğunu anlattı.

"Kulaklarına da bakın," diyerek sözlerini sürdürdü, "ne kadar büyükler. Fillerin kulakları da böyle kocamandır. Oysa kutup ayılarının kulakları nasıldır? Görünmeyecek kadar küçücüktür. Çünkü bedende biriken ısının dağılması gereklidir. Soğuk iklimde yaşayan ayının kulakları küçüktür, sıcakta yaşayan filinkiler büyük. İşte bunlar iklim koşullarına uyumlanmanın harika sonuçlarıdır."

Zil çaldı.

Herkesten önce ayağa fırlayan Arik, öyle hızlı davrandı ki, neredeyse sırasını devirecekti. Filli kulaklıklarını taktığı zaman küçük bir çocuk yüksek sesle fil sesi çıkarttı.

Eve döndüklerinde Carla küvete su doldurdu, onu içine soktu ve lifli bir eldivenle onu yarım saat ovuşturarak yıkadı. Arik'i sudan çıkardığında oğlan elinden kaçtı ve dansa benzeyen acayip sıçramalarla ve ulumalarla çevresinde dönmeye başladı. Carla onu yakalamaya çalıştı, ama başaramadı. Kollarını havaya kaldırmış, durması için haykırırken Arik onun karnına doğru koştu ve iki kez ısırdı.

Carla bunun üzerine hiç yapmadığı bir şeyi yaptı. Suratına bir tokat attı.

Az sonra ütü yaparken sınıf öğretmeni onu aradı. Temkinli sözlerle Arik'in ilk yıllarına ilişkin bilgi istedi.

"Aslanlarla mı?" diye yineledi Carla şaşkınlıkla. "Hayır, bildiğim kadarıyla hayır. Benim bildiğim kadarıyla yok böyle bir şey."

Carla o akşam tek başına yattı. Antonio her hafta olduğu gibi treni yarımadanın öteki ucuna götürüyordu.

Gecenin yarısında heyecanla uyandı. Karanlıkta birisi ona bakıyor, kirli elleri ya da pençeleriyle ona dokunuyordu. Rüya mı görüyordu? Ona mı öyle geliyordu? Yalınayak ayağa fırladı ve gidip odasının kapısını kilitledi.

Dört gün sonra pencerelere demir parmaklıklar takmak üzere işçiler geldi. Carla, yalnız olduğu geceler kendini güvende hissetmediğini kocasına itiraf etmişti. Antonio onu korkularından uzaklaştırmaya çalışmış ve eve büyük, güçlü bir bekçi köpeği almayı önermişti. Ama o ayak diremişti. Huzurla uyuyabilmek için tek yol bütün girişleri kapamaktı. Antonio sonunda kabul etmek zorunda kalmıştı. Böyle küçük bir nedenle karısının kalbini kırmak istemiyordu.

Öğle yemeği sırasında Antonio, Arik'in boynunda ve ellerinde kırmızımsı kabuklar olduğunu fark etti.

Carla daha iyi görebilmek için yakından baktı. "Evet, doğru," dedi, "belki okulda uyuz salgını vardır." Sonra yemeğini bitirmesini beklemeden oğlanı kaptığı gibi banyoya götürdü. Onu her zamanki sabunla değil, yerleri sildiği deterjanla yıkadı.

Ertesi sabah iki mektup aldılar. Mektuplardan biri Carla ve Antonio, öteki de Arik içindi.

Arik'e gelen, üzerinde aslan resmi olan bir kartpostaldı. Arkasında şöyle yazıyordu: "Nasıl gidiyor minik dostumuz?" Karttaki imzaların biri Filo'ya, öteki, misyonere aitti.

Anne ve babaya gelen mektupta ise Peder Johannes çocuğun gösterdiği gelişme ile ilgili bilgi edinmek istiyordu.

Yemekten sonra Arik odasına girdi. Antonio da işe gitmek üzere çıkınca Carla sessizce oğlanın odasına gitti. Kepenkler kapanmıştı. Yarı loş odada onun ışıldayan gözlerini gördü. Sonra da geri kalanı gördü. Çocuk, aldığı kartpostalı organının çevresine sarmış hızla öne arkaya itiyordu.

Öfkeden deliye dönen Carla oğlanın üstüne atıldı, ona kitapla, ayakkabıyla, sonra da yazı masasındaki lambayla vurmaya başladı; sonra onu çeke çeke banyoya götürdü ve lavaboya su doldurmaya başladı. Bir yandan da şöyle bağırıyordu: "Ben bir çocuk istiyorum! Bir çocuk! Hayvan değil!" Sonra da oğlanın başını suyun içine soktu.

Yukarıda büyüler hiç işe yaramıyorlar. Sonunda anlamıştım, bunu engelleyen renklerdi. Büyüler beyazdan beyaza, siyahtan siyaha işe yarıyor. Demek ki annemi özgürleştirmek için yapacak tek bir şey var. Beyaz olmak.

Ertesi gün daha öğle olmadan Arik yanında

bir hademeyle eve döndü. Bu saatte gelmesi Carla'yı meraklandırdı. Hasta olup olmadığını, ateşi çıkıp çıkmadığını sordu.

Hademe başını salladı. "Can sıkıcı bir olay," demekle yetindi.

Ders saati bitince öğretmen telefon etti. Arik sıra arkadaşını ısırmıştı. Onu bir süre okuldan uzak tutmasını ve bir psikologa göstermesini istiyordu.

Carla kendini divanın üstüne attı ve ağlamaya başladı.

Arik mutfağa gitti ve soluk bile almadan iki litre süt içti.

Antonio eve döndüğünde Carla hâlâ ağlıyordu.

Şaşkınlıkla "Bir şey mi oldu?" diye sordu.

"Ah, hayır; bir şey yok. Sadece bu koku beni çıldırtıyor; bir türlü yok edemiyorum."

Kocası yanında olunca rahatladı ve uyuyakaldı.

Uyurken, Antonio psikologun telefon numarasını aradı. Bir türlü bulamıyordu. Ne yazık ki soyadını da anımsamıyordu.

Sonraki günlerde Arik okula gitmedi. Carla, Antonio'ya sınıfların boyandığını, on gün için bütün çocukların evde kalacağını söyledi. Antonio neşelendi. Bu hiç olmazsa oğluyla zaman geçirebilmesi için iyi bir fırsattı.

Bir gün onu yanında istasyona götürdü. Bütün iş arkadaşları çevrelerine toplandılar ve içlerinden biri kırmızı şapkasını oğlanın takmasına izin verdi. Şapka başına çok büyük geldi. Gözlerinin üzerinde siperlik, ağzında düdük, Arik raylar arasında bir sarhoş gibi sendeleye sendeleye gezindi.

İçlerinden bazıları peşinden gittiler ve gülerek şapkasını başından aldılar. Oğlanın hiç gülmemesi onları hayal kırıklığına uğrattı.

Bir pazar günü sirke gittiler. Büyük bir sirkti ve gösterinin tadını çıkartabilmek için ilk sıradan bilet almışlardı. Akrobatlar, hokkabazlar, develer ve uzun bacaklı at terbiyecileri vardı. Ayrıca tüyleri pırıl pırıl parlayan kaplanlar ve aslanlar da vardı. Hepsi kırmızı tulumlar giymiş on kadar zenci, ara verildiğinde sahneye bu vahşi hayvanların gireceği bir kafes kurmuşlardı.

Antonio, Arik'e dönmüş ve "Bak gördün mü?" demişti. "Şimdi aslanlar girecek."

Demir parmaklıklardan oluşmuş bir tünelden giren vahşi hayvanlar davul gümbürtüleri ve orkestranın müziği eşliğinde koşarak pistin ortasında duran terbiyecinin yanına geldiler. Her kırbaç şaklamasında aslanlar zıplıyorlar, koşuyorlar, ayaklarıyla yere vurarak beşe kadar sayıyorlardı. Sonra davullar ritmi yavaşlattılar; en büyük aslan ağzını kocaman açtı ve terbiyecisi, parmak uçlarına kalkarak başını onun ağzına soktu.

Ansızın elektrik kesildi ve sirkin içi sessizliğe büründü. Bir saniye sonra korkunç bir çığlık havayı âdeta yırttı.

Demek ki yukarıda da onun gibi kara ve ağır insanlarla aslanlar vardı. Ama yukarıda aslanlar oyuncak bebek gibi olmuşlardı. Gölgede uyuyacaklarına ya da ceylanları parçalayacaklarına pençelerini boşluğa doğru sallıyorlardı. Onun Peder Johannes'e, Umbú'nun da ona boyun eğmesi gibi aslanlar o yarı çıplak adama itaat ediyorlardı. Şimdi yüreği yanmaya başlamıştı. Aşağıyı düşündüğü zaman hep böyle oluyordu. Sırtı da alev alevdi ve kollarının ve bacaklarının derisi yanıyordu. Herhalde yeni beyaz derisi çıktığı için böyle oluyordu. Öyle olması için önce litrelerce süt içmişti; o kadar çok içmişti ki hiç durmadan tuvalete gidiyordu. Ama elini çabuk tutmalıydı, çünkü annesinin yardıma gereksinmesi vardı. Şeytan, sirkte onun ağzından öyle korkunç bir çığlık atmıştı ki babası bile daha beyaz olmuştu.

Kasım başında Antonio uzun soluklu bir dizi yolculuk için yola çıktı. Kapıda eşiyle vedalaşması her zamankinden uzun sürdü. Sokakta uzaklaşırken üç kez geri dönüp baktı. Ona, küçük bahçelerine, evlerine, çocuğun ışık yanan odasına baktı.

Gökyüzü kurşun gibiydi. Carla içeriye girdiğinde yağmur başladı. Sabahlığına sarınarak salona gitti ve televizyonu açtı. Her yanda yarışmalar vardı; kapattı. Bir arkadaşına telefon etti. Biraz sohbet ettikten sonra, "Senden ayrılmalıyım çünkü oğlan ödev yapmak için beni bekliyor," diyerek telefonu kapattı.

Yağmurun sesi dışında ortalıkta büyük bir sessizlik egemendi. Salondaki yazı masasından bir kâğıt ve kalem aldı. Aklına uzun süredir görmediği kuzinine mektup yazmak gelmişti.

Kâğıdın tepesine 'Sevgili Margherita,' diye yazdı. 'Belki de duymuşsundur; ben ve Antonio bir evlat edindik. Adı Arik ve...'

Kalem elinden düştü. Canı yazmak istemiyordu. İki mavi hap yuttu ve kendini divana bıraktı. Orada yüzüstü yatarken, ağlamaya başladı; ağlaya ağlaya bir bulanıklığa doğru kaydı.

Daha büyük ağızları olan aslanlar, sessizce camlara dayanan kara eller vardı. Karanlıkta gözler parlıyor, uzaydan gelen bir gemi bahçesine iniyordu. İçinde zenci Marslılar vardı ve parmaklıklarla kepenklerin arasından bakıp onun adını fısıldaşıyorlardı. Sonra ansızın bedeninde bir ısınma, kendi bedeni üzerinde bir başka bedenin ağırlığını hissetti.

Bir şey göğüsleri üzerinde dolaşıyor, ağzını açmaya çalışıyor, ağzına giriyordu. Sıcak ve hoştu. "Antonio?" dedi. Gözlerini açtığında üzerinde yatan Arik'i, ağzına giren kırmızı dilini gördü.

Carla, Arik'i ensesinden yakalamayı başardı; bir iskemleye bağladı ve eline geçirdiği elektrik teliyle kanatana kadar kırbaçladı. Küveti kaynar suyla doldurdu ve onu içine attı. Yaralarını yer temizleme deterjanıyla ovdu, onu tekme tokat sudan çıkarttı ve odasına attı. Sonra ağzına gelenleri bağırarak, üzerinde sabahlık ve terliklerle çıktı.

Sevgili Umbú, hafif ve beyaz olmayı başaramadım. Tam başaracaktım ki yapmaya çalıştığım son büyüde işler yolunda gitmedi. Annenin beyaz rengini ağzından içmeye çalışıyordum, ama o bunu istemedi. Cin daha güçlü çıktı. Onu bağırttı, gözlerini kırmızıya boyadı. Söylediklerinden tek bir kelime bile anlamadım.

Buraya, yukarıya gelmemekle çok iyi yaptın. Burada hiçbir sıcaklık yok, hem de hiç. Filo'ya çok çok yanıldığını söyle. Gene de uyanık ol ve beni bekle çünkü pek yakında aşağıya ineceğim.

Sorumlu oldukları aslan kafeslerinin yakınında sigara içen Cisse ve Abdul güçlü bir kükreme duydular. Bu öyle müthiş bir kükremeydi ki sirkte çalışmaya başladıklarından beri böylesini işitmemişlerdi.

"Tuhaf," dedi Abdul. "Yemek saati de değil!"

"Evet," dedi Cisse. "Bak dinle... Duyuyor musun? Bu bir hayvan yavrusunu parçalayan dişi aslanların kükremesi."

Carla'nın bedeni aynı gün evinden pek uzak olmayan bir sulama kanalında bulundu. Yardımına koşanlar onu tanımakta zorluk çektiler çünkü dipteki balçık ve zift yüzünü tamamen kaplamıştı.

Onun bulunduğu saatte Antonio, treni Napoli'den Messina'ya doğru götürüyordu. Gömme işlemleri için gerekenleri yapmak Antonio'ya düştü. Cenaze işleri görevlisi ile uzun boylu tartışmak zorunda kaldı. "Anne ve oğul aynı mezara konmamalı," dedi. Çocuktan geri kalanlar yakılmalıydı. Külleri sonra Afrika'ya göndermeyi düşünebilirdi.

Törenden sonra arkadaşları ve meslektaşları onu eve kadar uğurladılar. Kapının eşiğine vardıklarında Antonio yalnız kalmak istediğini söyledi.

İlk iş olarak kepenkleri açtı. Sonra bir mektup kâğıdı ve kalem alıp mutfak masasına oturdu ve yazmaya başladı:

'Sevgili Peder Johannes...'

Kim Takar...

Perşembe günü her zamanki gibi kanasta oynamaktan dönen Profesör Baraldi, iki gençle karşılaştı. Her ikisi de otuz yaşından büyük değildi ve sağlam yapılıydılar. Bir tanesi gözlerini yummuş, yanlamasına yatmıştı; öteki de duvara dayanmıştı ve bacaklarının arasında bir karton tutuyordu. Üzerinde 'Açız' yazıyordu. Önlerindeki plastik çanakta birkaç kuruş para ışıldıyordu. Profesör hayatında bu kadar genç ve bu kadar sağlıklı dilenciler görmemişti.

Eve doğru yürürken düşünmeyi sürdürdü. Bir süre önce torunu ile sokakta karşılaşmasını anımsadı. Sokakta yaşıtı arkadaşlarıyla yürüyor ve çiklet çiğniyordu.

Pek dikkatini vermeden, "Merhaba dede," diye gevelemişti ağzında.

"Tükür onu!" diye çıkışmıştı dedesi. "Çabuk tükür onu."

Massimiliano onun yüzüne gülerek "Kim takar!" demiş ve arkadaşlarıyla uzaklaşmıştı.

Profesör bunları düşünerek yürürken farkına bile varmadan evine vardı. Asansörde iki elini bastonuna dayanarak içini çekti: "Dünya hangi cehenneme gidiyor?"

Profesör Baraldi seksen beş yaşındaydı ve on

beş yıldan bu yana duldu. Şifa bulmaz bir hastalık ondan daha genç olan karısını alıp götürmüştü. Evlendikleri zaman Baraldi orduda subaydı, ama ilk oğullarının doğumundan sonra askerlikten ayrılarak kendini karısının pek büyük olan mal varlığını yönetmeye adamıştı. Daha sonra bir vergi danışmanlığı bürosu açmış ve yetenekleri sayesinde başlangıçta var olan servetin çok daha büyüğünü yaratmayı başarmıştı.

Seksen yaşında hafif bir beyin rahatsızlığı sonucunda hekim önerisiyle büronun yönetimini çocuklarına bırakmış, ama kendini salıvermemişti. Hatta tam tersine daha düzenli ve özenli bir yaşam sürmeye başlamıştı.

Sürekli yinelemekten hoşlandığı üzere, düzen ve saygı bizi hayvanlardan ayıran biricik değerlerdi.

Profesör beyaz panama şapkasını vestiyere asarken "Arnilda!" diye seslendi.

Yanıt alamadı.

Sıkıntılı bir edayla "Arnilda!" diye yineledi.

Az sonra koridorun dibinden iki kara ve parlak göz göründü.

Buyurgan bir tavırla başını sallayan ve içini çeken yaşlı adam "Elbette ya, Rossella!" dedi. "Buraya!" diyerek ayaklarını gösterdi. Loşluğun içinden çekingen tavırlı, siyahi bir genç kız belirdi; üzerine beyaz ve kırmızı kareli bir önlük takmıştı. Beceriksiz hareketlerle yaşlı adamın ayaklarına eğildi ve ayakkabılarını çıkarttı.

Yarım saat sonra Profesör televizyonun karşısına kurulmuş sofraya oturdu. Sunucu, denizleri kaplayan bir balçıktan söz ediyordu. Kıyıda duran bazı yüzücüler, yaklaşan jölemsi bir lekeye bakıyorlardı. 'Arnilda gitti,' diye düşündü Profesör, 've belki yakında ben de gideceğim...' Karnında bir boşluğun açıldığını hissedince yeniden Rossella'yı çağırdı. Kız elinde melamin bir çanakla çıkageldi.

Profesör, "Ah, evet, salatalıklar!" dedi, ama kız bunları tabağına koyunca iştahı kaçtı. Elli yıl boyunca Arnilda onun salatalıklarını ince ince doğramıştı; şimdi Rossella'nın tabağına koyduğu ve böyle vahşice doğranmış parçaları yiyesi gelmiyordu.

"Git bana iki yumurta kır," dedi. Az sonra kız bu kez elinde omletle döndüğünde ona bütün ayrıntısıyla salatalıkları Hıristiyanların da yiyebileceği biçimde nasıl ince doğraması gerektiğini anlattı. Sonunda peçetesini katlayarak içini çekti: "Ah Arnilda'm benim; Pupo'nun[1] ne hallere düştüğünü bir görsen!"

Arnilda Profesör'ün ailesinin hizmetine girdiğinde o beş yaşındaydı. Fiume Veneto yöresinin bir çiftçi ailesinden geliyordu ve henüz küçük bir çocuk olan Profesör'e büyük bir kadın gibi görünmüş olsa bile, o dönemde on iki ya da on üç yaşında olmalıydı. Ona o zaman 'Pupo' adını takmıştı ve iki ay önce kalbindeki bir üfürme onu alıp götürene kadar o Arnilda dadısının Pupo profesörü olarak kalmıştı.

İşte o günden başlayarak seksenlik Profe-

---

[1] Pupo: Bebek. (Çev.)

sör'ün unutkanlıkları artmaya, ihmalkârlıkları çoğalmaya başlamıştı.

Bir pazar günü büyük oğlunun evinde yemekteyken, sofraya oturmadan ellerini yıkamak için yerinden kalkmış, ama banyoya yöneleceğine mutfağa girmiş ve gaz musluklarını açmıştı. Aynı akşam kaygıya kapılan iki oğul Arnilda'nın yerine birinin konması gerektiği kararına varmışlardı.

Böyle birini İtalya'da bulmanın ne kadar zor olduğu kısa sürede ortaya çıkmıştı ve bu nedenle başka kıtalardan gelen yardımcılar bulmakta uzmanlaşmış bir şirkete başvurmuşlardı.

Bir ay sonra Yeşilburun Adaları'ndan Rossella çıkagelmişti.

Onun kapıda belirdiğini gören Profesör, "Ah iyi, saz kulübelerden bir kız geldi!" demişti. Bu yepyeni durum karşısında itirazda bulunmaması çocuklarını pek sevindirmişti.

Ama Arnilda her zaman aklındaydı ve özellikle evde yalnız kaldığında –ya da öyle olduğunu sandığında– hiç durmadan onunla konuşmayı sürdürüyor, o hâlâ yanı başında yaşıyormuş gibi davranıyordu.

Rossella on dokuz yaşındaydı ve adadaki dini misyonların birinde eğitim almıştı. Orada, rahibelerden dikiş dikmeyi, biraz da piyano çalmayı öğrenmişti.

Yatak komşusu Maria İtalya'da çalışmaya gittiğinde onu da yanına çağırtacağına söz vermişti. Maria ve Rossella çok yakın arkadaştılar. Birincisi ne kadar neşeli ve gürültücüyse, ikincisi de o kadar sessiz ve içine kapanıktı.

Misyon yurdunda kaldıkları süre boyunca başrahibe onları düzeltmek için çok uğraşmıştı. Gözlerini onun pek parlak gözlerine dikerek "Rossella tatlım," diyordu, "dikkatli olmalısın, çünkü sözcüklerin arkasında sözcükler gizlidir, ama sessizliğin içinde 'herhangibirşey' yuvalanmış olabilir."

'Herhangibirşey'in pek çok adı vardı ve Rossella bunu çocukluğundan beri bilirdi. Büyükannesinin canlı tavukları yoluşunu ve tüylere bir ad vererek bunları ateşe tutuşunu defalarca görmüştü. Başka adları da fırtınalı gecelerde onu deniz kenarına götüren erkek kardeşleri kulağına fısıldamışlardı.

'Herhangibirşey' nesneleri ansızın ortadan yok edebilir, fazla meraklı çocukları kör edebilirdi. 'Herhangibirşey' hiç görünmezdi ve kötülük yapabilir, hem de çok kötü olabilirdi, ama onu evcilleştirmek için de yöntemler vardı. Bunu doğru zamanda kullanmayı bilmek kurtulmayı sağlardı.

Profesör Baraldi'nin 'herhangibirşey'inin adı Arnilda idi. Rossella, bunu işe girdiği ilk gün anlamıştı. Profesör evdeyse 'Herhangibirşey' Arnilda onun hep yanında oluyordu ve o her zamankinden farklı bir ses tonuyla hiç durmadan onunla konuşuyordu; banyoda ya da yatakta ışığı söndürdüğü zaman bile bu konuşmayı kesmiyordu.

Profesör dışarıdaysa Arnilda gücü eline geçiriyor, elindeki tabakları yere düşürüyor, ateşin üzerindeki şeyleri yakıyor, yerleri süpürür süpürmez ortalığa toz yayıyor ve bu tozla marley zemine tuhaf hiyerogliflerle bir şeyler yazıyordu.

Gelmesinden bir hafta sonra Maria ona telefon etti ve pazar günü birlikte dışarı çıkabileceklerini söyledi. Rossella bunu duyunca sevinmekten çok, rahatladığını hissetti.

Profesör Baraldi yatakta oyalanmayı seven insanlar kategorisine hiçbir zaman girmemişti. Ona göre insan yalnızca bedenini dinlendirmeye yetecek kadar uyumalıydı. Yılların geçmesiyle uyku saatleri giderek azalmıştı. Sabahın üçünde ya da dördünde uykusunu almış olarak uyanması nerdeyse olağan sayılacak kadar sıklaşmıştı.

O cuma sabahı da öyle oldu. Biliyordu, bu yaşının etkisiydi, yine de derin bir rahatsızlık duymadan edemiyordu. İnsanın artık yapacak hiçbir işi kalmadığı dönemde kullanımına bu kadar uzun saatlerin düşmesi ne anlamsızdı.

Üstelik o gece iyi uyumamıştı; önce klimayı açmasına neden olacak kadar sıcak, sonra da soğuk yüzünden uyanmıştı. Köprünün üstünde gördüğü o genç ve güçlü iki dilenciyi neden bir türlü aklından çıkartamadığını bir türlü kestiremiyordu. Kilisenin çanları dördü vurduğunda Profesör Baraldi ışığı yaktı; çocuklarının ve torunlarının fotoğraflarını sergileyen çerçeveyi aydınlattı.

Tam onlara bakarken bir an içinde dünyanın nereye gittiğini anlayıverdi. Dünya ahlaksızlığa doğru gidiyordu; işte sorun buydu.

Profesör kalktı, terliklerini ve devetüyü sabahlığını giyerek balkona çıktı.

Aşağıdaki aydınlık ve boş caddeden tramvay geçiyordu. Doğuya dönük yapılara baktı; antenlerin ve asansör kafeslerinin ardında hafif bir aydınlanma görünüyordu.

"Her şey bu yöne gidiyorsa," dedi kendi kendine, "insanın bu dünyaya torunlar bırakmasının ne anlamı var?"

Profesör balkonda durduğu sırada, torunları için bir şeyler yapmaya karar verdi. Kaçınılmaz biçimde terbiyesizliğe doğru sürüklenen torunları ve bütün dünya için bir şeyler yapmalıydı.

İçeriye girdi, yıkandı ve tıraş oldu; ceketini giyip kravatını taktıktan sonra yazı masasına oturdu ve yaşlılara özgü o titrek yazısıyla beyaz bir kâğıda şunları yazdı: 'Düzen ve saygı üzerine bir makale.'

Pazar sabahı saat sekizde Rossella çoktan hazırlanmıştı bile. Mavi bir etekle beyaz bir gömlek giymiş, yatağın üstüne oturup beklemeye başlamıştı.

Maria saat dokuzda uğrayıp onu alacağını söylemişti. Rossella çıkmak ve kenti görmek için sabırsızlanıyordu. Kendisi daha yurttayken arkadaşının ona yazdığı mektupları ezbere hatırlıyordu: Burası harika, satın alınabilecek pek çok şey var ve insanın eğlenmediği tek bir günü bile olmuyor.

Maria iki çocuklu bir aile yanında iş bulmuştu. Onun gelmesinden sonra becerikliliğini gören patronları çocukların havuza ya da İngilizce dersine kolayca gidebilmeleri için sürücü belgesi edinmesini sağlamışlardı. Ona bir de ikinci el, küçük otomobil satın almışlardı ve işte o pazar sabahı Maria o otomobille gelecekti.

Rossella içini çekti, ellerini ovuşturdu. Bir saat sonra rüyası gerçek olacak, ikisi birlikte gerçek hanımlar gibi otomobille kentte gezmeye çıkacaklardı.

En sonunda kapının zili çaldığında Rossella apartmandan dışarı koşuverdi.

Rengârenk çiçek desenli, üzerine sıkı sıkıya oturan bir giysi giymiş olan Maria onu kaldırımda bekliyordu.

Arkadaşını görünce kollarını açtı ve keskin bir çığlık attı. Rossella da aynen öyle yaptı ve sıkı sıkı kucaklaştılar. Sarmaş dolaş olarak konuşmaya ve sorular sormaya başladılar.

Arabaya bindiklerinde Maria heyecandan sulanan gözlerini kuruladı; aynaya bakarak rujunu ve rimelini tazeledi.

Sabırsızlanan Rossella "Nereye gidiyoruz?" diye sordu.

"Sürpriz!" dedi Maria; sonra arabayı öne sıçratarak park yerinden çıktı.

'Sürpriz', büyük bir ikinci el giysi pazarıydı ve bütün sabahı burada geçirdiler.

Maria, Rossella'ya yeşil lame, dar bir giysi satın alabilmesi için ödünç para verdi. O gün öğleden sonra bir partiye gideceklerdi ve Maria, arkadaşının yeni hayatına bir kraliçe gibi girmesini istiyordu.

Rossella yeni giysisini otomobilin içinde iki büklüm olarak denedi. Fermuar giysinin yan tarafındaydı ve bunu çektiğinde kumaşın sökülmeye başladığını hissetti.

Aynı anda dışarıda yağmur yağmaya başladı.

Torpido gözünden bir dikiş takımı çıkartan Maria, "Korkacak bir şey yok," diye yatıştırdı onu.

Yaz yağmuru bardaktan boşalırcasına yağmaya başlamıştı; gökyüzü kurşun gibi kararmıştı.

Maria otomobilin içindeki ışığı yaktı ve ipliği iğneye geçirdi.

Rossella bluzunun düğmelerini iliklerken "Bana partiden söz et," dedi.

Gözlerini dikişinden ayırmayan Maria, öğleden sonra olacakları, karşılaşacakları gençleri ve bu gençlerden hangilerini daha ilginç bulduğunu bir bir anlattı.

Rossella, sekiz saat sonra eve döndüğünde ayakları öyle acımıştı ki ayakkabılarını apartman girişinde çıkarttı ve merdivenleri yalınayak tırmandı.

Salonun ışığı yanıyordu; Profesör yazı masasının başına oturmuştu. Rossella odasına girebilmek için onun önünden geçti. Üzerinde hâlâ yeni aldığı yeşil, dar giysisi vardı. Dansın coşkusuyla giysi birkaç yerinden sökülmüştü ve aralardan siyahi teni görünüyordu.

Onun selam vermesiyle Profesör başını kaldırdı.

Yaşlı adam bir şey söylemedi, ama Rossella onun bakışlarını odasına kadar üzerinde hissetti.

Duş yaparken Maria'nın ona Arnilda'nın 'herhangibirşey'ine ilişkin söylediklerini düşündü.

Olası bir çözüm üzerine yoğunlaşmış olarak banyodan çıkan Rossella yatağının üstüne hazırladığı temiz çamaşırlarını ve geceliğini almak üzere odasına gitti.

Gecelik oradaydı ama külodu yok olmuştu. Yatağın altına mı düştü diye merak edip yere eğildi.

Külot yerde de değildi.

"Ah, hayır!" diye yüksek sesle haykırdı ve hâlâ çıplak olarak tırnak törpüsünü alıp anahtar kilidine soktu.

Böyle yaparsa 'Herhangibirşey' Arnilda odasına giremezdi.

Profesör bütün gün evde kaldı ve makalesini yazdı.

Öğle yemeği olarak Rossella'nın bir gün önceden hazırladığı domates ve mozzarella peynirini yemişti ve birazını da akşam yemeğine ayırmıştı.

Saat üçe doğru çocukları Cebelitarık'tan telefon ettiler. O yıl ilk defa hep birlikte bir yat kiralayarak tekne gezisi yapmaya karar vermişlerdi. Ağustos başında Livorno'dan yola çıkmışlar ve Kanarya Adaları'na doğru yelken açmışlardı. Mola verdikleri limanlardan babalarına telefon ediyorlardı.

O gün öğleden sonra Annamaria babasına "Ne yapıyorsun?" diye sordu.

Aldığı yanıt "Sizin için çalışıyorum," oldu.

Bu sözleri izleyen sessizlik sırasında Profesör, torunlarının vahşi çığlıklarını duydu. Olasılıkla telefon kabininin çevresinde zıplayıp hopluyorlardı.

O akşam Profesör'ün çocukları, bir kıyı lokantasında yemek yerlerken babalarının bu bilmece gibi yanıtının ardında korkacak bir şey gizlenip gizlenmediğini düşündüler.

Gelini "Neyse ki stüdyonun anahtarları artık onda değil," dedi.

Ötekiler de "Neyse ki öyle!" diyerek ona katıldılar.

Yazı masasına dönünce Profesör yazmış olduğu sayfaları baştan sona okudu. Gururlanarak, vergi danışmanlığının yanı sıra mükemmel bir deneme yazarı olabileceğini de düşündü.

Gelecek yüzyıllar boyunca onu dürüstlüğüyle anmalarını umduğunu söyleyerek, çocuklarına, torunlarına ve onların gelecekteki torunlarına hitaben bir giriş yazısı yazdı ve sonra hemen konuya girdi.

İlk cümlesi 'Doğa düzenin öğretmenidir,' oldu. Bu tanımdan sonra karıncaların hayatına ilişkin olarak verdiği ayrıntılı bilgi iki dosya kâğıdını önlü arkalı doldurdu.

Sadece böcekler dünyasına ilişkin giriş yazısında ev ansiklopedisine başvurmak zorunda kalan Profesör, yazının devamında çalışkanlığı düzenin ürünü olarak göstermekle ahlak dersini vermiş oldu.

O anda kilisenin çanları yedi buçuğu çaldı ve Profesör akşam yemeği için kalemi kâğıdı bıraktı.

Yarım kalmış şarap şişesini açarken aklına şu soru takıldı: Acaba düzen mi çalışkanlığın ürünüydü, yoksa çalışkanlık mı düzenin ürünü?

Yazı masasına döndü ve düşüncelerini toparlayabilmek için bir bütün sayfayı arıların olağanüstü yaşamı ile doldurdu.

Sonunda, "Elbette ya!" diye bağırdı. "Çalışkanlık, düzenin ürünüdür. Nasıl oldu da yanıldım?"

O noktada memelilerin üst sınıfında bulunanlara bir gönderme yaptı ve asıl amaçladığı noktaya ulaşmak üzere insana ve onun ahlaksız geleceği konusuna geldi.

Tanıdığı en büyük memeli –onu Abissinia'da görmüştü– aslandı. Bunun üzerine 'Bakın çocuklar,' diye yazdı, 'ormanların kralı nasıl da soylu ve ihtişamlıdır.' Orman sözü üzerine biraz düşündü. Aslanlar hep açık alanlarda yaşarlardı. Bunun üzerine 'orman' sözcüğünü sildi ve 'savan' yazdı.

'Aslan...' diye yeniden başladı ama hemen durdu.

Aslanlar ne yapardı?

Onları hep güneşte ya da gölgede otururlarken görmüştü. Bütün bir gün bir şey yapmıyorlarsa nasıl böyle aristokrat olabiliyorlardı?

Profesör ağır hareketlerle kalemin kapağını taktı.

Kuramında bir hata vardı.

Belki de konuyu bu kadar dağıtmamalıydı. Böceklerden doğrudan doğruya insanlara geçmeliydi; çünkü böceklerle insanlar birbirlerine öteki hayvanlardan daha çok benzeşiyorlardı. Yoksa savını başka nasıl aklayabilirdi: Bizi hayvanlar dünyasından ayıran sadece düzen ve saygı mıydı?

Tam bunları düşünürken Rossella'nın yırtık giysisiyle önünden geçtiğini gördü ve zihninde yeni bir pencere açıldı.

'Zenciler,' diye yazdı, 'hayvanlara en yakın olan ırktır, bu nedenle de ne düzen bilirler, ne saygı.'

Profesör kâğıda bakarken bu sözlerinden hoşnut kaldığını düşündü; bu cümleyle ertesi günün çalışmasına iyi bir yönlendirme yapmıştı.

Çalışmasını bir dosyaya koydu ve yazı masasından kalktı. Salonda şöyle bir dolandıktan sonra gidip koltuğuna oturdu. 'Ah Arnilda' diyerek içini çekti.

Ansızın havada garip bir şey duydu. İki-üç kez havayı kokladı. "Arnilda! Odada aslan kokusu var!" dedi.

Aslan dediği anda da, Rossella'nın esmer ve yumuşak teninin yeşil lame kumaş arasından dalgalanışı gözlerinin önünde belirir gibi oldu.

Profesör ertesi sabah her zamankinden çok daha geç uyandı.

Banyo aynasına bakarken yüzünde kötü bir renk olduğunu fark etti.

Gece pek çok rüya görmüştü ve pek çoğu da huzursuzdu.

Sandalyenin üzerindeki giysilerini alırken yerde beyaz bir şey durduğunu fark etti.

Yerden alınca bunun sentetik kumaştan, dantelli bir külot olduğunu gördü.

Gazetesini almak ve her zamanki gibi köşedeki kafede kahvesini içmek üzere çıktı ve eve dönünce yazı masasının başına oturdu. Dosyayı açtı, dolmakaleminin kapağını çıkardı ve bir önceki gün yazdığı son cümleyi okudu.

Rossella yandaki odada avaz avaz şarkı söyleyerek, elektrik süpürgesiyle yerleri temizliyordu.

Bunun üzerine Profesör 'Zenciler,' diye yazdı; 'çocuklar gibidirler: Şarkı söylerler, dans ederler, ama hesap yapmayı bilmezler.'

Durdu.

Gürültü dikkatini toplamasını engelliyordu. Makalenin etkisi için zencilerden 'zenci' diye söz etmenin doğru olup olmayacağını düşündü. Rossella gelmeden önce kızı Annamaria ile yaptığı tartışmayı anımsadı. Kızı onun kanasta arkadaşlarından biriyle telefonda konuşurken bir 'Perugialı kız'dan söz ettiğini duymuştu.

Annamaria sonradan babasına merakla, "Kim bu Perugialı kız?" diye sormuştu. Babasının bir sevgilisi olabileceği ve bu kişinin gelecekte bir sülüğe dönüşebileceği düşüncesi çocukları rahatsız ediyordu.

Ne var ki babası ona Perugialı kızın aslında saz damlı kulübeden gelen zenciden başkası olmadığını açıklayınca Annamaria suratını asmış, babasına 'zenci' sözcüğünün pek nazik olmadığını, daha saygılı ve modern terimler kullanması gerektiğini anımsatmıştı.

Zenci yerine gündelik konuşmada 'siyahi' denebilirdi; çünkü kör yerine 'görmeyen', topal yerine 'yürüyemeyen' gibi terimler kullanılıyordu. Sıfatlara olumsuz bir ek koyarak, yeni bir tanım kazandırılıyordu.

Bunun üzerine Profesör zencilere de 'beyaz olmayan' demenin doğru olabileceğini düşünerek bunu, küçük bir kâğıda not etti. Notu, yeni bir makale için kaynak konu oluşturabilirdi.

O anda Rossella üzerinde önlüğü ile odaya girdi.

"Profesör, pazar gidiyorum. Ne almak?" diye sordu.

Yaşlı adam arkasına döndü ve kızın üzerindeki çiçekli önlüğünü çıkarttığını gördü.

"Salatalık al," dedi. Kız tam kapıdan çıkarken ekledi: "Büyüklerinden seç."

Saat on bir olmuştu. Profesör makalesine döndü. Sabahını, ortaya bir iş çıkartmadan boşa geçirmiş olmak istemiyordu.

'Yıllar önce, sevgili çocuklar, ben beyaz olmayanlara karşı yapılan bir savaşa katıldım ve bu nedenle söyleyeceğim her şeyi birebir yaşadım.'

Cümleyi yeniden okudu. 'Beyaz olmayanlar'ın bu sefer de sarı ırktan olanlar gibi algılanabileceğini düşündü. 'Beyaz olmayanlar' kelimesinin yanına bir yıldız koyarak bunu kâğıdın dibinde 'Afrika'nın beyaz olmayanları' şeklinde açıkladı.

Pencere açık olduğu için dışarıdan öğle yemeğine hazırlanan yemeklerin kokusu geliyordu. Omlet ve pirzola kokuları arasında Profesör mutfaktan çıkmadığı belli olan başka bir koku duydu. Ayağa kalktı ve Rossella'nın divanın üzerine bıraktığı önlüğünü gördü. Divanın sırtına konmuş önlük yastıklar arasında dururken sanki kız orada oturuyormuş gibi görünüyordu.

Profesör dolmakaleminin kapağını kapamayı unuttu ve yazı masasına dönmedi.

Rossella, pazaryerinde bulduğu bir telefon kabininden Maria'yı aradı.

Arkadaşı ona "Nasılsın?" diye sordu.

"Herhangibirşey Arnilda benim külcdumu çaldı."

Maria sustu.

Sonra, "Bu önemli," dedi ve ekledi: "Hem de

çok!" ve sonra oralarda oturan memleketlisi bir yaşlı hanımın adını fısıldayarak onu Rossella'nın çalıştığı eve yollayabileceğini, ne yapabileceğini ondan öğrenebileceğini söyledi.

Eve dönünce Rossella doğru mutfağa girdi, aldıklarını tezgâha bıraktı ve saate baktı. Geç olmuştu; hemen önlüğünü taktı ve mermer masanın üstünde salatalıkları küp küp kesmeye başladı.

Televizyonun sesini işitince bir elinde çanak, bir elinde ekmek, yemek odasına doğru yürüdü.

Her şey beş dakikanın içinde oldu bitti. Salatalıkların gene barbarca doğrandığını görmesiyle Profesör'ün ayağa fırlaması, kızı bileğinden yakalayarak mutfağa sürüklemesi bir oldu.

"Al salatalıkları!" diye bağırdı.

Kız titreyerek birini aldı.

Adam onun elinden kaptı ve kesme tahtasına koyacağına kızın bacakları arasına sokmaya kalkıştı.

Çığlık çığlık bağıran kız çırpınarak adamın elinden kurtuldu ve odasına kapandı.

Profesör, yalnız kaldığında kolundan yukarı bir seğirmenin tırmandığını hissetti. Seğirme giderek sıklaşıyordu; önce salatalık elinden düştü sonra da kendi ölü gibi sandalyeye yığıldı.

Birkaç saat sonra telefon çaldığında Profesör hâlâ sandalyede oturuyordu. Zar zor ayağa kalktı ve girişteki telefona gitti.

Annamaria ona "Tekne bozuldu," dedi.

Karşı tarafta sadece sessizlik vardı.

"Carabub," diye fısıldadı Profesör.

"Baba, iyi misin?"

Alıcıda gene uzun bir sessizlik oldu. "Kolum... kolum biraz ağrıyor."

"Düştün mü?"

"Hayır, önemli değil; gene romatizmam azmış olmalı."

"Carabub ne demek?"

Profesör yeniden içini çekti. Kendini zorlayarak "Bu arıza işi de ne?" diye sordu.

"Henüz bilmiyoruz, tamirci bekliyoruz. Neden Doktor Melandro'yu aramıyorsun?"

Profesör bu soruyu "Burası Afrika gibi sıcak," diye yanıtladı. Hemen ardından yabancı bir ses hatta karıştı; sonra da kapandı.

Bir an için Profesör ne yapacağını bilemeden çevresine bakındı. Sonra panama şapkasını başına taktı, keten ceketini giydi ve adımlarını sürükleyerek evden çıktı.

Daha geç saatte telefon yeniden çaldı.

Rossella, Profesör'ün çıkıp çıkmadığını anlamak için odasının kapısından dışarıyı dikkatle dinliyordu. Ona öğüt vermek için arayan Maria olabilirdi. Sonunda cesaretini toplayıp odadan çıktı. Ahizeyi kaldırdı ve sessizce bekledi.

"Nasıl gidiyor?" Arayan gerçekten de Maria idi.

"Maria..." diye fısıldadı Rossella. "Bir bilsen." Sonra olanları anlattı.

Telefonu kapatınca Rossella mutfağa gitti, derin dondurucuyu açtı, naylona sarılı, tüyleri hâlâ üstünde duran sülünü bulup çıkarttı. Onu balkona çıkarttı, naylonu sıyırdı ve çözülmesi için güneşe bıraktı. Sonra odasına döndü, anahtarla kapıyı kilitledi ve ailesine uzun bir mektup yazmaya başladı.

Profesör de eve döndüğünde yazmayı denedi. Kolundaki ağrı hafiflemişti, ama yine de önceki gün olduğu gibi zihnini toparlayamıyordu.

'Töreler,' diye yazdı, 'bizi hayvanlardan ayıran bir başka şeydir. Bir hayvan öldüğünde o, benzerleri için iştah açıcı bir şölen olur; ama insan öldüğünde ona en şık giysileri giydirilir, bedeninin çevresinde dualar okunur ve ruhunun kurtuluşu için yakarılır; herkes onun sağlığında yaptığı güzel şeyleri anmak için birbiriyle yarışır.'

Gerçeği söylemek gerekirse bu düşünceler, şimdiye dek yazdıklarıyla pek ilintili sayılmazdı. Ama önemli bir cümle olduğundan Profesör kırmızı kurşunkalemi aldı ve bunu çember içine alarak uzun bir okla kâğıdın sonunda alması gereken yeri işaret etti. 'Herhalde gerçek bilim adamları da böyle bir yöntemle çalışıyorlardır,' diye düşündü.

Kilisenin çanları çalmaya başladı.

Profesör saydı: yedi bas, iki tiz vuruş.

Saat yedi buçuktu.

Odada hâlâ bol ışık vardı ve açık pencereden gürültü gelmez olmuştu.

Herkes deniz kenarındaydı. Denizde ya da dağlarda, diye düşündü Profesör.

Zorlukla sandalyesinden kalkarak kısa adımlarla yemek odasına doğru yürüdü.

Salondan geçerken gözleri bir gençlik fotoğrafına takıldı. Faşist subay üniforması içindeydi; elleri yanında ayakta dimdik duruyordu. Fonda palmiye ormanı görünüyordu.

'*Tout passe*' diye mırıldandı ve yavaşça başını salladı. Artık bilgeliğin yaşlılığa ilişkin bir nitelik olduğunu biliyordu.

Rossella onu masanın yanında ayakta bekliyordu; tava elindeydi.

"Yumurta, Profesör!" dedi onu görür görmez ve sert bir hareketle omleti tabağa boşalttı.

Profesör peçetesini boynuna bağlarken "Arnildacığım, ne talihsizlik!" diye söylendi.

"Kim takar...." diye bağırdı kız ve mutfağa daldı.

Yemekten sonra Profesör gene çalışma masasının başına geçti. Temiz bir kâğıda, kırmızı kalemle 'kim takar' diye yazdı. Yanına parantez içinde 'kim takar' yazıp bir soru işareti koydu. Hepsinin altını iki kez çizdi ve kâğıdı katlayıp ötekilerle birlikte dosyaya kaldırdı.

Televizyonda bacakları kalınca kızların dans ettiği bir eğlence programı vardı. Arada sırada bir komedyen çıkıp şakalar yapıyor, sonra da abartılı kahkahalar atıyordu.

Profesör bunları birkaç dakika dinledi, sonra sıkılmaya ve başı ağırlaşmaya başladığı için kalkıp zamanından önce uyumaya gitti.

Ertesi sabah her zamankinden daha geç uyandı. Işık çoktan odasına girmişti, ama o kalkmak için hiçbir arzu duymadığını hissetti.

Düşünceli bir şekilde yastığını dürtükledi. Her zamanki yumuşak dokuma yerine parmakları tozlu ve kuru bir şey hissetti.

Elini çekti ve komodinden gözlüğünü aldı.

Parmaklarında acayip kırmızı lekeler olmuştu.

Şaşkınlıkla doğruldu ve yastığını ters çevirdi. Bir tutam yanık tüyün yanında pıhtılaşmış kan parçaları vardı.

Aynaya bakmak için banyoya seğirtti. Gece uyurken, ağzı ya da burnu kanamış olabilirdi. Peki ya o tüyler neyin nesiydi? Bu tüyler de ona ait değildi ya!

Bunun üzerine Arnilda'nın ona çocukken anlattığı bazı öyküleri anımsadı. Geceleri cadıların yatak yatak gezdiklerini, büyü ve lanet dağıttıklarını söylerdi. Sözlerine inandırıcılık kazandırmak için de, ona bir keresinde şiltesinin altında bulduğu ve düğüm düğüm edilerek çivilere sarılmış yün yumaklarını göstermişti. "Gördün mü bak Pupo!" demişti. "Uğramışlar. Cadılar böyle uğrarlar işte."

Şimdi zihnine o görüntüler dönüp gelmişlerdi işte.

Telefon çaldığında Profesör hâlâ pijamasıylaydı. Sabahlığını giyerek salonu geçti ve kendini divana bıraktı.

"Baba," dedi oğlu. "Nasılsın?"

O anda Profesör kolundaki sızlamayı yeniden hissetti. Zorlukla soluk almaya başladı.

"Yastıkta..." dedi soluk soluğa "kuş tüyleri var."

Oğlu onu yanıtlamadı. Fonda birinin çekiçle vurduğu işitiliyordu.

Sonra tereddütle "Senin yastığının kuş tüyleri değil mi?" diye sordu.

"Arnilda onların uğradıklarını söylüyor... Uğramışlar..."

"Baba!" diye bağırdı oğlu. "Saat kaç? Adın ne? Alo? Alo?"

Ama telefonun öteki ucunda kimse yok gibiydi.

Oğlu telefon kabininden çıktı ve yakındaki kafede bulunan kız kardeşinin yanına koştu. Babasıyla ilgilenen doktorun telefonu onda olmalıydı. Oysa kız kardeşi de numarayı ağabeyinin bildiğini sanıyordu.

Kavga etmeye başladılar.

Annamaria "Senin suçun!" diye bağırıyordu. "Çünkü sen her zaman kıskanç oldun ve onu hiç sevmedin!"

"Hayır tatlım; onu umursamayan biri varsa o da sendin. Babanı önemseseydin şu evliliği yapmamış olurdun!"

Her ikisinin eşi çıkıp geldiğinde iki kardeş sakinleştiler. Annamaria'nın kocasına göre yapacak tek şey, Roma'daki bir tanıdıklarını aramak ve onun doktorla iletişime geçmesini sağlamaktı.

Rossella elinde kuştüyünden yapılma toz fırçasıyla salona girdiğinde Profesör'ün divanın arkasından sarkan tek elini gördü.

Merakla yaklaştı, canlı olup olmadığını anlamak için tüylü toz fırçasını Profesör'ün burnuna yaklaştırdı.

Devekuşu tüyleri pek cılızca hareket ettiler.

Kız koşarak Maria'ya telefon etmeye gitti. O da evde yalnızdı; patronları denize gitmişlerdi.

Maria "Hemen geliyorum," dedi.

On beş dakika sonra kapıdaydı.

Tirtir titreyen Rossella onu salona aldı.

Maria memnuniyetle bağırdı: "Gördün mü, bak? Yaşlı kadın hiç yanılmaz."

"Peki... ya şimdi..." diye sordu Rossella.

"Merak etme. Onu hastaneye götürürüz, böylece her şey normal görünür."

Profesörü eski bir askeri battaniyeye sardılar ve onu merdivenlerden aşağı sürüklediler.

Kapıcı tatildeydi.

Yaşlı adamı iki büklüm arka koltuğa koyarlarken onları gören olmadı.

Maria motoru çalıştırdı ve araba gene ani bir hareketle öne sıçradı.

Ağustosun on beşi olduğu için sokaklar oldukça ıssızdı.

Rossella "Ne tarafa gideceğiz?" diye sordu.

"Tam olarak bilmiyorum ama göreceksin, hastaneyi bulmak zor olmayacak."

Yavaş yavaş kent merkezindeki sokaklarda dolaşmaya başladılar. Her yol ayrımında arabayı durduruyorlar, tabelaları okuyorlardı.

Bir süre sonra Maria "Buralarda hiçbir şey yok," dedi ve henüz geçmedikleri bir caddeye saptı.

Rossella arada bir battaniyeyi kaldırıyor, yaşlı adamın yaşayıp yaşamadığını kontrol ediyordu.

"Hâlâ nefes alıyor mu?"

"Evet, sanırım alıyor."

Bu kısa konuşmanın dışında arabada derin bir sessizlik hüküm sürüyordu. Her ikisi de Profesör'ün arabada ölmesi halinde 'Herhangibirşey' Arnilda'nın intikamının korkunç olacağını düşünüyordu. O zaman onları mahvetmek için kızların bedenine girerdi.

Profesör zorlukla nefes almaya başladı.

Rossella korkuyla kekeleyerek "B... birine soralım," dedi.

Maria açık bir gazete bayii gördü ve oraya yanaştı. Rossella pencereden başını uzattı.

"Hastane lütfen?" dedi.

Kuşkuya kapılan ve arabanın içini gözden geçiren satıcı kadın "Hangi hastane?" diye sordu.

"Biri..." dedi Rossella. "Herhangi biri."

Kadın çenesini kaşıdı. "Buradan dümdüz gidin; sonra üçüncü, yok ne diyorum, dördüncü trafik ışıklarından sola sapın ve pazaryerine kadar düz gidin, oraya gelince yeniden sorun. Oradan yakındır."

Araba yeniden hareket etti. Artık öğle yemeği saati olmuştu ve sokaklarda kimse kalmamıştı.

Kadının dediği gibi dördüncü trafik ışığından sola saptılar. Evler seyrelmeye başladı; iki ev arasında çorak çayırlar görünüyordu.

Bir sonraki yol ayrımında hangi yöne gideceklerini ikisi de anımsamıyordu.

"Galiba sağa demişti," dedi Maria, ama Rossella başını sallıyordu.

"Hayır; sola."

Sonunda sola saptılar. Bu düz ve uzun bir caddeydi; iki kenarında prefabrike evler ve hurda otomobil depoları vardı.

"Buralarda pazaryeri yok," dedi bir süre sonra Rossella. Maria ani bir U dönüş yaptı.

"Ben haklıydım. Sağa gidecektik," dedi.

Döne döne sonunda kayboldular. Pazaryerine ilişkin hiçbir iz yoktu.

Bu arada Profesör giderek kötüleşiyordu ve zorlukla aldığı soluğu hızlanmıştı. Sanki boğulmak üzereydi.

"Çabuk. Çabuk olmalıyız," dedi Maria.

Şimdi bir üst geçide gelmişlerdi ve önlerinde dört şeritli geniş bir yol açılıyordu. Bir kamyon son hızla yanlarından geçerek onları korkuttu.

"B... burada hastane yok!" diye fısıldadı Rossella.

"Bir fikrim var," diyen Maria sinyal vermeye başladı.

Rossella ona, "Nereye gidiyoruz?" diye sordu, ama Maria yanıt vermeden yol kenarına atılmış eski bir divanın yanında arabayı durdurdu.

Fazla uzak olmayan bir noktada hastalıklı bir ağacın altında dergi okuyan mini etekli bir kız duruyordu.

Maria otomobilden inerek, "Burada çok insan vardır," deyip Profesör'ün battaniyesini çekiştirmeye başladı. "Bana yardım et.... Onu şuraya yatıralım. Görürsün bak; birisi onu bulur ve hastaneye götürür."

Bunu yaparlarken Rossella'nın gözleri bir an için Profesör'ün yarı kapalı gözleriyle karşılaştı.

Maria Profesör'ü divana oturttuktan sonra hızla arabaya bindi ve sertçe kapıyı çarptı. "Haydi gidelim," dedi.

Oradan uzaklaşırlarken Maria aynadan dergi okuyan kızın bir şey fark edip etmediğine baktı.

Hayır; dergisi dizlerinin üstünde, aynı pozisyonda oturuyordu.

"Onu hemen hastaneye götürmezlerse, 'Herhangibirşey' Arnilda bizim içimize atlayacaktır," dedi Rossella.

Maria omuzlarını silkti: "Kim takar!"

Rossella derin bir iç çekişle, "Elbette ya; kim takar!" dedi. Otomobilin dikiz aynasında, divanın üstünde oturan yaşlı adam, güneşten kavrulan caddenin dibinde gözden yitmekte olan gri bir noktaya dönüşmüştü.

DÜNYA KLASİKLERİ

KİBAR SEMTLER / Aragon
EUGENIE GRANDET / Balzac
GORIOT BABA / Balzac
İKİ YENİ GELİNİN ANILARI / Balzac
VADİDEKİ ZAMBAK / Balzac
RÜZGÂRLI BAYIR / Emily Brontë
DOKTOR ÇEHOV'DAN ÖYKÜLER / Anton Çehov
BÜYÜK UMUTLAR / Charles Dickens
AMCANIN DÜŞÜ / Dostoyevski
BUDALA / Dostoyevski
DELİKANLI / Dostoyevski
BİLİRBİLMEZLER / Gustave Flaubert
MADAM BOVARY / Gustave Flaubert
DUMAN / William Faulkner
KÖY / Willam Faulkner
ADSIZ ÜLKE / Alain-Fournier
KIRMIZI ZAMBAK / Anatole France
BATAK / André Gide
DÜNYA NİMETLERİ ve YENİ NİMETLER / André Gide
KALPAZANLAR / André Gide
VATİKAN'IN ZİNDANLARI / André Gide
YAŞANMIŞ HİKÂYELER / Maksim Gorki
PAN / Knut Hamsun

VICTORIA / Knut Hamsun
ÇILGIN KALABALIKTAN UZAK / Thomas Hardy
ÇARKLAR ARASINDA / Hermann Hesse
DOĞU YOLCULUĞU / Hermann Hesse
KAPLICADA BİR KONUK / Hermann Hesse
MASALLAR / Hermann Hesse
SIDDHARTHA / Hermann Hesse
İLYADA / Homeros (Azra Erhat-A.Kadir)
ODYSSEİA / Homeros (Azra Erhat-A.Kadir)
BİR İDAM MAHKÛMUNUN SON GÜNÜ / Victor Hugo
DAVA / Franz Kafka
DÖNÜŞÜM / Franz Kafka
EL GRECO'YA MEKTUP / Kazancakis
GÜNAHA SON ÇAĞRI / Kazancakis
KAPTAN MİHALİS / Kazancakis
KARDEŞ KAVGASI / Kazancakis
YENİDEN ÇARMIHA GERİLEN İSA / Kazancakis
ZORBA / Kazancakis
ATLILAR / Joseph Kessel
LOCARNO DİLENCİSİ / Kleist
TEHLİKELİ İLİŞKİLER / Choderlos de Laclos
GÖKKUŞAĞI / D. H. Lawrence
ADEM'DEN ÖNCE / Jack London
BUDDENBROOK AİLESİ / Thomas Mann
BÜYÜLÜ DAĞ / Thomas Mann
SEÇİLEN / Thomas Mann
TONIO KRÖGER / Thomas Mann
SWANN'IN BİR AŞKI / Marcel Proust
İÇİMİZDEKİ ŞEYTAN / Raymond Radiguet
ORGEL KONTUNUN BALOSU / Raymond Radiguet
KIZIL İLE KARA / Stendhal
PARMA MANASTIRI / Stendhal

DİRİLİŞ / Tolstoy
HACI MURAT / Tolstoy
İVAN İLYİÇ'İN ÖLÜMÜ / Tolstoy
KROYÇER SONAT / Tolstoy
ADEM'LE HAVVA'NIN GÜNCESİ / Marx Twain
DE PROFUNDİS / Oscar Wilde
DORIAN GRAY'İN PORTRESİ / Oscar Wilde
FLUSH / Virginia Woolf
PERDE ARASI / Virginia Woolf
NANA / Émile Zola
AMOK KOŞUCUSU / Stefan Zweig
DEĞİŞİM RÜZGÂRI / Stefan Zweig
DÜNÜN DÜNYASI / Stefan Zweig
FOUCHÉ (BİR POLİTİKACININ PORTRESİ) / Stefan Zweig
GÜNLÜKLER / Stefan Zweig
LYON'DA DÜĞÜN / Stefan Zweig
SATRANÇ / Stefan Zweig
YARININ TARİHİ / Stefan Zweig
YILDIZIN PARLADIĞI ANLAR / Stefan Zweig

0312 711 49 77

Inhalt

Vorwort 21
Leckere Rezepte für ein gesundes Frühstück 22
Fruchtiger Erdbeerjoguhrt 22
Frischer Kräuter Hüttenkäse 22
Klassisches Schinken-Käse Rührei 23
Pfannkuchen mit frischen Johannisbeeren 23
Klassisches Bacon and Eggs 24
Gesundes Proteinbrot mit Marmelade und Butter 24
Das gesunde Proteinbrot mit frischer Gurke und knackiger Tomate 25
Avocadocreme mit Ei 25
Low carb Müsli mit Mandelmilch und Haferkleie 26
Apfeljogurt mit Nüssen 26
Ob zum Frühstück oder Abendessen: Pochierte Eier mit Crème fraîche 27
Das klassische Käsebrot in vier verschiedenen Varianten 27
Aromatischer Quark mit Kaffee 28
Indisches Omelett 28
Italienisches Paprika-Mozzarella Frühstück 29
Frischer Obstsalat mit Quark 29
Ausgefallenes Papaya-Mango Frühstück 30
Leckere gegrillte Früchte 30
Erfrischende Melone mit leckerem Parmaschinken 30
Leckeres Käse-Spinat-Omelette 31
Herzhafte Frühstückssuppe auf asiatische Art 31

Frischkäse mit knackigem Apfel 32
Deftiger Schinkensalat 32
Omelette mit Tomatensaft 33
Pancakes mit fruchtigen Beeren 33
Frühstückswaffeln 34
Fit in den Tag mit Pomelo, Orangen und Grapefruit 34
Pilzomlette 35
Eiweißbrot serviert mit Räucherlachs und Sahnemeerrettich 35
Leckere Kokosbrötchen 36
Nuss Brötchen mit Apfelstückchen 36
Rührei der besonderen Art – mit Krabben 37
Rezepte für leckere Shakes, Smoothies und Snacks für Zwischendurch 38
Bananen-Proteinshake 38
Exotischer Mango-Shake (indische Art) 38
Ausgefallener Matcha-Shake mit Frischkäse 39
Für alle Schokoladenliebhaber 39
Ein herrlicher Erdbeershake 40
Nussiger Vanilleshake 40
Green Energie: Avocado-Minze-Shake 41
Griechischer Jogurt bunt gemischt 41
Zum Genießen: Reismilch Shake 42
Volle Energie gegen überschüssige Kilos 42
Der „Grüne“ 43
Scharf, schärfer, Chilli! 43
Maracuja-Orangen Shake 44
Bananen-Kirsch Duo 44

Gesunder Cuba Libre (Alkoholfrei) 44
Häppchen und leckere Snacks für zwischendurch 45
Herzhafter Eierstich 45
Gesunde Käsechips für Zwischendurch 46
Blumenkohl-Muffins 46
Leckere Frischkäsebällchen 47
Steirischer Kartoffelkäse 47
Im Ofen zubereitete Zucchini Sticks 48
Saucen und Dips 49
Low Carb Mayonnaise 49
Selbstgemachter Low Carb Ketchup 49
Leckere Low Carb Soja-Mayonnaise 50
Scharfe Low Carb Salsa 50
Leckerer Avocado Dip 51
Spezial: Das Low Carb Power Eiweiß 51
Die leckere Kohlsuppe 52
Asiatische Kohlsuppe 52
Mediterrane Kohlsuppe für Feinschmecker 52
Kohlsuppe für kalte Wintertage 53
Leckere Rezepte für den Nachmittag 54
Gerichte mit Huhn 54
Würziges Iberisches Hühnchen mit leckeren Flusskrebsen 54
Leckere Thailändisches Kokos-Hühnchen 55
Herzhafter Szegediner Gulasch mit leckerem Hühnchen. 56
Knackige Grüne Bohnen mit Hühnerbrust in Pfefferrahmsauce 57
Leckerer Mangold mit Hühnerbrus 58

Gerichte mit Pute 59
Putenschnitzel gefüllt mit Mozzarella und Tomate 59
Goldene Puten Nuggets 60
Pute mal anders (Mexikanische Art) 60
Putenmasala (Indische Art) 61
Pute mit leckerem Rahmkürbis 62
Gerichte vom Schwein 63
Schweinefilet Medaillons mit leckerem Zimtpflaumen Sauce 63
Curry mit Schwein und grünen Erbsen (Thailändischer Art) 64
Nürnberger Schweins-Schäufele 65
Leckere Schweinemedaillons auf getoastetem Proteinbrot 66
Schweineschnitzel mit Spinat und leckerem Frischkäsepanade 67
Leckere Wildgerichte 68
Schnitzel (Reh) mal anders mit Romanesco-Röschen 68
Yummy Hirschgeschnetzeltes mit knackigem Rotkohl 69
Rehschnitzel, gebacken mit Kürbiskern-Panade und Salat 70
Wildes Steak Sandwich 71
Für echte Fleischliebhaber: Roastbeef 71
Frisches Steak Sandwich 71
Rindfleisch Gerichte 72
Suppentopf Wiener-Art mit Tafelspitz 72
Saftiges Rinderfilet in leckerer Cassis-Sauce 72
Sweet and spicy: Beiriedschnitte in Schoko-Chillisauce ... 73

Saftiges Rinderfilet angerichtet mit frischen Garnelen 73
Leckeres Hüftsteak mit rotem Zwiebel-Confit 74
Frische Fischgerichte 74
Gegrillten Birnen mit Frischen Welsfielt 74
Kartoffelschuppen auf saftigem Forellenfilet 75
Geschmackvolle Tintenfischsuppe 75
Frischer Babyspinat an Meeresfrüchten 76
Schnelle und leckere Gerichte für den Mittag 77
Mandelhaube trifft auf Straußensteak 77
Schmackhafte Süßkartoffeln mit Känguru 78
Leckere Gänsebrust zubereitet im Römertopf 78
Knusprig gebratene Ente 79
Vegetarisches Mittagessen 80
Tofu mit leckerem vegetarischen roten Thai Curry 80
Leckere Konjak Nudeln an knackigem Gemüse 81
Frischer Blumenkohl überbacken mit Käse 82
Kohlröllchen gefüllt mit leckerem Ziegenkäse 82
Zweierlei Spargel an fruchtig scharfer Tomatensauce 83
Salate am Mittag 84
Frischer Blattspinat mit gegrillter Geflügelleber 84
Scharfer thailändischer Mangosalat 84
Die Kombi machts: Spargel-Zucchini Salat an Ziegenfrischkäse 85
Frisches Apfel-Thunfischsalat 85
Exotischer Mango-Champignonsalat 86
Rezepte für das Abendessen 86
Cremige Suppe aus Bärlauch 86

Ingwer-Möhrensuppe mit einer leichten Kokosnote 87
Feine Pilzcremesuppe mit Speck-Topping 87
Walnüsse in Pastinaken-Cremesuppe 88
Leckere indische Ananas-Currysuppe 88
Salate und Expressgerichte 89
Räucherlachs an buntem Blattsalat 89
Asiatisches rotes Curry mit Hähnchen an frischem Salat 89
Fruchtig, pikant: der etwas andere Steaksalat 90
Avocado-Caprese Salat nach italienischer Art 90
Gegrillte Putenstreifen an Römersalat mit Möhren-Ingwer Dressing 91
Salat mit nussigem Camembert 91
Leckere Saucen an Steakvariationen 92
Die vitaminreiche Alternative zu frischem Gemüse: Tiefkühlgemüse 92
Hühnerschnitzel nach Pizza Art 93
Leckere Ei Gerichte 93
Rührei mexikanischer Art 93
Leckeres Ricotta-Spinat Frittata 94
Frischer Flusskrebssalat mit Schinken 94
Kuchen aus Zwiebel und Ei 95
Vegetarisch oder doch lieber Fisch 96
Leckere Brokkoli Pfanne angerichtet mit Nüssen 96
Aromatische Kürbis-Kokos Pfanne 97
Leckere Gemüseauflauf 97
Gebratener Chicorée serviert mit Käsesauce 98
Tofu an Auberginen und Zucchini 99
Dorade eingewickelt im Bananenblatt 99

Barschfilet mit Sauerampfer Häubchen 100
Exotisches gelbes Curry mit frischem Pangasius und Ananas 100
Frische Riesengarnelen mit Knoblauchöl und Konjak Nudeln 101
Gegrillter Paprika mit Seeteufel im Speckmantel 101
Rind, Geflügel, Schwein oder doch Lamm? 102
Kohlrabigemüse mit saftigem Kalbsrücken 102
Rinderroulade (gebacken) 103
Rinderfiletpfanne serviert mit Zuckerschoten 104
Leckere Rinderhackbällchen an aromatischer Currysauce 105
Leckeres Carpaccio angerichtet mit Parmesan, Tomaten und getrockneten Aprikosen 106
Hühnchen mit Zitronen-Ingwer Geschmack 106
Putenrollbraten an frischem Blattspinat 107
Herrlicher Geflügelsalat Hula Hula (Hawaiianischer Art) 108
Leckere Buletten aus Hühnchen und Mozzarella 109
Saftige Puten-Medaillons an geschmorten Radieschen . 110
Oktober Schnitzel (Münchner Art) 110
Käsespieße in verschiedenen Farben 111
Gegrilltes Schweinskotelette dazu Low Carb Salsa 111
Deftiger Schweinsgulasch 112
Leckere Schweinemedaillons angerichtet mit frischen Champignons und Paprika 113
Leckeres getrüffeltes Sellerie-Gemüse mit Lammfilet ... 114
Leckeres Maronipüree an Lammbuletten 115
Saftiges Lammkotelett mit gebratenem Apfel 116

Leckeres mediterranes Lammfilet.. 117
Leckere Süßspeisen... 118
Leckeres eiweißhaltiges Dessert mit Beeren 118
Leckere Mandel-Bananencreme.. 118
Kiwi Chia Pudding mit Joghurt... 119
Lecker Pudding aus Chia Samen und Schoko Sojamilch 119
Chia Dessert mal fruchtig.. 120
Leckere Schokomousse Verführung 120
Erfrischende Creme mit Zitrone und Mango.................... 121
Orangen Zabaione mit Zimt.. 121
Leckerer Himbeer-Quark Trifle 122
Vanille Creme angerichtet mit Tofu 122
Low Carb Streusel auf gratinierten Beeren 123
Winterliches Pflaumendessert.. 123
Leckere bayrische Low Carb Creme 124
Leckere Creme mit Schokolade und Nüssen 124
Cheese-Cake Creme verfeinert mit Espresso 125
Für die winterlichen Tage: Low Carb Lebkuchenpudding
.... 126
Bratapfel gefüllt mit Rosinen-Quark................................. 127
Birnentraum.. 127
Leckerer Rübenkaiserschmarrn.. 128
Frischer Mohnpfannkuchen mit roten Johannisbeeren. 128
Leckere Nussfüllung für jegliche Low Carb Pfannkuchen
.... 129
Frischer Flan mit Orangengeschmack............................... 129
Leckerer Obstsalat nach indischer Art.............................. 130
Leckere Low Carb Torte mit Avocado 130

Low Carb Torte mit Joghurt und Mandarinen 131
Gekühlter Ziegenkäse-Cake 132
Leckere Low Carb Schokotorte 133
Leckere Low Carb Torte mit Erdbeere 134
Low Carb Torte mit frischen Pfirsichen 135
Frisches Low Carb Soufflé 135
Leckere Torte mit roter Grütze 136
Leckeres Matcha Panna Cotta 136
Traumhafter Nuss Kuchen 137
Schoko Bongo - Becherkuchen 137
Frischer Low Carb Apfelkuchen mit Streuseln 138
Fruchtiges Low Carb Sorbet: Maracuja trifft auf Ananas 139
Süßer Low Carb Gugelhupf (Tiroler Art) 139
Mama's Kirschkuchen (Prager Art) 140
Charlies Schokokuchen mit cremiger Schlagsahne 141
1999 Buttermilchnockerl 142
Schnelle Low Carb Rezepte für Berufstätige 143
Low Carb Frühstücks-Rezepte 143
Knuspriges Omelette mit Käse 143
Leckerer Räucherlachs in Rührei 144
Gebratener Geflügel Debreziner mit leckeren Spiegeleiern 144
Würzige Low Carb mit Zucchini und Walnuss 145
Leckere Eier aus dem Ofen mit Oregano Tomaten 146
Fruchtiger Low Carb Limettenquark 146
Chiapudding mit Erdbeeren 147
Matcha-Joghurt verfeinert mit Mango 147

Leckerer Low Carb Pfannkuchen mit fruchtiger Beerensauce 148
Köstlich gegrillte Feigen im leckeren Speckmantel 148
Würziger Melonensalat mit Speckstreifen 149
Leckerer Pfannkuchen aus Frischkäse 149
Leckerer Quark mit Kokos und Erdbeere 150
Würziger Low Carb Quark mit Avocado und Sojasprossen 150
Energie Spiegeleier mit leckeren Schmelztomaten 151
Blutorangen-Joghurt mit Chia Samen 151
Leichte & leckere low Carb Rezepte für den Mittag 152
Geräuchertes Forellenfilet mit frischem Fenchelsalat und leckerem Wasabi Dip 152
Gebratener Kürbis mit Rahmspinat 153
Curry Minutensteaks 153
Gemüsepfanne nach griechischer Art mit rohem Lammschinken 154
Gefüllte Toscana Zucchini 154
Konjak-Nudelsalat 155
Putensteak mit leckerer Kräuter-Frischkäse-Sauce 156
Exotisches Hühnercurry mit Papaya und Mango 157
Paprikastreifen mit leckerer Hühnerbrust 158
Camembert ummantelt mit Speck 158
Leckerer Seelachs im Curry-Sud an Cherry-Tomaten 159
Feiner Räucherlachsfrittata mit frischem Dill 160
Würziger Wurstsalat mit Radieschen, Chili und Koriander 160
Mit Käse und Speck überbackene Gemüse-Taler 161

Leckeres Hühnchen Caprese 162
Frischer Spargel in gebackenen Schinken-Käse-Röllchen 162
Schnelle Low Carb Hauptgerichte 163
Das Seelachsschlemmerfilet der extra Klasse 163
Gesundes Zucchini Spaghetti mit frischen Garnelen 164
Low Carb Burger alla Roma (italienischer Art) 165
Oma's geheime Szegediner-Hühnchengulasch 166
Leckerer Tomaten-Frühlingszwiebelsalat mit Seeteufel-Spieß 167
Leckeres Putenschnitzel gefüllt mit Käse, Zwiebel und Chili 168
Gebratene Wassermelone mit Rinderfilet 168
Rucola an Garnelen mit schwarzem Sesam 169
Leckerer Mandel-Spinat mit Zander 170
Hühnerschnitzel ummantelt in einer Parmesan-Ei-Hülle 170
Leckeres Schweinefilet mit Paprika-Gorgonzola-Sauce 171
Die Orginale Hackfleischpfanne mit Basilikum aus Asien 172
Brokkoli und Karfiol mit leckerem Lachs 173
Leckere Kürbiskruste auf Schweinerückensteak 174
Leckeres Hühnchen in köstlicher Champignon-Sauce ... 174
Zartes Kalbsschnitzel mit leckerem Schafskäse und leckerem Speck gratiniert 175
Rehfilet auf leckerem Ofenkürbis 176
Lecker Hackfleischpfanne mit frischen Pilzen 177
Low Carb Snacks und Beilagen 178
Humus in Kombination mit Staudensellerie 178

Kleine Low Carb Pizza aus Auberginen 179
Leckere Zucchini-Sticks 179
Frische Küchlein aus Karotten 180
Omelette mit Honigschinken 180
Low Carb Pommes aus Möhren und Käse 181
Paprika überbacken mit zerlaufenem Camembert 181
Grüner Spargel mit fruchtigem Erdbeer-Dipp 182
Frischkäse-Speck Pfannkuchen 182
Low Carb Desserts 183
Gebackenes Vanille Eis im Baisermantel 183
Leckerer Low Carb Frozen Joghurt 183
Leckere Gratinierte Beeren 184
Apfel Crumble mit leckeren Low Carb Streuseln 184
Exotischer Low Carb Eiweißshake 185
Himmlische Low Carb Brownies 185
Traum-Muffins mit Vanille und Ingwer 186
Low Carb Schokoladen-Eis 186
Frische Crepes mit leckerem Beeren-Mus 187
Erfrischender Joghurt Pudding 187
Karotten-Muffins mit Zimt und Kakao 188
Low Carb Getränke 188
Low Carb Eiweißshake 188
Mango und Ingwer in grünem Smoothie 189
Wasser aromatisiert mit Melone 189
Leckerer Shake mit Matcha 190
Heiße oder kalte Chai Latte 190
Frischer Low Carb Beeren-Shake 191

Low Carb Eiskakao zubereitet mit Mandelmilch 191
20 beliebte Low Carb Gerichte 192
Würziger Döner im leckerem Quark-Zwiebel-Brötchen 192
Low Carb Käsespätzle (schwäbischer Art) 193
Würzige und Saftige Texas Rippchen 195
Leckerer Camembert (gebacken) 195
Ananas Karfiol-Pizza 196
Leckeres Schinken-Käse Sandwich mit Eiweißbrot 196
Linsennudeln mit einer schmackhaften Speck-Champignon-Rahmsauce 197
Deftige Schwedische Fleischbällchen 198
XT Low Carb Cheeseburger 199
Der Sokrates: Mhh Griechischer Moussaka 200
Klassisches Wiener Schnitzel 200
Himmlisches Low Carb Cordon Bleu 201
Aromatischer Kümmelbraten mit Knoblauch 202
Saftiges Schweinefilet mit Bärlauchsauce 203
Leckerer Grillteller angerichtet mit geschmorten Cherry Tomaten 203
Schweineschnitzel gefüllt mit Pilzen 204
Der Zeus: Mhh Griechische Roulade 204
Frisches Kohlrabi-Rahmgemüse mit leckerem Putensteak 205
Leckerer Wrap 206
10 leckere Low Carb Frühstück Rezepte 207
Leckere Gefüllte Käsekipferl mit sehr viel Geschmack 207
Selbstgebackenes Eiweißbrot 208
Leckeres Low Carb Nussbrot 208

Der Low Carb Nussaufstrich für alle Nutella Fans 209
Pochiertes Ei mit knusprigem Bacon 209
Deftige Schinken-Muffins 210
Low Carb Fladen aus Haferkleie.. 210
Frischer Joghurt mit Beeren... 211
Omelett mit Speck und Champignons 211
Herzhafte Parmesan Brötchen... 212
Low Carb Süßigkeiten und leckere Desserts...................... 213
Leckere Creme mit Matcha... 213
Erfrischende Joghurt Torte aus dem Kühlschrank 214
Weihnachtliche Kokos Makronen...................................... 215
Leckere Muffins mit Rum und Rosinen 215
Süßer Stracciatella-Vanille Cake 216
Cremiges Schokoladen Mousse aus Mama's Küche 216
Leckere Low Carb Muffins 217
Der weiße Traum: Pina Colada Muffins.............................. 217
Lava Schokokuchen mit leckerem flüssigem Kern........... 218
Bonus: 9 Ketogene Abendessen Rezepete.......................... 219
Frischer Beef Tatar 219
Leckere Hühnersuppe mit Ei 219
Saftige und Würzige Hackbällchen in feiner Indischen Sauce.. 220
Pochierter Fisch mit Dill Sauce 221
Mit Blauschimmelkäse mariniertes Putensteak 222
Carpacio mit frischem Mozzarella 222
Deftiger gebratener Sesamzander mit Knoblauch........... 223
Leckere Bolognese mit Konjaknudeln 223

Tintenfisch gefüllt mit Chili und Paprika 224
Low Carb High Fibre 225
Rezepte zum Frühstück 225
Rührei mit Vanille 225
Buttermilchsmoothie 225
Nussmüsli 226
Beerenjoghurt mit Nüssen 227
Rezepte zum Mittagessen 228
Spaghetti-Rolle 228
High-Fibre-Knödel 229
Frikadellen mit Buttergemüse 230
Schweinesteaks mit Avocado 232
Hühnchen mit Spargelsalat 233
Peperoni-Lammlachse 234
Schweineröllchen à la Ratatouille 236
Lammkoteletts mit Bohnen 238
Rinderfilet auf Frühlingsgemüse 239
Bolognese mit Zucchininudeln 240
Hühnchen mit Kichererbsen 241
Schinken mit Chicorée 242
Schweinemedaillons mit Spargel-Kokos-Curry 243
Lamm mit Möhren-Rosenkohl-Spaghetti 244
Krautwickel 245
Kalb mit Spargel 246
Lachs mit Basilikum und Avocado 247
Lauchquiche mit Oliven 248

Spiegelei auf Zwiebeln mit Salbei 249
Quinoa-Champignon-Risotto 250
Vegetarischer Linseneintopf 251
Rezepte zum Abendessen 252
Zitronen-Hühnchen-Suppe mit Bohnen 252
Schwarzwurzeleintopf mit Hühnchenbrust 253
Möhrensuppe 254
Currytopf mit roten Linsen 254
Kokos-Garnelen-Suppe mit Möhrenraspeln 255
Kürbissuppe mit schwarzen Bohnen 256
Rosenkohlsuppe mit Pilzen und Hackfleisch 257
Leinsamenbrot 258
Leinsamenbrötchen 259
Rote-Beete-Aufstrich 259
Vegane Leberwurst aus Räuchertofu und Bohnen 260
Schafskäse-Paprika-Creme 260
Eiweiß-Avocado-Omelett 261
Avocado-Salat mit Tomaten 262
Avocado-Salat mit Hähnchen 263
Rote-Beete-Tartar 264
Spitzkohlsalat mit Radieschen 265
Selleriesalat mit Meeresfrüchten 266
Fenchelsalat 267
Wurstsalat mediterrane Art 267
Zucchinibällchen an Weißkohlsalat 268

Aprikosen-Salat mit Avocado und Zucchini-Röllchen am Spieß 269
Brokkoli-Salat mit Rote Beete und Hähnchen 270
Spargelsalat 272
Chicorée an Rucola und Feigen 272
Heringswürfel mit Rote Beete 273
Rezepte für Snacks 274
Cranberry-Cookies 274
Zucchini-Muffins 274
Rote-Beete-Schokomuffins 275
Quark-Muffins mit Heidelbeeren 275
Sauerkraut-Cracker 276
Haselnuss-Pesto 277
Jogurt-Hummus 277
Fett verbrennen am Bauch – Lernen Sie wie Sie effektiv am Bauch abnehmen 278
Einleitung 278
Für wen ist dieses Buch? 278
Warum Bauchfett so hartnäckig und so schwer zu verlieren ist 279
Warum wird man fett? 279
Warum der Bauch dick ist? 280
Den Bauch trainieren 280
Tipp 1: Kalorien zählen 281
Tipp 2: Streichen Sie den Zucker 282
Tipp 3: Verringern Sie einfache Kohlenhydrate 283
Einfache und komplexe Kohlenhydrate 284

Warum reduzieren oder entfernen Sie einfache Kohlenhydrate? ... 284
Tipps zum Reduzieren von einfachen Kohlenhydraten ... 284
Tipp 4: Stärkehaltige Nahrung vermeiden ... 285
Tipp 5: Obst reduzieren ... 285
Tipp 6: Essen Sie mehr Ballaststoffe ... 286
Wo sind Ballaststoffe enthalten? ... 287
Tipp 7: Trinken Sie reichlich Wasser ... 287
Wie Sie mehr Wasser täglich trinken können ... 287
Tipp 8: Mehr Proteine essen ... 288
Tipp 9: Stretching ... 289
Streching in der Praxis speziell für den Bauch ... 290
Tipp 10: Einfache Beinlifts ... 292
Tipp 11: Die 8-Form ... 293
Tipp 12: Rollen wie ein Ball ... 294
Tipp 13: Semi Sit-Ups ... 295
Tipp 14: Reverse Sit-Ups ... 296
Tipp 15: Reverse Crunch ... 297
Tipp 16: V-Crunch ... 298
Tipp 17: Planke ... 299
Tipp 18: Crunchen am Ball ... 300
Tipp 19: Ball rollen ... 301
Tipp 20: Hantel Front Squat ... 302
Tipp 21: Knieheben ... 303
Tipp 22: Hängendes Knieheben ... 304
Tipp 23: Seitenbeugen für den Bauch ... 305
Tipp 24: Russischer Twist ... 306

Tipp 25: Fahrrad Crunch 307
Tipp 26: Scherenlift 308
Tipp 27: Seitenplanken 309
Tipp 28: Vorwärtsbiegungen 310
Tipp 29: Gummibänder-Training 311
Tipp 30: Die Hundert 312
Tipp 31: Reverse Sit-Ups 313
Bonus: VIDEOKURS 314

444 Low Carb Rezepte

-

Kohlenhydratfreie Rezepte für Frühstück, Mittagessen, Abendessen und Desserts

Vorwort

Dies ist kein gewöhnliches Kochbuch. Du bekommst nicht nur 444 leckere Low Carb Rezepte, sondern auch zwei Geschenke von uns. Das erste Geschenk ist ein Buch, welches dir zeigt wie Du Fett am Bauch verbrennst. Unser zweites Geschenk an Dich ist unser Online Videokurs in Wert von 100€. In diesem Kurs wirst Du lernen wie Du Dir selber einen eigenen Ernährungsplan mit unseren Rezepten erstellen kannst. Du wirst lernen, wie Du Deinen Kalorienbedarf ermittelst und somit auch lernen wie Du effektiv abnehmen kannst. Doch nicht nur wie Du abnehmen kannst, sondern auch wie Du Muskeln aufbauen kannst und noch vieles mehr.

Eine Bitte haben wir an dich, mach Dir bitte klar, dass es in diesem Buch keine Bilder zu den Rezepten gibt. Wir wollten ein Buch erstellen, welches kostengünstig an den Mann gebracht werden kann, daher haben wir auf Fotos verzichtet. Bilder sind zwar schön anzusehen aber nicht zwingend notwendig. Bitte sehe davon ab uns eine schlechte Rezension zu schreiben, weil keine Bilder in diesem Buch vorhanden sind. Du wirst bestimmt auch merken, dass manche Rezepte in der Du oder Sie Form geschrieben wurden. Das liegt daran, dass unterschiedliche Köche für dieses Buch gearbeitet haben. Nun wünschen wir dir ein erfolgreiches gelingen und einen guten Appetit. ☺

Leckere Rezepte für ein gesundes Frühstück

Fruchtiger Erdbeerjoguhrt

113,4 kcal | 8,3 Gramm Eiweiß | 0,2 Gramm Fett | 22,6 Gramm Kohlenhydrate

Zutaten: 50gr. Erdbeeren | 200gr. Magerjogurt

Zubereitung:
Die Erdbeeren klein schneiden und anschließend mit dem Jogurt vermengen. Du kannst sowohl frische als auch Tiefkühlerbeeren nehmen. Zum Süßen eignet sich am besten ein Löffel Xylit, Xucker oder Süßstoff.

Frischer Kräuter Hüttenkäse

147,6 kcal | 30,8 Gramm Eiweiß | 0,8 Gramm Fett | 4,1 Gramm Kohlenhydrate

Zutaten: 200gr. Hüttenkäse (Mager) | Kräuter nach eigenem Geschmack

Zubereitung:
Eine Handvoll klein geschnittener Kräuter zusammen mit dem Käse vermischen. Du kannst beliebig viele Kräuter nutzen, je nach Belieben und Geschmack.

Klassisches Schinken-Käse Rührei

338,5 kcal | 37,7 Gramm Eiweiß | 20,3 Gramm Fett | 1,7 Gramm Kohlenhydrate

Zutaten: 2 Eier, 50 Gramm magerer Putenschinken, 30 Gramm Käse, 1 Prise Himalayasalz gerieben, 1 TL Schnittlauch

Zubereitung:
Die klein Schinkenwürfel in eine Pfanne mit etwas Öl geben und kurz anbraten lassen. Anschließend die Eier verquirlen und dazugeben. Danach den Käse in die Pfanne fügen und zum Schluss würzen und mit Schnittlauch bestreuen.

Pfannkuchen mit frischen Johannisbeeren

298,2 kcal | 24 Gramm Eiweiß | 17,6 Gramm Fett | 12,9 Gramm Kohlenhydrate

Zutaten: 1 TL Kokosöl, 30 Gramm Johannisbeeren (frisch oder TK), 2 Eier, 2 EL Mineralwasser, 30 Gramm Mandelmehl, 1/2 TL Xylit

Zubereitung:
Mandelmehl, Eier und das Xylit vermengen und langsam das Wasser hinzufügen. Zum Anbraten der Pfannkuchen eignet sich Kokosöl. Dieses in eine Pfanne geben und gleichmäßig verstreichen. Den Teig in die Pfanne geben und danach die Beeren hinzufügen. Für eine gleichmäßige Bräune die Pfannkuchen nach kurzer Zeit wenden und goldgelb braten.

Klassisches Bacon and Eggs

307 kcal | 22,4 Gramm Eiweiß | 17,7 Gramm Fett | 1,2 Gramm Kohlenhydrate

Zutaten: 2 Eier | 50 Gramm Frühstücks-Speck

Zubereitung:
Den Speck auf ein Backgitter legen und anschließend bei 200 Grad für acht Minuten im Ofen backen lassen. Währenddessen die Eier in einer Pfanne zubereiten und beides anschließend zusammen servieren.

Gesundes Proteinbrot mit Marmelade und Butter

255 kcal | 12,2 Gramm Eiweiß | 9,5 Gramm Fett | 27,7 Gramm Kohlenhydrate

Zutaten: 2 Scheiben Proteinbrot | 2 TL Butter und 2 TL Xylit Marmelade

Zubereitung:
Für das nahrhafte und schnelle Frühstück eine Scheibe Proteinbrot mit etwas Butter bestreichen und anschließend die Marmelade deiner Wahl darauf verteilen.

Das gesunde Proteinbrot mit frischer Gurke und knackiger Tomate

177,8 kcal | 11,8 Gramm Eiweiß | 8,4 Gramm Fett | 12,2 Gramm Kohlenhydrate

Zutaten: 2 Scheiben Proteinbrot | 1 Tomate | ¼ Gurke

Zubereitung:
Das Brot mit Gurke und Tomate belegen und die Gurke wahlweise mit ein paar Spritzern Zitronensaft beträufeln und mit Chilipulver würzen. Dies verleiht deinem Brot eine besondere Note und das gewisse Etwas.

Avocadocreme mit Ei

236,8 kcal | 13,1 Gramm Eiweiß | 17,3 Gramm Fett | 6,1 Gramm Kohlenhydrate

Zutaten: 1 Scheibe Proteinbrot, 1 Ei, 50 Gramm Avocado, 1 Zehe Knoblauch, 1 Prise Himalaya Salz, 1 Prise Pfeffer frisch gemahlen

Zubereitung:
Knoblauch und das gekochte Ei zerkleinern. Die Avocado anschließend zerdrücken und mit dem Knoblauch vermengen und mit Salz und Pfeffer würzen. Danach das Ei hinzufügen und zum Beispiel als leckeren Brotaufstrich genießen.

Low carb Müsli mit Mandelmilch und Haferkleie

114,7 kcal | 4,2 Gramm Eiweiß | 2,9 Gramm Fett | 16,6 Gramm Kohlenhydrate

Zutaten: 100 ml Mandelmilch | 1 EL Haferkleie | 1 EL Müsli

Zubereitung:
Die Haferkleie kurz in der Mandelmilch quellen lassen bevor du es dann mit dem Müsli vermischst.

Apfeljogurt mit Nüssen

191,1 kcal | 5,7 Gramm Eiweiß | 6,4 Gramm Fett | 32,1 Gramm Kohlenhydrate

Zutaten: 1 Apfel, 100 Gramm Magerjoghurt, 1/2 Messerspitze Zimt, 1/2 TL Xylit, 10 Gramm gehackte Nüsse, Saft einer Bio Limette

Zubereitung:
Den Apfel klein raspeln und anschließend etwas Limettensaft darüber träufeln. Als Nächstes den Apfel mit dem Jogurt vermischen und die Nüsse hinzugeben. Für den besseren Geschmack kannst du das Müsli noch mit Zimt und Xucker verfeinern.

Ob zum Frühstück oder Abendessen: Pochierte Eier mit Crème fraîche

191,5 kcal | 13,8 Gramm Eiweiß | 12,5 Gramm Fett | 4,1 Gramm Kohlenhydrate

Zutaten: 2 Eier, 2 EL Essig, 1 EL Crème fraîche, 1 Prise Himalaya Salz, 1 Prise Pfeffer, Schnittlauch zum Bestreuen
Zubereitung
Wasser in einen Topf geben und mit etwas Essig aufkochen. Anschließend muss das Wasser auf ca. 70° abgekühlt werden. Mit dem Kochlöffel durch starkes Rühren einen Strudel erzeugen und dann das Ei vorsichtig ins Wasser gleiten lassen. Danach ziehst du mit einem Löffel das Eiweiß über den Eidotter und wiederholst das mit dem zweiten Ei. Zum Schluss noch die Eier mit der Crème fraîche bestreichen, salzen und pfeffern und mit etwas Schnittlauch bestreuen.

Das klassische Käsebrot in vier verschiedenen Varianten

304,5 kcal | 19,8 Gramm Eiweiß | 22,3 Gramm Fett | 6,8 Gramm Kohlenhydrate

Zutaten: 4 Scheiben Eiweisbrot | 40gr. Käse | 1 Apfel | Walnüsse | 1 Tomate | Oliven
Zubereitung:
Zwei Scheiben Brot mit etwas Butter bestreichen und anschließend halbieren. Jedes Brot wird nun mit einem anderen Käse belegt. Auch hier sind deiner Fantasie keine Grenzen gesetzt. Beispiele für ein gesundes und leckeres Käsebrot wären Camembert, Gouda, Tilsiter oder Gervais. Damit das Brot immer noch gesund bleibt sind ca. 40 Gramm Käse ein guter Richtwert. Jetzt kannst du dich auch beim Topping deines Brotes völlig austoben. Ob Apfelstückchen, Tomate, Gurken, Nüsse oder Oliven, diese Kombinationen lassen dein Käsebrot garantiert nicht langweilig schmecken. Zum Schluss noch mit Himalaya Salz und Pfeffer würzen.

Aromatischer Quark mit Kaffee

79 kcal | 11 Gramm Eiweiß | 2 Gramm Fett | 4 Gramm Kohlenhydrate

Zutaten: 100 Gramm Quark, 1/2 TL Xylit oder Süßstoff, 1 Prise Salz, 40 ml Espresso

Zubereitung:
Die Zutaten vermischen und glatt rühren. Anschließend den Quark in den Kühlschrank stellen, kühl schmeckt er nämlich noch besser und frischer!

Indisches Omelett

164,8 kcal | 13,8 Gramm Eiweiß | 11,5 Gramm Fett | 1,9 Gramm Kohlenhydrate

Zutaten: 2 Eier, 1/2 TL indisches Masala Gewürz - falls nicht vorhanden, dann Currypulver mit Nelken, Zimt, Chili und Ingwerpulver mischen, 1 EL Joghurt, 1 TL Koriander frisch oder TK

Zubereitung:
Die Eier, den Jogurt und die Gewürze mit einander vermischen. Den Koriander hier noch nicht hinzufügen! Gib das Omelette anschließend in die Pfanne und brate es von beiden Seiten goldgelb in Öl an. Dann das Omelette herausnehmen und mit Koriander garnieren. Schon ist dein exotisches Omelette mit Masala Gewürz fertig.

Italienisches Paprika-Mozzarella Frühstück

315 kcal | 19 Gramm Eiweiß | 25 Gramm Fett | 3,5 Gramm Kohlenhydrate

Zutaten: 1/2 Paprikaschote, 1 Kugel Mozzarella, 2 EL Olivenöl, Himalaya Salz und Pfeffer nach Bedarf, einige Basilikumblätter

Zubereitung:
Die Paprika auf der Hautseite in einer Pfanne anbraten. Am besten ohne Fett. Anschließend den Mozzarella auseinander zupfen. Tipp: Wenn du ihn auseinander zupfst anstatt zu schneiden entfaltet sich das Aroma besser und sorgt für einen tollen Geschmack. Nun die Paprika in Streifen schneiden und auf einem Teller mit dem Mozzarella anrichten. Nach Bedarf mit etwas Olivenöl beträufeln und Basilikum hinzufügen.

Frischer Obstsalat mit Quark

183,3 kcal | 11,4 Gramm Eiweiß | 0,2 Gramm Fett | 32,7 Gramm Kohlenhydrate

Zutaten: 1 kleine Banane, Saft einer Bio Limette, 1/2 Apfel, 1/2 Birne, 1 Orange, 30 Gramm Ananas, 40 Gramm Beerenmix, 80 Gramm Magerquark

Zubereitung:
Die Orange filetieren, die Banane in Scheiben schneiden und anschließend mit etwas Limettensaft abschmecken. Dann das restliche Obst klein schneiden, mit dem Quark vermengen und bei Bedarf noch mit etwas Süßstoff süßen.

Ausgefallenes Papaya-Mango Frühstück

61,3 kcal | 0,5 Gramm Eiweiß | 0 Gramm Fett | 13,8 Gramm Kohlenhydrate

Zutaten: Saft von 2 Bio Limetten, 1/2 Mango und 1/2 Papaya
Zubereitung:
Das Obst zunächst schälen und anschließend entkernen. Dann noch etwas Limettensaft darüber geben und im Kühlschrank kühlen lassen.

Leckere gegrillte Früchte

126 kcal | 1,1 Gramm Eiweiß | 0,4 Gramm Fett | 28,3 Gramm Kohlenhydrate

Zutaten: 100 Gramm Wassermelone, 1/2 Papaya, 100 Gramm Ananas, 1 Zweig Thymian, Chili-Pulver, Himalaya Salz
Zubereitung:
Zunächst wird das Obst in ca. 1 cm dicke Scheiben geschnitten. Anschließend wird das Obst in einer Pfanne mit Thymian angebraten. Nun noch mit Himalaya Salz und Chili würzen und mit Zitronensaft beträufeln, um dem Ganzen die besondere geschmackliche Note zu verleihen.

Erfrischende Melone mit leckerem Parmaschinken

303 kcal | 27,2 Gramm Eiweiß | 15,2 Gramm Fett | 15 Gramm Kohlenhydrate

Zutaten: 250 Gramm Netzmelone, 100 Gramm Parmaschinken
Zubereitung:
Die Melone in Scheiben schneiden und mit dem Parmaschinken servieren. Diese Kombination passt perfekt zusammen und sorgt für einen guten Start in den Tag.

Leckeres Käse-Spinat-Omelette

313,6 kcal | 29,1 Gramm Eiweiß | 20 Gramm Fett | 2,8 Gramm Kohlenhydrate

Zutaten: 2 Eier, 60 Gramm geriebenen Käse, 50 Gramm Blattspinat, 1 TL Öl, 1 EL Crème fraîche, Himalaya Salz und Pfeffer

Zubereitung:
Öl in eine Pfanne geben und die Eier zusammen mit dem Käse in der Pfanne anbraten. Anschließend den Blattspinat hinzugeben und das Omelette wenden, sobald es anfängt zu stocken. Zum Schluss noch Crème fraîche auf das Omelette geben, würzen und servieren.

Herzhafte Frühstückssuppe auf asiatische Art

105,2 kcal | 8,9 Gramm Eiweiß | 0,7 Gramm Fett | 12,6 Gramm Kohlenhydrate

Zutaten: 200 ml Gemüsefond, 3 Garnelen, 30 Gramm Sojasprossen, 30 Gramm Bambussprossen, 10 Gramm Glasnudeln, ein kleines Stück frischer Ingwer, eine Chilischote, Spritzer Fischsauce und Koriander frisch zum Bestreuen.

Zubereitung:
Den Gemüsefond in einen Topf geben und zusammen mit dem geriebenen Ingwer und den Chilischoten köcheln lassen. Als Nächstes die Garnelen hinzufügen und gar werden lassen. Nun die Glasnudeln für etwa 5 Minuten in heißem Wasser quellen lassen und danach in den Topf mit dem Fond und den Garnelen geben. Dann die Bambussprossen hinzugeben und alles mit der Fischsauce abschmecken. Die Suppe zu Letzt mit dem Koriander bestreuen und servieren.

Frischkäse mit knackigem Apfel

139,4 kcal | 10,8 Gramm Eiweiß | 3,4 Gramm Fett | 15,8 Gramm Kohlenhydrate

Zutaten: 1 Apfel, 1 Chilischote, 1 EL Pflanzenöl, 1 Zehe Knoblauch, 100 Gramm körniger Frischkäse, Saft einer Limette, 10 Gramm Koriander, 1 Prise Himalaya Salz

Zubereitung:
Das Chili, den Koriander, den Knoblauch, Salz und Limettensaft in einem Mörser zerstoßen oder im Mixer vermischen. Anschließend die Kerne des Apfels entfernen und ihn in dünne Scheiben schneiden. Die Apfelscheiben werden danach in einer Pfanne mit etwas Öl angebraten und anschließend mit der Marinade bestreichen. Vor dem Servieren mit dem körnigen Frischkäse anrichten.

Deftiger Schinkensalat

234,3 kcal | 29 Gramm Eiweiß | 4,9 Gramm Fett | 17,4 Gramm Kohlenhydrate

Zutaten: 50 Gramm Quark, 50 Gramm körniger Frischkäse, 80 Gramm Putenschinken, 1 Tomate, 1/2 gelbe Paprika, 1 Gewürzgurke, 1/2 Apfel, 2 EL Himbeer-Essig, 1 EL Kräuter, Himalaya Salz, Pfeffer

Zubereitung:
Den Schinken, die Tomate, die Paprika, Gewürzgurke und den Apfel in Würfel schneiden und dann mit dem Quark und dem Frischkäse vermischen. Zum Schluss noch die Kräuter und den Essig hinzufügen und mit Salz und Pfeffer abschmecken. Der Salat passt perfekt zu einer Scheibe Proteinbrot. Dieses wurde in der Nährwerttabelle jedoch nicht mitberechnet.

Omelette mit Tomatensaft

249 kcal | 20,5 Gramm Eiweiß | 17 Gramm Fett | 3,5 Gramm Kohlenhydrate

Zutaten: 2 Eier, 50 ml Tomatensaft, 1/2 Bund Basilikum, Himalaya Salz, Pfeffer, 1 EL Parmesan gerieben

Zubereitung:
Eier und Tomatensaft zusammenfügen und vermischen. Dies nun in eine Pfanne geben und kurz anbraten lassen. Das Omelette dann mit Salz und Pfeffer würzen und für den perfekten Genuss noch mit Kräutern und Käse bestreuen.

Pancakes mit fruchtigen Beeren

424,6 kcal | 32,8 Gramm Eiweiß | 25,2 Gramm Fett | 11,1 Gramm Kohlenhydrate

Zutaten: 50 ml Kokosmilch, 50 ml Mineralwasser, 2 Eier, 50 Gramm Mandelmehl, 1/2 TL Backpulver, 100 Gramm Beerenmix frisch oder TK, 1 TL Xylit

Zubereitung:
Die Kokosmilch, das Wasser, die Eier, das Mehl und das Backpulver zu einem Pfannkuchenteig verrühren. Die Pancakes dann in einer Pfanne von beiden Seiten goldgelb backen lassen. Gleichzeitig die Beeren mit einem Pürierstab oder in einem Mixer mit dem Xylit vermischen. Nun die Pancakes mit dem Beerenmus anrichten.

Frühstückswaffeln

430 kcal | 36 Gramm Eiweiß | 19,3 Gramm Fett | 33,3 Gramm Kohlenhydrate

Zutaten: 250 Gramm Joghurt, 2 Eier, 1 TL Backpulver, 30 Gramm Mandelmehl, 1 EL Xylit

Zubereitung:
Alle Zutaten zu einem Teig zusammenrühren und in die Muffinformen gießen. Silikonformen eignen sich hierfür am besten, da der Teig weniger in Form kleben bleibt. Anschließend 20 Minuten bei 170 Grad backen. Die Rezeptzusammenstellung ergibt ungefähr vier Muffins.

Fit in den Tag mit Pomelo, Orangen und Grapefruit

112 kcal | 2,6 Gramm Eiweiß | 0,4 Gramm Fett | 24 Gramm Kohlenhydrate

Zutaten: 100 Gramm Pomelo, 1 Orange und 1 Grapefruit

Zubereitung:
Ein besonderer Energiekick zum Frühstück. Schonend für den Magen und ausreichend an Vitamin C.

Pilzomlette

196,4 kcal | 13,9 Gramm Eiweiß | 14,5 Gramm Fett | 2,8 Gramm Kohlenhydrate

Zutaten: 80 Gramm Pfifferlinge, 1 Schalotte, 1 Zweig Thymian, 1 EL Joghurt, 2 Eier, 1 EL Butter

Zubereitung:
Gewürfelte Schalotten zusammen mit den Pfifferlingen in der Butter anbraten. Den Joghurt und die Thymianblätter zusammen mit den Eiern verrühren und über die Pfifferlinge geben. Bei geringer Hitzezufuhr das ganze kurz stocken lassen und zu Ende backen.

Eiweißbrot serviert mit Räucherlachs und Sahnemeerrettich

321,6 kcal | 31,2 Gramm Eiweiß | 22,9 Gramm Fett | 7,2 Gramm Kohlenhydrate

Zutaten: 1 EL geriebener Meerrettich, 100 Gramm Räucherlachs, 2 EL griechisches Joghurt, 2 Scheiben Eiweißbrot, Himalaya Salz, Pfeffer

Zubereitung:
Meerrettich dem Joghurt unterrühren und anschließend gut ziehen lassen. Eine Prise Salz und Pfeffer zum abschmecken des Lachs und fertig. Nun noch im Toaster das Brot gegrillt und alles anrichten. Guten Appetit.

Leckere Kokosbrötchen

Ein Brötchen hat: 308 kcal | 12,6 Gramm Eiweiß | 21,4 Gramm Fett | 17 Gramm Kohlenhydrate

Zutaten: 100 Gramm Butter, 100 Gramm Kokosfett, 500 Gramm Quark, 6 Eier, 6 EL Xylit, 100 Gramm Mandelmehl, 100 Gramm Kokosmehl, 100 Gramm Kokosflocken, 1 EL Backpulver

Zubereitung:
Quark, Eier, Butter und Kokosfett zu einer glatten Masse verrühren. Nun die restlichen Zutaten untermischen und ca. 12 kleine Häufchen formen. Diese Anschließend, mit ausreichendem Abstand zueinander, auf dem Backblech platzieren. Es ist Ratsam gleich eine größere Menge anzufertigen und diese einzufrieren. Nun noch bei 175 Grad im Backofen 30 Minuten backen und fertig.

Nuss Brötchen mit Apfelstückchen

Ein Brötchen hat: 315 kcal | 26,8 Gramm Eiweiß | 17,9 Gramm Fett | 9,2 Gramm Kohlenhydrate

Zutaten: 500 Gramm Quark, 6 Eier, 100 Gramm Mandelmehl, 100 Gramm Kokosmehl, 100 Gramm Walnüsse, 3 Äpfel (300 Gramm), 1 EL Backpulver

Zubereitung:
Die entkernten und geschälten Äpfel in Würfel schneiden. Die restlichen Zutaten zusammen mit den zuvor kleingehackten Walnüssen vermengen. Feuchten Sie die Hände an und formen Sie aus den Äpfeln und den anderen Zutaten kleine Brötchen. Mengenangaben für ca. 8 Brötchen. Anschließend das Ganze für 30 Minuten bei 170 Grad in den Backofen. Im Gefrierfach aber auch Kühlschrank lassen sie sich besonders gut frisch halten. Vor dem Verzehr schnell nochmal im Backofen aufgebacken genießen sich die Brötchen nochmal so gut.

Rührei der besonderen Art – mit Krabben

321 kcal | 25,5 Gramm Eiweiß | 17,9 Gramm Fett | 11,7 Gramm Kohlenhydrate

Zutaten: 2 Eier, 50 Gramm Krabben frisch oder TK, 1/2 rote Paprika, 1/2 gelbe Paprika, 2 Schalotten, 1 Knoblauchzehe, Schnittlauch zum bestreuen, Kokosöl für die Pfanne

Zubereitung:
Knoblauch und Schalotten klein hacken und in Kokosöl anbraten. Paprika zusammen mit den Krabben hinzugeben und garen lassen. Die Eier zerschlagen und darüber geben. Das Ganze in der Pfanne zerteilen und gut durchbraten lassen. Bei Bedarf anschließend mit frischen und leckeren Kräutern bestreuen. Dies steigert noch einmal individuell den Geschmack und passt perfekt zum Krabbenrührei.

Rezepte für leckere Shakes, Smoothies und Snacks für Zwischendurch

Shakes eignen sich als Frühstücks oder generell als Mahlzeitenersatz. Zudem sind sie schnell zubereitet und einfach zu transportieren, falls du sie mit zur Arbeit nehmen möchtest. Jedoch muss auch hier die Kalorienmenge beachtet werden, da Eiweißshakes unter Umständen sehr reichhaltig sein können.

Bananen-Proteinshake

234 kcal | 14,3 Gramm Eiweiß | 0,9 Gramm Fett | 30,6 Gramm Kohlenhydrate

Zutaten: 1 Banane, 200 ml Milch, 100 Gramm Frischkäse, etwas Süßstoff, Mark einer Vanilleschote

Zubereitung:
Die Banane, die Milch, den Frischkäse, den Süßstoff und die Vanilleschote in einen Mixer geben und alles miteinander vermischen. Der Shake schmeckt am besten eisgekühlt. Falls du jedoch keine Zeit hast, ihn im Kühlschrank abkühlen zu lassen, füge einfach eine Hand voll Eiswürfeln in den Mixer hinzu.

Exotischer Mango-Shake (indische Art)

223,5 kcal | 2,6 Gramm Eiweiß | 15,1 Gramm Fett | 13,6 Gramm Kohlenhydrate

Zutaten: 200 ml Kokosmilch, 1 Mango, ein Stückchen Ingwer, 1/2 Messerspitze Zimt, 1/2 Messerspitze Nelkenpulver, Saft einer Bio Limette, 1/2 Messerspitze Curcuma

Zubereitung:
Die Zutaten zusammen in den Mixer geben, pürieren und genießen.

Ausgefallener Matcha-Shake mit Frischkäse

115,3 kcal | 13,4 Gramm Eiweiß | 4,6 Gramm Fett | 2,4 Gramm Kohlenhydrate

Zutaten: 1 TL Matcha Pulver, 50 Gramm Frischkäse, 250 ml Sojamilch, Süßstoff oder Xylit zum Süßen, Saft einer Bio Limette

Zubereitung:
Matcha kommt aus Asien und ist ein Grünteegemisch, welches, ähnlich wie Kaffee, energiefördernd wirkt. Für den gesunden Genuss einfach alle Zutaten miteinander mixen und bei Bedarf Eiswürfel hinzufügen.

Für alle Schokoladenliebhaber

289 kcal | 5,8 Gramm Eiweiß | 14,8 Gramm Fett | 27,3 Gramm Kohlenhydrate

Zutaten: 50 Gramm Xylit Schokolade, 250 ml fettarme Milch, 1/2 Messerspitze Zimt, Mark einer Vanilleschote oder einige Tropfen Vanille Aroma

Zubereitung:
Im Wasserbad die Schokolade verflüssigen und mit den restlichen Zutaten in den Mixer geben.
Warm wie Kalt ein Genuss.

Ein herrlicher Erdbeershake

164,7 kcal | 5 Gramm Eiweiß | 0,6 Gramm Fett | 28 Gramm Kohlenhydrate

Zutaten: 200 Gramm Erdbeeren, 1 Chilischote, 200 ml fettarme Milch, 1 Prise Himalaya Salz, 1 TL Xylit oder Süßstoff, Saft einer Limette

Zubereitung:
Einfach sämtliche Zutaten im Mixer gut durchmixen lassen. Dabei wirkt die Schärfe besonders anregend für den Stoffwechsel und ist herrlich sättigend.

Nussiger Vanilleshake

189,4 kcal | 18,3 Gramm Eiweiß | 10 Gramm Fett | 7,6 Gramm Kohlenhydrate

Zutaten: 250 ml Mandelmilch, Mark einer Vanilleschote, 20 Gramm Whey Protein Pulver, 1 TL Haselnuss-Paste, Xucker oder Süßstoff

Zubereitung:
Wieder alle Zutaten miteinander gut vermischen. Hierfür nehmen wir natürlich wieder einen Mixer. Wer möchte darf hier gerne als Topping einen Klacks Sahne nehmen. Ab und an darf gern mal etwas gesündigt werden, dies verleiht dem Shake eine schöne Cremige Note.

Green Energie: Avocado-Minze-Shake

404 kcal | 25,4 Gramm Eiweiß | 28,6 Gramm Fett | 12,1 Gramm Kohlenhydrate

Zutaten: 1/4 Avocado, 30 Gramm Whey Pulver, 10 Gramm frische Minze, 200 ml Mandelmilch, 50 ml Sahne, Xucker oder Süßstoff nach Bedarf

Zubereitung:
Sämtliche Zutaten in den Mixer tun und gut durchshaken lassen. Volle Power dank dieses Shakes. Durch die Zutaten bekommen sie einen echten Energieschub, zugleich ist es ein gelungener Frühstücksersatz oder auch gut für Zwischendurch.

Griechischer Jogurt bunt gemischt

234,5 kcal | 20,2 Gramm Eiweiß | 0,5 Gramm Fett | 31,2 Gramm Kohlenhydrate

Zutaten: 1/2 Mango, 2 Pfirsiche, 150 Gramm TK Himbeeren, 200 Gramm griechischen Joghurt

Zubereitung:
Die Beeren tiefgefroren mit den anderen Zutaten in den Mixer geben. Du kannst alternativ natürlich auch jede andere Beerenfrucht nehmen. So kannst du diverse Kombinationen aus Beerenshakes genießen.

Zum Genießen: Reismilch Shake

313,8 kcal | 5,9 Gramm Eiweiß | 20,6 Gramm Fett | 24,9 Gramm Kohlenhydrate

Zutaten: 250 ml Reismilch, 100 Gramm Ananas, Mark einer Vanilleschote, 30 Gramm Kokosraspeln

Zubereitung:
Alle Zutaten wieder in den Mixer geben. Nach Bedarf kann das Ganze gerne mit etwas Xylit-Zucker, Birkenzucker oder Süßstoff versüßt werden.

Volle Energie gegen überschüssige Kilos

30 kcal | 0,6 Gramm Eiweiß | 0 Gramm Fett | 4,9 Gramm Kohlenhydrate

Zutaten: 1/2 Gurke, 1 Bund Koriander, 1 Chilischote, 2 Bio Limetten kernlos, Süßstoff nach Belieben und Wasser zum Auffüllen

Zubereitung:
Die Zutaten zusammen mit der zuvor geschälten Bio-Limette in den Mixer tun. Zu Anfangs mag der Geschmack, zugegebener Weise, etwas Gewöhnung bedürftig sein aber dieser Shake ist ein echter Kalorienverbrenner.

Der „Grüne“

245,2 kcal | 3,7 Gramm Eiweiß | 15,2 Gramm Fett | 21,5 Gramm Kohlenhydrate

Zutaten: 1/4 Gurke, 1/4 Avocado, 50 Gramm Blattspinat, 10 Gramm Koriander frisch, 200 ml Kokoswasser (nicht Kokosmilch)

Zubereitung:
Sämtliche Zutaten gut zusammenmixen und anschließend einfach genießen. Wer es etwas cremiger bevorzugt kann anstatt des Kokoswassers auch Kokosmilch hinzunehmen. Das sind dann allerdings 200 Kalorien mehr. Also nur zur Ausnahme!

Scharf, schärfer, Chilli!

63,6 kcal | 1,8 Gramm Eiweiß | 0 Gramm Fett | 12,9 Gramm Kohlenhydrate

Zutaten: 2 Tomaten, 1/2 rote Paprika, 1/4 Gurke, 2 Chilischoten, 1 Prise Himalaya Salz, 50 Gramm Mango, Saft einer Bio Limette. Den fertigen Drink nach Belieben mit Wasser oder Mineralwasser aufgießen.

Zubereitung:
Wieder alles zusammen in den Mixer und gut durchmixen. Desto schärfer der Shake, umso besser bringt es den Stoffwechsel in Fahrt. Aber Vorsicht! Nicht übertreiben...

Maracuja-Orangen Shake

114 kcal | 3,5 Gramm Eiweiß | 0,5 Gramm Fett | 23 Gramm Kohlenhydrate

Zutaten: 100 Gramm Maracuja Fruchtfleisch, frisch oder TK, je nach Geschmack mit oder ohne Kerne, 2 Bio Orangen, 250 ml Grüntee, Süßstoff nach Belieben, Eiswürfel

Zubereitung:
Bevor die Orangen in den Mixer gegeben werde, diese bitte in kleinere Scheiben schneiden. Diese Geschmackskombination ist ein wahrhaftes Erlebnis für alle die es Fruchtig mögen.

Bananen-Kirsch Duo

183,5 kcal | 2,5 Gramm Eiweiß | 0,4 Gramm Fett | 40 Gramm Kohlenhydrate

Zutaten: 1 Banane, 150 Gramm Kirschen, Wasser und Süßstoff nach Wunsch

Zubereitung:
Die Kirschen und die Bananen sollten wenn möglich gefroren sein. Dann jeweils 100 ml Wasser zu den Früchten geben und ab in den Shaker. Die klassische Variation schmeckt am besten.

Gesunder Cuba Libre (Alkoholfrei)

Zubereitung:
Cola ligth oder Zero in kleinen Formen einfrieren. Entkernte Limetten schälen und anschließen ebenfalls in das Gefrierfach. Ca 2 Stunden warten und dann ab in den Mixer. Mit dieser Kombination kommst du auch auf jeder Party gut an wenn du gerade Low Carb machst.

Häppchen und leckere Snacks für zwischendurch

Gerade zwischen den Mahlzeiten kann es vorkommen, dass der kleine Hunger kommt und man einen Snack gut vertragen könnte. Es schadet jedoch nicht sich kurz zu hinterfragen, ob der Hunger wirklich groß genug für einen Snack ist. Es könnte genauso gut sein, dass du lediglich durstig bist, denn Durst zeigt oft ähnliche Symptome wie Hunger. In diesem Fall solltest du ein Glas Wasser mit einem Spritzer Zitronensaft trinken. Das erfrischt und tut deinem Körper gut. Falls die Symptome dann immer noch anhalten, gibt es tolle, einfache und gesunde Snack-Alternative.

Herzhafter Eierstich

178,9 kcal | 14,6 Gramm Eiweiß | 13 Gramm Fett | 1,2 Gramm Kohlehydrate

Zutaten: 2 Eier, 100 ml Gemüsebrühe, 1/2 Chilischote, 1 Prise Himalay Salz, Pfeffer, 1 Spritzer Essig

Zubereitung:
Chilischoten klein schneiden und mit den restlichen Zutaten vermischen. Anschließend alles in eine feuerfeste Schüssel füllen und diese in eine tiefe, mit Wasser gefüllte Pfanne stellen. Beides zusammen dann bei 170° Celsius für 30 Minuten in den Backofen geben. Auch bei diesem Snack sind der Kreativität keine Grenzen gesetzt. Solange die Zutaten keine bzw. wenig Kohlenhydrate enthalten, kannst du alles hinzugeben, was dir schmeckt.

Gesunde Käsechips für Zwischendurch

430 kcal | 37 Gramm Eiweiß | 29 Gramm Fett | 2 Gramm Kohlenhydrate

Zutaten: 100 Gramm Parmesan oder besonders harten Reibekäse, 1 Zweig Rosmarin

Zubereitung:
Den Käse reiben und mit dem klein gehackten Rosmarin vermischen. Dann aus dem Käse kleine Bällchen formen und diese auf ein mit Backpapier ausgelegtes Backbleck legen. Anschließend die Käsebällchen bei 200° für ca. 10 Minuten im Ofen backen, bis sie knusprig und goldgelb sind.

Blumenkohl-Muffins

1 Makrone hat circa: 24,8 kcal | 2 Gramm Eiweiß | 1,7 Gramm Fett | 0,5 Gramm Kohlenhydrate

Zutaten: 1/2 Blumenkohl, 100 Gramm Käse, 30 Gramm Mandelmehl, 1 Chilischote, 5 Gramm Ingwer gerieben, 2 Eier, Himalaya Salz,

Zubereitung:
Den halben Blumenkohl zusammen mit den anderen Zutaten in den Mixer geben und gut vermischen. Die Röschen der anderen Hälfte des Blumenkohls entfernen und diese zu den gemixten Zutaten hinzufügen. Anschließend alles in Muffinförmchen geben und bei 200° für 15 Minuten backen. Die Makronen zwischendurch wenden, damit sie gleichmäßig durchbacken. Danach für weitere 15 Minuten im Ofen lassen. Der Blumenkohl-Muffin ist auch für Partys perfekt geeignet. Die Zubereitung geht schnell und die Muffins sind super gesund und lecker. Die gesunde Alternative für deine Party!

Leckere Frischkäsebällchen

562 kcal | 39,6 Gramm Eiweiß | 32,1 Gramm Fett | 21,4 Gramm Kohlenhydrate

Zutaten: 300 Gramm Frischkäse, fein gehackte Kräuter, geschrotete Pfefferkörner, fein gehackte Nüsse, fein gehackte gelbe Paprika

Zubereitung:
Aus dem Frischkäse kleine Bällchen formen und diese in den verschiedenen Zutaten wälzen. Die verschiedenen Variationen geben deinem Snack eine bunte Vielfalt und Abwechslung und eignen sich auch für Partys bestens.

Steirischer Kartoffelkäse

243 kcal | 4,8 Gramm Eiweiß | 16,4 Gramm Fett |17,8 Gramm Kohlenhydrate

Zutaten: 100 Gramm Kartoffeln, 50 Gramm saure Sahne oder Schmand, 1 Schalotte, Himalaya Salz, Pfeffer, 1 TL Kürbiskernöl, 1 EL gehackte Kürbiskerne

Zubereitung:
Die Kartoffeln ungeschält in den Kochtopf geben und kochen lassen. Anschließend schälen und zu einem Stampf drücken. Am besten gelingt dies mit einer Kartoffelpresse. Doch auch mit der Gabel funktioniert das gut. Nur der Mixer eignet sich nicht hierfür. Danach die Schalotten klein schneiden und zu dem Kartoffelstampf hinzufügen. Die restlichen Zutaten nun dazugeben und den Kartoffelkäse als Dip oder als Brotaufstrich genießen!

Im Ofen zubereitete Zucchini Sticks

245 kcal | 20 Gramm Eiweiß | 15 Gramm Fett | 4,2 Gramm Kohlenhydrate

Zutaten: 1 Zucchini, 50 Gramm Parmesan, Oregano, Thymian, Himalaya Salz, Pfeffer, 2 EL Essig

Zubereitung:
Aus der Zucchini kleine streifen bzw. Stangen schneiden und die Kerne darauf entfernen. Anschließen damit Essig bestreichen und mit Salz und Pfeffer würzen. Den Parmesan mit Kräutern vermischen und auf die Zucchini streuen. Die Sticks nun bei 170° für 15 Minuten im Ofen backen.

Saucen und Dips

Low Carb Mayonnaise

470,6 kcal | 47,8 Gramm Eiweiß | 26,4 Gramm Fett | 9,4 Gramm Kohlenhydrate

Zutaten: 200 Gramm Quark, 100 Gramm Joghurt, 4 Eier, Saft einer Bio Limette, 1 EL Apfelessig, 1 Prise Himalaya Salz, Pfeffer, 1 Messerspitze Senf

Zubereitung:
Die Eier hart kochen. Die Eidotter herausnehmen und mit dem Joghurt mixen. Das Eiweiß mit dem Quark zusammen pürieren. Mit Zitronensaft, Salz, Pfeffer, Senf und Essig abschmecken. Diese Mayonnaise hält sich im geschlossenen Glas für einige Tage im Kühlschrank frisch. Wenn du kleinere Mengen benötigst, kannst du das Rezept auch ganz einfach halbieren. Die angegebenen Nährwerte beziehen sich natürlich auf die gesamte Menge Mayonnaise.

Selbstgemachter Low Carb Ketchup

56 kcal | 2,8 Gramm Eiweiß | 0,6 Gramm Fett | 7,8 Gramm Kohlenhydrate

Zutaten: 200 ml Pizzatomaten aus der Dose (ungezuckert), 1 EL Tomatenmark, 1 Knoblauchzehe, 2 EL Apfelessig, 1 Spritzer Süßstoff, Himalaya Salz, Pfeffer

Zubereitung:
Pürieren Sie alle Zutaten in einem Mixer und schon ist Ihr Low Carb Ketchup fertig. Wenn Sie es schärfer möchten, einfach ein paar Chilischoten mit hineingeben. Sie können es für einige Tage im Kühlschrank frisch halten.

Leckere Low Carb Soja-Mayonnaise

196,5 kcal | 19,8 Gramm Eiweiß | 11 Gramm Fett | 2,3 Gramm Kohlenhydrate

Zutaten: 50 ml Soja Joghurt, 200 Gramm geräucherter Tofu, 1 EL Koriander gehackt, 1 TL Ingwer fein gehackt, Saft einer halben Limette, 1 Messerspitze Wasabi Paste

Zubereitung:
Verarbeiten Sie alle Zutaten mit dem Pürierstab zur einer cremigen Masse. Je nach Bedarf können Sie mit etwas mehr Chilli, Wasabi oder auch anderen frischen Kräutern anpassen.

Scharfe Low Carb Salsa

596,7 kcal | 23,5 Gramm Eiweiß | 0,3 Gramm Fett | 141,7 Gramm Kohlenhydrate

Zutaten: Eine rote, grüne und eine gelbe Chilischote, 1 rote Zwiebel, 2 Zehen Knoblauch, 10 frische Tomaten, Himalaya Salz, Pfeffer, 4 EL Balsamico Essig dunkel, 1 rote, eine grüne und eine gelbe Paprika, 3 EL Birkenzucker, Xylit oder Xucker. Wer Kalorien sparen will verwendet Süßstoff, 3 EL Koriander, 1 TL fein gehackter Ingwer

Zubereitung:
Schneiden Sie alle Zutaten sehr fein, hacken und vermengen Sie es. Anschließend mit Essig, Salz, Pfeffer und etwas Süßstoff abschmecken. Zum Abschluss lassen Sie es kurz aufkochen und abkühlen, im Kühlschrank durchziehen lassen.

Leckerer Avocado Dip

483 kcal | 5,2 Gramm Eiweiß | 41,8 Gramm Fett | 14 Gramm Kohlenhydrate

Zutaten: 4 reife Avocados, Himalaya Salz, Cayenne Pfeffer, 2 EL Crème fraîche, Saft einer Bio Limette, 1 Knoblauchzehe, 1 EL Olivenöl

Zubereitung:
Geben Sie alle Zutaten in den Mixer oder bearbeiten Sie es mit dem Pürierstab zu einer schönen, glatten Cremigen Masse. Genießen Sie diesen Dip mit Fisch und Meeresfrüchten, oder aber zu Fleisch und Gemüse.

Spezial: Das Low Carb Power Eiweiß

149,8 kcal | 14,2 Gramm Eiweiß | 4 Gramm Fett | 12,9 Gramm Kohlenhydrate

Zutaten: 200 Gramm Magerjoghurt, 1 Eiweiß, 2 EL Quark, Saft einer Bio Limette Süßstoff nach Belieben

Zubereitung:
Schlagen Sie das Eiweiß steif und rühren Sie die restlichen Zutaten glatt und vermischen es anschließend vorsichtig zum Eiweiß. Stellen Sie nun das Power Eiweiß kalt und löffeln es bevor Sie schlafen gehen. Unser Power Eiweiß verhindert Heißhungerattacken in der Nacht. Sobald Sie wieder Gelüste verspüren, nehmen Sie diese Geheimwaffe zu sich. Sie werden sehen, es funktioniert. ☺

Die leckere Kohlsuppe

Asiatische Kohlsuppe

253,1 kcal | 17,7 Gramm Eiweiß | 1,9 Gramm Fett | 40,1 Gramm Kohlenhydrate

Zutaten: 250 Gramm Weißkraut, 1 Zwiebel, 1 Möhre, 1 Paprika, 2 Chilischoten, 1 daumengroßes Stück Ingwer, 1 ganzer Bund Koriander, 150 Gramm Sojasprossen, 100 Gramm Bambussprossen, 1 Stange Staudensellerie, 3 Tomaten und Konjak Nudeln
Zubereitung:
Schneiden Sie das gesamte Gemüse in Stücke und geben Sie es in einem großen Topf Wasser, kochen Sie es für mindestens 30 Minuten. Schmecken Sie es mit einem Spritzer Sojasauce, einem Spritzer Fischsauce und etwas Salz und fertig ist die köstliche Suppe.
Optional: Eine Portion Konjak Nudeln dazu geben und genießen.

Mediterrane Kohlsuppe für Feinschmecker

166,9 kcal | 12,2 Gramm Eiweiß | 1,4 Gramm Fett | 22,5 Gramm Kohlenhydrate

Zutaten: 200 Gramm Fenchel, 2 Stangen vom Staudensellerie, 300 Gramm Spitzkohl, 10 Cherry Tomaten, 1 Bio Zitrone, 2 Knoblauchzehen, 1 EL Tomatenmark, 1 Liter Gemüsebrühe, 2 Chilischoten, 1/2 TL Fenchelsamen, 100 Gramm Auberginen, 1 kleine Zucchini
Zubereitung:
Alle Zutaten werden in kleine Stücke geschnitten in einer beschichteten Pfanne ohne Öl angeröstet, geben sie Tomatenmark dazu und mit Brühe aufgießen. Lassen Sie es für mindestens eine halbe Stunde köcheln und fertig.

Kohlsuppe für kalte Wintertage

197,7 kcal | 15 Gramm Eiweiß | 1,9 Gramm Fett | 25,8 Gramm Kohlenhydrate

Zutaten: 1 Zwiebel, 2 Kartoffeln, 300 Gramm Weißkraut, 1 Petersilienwurzel, 1/2 Kohlrabi, 1 Möhre, 1/2 Stange Lauch, 100 Gramm Sellerie, 1 Liter Brühe, 1 Zimtstange, 4 Gewürznelken, 1/2 TL Kümmel gemahlen, Himalaya Salz, Pfeffer

Zubereitung:
Schneiden Sie alle Zutaten klein und zusammen mit den Gewürzen für mindestens eine halbe Stunde kochen lassen. Diese Suppe schmeckt göttlich und sehr intensiv und regt dabei mit ihren Inhaltsstoffen den Stoffwechsel so richtig an.

Leckere Rezepte für den Nachmittag

Gerichte mit Huhn

Würziges Iberisches Hühnchen mit leckeren Flusskrebsen

371,8 kcal | 42,2 Gramm Eiweiß | 15,4 Gramm Fett | 8,3 Gramm Kohlenhydrate

Zutaten: 100 Gramm Hühnerbrust, 20 Gramm Flusskrebse, 1 EL Piri Piri Paste (aromatische Pfefferpaste aus Portugal), 1/4 rote Paprika, 1/4 gelbe Paprika, 1/2 Zucchini, 100 Gramm Petersilienwurzel, 1 Schalotte, 2 Knoblauchzehen, Rosmarin, Thymian, Lavendel, Himalaya Salz, Pfefferkörner, 4 schwarze Oliven ohne Kern, 150 ml Brühe, 2 EL Olivenöl

Zubereitung:
Heizen Sie den den Ofen auf 180° Celsius vor. Verühren Sie das Öl mit der Piri Piri Paste und marinieren Sie das Hühnchen damit. Anschließend für 10 Minuten einziehen lassen. Schneiden Sie das Gemüse in mundgerechte Stücke. Die Schalotte schälen und vierteln, Knoblauch schälen und als Ganzes verwenden. Nehmen Sie nun eine feuerfeste Auflaufform und erstellen mit der Hälfte des Gemüses ein schönes Beet. Legen Sie nun das Hühnchen darauf und bedecken Sie es mit dem restlichen Gemüse, den Flusskrebsen und den Kräutern. Würzen Sie mit Salz und Pfeffer nach und gießen vorsichtig die Brühe darüber. Zum Abschluss für etwa 35 Minuten im Ofen schmoren lassen.

Leckere Thailändisches Kokos-Hühnchen

272 kcal | 21 Gramm Eiweiß | 17,2 Gramm Fett | 9,2 Gramm Kohlenhydrate

Zutaten: 130 Gramm Hühnerbrust, 1 Tomate, 1 Chilischote, 30 Gramm Champignons, 1 Zitronengras, Ingwer oder Galangal, Limettenblätter (genannt Kaffir Lime Leaves), Saft einer Bio Limette, 100 ml Kokosmilch, 100 ml Brühe, ein Spritzer Fischsauce, ein Spritzer Sojasauce, 1 Knoblauchzehe, nach Bedarf ein Spritzer Süßstoff

Zubereitung:
Erhitzen Sie die Kokosmilch mit der Brühe zusammen und mit den Limettenblättern, dem Zitronengras und Ingwer oder Galangal, dem Knoblauch und den Chilischoten aromatisieren. Schneiden Sie nun die Champignons, Tomate und Hühnerbrust in mundgerechte Stücke und geben es in den Sud hinein. Würzen Sie anschließend mit der Sojasauce und der Fischsauce nach und schmecken es mit etwas Süßstoff ab. Nach ca. 10 Minuten Kochzeit ist es fertig und Sie dürfen es genießen.

Herzhafter Szegediner Gulasch mit leckerem Hühnchen

205,4 kcal | 33,6 Gramm Eiweiß | 3,6 Gramm Fett | 7,2 Gramm Kohlenhydrate

Zutaten: 130 Gramm Hühnerbrust, 1 Zwiebel, 1 Knoblauchzehe, 1 EL Paprikapulver edelsüß, 1 TL Tomatenmark, Öl zum Anbraten, Thymian, Majoran, 1 Lorbeerblatt, 100 Gramm Sauerkraut, 150 ml Brühe, Himalaya Salz, Pfeffer, 1 Messerspitze Kümmel gemahlen 1/2 Kartoffel, 2 EL Schmand

Zubereitung:
Schneiden Sie das Fleisch in 3 cm große Stücke. Mit etwas heißem Öl anbraten und anschließend aus der Pfanne nehmen. Nun werden die Zwiebeln und Knoblauch goldbraun anschwitzen. Rösten Sie das Tomatenmark und das Paprikapulver mit und gießen Sie die Brühe dazu. Würzen nun Sie mit dem Lorbeerblatt, Kümmel, Salz, Pfeffer und Thymian nach. Geben Sie nun Sauerkraut und das Fleisch dazu. Bei schwacher Hitze für ca. 45 Minuten schmoren lassen. Reiben Sie die Kartoffel ganz fein in den Gulasch rein. Das Gulasch wird dadurch Gulasch schön sämig. Servieren dieses leckere ungarische Leibgericht mit zwei EL Schmand zum Verfeinern.

Knackige Grüne Bohnen mit Hühnerbrust in Pfefferrahmsauce

323,2 kcal | 44 Gramm Eiweiß | 10,9 Gramm Fett | 9,4 Gramm Kohlenhydrate

Zutaten: 130 Gramm Hühnerbrust, 1/2 Zwiebel, 50 ml Sahne, 50 ml Brühe, 1 EL grüne Pfefferkörner,(aus dem Glas), Himalaya Salz, Pfeffer, 100 Gramm grüne Bohnen, 2 Scheiben Bacon, 1 TL Bohnenkraut, 1 Knoblauchzehe, Öl zum Anbraten

Zubereitung:
Würzen Sie die Hühnerbrust mit Salz und Pfeffer und braten es in wenig Öl von beiden Seiten an. Nun für 15 Minuten im Ofen bei 120° Celsius fertig garen. Hacken Sie die Zwiebel und den Knoblauch fein und rösten in derselben Pfanne an. Gießen Sie die Brühe darüber und geben die Pfefferkörner und die Sahne hinzu. Etwas aufkochen lassen. Befreien Sie die Bohnen von den harten Enden und ziehen Sie die Fasern ab. Die Bohnen kurz blanchieren und halbieren. Schneiden Sie den Bacon in feine Würfel und in der Pfanne auslassen. Geben Sie die Bohnen dazu und gut durchschwenken. Schmecken Sie mit Salz, Pfeffer und Bohnenkraut ab. Servieren Sie die Hühnerbrust mit der Sauce und den Bohnen.

Leckerer Mangold mit Hühnerbrus

228,6 kcal | 42,4 Gramm Eiweiß | 4,7 Gramm Fett | 1,3 Gramm Kohlenhydrate

Zutaten: 130 Gramm Hühnerbrust, 1 rote Zwiebel, 60 Gramm Austernpilze, 1 TL indisches Currypulver, 1 Knoblauchzehe, Abrieb einer Bio Orange, 100 Gramm Mangold, 50 ml Brühe, 1 TL kalte Butter, etwas Öl zum Anbraten, Himalaya Salz, Pfeffer

Zubereitung:
Marineren Sie die Hühnerbrust mit dem Abrieb der Bio Orange, Salz und Pfeffer. Braten Sie nun das Hühnchen in wenig Öl an, anschließend bei kleinerer Hitze unter mehrmaligem Wenden für 10 Minuten fertig garen. Schneiden Sie die Zwiebel und den Knoblauch in klein und anschließend in der Pfanne anschwitzen. Jetzt zupfen Sie die Austernpilze in mundgerechte Stücke und schneiden den Mangold in grobe Stücke. Geben Sie es nun zur Zwiebel in die Pfanne, und bestäuben es mit gelben Currypulver. Gießen Sie auch die Brühe dazu. Für ca. 3 Minuten dünsten lassen und mit Salz und Pfeffer abschmecken. Zum Schluss die kalte Butter hinzugeben und genießen.

Gerichte mit Pute

Putenschnitzel gefüllt mit Mozzarella und Tomate

298 kcal | 44 Gramm Eiweiß | 13 Gramm Fett | 1,5 Gramm Kohlenhydrate

Zutaten: 150 Gramm Putenschnitzel, 1/2 Kugel Mozzarella, 1/2 Tomate, 2 Salbeiblätter, 2 Basilikumblätter, Himalaya Salz, Pfeffer, 1 Knoblauchzehe, 1 EL Sojasauce, Öl zum Anbraten, Zahnstocher zum Fixieren

Zubereitung:
Bedecken Sie die Putenschnitzel mit einer Klarsichtfolie und klopfen Sie es anschließend dünn. Schneiden Sie die Tomate und den Mozzarella in dünne Scheiben. Belegen Sie die eine Hälfte des Schnitzels abwechselnd mit Tomate und Mozzarella. Legen Sie nun die Kräuter darauf und klappen das Schnitzel zu. Fixieren Sie mit einem Zahnstocher die beiden Enden. Hacken Sie nun den Knoblauch fein und vermischen es mit der Sojasauce, anschließend bestreichen Sie das Schnitzel damit. Braten Sie es danach in einer Pfanne mit etwas Öl scharf an. Bei 150° Celsius im Ofen für 10 Minuten fertig garen. Bei Bedarf mit Salz und Pfeffer würzen und servieren.

Goldene Puten Nuggets

492,9 kcal | 56,6 Gramm Eiweiß | 19,9 Gramm Fett | 21,2 Gramm Kohlenhydrate

Zutaten: 130 Gramm Pute, 1 Ei, 2 EL Mandelmehl, 100 ml Sojamilch, Himalaya Salz, Pfeffer, Abrieb einer Bio Zitrone, 1 EL Petersilie, Öl zum Frittieren

Zubereitung:
Trennen Sie das Ei und schlagen aus dem Eiweiß einen steifen Schnee. Verrühren Sie nun den Dotter mit der Milch, dem Abrieb der Zitrone, der Petersilie und dem Mandelmehl zusammen. Nun mit Salz und Pfeffer würzen und vorsichtig den Eischnee unterheben. Schneiden Sie die Pute in Streifen. Anschließend ziehen Sie die Streifen durch den Teig ziehen und frittieren es in heißem Öl. Zum Schluss gut abtropfen lassen und abtupfen.

Pute mal anders (Mexikanische Art)

320,2 kcal | 41 Gramm Eiweiß | 9,3 Gramm Fett | 15 Gramm Kohlenhydrate

Zutaten: 130 Gramm Pute, 1 Tomate, 1/2 rote Paprika, 1/2 gelbe Paprika, 1 EL Tomatenmark, 50 Gramm Mais, 50 Gramm rote Bohnen, 2 Chilischoten, 1 EL Sauerrahm, 1 EL Parmesan, Himalaya Salz, Pfeffer, 1 Knoblauchzehe, 1 rote Zwiebel, 1 TL Paprikapulver edelsüß, Majoran, Thymian, 100 ml Brühe

Zubereitung:
Schneiden Sie das Fleisch in kleine Würfel und braten es in einer beschichteten Pfanne an. Die zuvor fein geschnittene Zwiebel und Knoblauch hingeben und mitrösten. Auch das Tomatenmark und Paprikapulver kurz mitrösten und mit der Brühe aufgießen. Nun werden die Paprika gewürfelt, Chili klein hackt und mit dem Mais und den Bohnen dazu gegeben. Schmecken Sie mit Salz und Pfeffer ab und geben die Kräuter hinzu. Abschließend für etwa 30 Minuten bei kleiner Hitze köcheln lassen. Mit dem Sauerrahm und dem Parmesan verfeinern und servieren.

Putenmasala (Indische Art)

238,6 kcal | 35,7 Gramm Eiweiß | 6,1 Gramm Fett | 10 Gramm Kohlenhydrate

Zutaten: 130 Gramm Pute, 1 EL Gewürzmischung für Tikka Masala, 100 Gramm Joghurt, 1 Kardamom Kapsel, 1/2 Teelöffel Kreuzkümmel, 1/2 TL Ingwer frisch gerieben, 1 Knoblauchzehe, 1 kleine Schalotte, Saft einer Bio Zitrone, 1/2 Paprika rot, Himalaya Salz, Pfeffer, 1 TL Tomatenmark, Öl zum Anbraten, 100 ml Brühe

Zubereitung:
Schneiden Sie das Fleisch in 2 cm große Stücke und braten es in einer Pfanne mit etwas Öl an. Geben Sie die zuvor klein geschnittene Schalotte und Knoblauch zum Fleisch hinzu. Auch das Tomatenmark in die Pfanne geben und leicht mitrösten. Nun geben Sie die Brühe dazu. Verrühren Sie den Joghurt mit der Gewürzmischung, der zerdrückten Kardamom Kapsel, dem Kümmel, dem Ingwer und dem Zitronensaft. Lassen Sie nun das Fleisch für 15 Minuten köcheln und geben anschließend den Joghurt mit in die Pfanne. Abschließend werden die die Paprika fein gewürfelt und kommen ebenfalls in die Pfanne. Nach weiteren 10 Minuten können Sie es anrichten und genießen.

Pute mit leckerem Rahmkürbis

297,2 kcal | 32,6 Gramm Eiweiß | 12,7 Gramm Fett | 14,4 Gramm Kohlenhydrate

Zutaten: 130 Gramm Pute, 100 Gramm Kürbis (am besten Butternuss Kürbis), 1 Knoblauchzehe, 1 Schalotte, Saft einer Bio Zitrone, 50 ml Sahne, Himalaya Salz, Pfeffer, 1/2 TL Ingwer, Thymian, Öl zum Anbraten

Zubereitung:
Zuerst wird das Puten dünn geklopft, anschließend gesalzen und gepfeffert und in einer beschichteten Pfanne gebraten. Nehmen Sie nun eine zweite Pfanne und geben die gewürfelte Schalotte und den fein gehackten Knoblauch mit etwas Öl hinein, glasig anschwitzen. Schneiden Sie nun den Kürbis in etwa 1 cm große Stücke und geben es in die Pfanne zur Zwiebel hinein. Würzen Sie mit Thymian, Ingwer, Salz, Pfeffer nach und gießen die Sahne und den Zitronensaft darüber. Richten sie den Rahmkürbis in einem tiefen Teller an und legen das Fleisch oben drauf. Genießen Sie Ihren leckeren Natur Puten 😊

Gerichte vom Schwein

Schweinefilet Medaillons mit leckerem Zimtpflaumen Sauce

303,6 kcal | 31,4 Gramm Eiweiß | 12,4 Gramm Fett | 16 Gramm Kohlenhydrate

Zutaten: 150 Gramm Schweinefilet, 50 Gramm Pflaumen, 1 Knoblauchzehe, 1 Schalotte, 75 ml Gemüsefond, Himalaya Salz, Pfeffer, 1/2 Zimtstange, 1 Messerspitze Sternanis, Thymian, Rosmarin, etwas Öl, 2 EL Butter

Zubereitung:
Würzen Sie das Fleisch als Ganzes mit Salz und Pfeffer und schneiden Sie es erst danach in Medaillons. Geben Sie etwas Öl in eine Pfanne und braten es scharf an, nicht durchbraten. Nun kommen die Medaillons bei 100° Celsius für 12 Minuten in den Ofen. Schneiden Sie nun die Schalotte und Knoblauch fein und schwitzen es mit den Bratenrückständen an. Entkernen und schneiden Sie die Pflaumen klein und geben es anschließend in die Pfanne. Gießen Sie nun das Fond darüber und geben Thymian, Sternanis, Zimtstange und das Rosmarin dazu. Einmal aufkochen lassen und bei niedriger Hitze köcheln lassen bis es leicht reduziert ist. Anschließend das Butter dazu geben und einschmelzen. Die Medaillons können jetzt mit der Sauce angerichtet werden. Lassen Sie es sich schmecken 😊

Curry mit Schwein und grünen Erbsen (Thailändischer Art)

332,8 kcal | 27,7 Gramm Eiweiß | 18,3 Gramm Fett | 8,6 Gramm Kohlenhydrate

Zutaten: 140 Gramm Schweinefilet, 1 EL grüne Currypaste, 50 Gramm Erbsen, 50 Gramm Auberginen, 50 Gramm Zucchini, 100 ml Kokosmilch, 100 ml Brühe, Sojasauce und Fischsauce.

Zubereitung:
Rösten Sie die Currypaste ohne Öl in einer beschichteten Pfanne an und geben anschließend das in kleine Würfel geschnittene Schweinefilet dazu. Geben Sie auch die klein geschnittenen Auberginen und Zucchini mit in die Pfanne. Gießen Sie nun das ganze mit der Brühe auf und umrühren es solange bis sich die gesamte grüne Currypaste auflöst. Zum Schluss noch die Erbsen und die Kokosmilch hineingeben und mit der Fisch- und Sojasauce abschmecken.

Nürnberger Schweins-Schäufele

306,9 kcal | 24 Gramm Eiweiß | 22,5 Gramm Fett | 2 Gramm Kohlenhydrate

Zutaten: 500 Gramm Schweins-Schäufele mit Knochen, 150 Gramm Wurzelgemüse bestehend aus Lauch, Sellerie, Möhre, Zwiebel, Rosmarin, Thymian, 1/2 TL Tomatenmark, 1/2 TL Kümmel gemahlen, 2 Wacholderbeeren, 1 Lorbeerblatt, 2 Knoblauchzehen, 200 ml Brühe, Himalaya Salz, Pfeffer

Zubereitung:
Schneiden Sie eine Raute Form in die Schwarte des Fleisches ein. Salzen und pfeffern Sie das Fleisch und reiben Sie es anschließend gut ein. Damit sich das Fett vom Fleisch löst, braten Sie die Schwartenseite in einer Pfanne ohne Öl oder Fett scharf an. Nun von allen Seiten anbraten und aus der Pfanne nehmen. Schneiden Sie das Wurzelgemüse grob und rösten es im herausgelassenen Fett an. Anschließend Tomatenmark dazugeben und mitrösten. Jetzt wird mit der Brühe abgelöscht und die Gewürze, Kräuter und Knoblauch hineingeben. Alles in eine Auflaufform füllen, die Knochenseite des Fleisches nach oben daraufleg en. Bei 170° Celsius im Ofen für 30 Minuten garen. Nach den 30 Minuten wird das Fleisch gewendet und für weitere 40 Minuten gebraten. Nun entsteht eine knusprige Schwarte. Zum Schluss noch die Wurzelgemüse-Sauce durch ein Sieb geben und mit etwas kalter Butter montieren. Mit dem Fleisch servieren und genießen.

Leckere Schweinemedaillons auf getoastetem Proteinbrot

454,8 kcal | 34,9 Gramm Eiweiß | 31,8 Gramm Fett | 5,9 Gramm Kohlenhydrate

Zutaten: 130 Gramm Schweinelende, 2 Mandarinen, 1 Chilischote, 1 Frühlingszwiebel, 80 Gramm Blauschimmelkäse, Himalaya Salz, Pfeffer, 1 EL Butter, 1 Knoblauchzehe, 2 Scheiben Proteinbrot

Zubereitung:
Bestreichen Sie das Brot mit der Butter und bestreuen es mit dem fein gehacktem Knoblauch. Anschließend rösten Sie es in der Pfanne. Stellen Sie das Brot zur Seite und schneiden das Fleisch in 2 Scheiben. Würzen Sie es mit Salz und Pfeffer und braten es mit etwas Öl scharf an. Legen Sie nun das Fleisch auf das Brot legen. Filetieren Sie nun die Mandarinen und schwenken es zusammen mit der klein gehackten Chilischote und der in Ringe geschnittenen Frühlingszwiebel kurz in der Pfanne durch. Mit Salz würzen und auf das Fleisch verteilen. Verteilen Sie nun den Blauschimmelkäse auf die Brote und lassen es im Backofen für 5 Minuten schmelzen.

Schweineschnitzel mit Spinat und leckerem Frischkäsepanade

436,1 kcal | 37,6 Gramm Eiweiß | 29,1 Gramm Fett | 3,4 Gramm Kohlenhydrate

Zutaten: 160 Gramm Schweinsschnitzel, 50 Gramm Mascarpone, 1 Schalotte, Saft einer halben Bio Zitrone, 50 Gramm Blattspinat, 1 Knoblauchzehe, Himalaya Salz, Pfeffer, 1 Messerspitze Kardamom gemahlen, 50 ml Brühe, 1 TL Butter

Zubereitung:
Klopfen Sie das Fleisch dünn und schneiden die Schalotte und den Knoblauch klein, in der Pfanne anschwitzen. Schneiden Sie den Spinat grobe Stücke und geben es ebenfalls in die Pfanne. Verrühren Sie es nun mit dem Mascarpone, aber nicht aufkochen. Verteilen Sie die Masse auf einer Hälfte des Schnitzels und klappen es zu, und fixieren mit einem Zahnstocher. Anschließend mit Salz und Pfeffer würzen und in der Pfanne von beiden Seiten anbraten. Geben Sie nun die Brühe dazu und verschließen es mit einem Deckel, für ca. 10 Minuten bei niedriger Stufe dünsten. Zum Schluss mit Kardamom und der Butter verfeinern und mit der Sauce anrichten. Sie werden es lieben 😊

Leckere Wildgerichte

Schnitzel (Reh) mal anders mit Romanesco-Röschen

221,6 kcal | 24,2 Gramm Eiweiß | 11 Gramm Fett | 4,5 Gramm Kohlenhydrate

Zutaten: 140 Gramm Rehrücken (Lende), 1 Knoblauchzehe, Öl zum Braten, Oregano, Thymian, Himalaya Salz, Pfeffer, 100 ml Wildfond oder Brühe, 1 TL kalte Butter, 80 Gramm Romanesco, 2 Kirschtomaten

Zubereitung:
Schneiden Sie das Fleisch in 2 cm dicke Medaillons und klopfen es unter einer Klarsichtfolie dünn. Bestreuen Sie es mit Salz und Pferrer, und braten es anschließend in Öl mit der ganzen Knoblauchzehe und den Kräutern an. Nehmen Sie das Fleisch kurz aus der Pfanne und gießen den Fond hinein, somit lösen sich die Bratrückstände. Rühren Sie die kalte Butter mit dem Schneebesen rein, doch nicht mehr aufkochen lassen. Geben Sie nun die Kirschtomaten und die Medaillons zurück in die Pfanne und lassen es ziehen. Zum Abschluss nur noch die Romanesco Rosen in Salzwasser garen. Nun Sie es raus und richten es zusammen mit den Medaillons an.

Yummy Hirschgeschnetzeltes mit knackigem Rotkohl

Zutaten: 130 Gramm Hirschfilet, 1 Schalotte, 60 Gramm Steinpilze, Rosmarin, 1 Knoblauchzehe, 1 EL saure Sahne, 150 ml Fond, Thymian, Majoran, 1 Spritzer Rotweinessig, 1 EL Preiselbeeren (frisch oder Xylit Marmelade), 100 Gramm Rotkohl, 1/2 Apfel, 1/2 Zwiebel, 1 Messerspitze Lebkuchen-Gewürz, 100 ml naturtrüben Apfelsaft, Himalaya Salz, Pfeffer, etwas Öl zum Anbraten

Zubereitung:
Schneiden Sie das Fleisch in kleine Stücke und braten es in wenig Öl scharf an. Würzen Sie es mit Salz und Pfeffer, und nehmen es anschließend aus der Pfanne. Schneiden Sie die Schalotten und den Knoblauch in feine Stücke und schwitzen es in der eben verwendeten Pfanne an. Nun schneiden Sie die Steinpilze und geben es mit den Kräutern auch in die Pfanne. Anschließend wird es mit dem Rotweinessig abgelöscht. Geben Sie den Fond dazu und legen das Fleisch wieder zurück in die Pfanne. Binden Sie nun mit der sauren Sahne die Sauce ab und rühren die Preiselbeeren unter. Schneiden Sie nun die halbe Zwiebel klein und schwitzen es in etwas Öl an. Hobeln Sie den Apfel in feine Stücke und geben es dazu. Anschließend wird der Rotkohl in feine Streifen geschnitten und ebenfalls in die Pfanne gegeben. Würzen Sie mit Salz, Pfeffer, dem Lebkuchen-Gewürz, einem Spritzer Essig nach. Zum Schluss noch den Apfelsaft übergießen und für etwa 20 Minuten mit Deckel bei kleiner Hitze simmern lassen. Servieren und genießen. 😊

Rehschnitzel, gebacken mit Kürbiskern-Panade und Salat

592,1 kcal | 49 Gramm Eiweiß | 38,6 Gramm Fett | 11,8 Gramm Kohlenhydrate

Zutaten: 140 Gramm Rehlende, 10 Gramm Mandelmehl, 1 Ei, 60 Gramm Kürbiskerne gehackt, Himalaya Salz, Pfeffer, Öl zum Backen, 100 Gramm Feldsalat, 1 Schalotte, 2 EL Essig, 1 Spritzer Süßstoff, 1 EL Öl, 3 EL Wasser

Zubereitung:
Schneiden Sie zuerst das Fleisch in Scheiben und klopfen es dünn, anschließend mit Salz und Pfeffer würzen. Wälzen Sie das Fleisch nun im Mandelmehl und ziehen dann durch das verquirlte Ei und ummanteln es mit den Kürbiskernen. Backen Sie nun das Fleisch in heißem Öl und lassen es anschließend auf einem Küchenkrepp gut abtropfen. Waschen Sie den Feldsalat und hacken die Schalotte in sehr feine Stücke. Um die Marinade herzustellen, rühren Sie Essig, Öl, Wasser, Süßstoff, Salz und Pfeffer gut zusammen. Nun gießen Sie die Marinade über den Salat und servieren es zusammen mit dem Kürbiskern-Schnitzel.

Wildes Steak Sandwich

Wer sagt das Roastbeef nur als Gericht gegessen werden darf. Auch am Morgen zum Frühstück stelle es eine Bereicherung für unsere Sinne da. Natürlich können Sie es auch auf einem leckeren Salat anrichten.

Für echte Fleischliebhaber: Roastbeef

1934 kcal | 323 Gramm Eiweiß | 63,4 Gramm Fett | 1,1 Gramm Kohlenhydrate

Zutaten: 2 kg Hirschlende, 1 EL Senf, Salz, groben Pfeffer, Rosmarin, 1 Knolle Knoblauch, Thymian, Himalaya Salz, Majoran

Zubereitung:
Bestreichen Sie das Fleisch mit Senf, salzen und pfeffern. Geben Sie nun zusammen mit dem Fleisch, Rosmarin, Majoran, Thymian und Knoblauch in eine Pfanne und braten es scharf an. Anschließend kommt die Pfanne bei 120° Celsius für 60 Minuten in den Ofen. Nehmen Sie danach das Fleisch raus und lassen es etwas ziehen. Schneiden Sie es in dünne Scheiben und genießen Sie es. 😊

Frisches Steak Sandwich

249,4 kcal | 24,3 Gramm Eiweiß | 10,7 Gramm Fett | 8,3 Gramm Kohlenhydrate

Zutaten: 2 Scheiben Eiweißbrot, 2 TL Frischkäse, 2 Blätter Eisbergsalat, 1/2 Tomate, 2 Scheiben Roastbeef, einige Gurkenscheiben, 1/2 TL frisch geriebenen Meerrettich

Zubereitung:
Bestreichen Sie die Brote mit dem Frischkäse und belegen es mit dem Salat, den Tomaten und den Gurken. Meerrettich darüber streuen, Roastbeef drauflegen und zuklappen.

Rindfleisch Gerichte

Suppentopf Wiener-Art mit Tafelspitz

185 kcal | 25,5 Gramm Eiweiß | 7,7 Gramm Fett | 3 Gramm Kohlenhydrate

Zutaten: 100 Gramm Tafelspitz, 1/2 Möhre, 30 Gramm Sellerie, 1 Lorbeerblatt, 10 Gramm Petersilienwurzeln, Himalaya Salz, Pfefferkörner, 2 Wacholderbeeren, 250 ml Gemüsebrühe, 30 Gramm Konjak Nudeln

Zubereitung:
Schneiden Sie das Fleisch und das Gemüse in kleine Stücke und garen es zusammen mit den Gewürzen in der Brühe. Nach ca. einer Stunde dürfte das Fleisch himmlisch zart sein. Lorbeerblatt und Körner herausfischen und anschließend die Konjak Nudeln in die Suppe geben.

Saftiges Rinderfilet in leckerer Cassis-Sauce

371,7 kcal | 41,4 Gramm Eiweiß | 7,3 Gramm Fett | 32 Gramm Kohlenhydrate

Zutaten: 180 Gramm Rinderfilet, 1 Schalotte, 1 Knoblauchzehe, 1/2 TL Lavendel, 10 Gramm Möhren, 10 Gramm Sellerie, 50 ml Cassis-Saft, 50 ml Brühe, 2 EL Balsamico Essig, 2 EL Olivenöl zum Braten, Himalaya Salz, Pfeffer

Zubereitung:
Braten Sie das Filet in Olivenöl von allen Seiten an, nehmen es dann aus der Pfanne und lassen es für 20 Minuten bei 100° Celsius im Ofen gar ziehen. Geben Sie nun in die zuvor benutzte Pfanne die geschnittenen Schalotten, den gehackten Knoblauch, Möhre und Sellerie. Löschen Sie das Ganze mit Balsamico ab und geben das Lavendel mit hinein. Gießen Sie nun die Brühe und den Saft ein und lassen es ein reduzieren. Mit Salz und Pfeffer abschmecken, die Sauce nun pürieren und zum Filet servieren.

Sweet and spicy: Beiriedschnitte in Schoko-Chillisauce

345,8 kcal | 37,2 Gramm Eiweiß | 17 Gramm Fett | 8,4 Gramm Kohlenhydrate

Zutaten: 150 Gramm Beiried, 1 Schalotte, 1 Knoblauchzehe, 1/2 Chilischote, 15 Gramm geriebene Xylit Schokolade zartbitter, Thymian, Rosmarin, Himalaya Salz, Pfeffer, 20 ml Sahne, 70 ml Fond

Zubereitung:
Würzen Sie das Beiried mit Salz und Pfeffer und braten anschließend es zusammen mit den Kräutern in einer Pfanne an. Nehmen Sie das Fleisch aus der Pfanne und lassen es bei ca 50° Celsius im Ofen garen. Schneiden Sie die Zwiebel und den Knoblauch klein und schwitzen es mit dem Chili an. Anschließend gießen Sie den Fond ein und schmelzen die Schokolade darin. Geben Sie die Sahne dazu und würzen mit Salz und Pferrer nach. Das Fleisch kurz hineingeben und servieren.

Saftiges Rinderfilet angerichtet mit frischen Garnelen

242,4 kcal | 41,2 Gramm Eiweiß | 6,2 Gramm Fett | 4,7 Gramm Kohlenhydrate

Zutaten: 150 Gramm Rinderfilet, 100 Gramm Riesengarnelen, Himalaya Salz, Steak Pfeffer, 3 Knoblauchzehe, Thymian, 2 EL Olivenöl

Zubereitung:
Zu Beginn das Rinderfilet von beiden Seiten in einer Pfanne anbraten. Nehmen Sie nun das Rinderfilet aus der Pfanne und backen Sie es bei 120° Celsius für 15 Minuten im Ofen. Als nächstes hacken Sie den Knoblauch klein und braten Sie diesen zusammen mit den Kräutern und den Garnelen glasig an. Nun kann das Rinderfilet aus den Ofen genommen, mit den Garnelen verziert und dem Knoblauchöl übergossen werden.

Leckeres Hüftsteak mit rotem Zwiebel-Confit

Zutaten: 180 Gramm Hüftsteak, 2 rote Zwiebel, 1 Knoblauchzehe, 1/2 Vanilleschote, Majoran, Thymian, Himalaya Salz, Pfeffer, 100 ml Brühe, Abrieb einer Bio Limette, 1 EL Butter
Zubereitung:
Zu Beginn wird das Hüftsteak von beiden Seiten in einer Grillpfanne ohne Öl angebraten. Jede Seite etwa 3 bis 4 Minuten grillen. Zunächst müssen die Zwiebeln halbiert und in Streifen geschnitten werden. Nun hacken Sie den Knoblauch fein und schwitzen diesen mit den Zwiebeln in Butter schön glasig an. Nun geben Sie das Mark der Vanilleschote bei und würzen das Ganze mit Salz und Pfeffer. Nun gießen Sie die Brühe ein und lassen es köcheln. Das rote Zwiebel-Confit zusammen mit dem Steak servieren.

Frische Fischgerichte

Gegrillten Birnen mit Frischen Welsfielt

382 kcal | 25,4 Gramm Eiweiß | 24,1 Gramm Fett | 14,5 Gramm Kohlenhydrate

Zutaten: 160 Gramm Welsfilet, 1 Birne, 1 TL Dill, Himalaya Salz, Pfeffer, 2 Knoblauchzehen, Saft einer Bio Zitrone, 1 EL Butter, 2 EL Olivenöl
Zubereitung:
Salzen und pfeffern Sie den Fisch und beträufeln Ihne mit dem Zitronensaft. Braten Sie diesen im Anschluss in Olivenöl an. Zunächst muss die Birne in Spalten geschnitten werden. Im Anschluss diese in Butter anbraten. Geben Sie den feingehackten Knoblauch zur Birne bei. Nun verfeinern Sie das Ganze noch mit Dill und etwas Zitronensaft. Bei Bedarf mit Salz und Pfeffer würzen. Die gegrillten Birnen zusammen mit dem glasig gebratenen Fisch servieren.

Kartoffelschuppen auf saftigem Forellenfilet

278 kcal | 23,7 Gramm Eiweiß | 13,7 Gramm Fett | 13,8 Gramm Kohlenhydrate

Zutaten: 160 Gramm Forellenfilet, Himalaya Salz, Pfeffer, Saft einer Bio Zitrone, 1 Kartoffel, 2 EL Olivenöl, 1 Knoblauchzehe, 1/4 Bund Basilikum
Zubereitung:
Zu Beginn wird der Fisch gesalzen, gepfeffert und gesäuert. Schälen Sie die Kartoffel und hobeln diese mit einer Raspel in feine Scheiben. Belegen Sie die Hautseite des Fisches mit den Kartoffeln, sodass diese wie Schuppen aussehen. Pressen Sie die Kartoffel gut an. Das Eiweiß und die Kartoffelstärke sorgen dafür, dass diese sehr gut am Fisch kleben. Zuletzt noch ein wenig salzen. Nun braten Sie den Fisch mit der Kartoffelseite nach unten in Öl an. Nach 4 Minuten kann dieser mit einem Pfannenwender vorsichtig umgedreht werden. Lassen Sie den Fisch für weitere 3 Minuten garen. Hacken Sie den Knoblauch und vermischen Sie ihn mit dem Basilikum und 1 EL Olivenöl im Mörser. Nach dem Anrichten des Fisches kann die Marinade über den Fisch geträufelt werden. Dies verleiht dem Ganzen ein besonderes Aroma.

Geschmackvolle Tintenfischsuppe

78 kcal | 13 Gramm Eiweiß | 1,1 Gramm Fett | 3,3 Gramm Kohlenhydrate

Zutaten: 120 Gramm Baby Tintenfische geputzt, Himalaya Salz, Pfeffer, 1 Chilischote, daumennagelgroßes Ingwerstück, 1/2 Stange Staudensellerie, 1/4 Bund Koriander, 1 Schalotte, 200 ml Brühe, 1 TL Öl
Zubereitung:
Zu Beginn schwitzen Sie den Knoblauch, das Chili und den Ingwer in sehr wenig Öl an. Geben Sie den kleingeschnittenen Tintenfisch hinzu und rösten ihn kurz mit an. Nehmen Sie alles aus der Pfanne und schütten Sie nun die Brühe hinein. Schneiden Sie den Staudensellerie klein und geben ihn in die Suppe. Anschließend hacken Sie den Koriander grob und geben diesen zusammen mit dem Tintenfisch-Gemisch zurück in die Suppe. Lassen Sie dies für einige Minuten köcheln und schmecken Sie das Ganze noch mit Salz, Pfeffer und eventuell Fischsauce ab.

Leckerer Sesam Gurkensalat mit Thunfisch

278,5 kcal | 40,1 Gramm Eiweiß | 10,7 Gramm Fett | 6 Gramm Kohlenhydrate

Zutaten: 150 Gramm Thunfisch-Steak, Saft einer Bio Limette, 10 Gramm Sesam, 1/2 Gurke, 1 EL Sesamöl, 1 EL Reiswein-Essig, 1 Spritzer Sojasauce, Himalaya Salz, Pfeffer, 1 EL Koriander gehackt
Zubereitung:
Braten Sie das Thunfisch-Steak in einer Grillpfanne mit Fett an. Im Anschluss salzen, pfeffern und säuern Sie es. Achten Sie darauf, dass es nicht zu trocken wird, sondern noch glasig von innen ist. Rösten Sie den Sesam ohne Fett in der Pfanne an und schneiden Sie die Gurke in 1 cm große Würfel. Marinieren Sie diese nun mit Essig und Sesamöl. Im Anschluss wird das Ganze nun noch mit Sojasauce gewürzt. Geben Sie nun den Sesam hinzu und heben feingehackten Koriander unter. Das saftige Thunfisch-Steak zusammen mit dem Sesam Gurkensalat servieren.

Frischer Babyspinat an Meeresfrüchten

227,2 kcal | 25,2 Gramm Eiweiß | 10 Gramm Fett | 7,4 Gramm Kohlenhydrate

Zutaten: 150 Gramm Meeresfrüchte gemischt, frisch oder TK, 1 Schalotte, 1 Knoblauchzehe, Saft einer Bio Zitrone, 1 EL Cashew Nüsse, 1 TL Dill fein gehackt, 100 Gramm Baby Blattspinat, Himalaya Salz, Pfeffer
Zubereitung:
Zu Beginn wird der Spinat in Salzwasser kurz blanchiert. Zunächst werden die Schalotte und der Knoblauch fein hackt und in etwas Öl angeschwitzt. Geben Sie zunächst die Meeresfrüchte hinzu und braten diese unter ständigem Rühren. Nun müssen noch die Cashew Nüsse und der Blattspinat in der Pfanne angebraten werden. Schmecken Sie dies mit Salz, Pfeffer und Zitronensaft ab. Damit Sie einen frischen Geschmack erhalten bestreuen Sie das Gericht noch mit etwas Dill.

Schnelle und leckere Gerichte für den Mittag

Mandelhaube trifft auf Straußensteak

370 kcal | 30,2 Gramm Eiweiß | 23,3 Gramm Fett | 7,2 Gramm Kohlenhydrate

Zutaten: 180 Gramm Steak vom Strauß, 1 Knoblauchzehe, 3 EL Mandelstifte, 1 EL Petersilie fein gehackt, 2 Cherry Tomaten, 1/4 Paprika gelb, Himalaya Salz, Pfeffer, 1 EL Parmesan, Öl zum Braten

Zubereitung:
Salzen und pfeffern Sie zunächst das Fleisch. Braten Sie es in der Pfanne scharf an und nehmen es anschließend heraus. Nun werden Mandeln, Petersilie, Parmesan und Knoblauch gepresst. Hierzu kommen klein gewürfelte Paprika und fein geschnittene Tomaten. Vermengen Sie die Masse und schmecken es mit Salz und Pfeffer ab. Verteilen Sie dies auf dem Fleisch und backen es bei 150° Celsius für 15 Minuten im Ofen.

Schmackhafte Süßkartoffeln mit Känguru

519,2 kcal | 33,9 Gramm Eiweiß | 29,6 Gramm Fett | 22 Gramm Kohlenhydrate

Zutaten: 180 Gramm Steak vom Känguru, 1 Süßkartoffel, 150 ml Kokosmilch, 1 EL Kokosraspeln, Thymian, Himalaya Salz, Pfeffer, 1 El Chilliöl zum Anbraten, 1 Stange Zitronengras

Zubereitung:
Salzen und pfeffern Sie das Steak und braten Sie es im Chilliöl von jeder Seite etwa 3 Minuten an. Befreien Sie nun die Süßkartoffel von ihrer Schale würfen diese ganz fein. Nun wird die Kokosmilch mit dem Zitronengras und dem Thymian aromatisiert und die Süßkartoffel darin gegart. Geben Sie nach etwa 15 Minuten die Kokosraspeln hinzu und lassen dies kurz mitköcheln. Das Ganze kann jetzt mit Salz und Pfeffer abgeschmeckt werden. Vorm Servieren den Kartoffelrahm über das Fleisch in der Pfanne gießen und kurz durchziehen lassen.

Leckere Gänsebrust zubereitet im Römertopf

502,1 kcal | 21 Gramm Eiweiß | 40,1 Gramm Fett | 11,6 Gramm Kohlenhydrate

Zutaten: 200 Gramm Gänsebrust, 1/2 Bio Orange, 1/2 Apfel, 30 Gramm Sellerie, 1 Schalotte, Rosmarin, Thymian, 200 ml Brühe, 100 Gramm Kürbis, Himalaya Salz, Pfeffer

Zubereitung:
Reiben Sie die Gänsebrust mit Salz und Pfeffer gut ein. Zunächst müssen die Orange filetiert, die Schalotte fein gehackt, der Apfel gewürfelt, der Sellerie und der Kürbis in mundgerechte Stücke geschnitten werden. Geben Sie alles zusammen mit den Kräutern in den Römertopf. Bedecken Sie dies mit der Brühe und legen Sie die Gänsebrust mit der Hautseite nach oben darauf. Jetzt muss nur noch der Römertopf verschlossen werden. Lassen Sie das Gericht bei 160° Celsius für eine Stunde im Ofen schmoren. Nun kann gegessen werden.

Knusprig gebratene Ente

399,6 kcal | 32 Gramm Eiweiß | 26,2 Gramm Fett | 6 Gramm Kohlenhydrate

Zutaten: 180 Gramm Entenbrust, Himalaya Salz, Pfeffer, Sojasauce, 1 Knoblauchzehe, 150 Gramm Sojasprossen, 1 EL Koriander, 1 EL geschnittene Frühlingszwiebel, Öl zum Frittieren

Zubereitung:
Zunächst wird die Entenbrust mit Salz, Pfeffer und Sojasauce eingerieben und etwa eine halbe Stunde durchmariniert. Braten Sie die Ente mit der Hautseite nach unten in einer Pfanne ohne Fett an. Diese wird im Anschluss für 25 Minuten im Ofen bei 130° Celsius gegart. Rösten Sie nun den Knoblauch in derselben Pfanne an und löschen Ihne mit 3 EL Wasser ab. Würzen Sie das Ganze nun mit Sojasauce und schwenken Sie die Sojasprossen darin durch. Mischen Sie den Koriander und die Frühlingszwiebel unter. Frittieren Sie im Anschluss die Ente für 3 Minuten in 180° Celsius heißem Fett. Nehmen Sie die Ente aus dem Fett, lassen Sie sie sehr gut abtropfen und tupfen Sie diese im Anschluss trocken. Schneiden Sie die Ente in dünne Scheiben und richten diese auf den Sprossen an. Bei Bedarf mit gehackten Erdnüssen und Chili bestreuen.

Vegetarisches Mittagessen

Tofu mit leckerem vegetarischen roten Thai Curry

586,1 kcal | 28,1 Gramm Eiweiß | 44,3 Gramm Fett | 6,9 Gramm Kohlenhydrate

Zutaten: 150 Gramm festen Tofu, 1 TL rote Currypaste aus dem Asia Shop, 200 ml Kokosmilch, 4 Cocktailtomaten, 4 Lychee, (frisch oder aus der Dose, darauf achten dass diese nicht gezuckert sind), 1 Limettenblatt, Fischsauce, Sojasauce, Süßstoff, 1 TL Basilikumblätter

Zubereitung:
Rösten Sie die Currypaste in einer Pfanne ohne Fett an. Gießen Sie diese nun mit der Kokosmilch auf und verrühren Sie dies gut. Hinzugegeben wird nun noch das Limettenblatt und der geschnittene Tofu. Nachdem das Ganze für eine Minute geköchelt hat kommen noch die geviertelten Lychee und die halbierten Cocktailtomaten dazu. Schmecken Sie das Curry mit Sojasauce, Fischsauce und einem Spritzer flüssigem Süßstoff ab. Bevor das Gericht serviert wird, bestreuen Sie dieses mit den Basilikumblättern. Sie mögen es eher schärfer? Dann fügen Sie noch ein paar Chili-Flocken hinzu.

Leckere Konjak Nudeln an knackigem Gemüse

251,9 kcal | 21,6 Gramm Eiweiß | 14,4 Gramm Fett | 6,5 Gramm Kohlenhydrate

Zutaten: 100 Gramm Tofu geräuchert, 100 Gramm Konjak Nudeln, 2 Cherry Tomaten, 1/2 Paprika gelb, 1/2 Stange Staudensellerie, 1 TL Petersilie, 1 TL Koriander, 2 EL Sojasauce, 1 Chilischote, 1 EL Low Carb Ketchup, 1 EL Erdnüsse grob gehackt, 2 EL Nussöl, Saft einer halben Bio Limette, 1 Frühlingszwiebel zum Garnieren

Zubereitung:
Lassen Sie die Konjak Nudeln kurz in heißem Wasser einweichen. Würfeln Sie alle Zutaten klein und braten Sie diese in Öl an. Hierfür eignet sich perfekt eine Wok Pfanne. Löschen Sie das Gemüse mit dem Limettensaft ab und rühren Sie das Ketchup unter. Nun können die Nudeln untergemischt und die Kräuter hinzugefügt werden. Schmecken Sie das Ganze noch mit Sojasauce ab. Garnieren Sie das Gericht vorm Servieren noch mit der fein gehackten Frühlingszwiebel.

Frischer Blumenkohl überbacken mit Käse

485,6 kcal | 39 Gramm Eiweiß | 32,6 Gramm Fett | 7,1 Gramm Kohlenhydrate

Zutaten: 150 Gramm Blumenkohl, 1 EL Butter, 1/2 Zwiebel, 1 Knoblauchzehe, 50 ml Sahne, 50 Gramm Gouda, 50 Gramm Parmesan, Himalaya Salz, Pfeffer, 2 EL Frischkäse, Majoran, 1 EL gehackte Pinienkerne

Zubereitung:
Lassen Sie den Blumenkohl im Salzwasser bissfest kochen. Schwitzen Sie die feingeschnittene Zwiebel und den Knoblauch in Butter an. Nun werden noch die Pinienkerne mitangeröstet und mit Sahne aufgegossen. Schmecken Sie dies noch mit Salz, Pfeffer und Majoran ab, rühren Sie den Frischkäse unter und geben Sie den Parmesan hinein. Schneiden Sie den Blumenkohl in mundgerechte Stücke und geben Sie dies ebenfalls in die Pfanne. Gießen Sie nun alles in eine feuerfeste Form und bestreuen Sie es mit Gouda. Dies wird bei 160° Celsius für circa 12 Minuten überbacken.

Kohlröllchen gefüllt mit leckerem Ziegenkäse

683,4 kcal | 45,2 Gramm Eiweiß | 54,2 Gramm Fett | 4,2 Gramm Kohlenhydrate

Zutaten: 150 Gramm Ziegenkäse/Feta, 4 große Kohlblätter, 1 TL Petersilie, 1/2 TL Dill, Himalaya Salz, Pfeffer, 1 Messerspitze Kümmel gemahlen, 1 Ei, 1 EL Olivenöl

Zubereitung:
Blanchieren Sie die Kohlblätter im Salzwasser. Zuvor muss der harte Strunk entfernt werden. Verkneten Sie den zerkrümelten Ziegenkäse mit den Kräutern und dem Ei. Nun noch mit Kümmel, Salz und Pfeffer würzen. Setzen Sie die Feta-Masse nun auf die Kohlblätter und wickeln Sie diese in kleine Rouladen. Fixiere Sie die Rouladen mit einem Zahnstocher. Braten Sie nun alle Seiten in Olivenöl an und stellen Sie anschließend die Pfanne für 15 Minuten bei 150° Celsius in den Ofen. Zu den Kohlröllchen kann ein Stück Eiweißbrot gegessen werden.

Zweierlei Spargel an fruchtig scharfer Tomatensauce

112,7 kcal | 4,6 Gramm Eiweiß | 5,5 Gramm Fett | 9,6 Gramm Kohlenhydrate

Es muss nicht immer Sauce Hollandaise sein. Wenn du deinen Spargel mit dieser Low Carb Sauce zubereitest, sparst du eine Menge an Kalorien und Fett.

Zutaten: 100 Gramm Spargel weiß, 100 Gramm Spargel grün, 1/2 Dose Pizzatomaten, 1 Schalotte, 1 Knoblauchzehe, Oregano, 1 Chilischote, Himalaya Salz, Pfeffer, 4 Erdbeeren, Basilikum, 1 EL Olivenöl, Saft einer Bio Zitrone

Zubereitung:
Garen Sie den Spargel in Wasser mit Salz und Zitronensaft und stellen Sie diesen anschließend warm. Schwitzen Sie die klein gehackten Schalotten und den Knoblauch leicht an. Geben Sie die Pizzatomaten dazu und verfeinern Sie es mit dem Chili, Oregano und dem Majoran. Nun mit Salz und Pfeffer abschmecken und für 5 Minuten köcheln. Würfeln Sie die Erdbeeren, hacken Sie das Basilikum klein und vermischen Sie beides mit Olivenöl. Richten Sie nun den Spargel mit der Tomatensauce an und bedecken Sie diesen mit den Erdbeeren.

Salate am Mittag

Frischer Blattspinat mit gegrillter Geflügelleber

221,4 Kalorien | 29,4 Gramm Eiweiß | 6,5 Gramm Fett | 9,2 Gramm Kohlenhydrate

Zutaten: 100 Gramm Geflügelleber, 10 Gramm Frühstücks-Speck gewürfelt, 1 Schalotte, 200 Gramm Blattspinat, 2 EL Walnussöl, 2 EL Balsamico Essig weiß, 80 Gramm Sonnenblumensprossen, Himalaya Salz, Pfeffer, 1 Tomate, 1 EL saure Sahne
Zubereitung:
Braten Sie die Leber in sehr wenig Öl mit den gehackten Schalotten und dem gewürfelten Speck an. Blanchieren Sie anschließend den Blattspinat kurz in Salzwasser. Verrühren Sie nun Essig, Öl, Salz und Pfeffer zu einer Marinade und marinieren Sie den Blattspinat damit. Nun müssen noch die Sprossen untergehoben und auf einem Teller angerichtet werden. Verteilen Sie die Leber darauf und garnieren Sie sie mit der sauren Sahne. Bestreuen Sie zuletzt alles mit der fein gewürfelten Tomate.

Scharfer thailändischer Mangosalat

150,9 kcal | 3,9 Gramm Eiweiß | 6,3 Gramm Fett | 17,8 Gramm Kohlenhydrate

Zutaten: 1 grüne, saure Mango, 1/2 Möhre, 50 Gramm Weißkraut, 3 Cocktailtomaten, 1 kleine Chilischote, 1 Knoblauchzehe, 1 EL Erdnüsse, Saft einer Bio Limette, Fischsauce, Sojasauce, Spritzer Süßstoff
Zubereitung:
Schneiden Sie das Kraut, die Möhre und die Mango in längliche Streifen. Dies gelingt am Besten mit dem Sparschäler oder einer Gemüsereibe. Hacken Sie zunächst die Chilischote und den Knoblauch. Anschließend verarbeiten Sie dies zusammen mit dem Limettensaft, der Fischsauce, der Sojasauce und dem Süßstoff zu einer Marinade. Die Mango, die Möhre, das Weißkraut und die halbierten Tomaten damit anmachen und mit grob gehackten Erdnüssen bestreuen.

Die Kombi machts: Spargel-Zucchini Salat an Ziegenfrischkäse

520,4 kcal | 27,8 Gramm Eiweiß | 42,9 Gramm Fett | 3,6 Gramm Kohlenhydrate

Zutaten: 150 Gramm Spargel grün, 1 Zucchini gelb, 3 Cherry Tomaten, 100 Gramm Ziegenfrischkäse körnig, Himalaya Salz, Pfeffer, 3 EL Olivenöl, 2 EL Balsamico Essig weiß, 1/2 Bund Minze, 1 EL Petersilie, 2 Frühlingszwiebel

Zubereitung:
Schneiden Sie die Zucchini mit dem Sparschäler in dünne Streifen. Braten Sie die Zucchini und den Spargel in Olivenöl an. Dies wird nun mit dem Essig abgelöscht und mit Salz und Pfeffer abgeschmeckt. Lassen Sie dies kurz abkühlen. Heben Sie anschließend den körnigen Frischkäse, die grob gehackte Minze, die geviertelten Tomaten und die Petersilie unter. Vor dem Servieren das Gericht mit den gehackten Frühlingszwiebeln bestreuen.

Frisches Apfel-Thunfischsalat

237,3 kcal | 26,7 Gramm Eiweiß | 11,1 Gramm Fett | 6,5 Gramm Kohlenhydrate

Zutaten: 1 Dose Thunfisch im eigenen Saft, 1/2 Apfel, 50 Gramm Eisbergsalat, 1 Tomate, 1/4 Gurke, 1/2 Paprika gelb, 1 EL Schnittlauch fein geschnitten, 1 EL Olivenöl, 2 EL Weißweinessig, 1 hart gekochtes Ei, 1 kleine rote Zwiebel

Zubereitung:
Schneiden Sie alle Zutaten klein und vermengen Sie diese im Anschluss. Marinieren Sie das Ganze nun mit dem Essig und dem Öl und bestreuen Sie anschließend alles mit dem Schnittlauch.

Exotischer Mango-Champignonsalat

Zutaten: 100 Gramm Blattsalat, 1/4 Möhre fein gerieben, 1/2 Bund Radieschen, 100 Gramm Champignons, 2 EL Schnittlauch, 1/2 Mango, 2 EL Joghurt, 1 EL Olivenöl, Saft einer Bio Limette, Pfeffer, 3 EL Balsamico Essig dunkel, 1 EL gehackte Nüsse

Zubereitung:
Verrühren Sie den Joghurt, das Olivenöl und den Limettensaft zu einer Marinade. Geben Sie diese Marinade nun auf den Blattspinat, die Radieschen und die Möhren. Schneiden Sie die Mango und die Champignons in große Würfel und braten diese in sehr wenig Olivenöl an. Anschließend mit dem Balsamico Essig ablöschen. Zuletzt die Champignons und die Mangos auf dem Salat anrichten und mit den Nüssen bestreuen.

Rezepte für das Abendessen

Cremige Suppe aus Bärlauch

130,1 kcal | 3,3 Gramm Eiweiß | 10 Gramm Fett | 6,2 Gramm Kohlenhydrate

Zutaten: 60 Gramm Bärlauch (unser Tipp: im Frühjahr sammeln und portionsweise einfrieren), 150 ml Gemüsebrühe, 50 ml Sahne, Himalaya Salz, Pfeffer, etwas Muskat, Saft einer halben Bio Zitrone

Zubereitung:
Blanchieren Sie den Bärlauch kurz in Salzwasser. Dies verleiht der Suppe eine schöne grüne Farbe. Erhitzen Sie die Brühe und geben Sie den Bärlauch hinzu. Nun kann das Ganze püriert und mit Salz, Pfeffer, Muskat und Zitronensaft abgeschmeckt werden. Zuletzt mit Sahne verfeinern.

Ingwer-Möhrensuppe mit einer leichten Kokosnote

83,2 kcal | 1,6 Gramm Eiweiß | 4,6 Gramm Fett | 7,2 Gramm Kohlenhydrate

Zutaten: 30 Gramm Möhren, 5 Gramm Ingwer, 2 EL Kokosmilch, 1 Stange Zitronengras, 200 ml Brühe, Himalaya Salz, Pfeffer, 1 Schalotte, 1 TL geröstete Kokosraspeln zum Bestreuen

Zubereitung:
Schneiden Sie die Schalotten und schwitzen Sie diese zusammen mit den Möhren an. Nun den Ingwer leicht mitrösten und mit der Brühe aufgießen. Anschließend zusammen mit dem Zitronengras aufkochen lassen. Würzen Sie die Suppe mit Salz und Pfeffer. Zunächst die Möhren weichkochen und im Anschluss das Zitronengras herausnehmen. Binden Sie die Suppe mit der Kokosmilch und pürieren Sie im Anschluss alles. Bestreuen Sie vor dem Servieren die Ingwer-Möhrensuppe mit den gerösteten Kokosraspeln.

Feine Pilzcremesuppe mit Speck-Topping

190,3 kcal | 9,2 Gramm Eiweiß | 14,7 Gramm Fett | 4,7 Gramm Kohlenhydrate

Zutaten: 50 Gramm Champignons, 30 Gramm Austernpilze, 1 Schalotte, 1 Knoblauchzehe, 150 ml Brühe, 50 ml Sahne, Himalaya Salz, Pfeffer, 20 Gramm gewürfelten Frühstücks-Speck, 1 EL Butter, 1 TL Öl

Zubereitung:
Schwitzen Sie die fein geschnittenen Schalotten und den Knoblauch in Öl an. Schneiden Sie die Champignons klein und geben Sie diese hinzu. Gießen Sie dies mit Brühe auf und schmecken alles mit Salz und Pfeffer ab. Nun noch die Sahne hinzugeben, Braten Sie den Speck in der Butter an und geben Sie klein gezupfte Austernpilze dazu. Nun noch das Topping, aus Speck und Austernpilzen, auf der Suppe platzieren.

Walnüsse in Pastinaken-Cremesuppe

Zutaten: 60 Gramm Pastinaken-Wurzel (ähnelt einer Petersilienwurzel, ist nur etwas dicker), 1/2 Zwiebel, 200 ml Brühe, Himalaya Salz, Pfeffer, Thymian, Spitzer Essig, 1 Messerspitze Kümmel gemahlen, 2 EL Walnussöl, 1 EL Walnüsse gehackt, 30 ml Sahne

Zubereitung:
Schwitzen Sie die Zwiebel und die gewürfelte Pastinake in Walnussöl an. Anschließend mit Essig ablöschen und mit der Brühe aufgießen. Würzen Sie dies nun mit Salz, Pfeffer, Thymian und Kümmel. Die Pastinake weichkochen lassen. Binden Sie die Suppe mit der Sahne ab und pürieren Sie diese im Anschluss. Nun müssen noch die Walnüsse in einer beschichteten Pfanne geröstet und vor dem Servieren über die Suppe gestreut werden.

Leckere indische Ananas-Currysuppe

112,6 kcal | 1,8 Gramm Eiweiß | 4,6 Gramm Fett | 14,2 Gramm Kohlenhydrate

Zutaten: 30 Gramm Ananas, 1 Kartoffel, 1 TL Currypulver gelb, 30 ml Kokosmilch, 1 Chilischote, 1 Schalotte, 1 Knoblauchzehe, 200 ml Brühe, Himalaya Salz, Pfeffer, 1 TL Öl, Petersilie zum Bestreuen

Zubereitung:
Schneiden Sie die Schalotte und den Knoblauch klein. Dies nun in Öl anschwitzen. Gießen Sie die Schalotte und den Knoblauch mit der Brühe auf und geben Sie die geschnittene Kartoffel hinein. Nun Ananas, Chili und Currypulver hinzufügen. Schmecken Sie das Ganze mit Salz und Pfeffer ab. Lassen Sie die Kartoffeln weichkochen. Die Suppe mit der Kokosmilch verfeinern und pürieren. Nach Belieben kann das Gericht noch mit Petersilie bestreut werden.

Salate und Expressgerichte

Räucherlachs an buntem Blattsalat

294,3 kcal | 24,6 Gramm Eiweiß | 16,1 Gramm Fett | 11,3 Gramm Kohlenhydrate

Zutaten: 100 Gramm Räucherlachs, 150 Gramm Blattsalate fertig gemixt, 1/2 Bund Basilikum, 1 Tomate, 1/4 Möhre geraspelt, 1/2 Apfel, 3 Radieschen, 1 EL Quark, 2 EL Olivenöl, 1 EL Apfelessig, 5 Gramm Meerrettich gerieben, Himalaya Salz, Pfeffer
Zubereitung:
Verrühren Sie Quark, Olivenöl, Essig, Meerrettich, Salz und Pfeffer zu einer Marinade. Vermengen Sie den Blattsalat mit den Möhren, den geschnittenen Tomaten, den Radieschen und dem klein geschnittenen Apfel zu einem Salat. Dies kann nun auf einem Teller angerichtet werden. Übergießen Sie den Salat mit der Marinade. Zuletzt den Räucherlachs auf dem Salat drapieren.

Asiatisches rotes Curry mit Hähnchen an frischem Salat

328,2 kcal | 35,3 Gramm Eiweiß | 12 Gramm Fett | 13,6 Gramm Kohlenhydrate
Zutaten: 50 Gramm Weißkraut, 1/2 Möhre gerieben, 1/2 Zucchini fein geraspelt, 1/2 Birne würfelig geschnitten, 3 EL Joghurt, Saft einer Bio Limette, 1 EL Sesamöl, 1 EL Reiswein Essig, 100 Gramm Hühnerbrust fein geschnitten, 1/2 TL rote Currypaste, 1 EL Kokosmilch
Zubereitung:
Schneiden Sie das Weißkraut fein und vermengen Sie dieses mit der Möhre, der Zucchini und der Birne. Nun das Hühnchen in einer Pfanne mit wenig Öl anbraten und dann die Currypaste hinzufügen. Geben Sie zum Schluss die Kokosmilch dazu und lassen Sie dies einreduzieren. Dann die Pfanne vom Herd nehmen. Verrühren Sie Joghurt, Limettensaft, Sesamöl und Essig zu einer Marinade. Dies mischen Sie unter den Salat. Richten Sie den Salat an und garnieren Sie diesen mit dem Hühnchen.

Fruchtig, pikant: der etwas andere Steaksalat

353,9 kcal | 27,1 Gramm Eiweiß | 19,1 Gramm Fett | 19 Gramm Kohlenhydrate

Zutaten: 100 Gramm Rinderfilet, 1 Pfirsich, 50 Gramm Erdbeeren, 100 Gramm Rucola, 50 Gramm Frisee Salat, 1 EL Pinienkerne, 1/2 Paprika gelb, Himalaya Salz, Pfeffer, 1 EL Koriander, 1/2 Chilischote, 1 Knoblauchzehe, Saft von 2 Bio Limetten, 2 EL Olivenöl, 1 Spritzer Süßstoff

Zubereitung:
Verarbeiten Sie Koriander, Chili, Knoblauch, Limettensaft, Olivenöl und Süßstoff im Mixer zu einer Marinade. Das in Streifen geschnittene Rinderfilet in einer Grillpfanne ohne Öl medium braten. Fügen Sie die Pinienkerne hinzu und würzen Sie das Ganze mit Salz und Pfeffer. Schneiden Sie die Pfirsiche und Erdbeeren in grobe Würfel und die Paprika in feine Würfel. Marinieren Sie alles mit dem Dressing. Zuletzt die Salate unterheben und gemeinsam mit den Filetstreifen anrichten.

Avocado-Caprese Salat nach italienischer Art

625,6 kcal | 39,8 Gramm Eiweiß | 45,7 Gramm Fett | 14,3 Gramm Kohlenhydrate

Zutaten: 120 Gramm Babymozzarella, 80 Gramm rote Cherry Tomaten, 80 Gramm gelbe Cocktailtomaten, 1 Bund Basilikum, 1/2 Avocado, 3 EL Olivenöl, 3 EL Balsamico Essig weiß, Himalaya Salz, Pfeffer, 2 Scheiben Prosciutto

Zubereitung:
Zunächst den Babymozzarella auseinanderzupfen, die Tomaten halbieren und die Avocado würfeln. Hacken Sie das Basilikum und schneiden Sie den Prosciutto in Streifen. Nun alles vermengen. Das Ganze wird mit einem Dressing aus Olivenöl, Essig, Salz und Pfeffer mariniert.

Gegrillte Putenstreifen an Römersalat mit Möhren-Ingwer Dressing

276 kcal | 32,3 Gramm Eiweiß | 4 Gramm Fett | 27 Gramm Kohlenhydrate

Zutaten: 100 Gramm Pute, 100 Gramm Römersalat, 50 ml Möhrensaft, 5 Gramm Ingwer, 3 Cherry Tomaten, 2 Radieschen, 50 Gramm Sojasprossen, 1/2 Paprika gelb, Himalaya Salz, Pfeffer, 2 EL Pflanzenöl, 2 EL Apfelessig

Zubereitung:

Pressen Sie den Ingwer durch die Knoblauchpresse. Diesen mit dem Möhrensaft, Essig, Öl, Salz und Pfeffer zu einer Marinade verrühren. Schneiden Sie die Pute in Streifen und braten Sie diese in einer beschichteten Pfanne ohne Öl knusprig an. Nun noch den Römersalat grob zupfen und mit den halbierten Cherry Tomaten, den Sojasprossen und der gewürfelten Paprika vermischen. Schneiden Sie die Radieschen in Scheiben und geben Sie diese hinzu. Zuletzt das Ganze mit dem Dressing marinieren und die Pute darauf anrichten.

Salat mit nussigem Camembert

482,3 kcal | 27,6 Gramm Eiweiß | 37,8 Gramm Fett | 7,1 Gramm Kohlenhydrate

Zutaten: 1 Camembert, 15 Gramm gehackte Nüsse nach Wahl, 100 Gramm Endiviensalat, 1/4 gelbe Paprika, 1/4 rote Paprika, 1/2 Stange Staudensellerie, 2 EL Walnussöl, 2 EL Himbeer-Essig, Himalaya Salz, Pfeffer, 3 EL Wasser

Zubereitung:

Schneiden Sie den Deckel vom Camembert dünn ab und lassen Sie den Käse im Ofen bei 180° Celsius zusammen mit den gehackten Nüssen für circa 15 Minuten schmelzen. Der Essig, das Öl, das Wasser, das Salz und der Pfeffer ergeben die Marinade. Schneiden Sie Paprika und Staudensellerie in Stücke und mischen Sie diesen mit dem geschnittenen Endiviensalat. Geben Sie die Marinade darüber. Nun kann der Salat zusammen mit dem Camembert gegessen werden. Passend dazu kann ein Stück Eiweißbrot serviert werden.

Leckere Saucen an Steakvariationen

178,5 kcal | 34,5 Gramm Eiweiß | 4,5 Gramm Fett | 0 Gramm Kohlenhydrate (ohne Dip berechnet)

Zutaten: 50 Gramm Rinderfilet, 50 Gramm Schweinefilet, 50 Gramm Geflügel, Himalaya Salz, Pfeffer und verschiedenen Low Carb Dip Saucen.

Zubereitung:
Sie haben plötzlich Hunger und keine Lust etwas Aufwendiges zu kochen? Dann braten Sie sich ein schönes Stück Fleisch in einer Pfanne an und servieren Sie dieses mit verschiedenen Low Carb Saucen. Dieses Gericht ist sehr lecker und zudem braucht es nicht viele Zutaten.

Die vitaminreiche Alternative zu frischem Gemüse: Tiefkühlgemüse

264,9 kcal | 5,2 Gramm Eiweiß | 21 Gramm Fett | 10,7 Gramm Kohlenhydrate

Zutaten: 200 Gramm TK Gemüse deiner Wahl, Himalaya Salz, Pfeffer, 2 EL Brühe oder Wasser, 50 Gramm Schmand, 1 EL gehackte Kräuter TK

Zubereitung:
Erhitzen Sie das Tiefkühlgemüse in einer Pfanne zusammen mit der Brühe und würzen Sie dieses mit Salz und Pfeffer. Nun das Ganze mit Schmand verfeinern und die Kräuter unterrühren. Man vergisst oft, dass Tiefkühlgemüse mehr Vitamine enthält als man zunächst denkt. Sind Sie ein Kochmuffel? Dann ist dies genau das richtige Rezept für Sie.

Hühnerschnitzel nach Pizza Art

331,5 kcal | 50,2 Gramm Eiweiß | 10,9 Gramm Fett | 3,6 Gramm Kohlenhydrate

Zutaten: 130 Gramm Hühnerbrust, 50 Gramm Champignons, 1/2 Dose Pizzatomaten, 1 Schalotte, Oregano, 1/4 Bund Basilikum, Himalaya Salz, Pfeffer, 1 EL Parmesan
Zubereitung:
Klopfen Sie das Hühnchen dünn und braten Sie es von beiden Seiten in einer beschichteten Pfanne an. Zunächst schwitzen Sie die Schalotten an. Geben Sie die geschnittenen Champignons dazu und würzen Sie alles mit Salz, Pfeffer und den Kräutern. Fügen Sie die Pizzatomaten hinzu. Dann noch den Parmesan unterrühren. Dies wird nun auf dem Hühnchen verteilt und voilà fertig ist die kreative Pizzavariation.

Leckere Ei Gerichte

Rührei mexikanischer Art

443,9 kcal | 19,2 Gramm Eiweiß | 36,2 Gramm Fett | 6,6 Gramm Kohlenhydrate

Zutaten: 2 Eier, 1 EL Milch, Himalaya Salz, Pfeffer, 1 TL Olivenöl, 1/4 Paprika rot, 1/2 Chilischote, 2 Scheiben Bacon, 1 EL Koriander, 1 Scheibe Eiweißbrot
Zubereitung:
Verquirlen Sie Eier, Milch, Salz und Pfeffer miteinander. Zunächst muss noch der Bacon fein gewürfelt und ohne Fett in einer Pfanne angebraten werden. Geben Sie die gewürfelte Paprika und den klein gehackten Chili dazu. Als Nächstes leeren Sie das Ei in die Pfanne und lassen Sie dieses unter ständigem Rühren garen. Bestreuen Sie das Rührei vor dem Servieren mit dem Koriander. Auch das Eiweißbrot kann in derselben Pfanne kurz angeröstet werden.

Leckeres Ricotta-Spinat Frittata

332 kcal | 22,2 Gramm Eiweiß | 24,4 Gramm Fett | 6 Gramm Kohlenhydrate

Zutaten: 2 Eier, 30 Gramm Ricotta, 50 Gramm Tomaten, 1 Schalotte, 1/4 Bund Basilikum, 30 Gramm Blattspinat, Himalaya Salz, Pfeffer, Öl zum Bestreichen der Backform

Zubereitung:
Würfeln Sie die Schalotte und die Tomaten. Nun noch Blattspinat grob hacken und Basilikum zupfen. Würzen Sie alles mit Salz und Pfeffer und mischen Sie den Ricotta unter. Füllen Sie nun das Ganze in eine leicht geölte Auflaufform. Anschließend die Eier verquirlen und über diese Masse gießen. Lassen Sie dies bei 180° Celsius für etwa 20 Minuten backen.

Frischer Flusskrebssalat mit Schinken

369 kcal | 42,7 Gramm Eiweiß | 14,4 Gramm Fett | 15,9 Gramm Kohlenhydrate

Zutaten: 2 hart gekochte Eier, 20 Gramm Ananas, 1/2 Apfel, 20 Gramm Flusskrebse, 2 Scheiben Putenschinken, 1 Tomate, 1/4 Paprika gelb, 1/4 Stange Staudensellerie, 2 Radieschen, 4 EL Joghurt, Saft einer Bio Zitrone, Spritzer Süßstoff, Himalaya Salz, Pfeffer, 1 EL Schnittlauch fein gehackt

Zubereitung:
Mixen Sie aus Joghurt, Zitronensaft, Süßstoff, Salz, Pfeffer und Schnittlauch eine leichte Marinade. Schneiden Sie die Eier in Scheiben und die Ananas und den Apfel in Würfel. Vermischen Sie dies mit der gewürfelten Tomate, den in Streifen geschnittenen Paprika und den geschnittenen Staudensellerie und Radieschen. Nun noch den Schinken in Streifen schneiden und zusammen mit den Flusskrebsen und dem Salat vermischen. Übergießen Sie das Ganze großzügig mit der Marinade und vermengen Sie dies.

Kuchen aus Zwiebel und Ei

2.675,4 kcal | 140,8 Gramm Eiweiß | 198,9 Gramm Fett | 61,8 Gramm Kohlenhydrate

Dieses Rezept ist für 4 Portionen berechnet:

Zutaten: 240 Gramm Mandelmehl, 120 Gramm Butter, 2 EL Joghurt, 1 Prise Salz, 4 rote Zwiebel, Himalaya Salz, Pfeffer, 6 Eier, Thymian, Rosmarin, 200 Gramm saure Sahne, 3 Knoblauchzehen,

Zubereitung:
Kneten Sie einen Mürbteig aus dem Mandelmehl, der Butter, dem Joghurt und der Prise Salz. Rollen Sie diesen aus und geben Sie diesen in eine runde Springform. Nun noch die Ränder gut hochziehen und den Boden mehrfach mit einer Gabel einstechen. Backen Sie das Ganze nun bei 170° Celsius für etwa 10 Minuten vor. Schneiden Sie die Zwiebel und den Knoblauch klein und rösten Sie dies in sehr wenig Öl goldbraun an. Zunächst die Kräuter dazu geben. Verrühren Sie die Eier mit der sauren Sahne und salzen und pfeffern Sie dies. Zuletzt mit den Zwiebeln vermischen. Die Masse nun in den vorgebackenen Mürbteig gießen und für weitere 25 Minuten bei 160° Celsius backen.

Vegetarisch oder doch lieber Fisch

Leckere Brokkoli Pfanne angerichtet mit Nüssen

154 kcal | 3,7 Gramm Eiweiß | 9,6 Gramm Fett | 9 Gramm Kohlenhydrate

Zutaten: 80 Gramm Brokkoli, 1/4 Paprika rot, Zitronengras, 1 Chilischote, 5 Gramm geriebener Ingwer, 1 rote Zwiebel, 40 Gramm grüne Bohnen, 1 Knoblauchzehe, 1 TL Currypaste grün, Himalaya Salz, Pfeffer, 15 Gramm Cashew Nüsse, 3 EL Kokosmilch, 50 ml Brühe, 1 EL Erdnussöl

Zubereitung:
Hacken Sie die Zwiebel und den Knoblauch fein und schwitzen Sie alles zusammen mit dem Ingwer in einer Pfanne mit wenig Öl an. Lösen Sie die Currypaste darin auf und vermengen Sie dies mit der Kokosmilch. Nun noch das Zitronengras hinzugeben. Schneiden Sie den Paprika klein und geben Sie ihn in die Pfanne. Befreien Sie die Bohnen von den Enden und den Fasern, halbieren Sie sie im Anschluss und geben Sie diese in die Pfanne, ebenso die Brokkoli Rosen. Hacken Sie die Chilischote klein und geben Sie diese ebenfalls hinzu. Nun das Ganze mit Salz und Pfeffer würzen und mit der Brühe aufgießen. Lassen Sie dies bei geschlossenem Deckel und mittlerer Hitze einige Minuten dünsten. Streuen Sie vor dem Servieren die gerösteten Erdnüsse über das Gericht.

Aromatische Kürbis-Kokos Pfanne

305,6 kcal | 3,5 Gramm Eiweiß | 23,7 Gramm Fett 22 Gramm Kohlenhydrate

Zutaten: 150 Gramm Kürbis, 30 Gramm Kokosraspeln, 1/2 TL Masala Gewürz, 1 Schalotte, 1 Chili rot, 1 Chili grün, Saft einer Bio Limette, 1/2 Bund Koriander, 2 Limettenblätter, 100 ml Kokoswasser, 1 TL Fischsauce, 1/2 TL Sojasauce 1 EL Sesamöl

Zubereitung:
Zerkleinern Sie die Schalotte und raspeln Sie den Kürbis grob. Schwitzen Sie Beides in Öl an und geben Sie die Kokosraspeln hinzu. Nun kommen auch noch die gehackten Chilis in die Pfanne. Löschen Sie das Ganze mit dem Kokoswasser ab und aromatisieren Sie dies mit den Limettenblättern und dem Masala Gewürz. Dünsten Sie dies bei mittlerer Hitze so lange an, bis die Flüssigkeit verdampft ist. Zunächst mit dem Zitronensaft, der Fischsauce und der Sojasauce abschmecken. Zuletzt mit den gehackten Korianderblättern garnieren.

Leckere Gemüseauflauf

Zutaten: 2 Eier, 1/2 Möhre, 1 Pastinake, 1 Süßkartoffel, 1/2 Fenchelknolle, Himalaya Salz, 20 ml Brühe, Saft einer Bio Limette, Pfeffer, 1 Messerspitze Zimt, 1 Messerspitze Nelkenpulver, 1 EL Sesamöl, 1 EL Petersilie

Zubereitung:
Schneiden Sie das Gemüse klein und braten Sie es in einer Pfanne im Sesamöl an. Das Ganze wird nun mit der Brühe und dem Zitronensaft abgelöscht und in eine leicht gebutterte, feuerfeste Auflaufform gegeben. Verquirlen Sie die Eier mit der Petersilie und geben Sie dies über das Gemüse. Lassen Sie das Gemüse zusammen mit dem verquirlten Ei nun für 25 Minuten bei 170° Celsius im Ofen backen. Passend zum Gemüseauflauf kann ein kleiner Blattsalat serviert werden.

Gebratener Chicorée serviert mit Käsesauce

240,8 kcal | 16,7 Gramm Eiweiß | 17,3 Gramm Fett | 4,5 Gramm Kohlenhydrate

Zutaten: 2 Chicorée, 1 TL Paprikapulver edelsüß, Himalaya Salz, 1 TL Butter, Pfeffer, 50 ml Brühe, 1 Schalotte, Saft einer Bio Limette, 50 ml Gemüsefond, 30 ml Sahne, 30 Gramm geriebenen Emmentaler, 2 Frühlingszwiebel, 1 EL Olivenöl

Zubereitung:
Halbieren Sie den Chicorée und braten Sie ihn auf der Schnittfläche mit Butter an. Wenden Sie den Chicorée und würzen Sie diesen mit Paprikapulver, Salz und Pfeffer. Nun mit Brühe aufgießen und bei geschlossenem Deckel etwa 3 Minuten ziehen lassen. Zunächst schwitzen Sie die Schalotte in etwas Öl an und löschen Sie diese mit dem Limettensaft ab. Nun mit dem Gemüsefond aufgießen und das Ganze mit der Sahne vermengen. Heben Sie den geriebenen Käse unter. Danach kann dieser gesalzen und gepfeffert werden. Lassen Sie den Käse bei kleiner Hitze schmelzen. Nun den Chicorée anrichten und mit der Käsesauce bedecken. Bestreuen Sie zuletzt das Ganze mit den gehackten Frühlingszwiebel.

Tofu an Auberginen und Zucchini

257 kcal | 26 Gramm Eiweiß | 12,1 Gramm Fett | 7,6 Gramm Kohlenhydrate

Zutaten: 1/2 Aubergine, 1 kleine Zucchini, Olivenöl zum Anbraten, Himalaya Salz, Pfeffer, 50 Gramm Tofu, 3 EL Frischkäse, 1/2 Bund Schnittlauch, Oregano, einige Cherry Tomaten zum Dekorieren

Zubereitung:
Schneiden Sie die Zucchini und die Aubergine in etwa 5 mm dicke Scheiben. Braten Sie das Ganze in Olivenöl an und würzen Sie es mit Salz und Pfeffer. Zunächst wird das Gemüse aus der Pfanne genommen und mit Küchenkrepp abgetupft. Pürieren Sie nun Tofu mit Frischkäse, Salz, Pfeffer, Oregano und Schnittlauch. Im Anschluss kann alles schichtweise angerichtet werden. Begonnen wird mit einer Auberginenschicht, welche mit Tofucreme bestrichen wird. Dann folgt eine Zucchinischicht, welche auch wieder mit der Creme bestrichen wird. Dies wird so lange wiederholt, bis alles verbraucht ist. Garnieren Sie zuletzt den Tellerrand mit halbierten Cherry Tomaten.

Dorade eingewickelt im Bananenblatt

198,4 kcal | 35 Gramm Eiweiß | 5,5 Gramm Fett | 3 Gramm Kohlenhydrate

Zutaten: 160 Gramm Filet von der Dorade, Saft einer Bio Limette, Himalaya Salz, Pfeffer, 1/2 TL Currypulver gelb, 1 gehackte Chilischote, 1 Eigelb, 5 Gramm Ingwer, 1 Knoblauchzehe, 30 Gramm Joghurt, 1 Bananenblatt aus dem Asia Shop. Alternativ einfach eine Alufolie verwenden.

Zubereitung:
Salzen und pfeffern Sie den Fisch. Vermengen Sie den Limettensaft mit dem Eigelb, der gehackten Chili und den Gewürzen. Zunächst den Knoblauch durch die Presse jagen und zum Eigelb hinzugeben. Verrühren Sie das Ganze nun mit dem Joghurt und bestreichen Sie mit dieser Masse das gesamt Fischfilet von beiden Seiten. Anschließend wird das bestrichene Fischfilet in das Bananenblatt gewickelt, auf ein Backgitter gelegt und bei 170° Celsius für 25 Minuten gegart.

Barschfilet mit Sauerampfer Häubchen

210,1 kcal | 39,1 Gramm Eiweiß | 2,5 Gramm Fett | 8,9 Gramm Kohlenhydrate

Zutaten: 180 Gramm Barschfilet, Himalaya Salz, Pfeffer, 1/2 Bund Koriander, 2 Frühlingszwiebel 30 Gramm Sauerampfer (am besten im Sommer pflücken und portionsweise einfrieren), 50 Gramm saure Sahne

Zubereitung:
Zunächst wird der Fisch gesalzen und gepfeffert und in eine feuerfeste Auflaufform gelegt. Schneiden Sie die Frühlingszwiebel klein und hacken Sie Koriander und Sauerampfer. Vermischen Sie das Ganze mit der sauren Sahne. Würzen Sie bei Bedarf mit Salz und Pfeffer. Nun muss der Fisch noch großzügig damit bestrichen und bei 160° Celsius für etwa 15 Minuten im Ofen gegart werden.

Exotisches gelbes Curry mit frischem Pangasius und Ananas

390,2 kcal | 28,3 Gramm Eiweiß | 20,5 Gramm Fett | 8,3 Gramm Kohlenhydrate

Zutaten: 160 Gramm Pangasius, 30 Gramm Ananas, 1 TL gelbe Currypaste, Fischsauce, Sojasauce, 100 ml Kokosmilch, 1 Chilischote, 1 EL Koriander gehackt, Saft einer Limette, 1 Kartoffel

Zubereitung:
Braten Sie die Currypaste in einer Pfanne ohne Öl an und gießen Sie diese mit der Kokosmilch auf. Kontinuierlich umrühren, damit sich keine Klumpen bilden. Zunächst die Kartoffel schälen, klein würfeln und in der Kokosmilch garen lassen. Schneiden Sie den Fisch in Würfel und lassen Sie diesen in der Kokosmilch garziehen. Nun noch die Ananas würfeln und ebenfalls in die Pfanne geben. Schmecken Sie das Ganze mit Fischsauce, Sojasauce, Chili und Limettensaft ab. Bestreuen Sie das Gericht vor dem Servieren mit Koriander und garnieren Sie bei Bedarf mit der feingehackten Chilischote.

Frische Riesengarnelen mit Knoblauchöl und Konjak Nudeln

226,2 kcal | 14,8 Gramm Eiweiß | 15,9 Gramm Fett | 4,3 Gramm Kohlenhydrate

Zutaten: 130 Gramm Konjak Nudeln, 3 Knoblauchzehen, 4 EL Olivenöl, 1 Chilischote, 130 Gramm Riesengarnelen, Himalaya Salz, Pfeffer, Petersilie zum Bestreuen

Zubereitung:

Hacken Sie die Knoblauchzehen ganz fein und rösten Sie diese im Anschluss in Olivenöl an. Auch die Chilischote wird nun noch klein geschnitten und zum Knoblauch dazugegeben. Braten Sie zunächst die Riesengarnelen in Knoblauchöl an und würzen Sie diese mit Salz und Pfeffer. Nehmen Sie die Riesengarnelen aus der Pfanne. Waschen Sie die Konjak Nudeln kurz heiß ab und Schwenken Sie diese im Anschluss in der Pfanne mit dem Knoblauchöl durch. Richten Sie die Nudeln auf einem Teller an, setzen Sie die Riesengarnelen darauf und bestreuen Sie alles mit Petersilie.

Gegrillter Paprika mit Seeteufel im Speckmantel

479,1 kcal | 47,1 Gramm Eiweiß | 28,6 Gramm Fett | 6,6 Gramm Kohlenhydrate

Zutaten: 180 Gramm Seeteufel, 4 dünne Scheiben Bacon, Himalaya Salz, Pfeffer, Saft einer Bio Zitrone, 1/2 Paprika rot, 1/2 Paprika gelb, 1/2 Paprika grün, 2 EL Olivenöl

Zubereitung:

Salzen, pfeffern und säuern Sie den Fisch und umwickeln Sie diesen mit dem Bacon. Braten Sie zunächst das Ganze scharf in einer Pfanne mit Olivenöl an. Anschließend bei 120° Celsius für 15 Minuten im Ofen fertig garen lassen. Schneiden Sie die Paprika in breite Streifen und braten Sie diese in Olivenöl an. Zuletzt wird das Ganze gesalzen und gepfeffert und am Teller angerichtet. Nun noch den Fisch daraufsetzen und genießen.

Rind, Geflügel, Schwein oder doch Lamm?

Kohlrabigemüse mit saftigem Kalbsrücken

324,8 kcal | 33 Gramm Eiweiß | 17,5 Gramm Fett | 6,3 Gramm Kohlenhydrate

Zutaten: 180 Gramm Kalbsrücken, 100 ml Kalbsfond, 150 Gramm Kohlrabi, 1 TL Wasabi-Paste, 50 Gramm saure Sahne, 1 EL Koriander, 1 EL Brunnenkresse, Himalaya Salz, Pfeffer, 1 Messerspitze Kümmel gemahlen, Öl zum Anbraten

Zubereitung:
Schneiden Sie das Kalb in 1 cm dicke Scheiben, braten Sie es in etwas Öl an und salzen und pfeffern Sie es. Nun muss das Kalb bei 60° Celsius im Ofen warmgehalten werden. Schneiden Sie den Kohlrabi in kleine Würfel und schwitzen Sie diesen in einer Pfanne an. Anschließend mit dem Fond aufgießen und bissfest garen. Rühren Sie zunächst die Wasabi Paste ein und binden Sie das Ganze mit der sauren Sahne ab. Nun noch das Gericht mit dem Koriander, dem Kümmel und der Brunnenkresse aromatisieren. Geben Sie das Gemüse in einen Suppenteller und richten Sie das Kalbfleisch darauf an.

Rinderroulade (gebacken)

284,2 kcal | 41,4 Gramm Eiweiß | 13,4 Gramm Fett | 2,1 Gramm Kohlenhydrate

Zutaten: 200 Gramm Rindfleisch aus der Oberschale, 1 TL Senf, 1/4 Möhre, 1 Gewürzgurke, 1 Scheibe Bacon, 1/4 Stange Staudensellerie, Himalaya Salz, Pfeffer, 1 TL Tomatenmark, 200 ml Brühe, 2 Wacholderbeeren, 1 Lorbeerblatt, 1 Zweig Thymian, 1 Zweig Rosmarin, Öl zum Anbraten

Zubereitung:
Klopfen Sie das Rindsschnitzel sehr dünn und bestreichen Sie es mit einer dünnen Senfschicht. Zunächst salzen und pfeffern. Nun muss das Gemüse in Stifte geschnitten und auf das Ende des Schnitzels gelegt werden. Anschließend den Bacon darauf geben und das Fleisch nun einrollen. Fixieren Sie das Ganze mit einem Zahnstocher. Das Fleisch kann jetzt in Öl rundherum angebraten und das Tomatenmark beigefügt werden. Rösten Sie dies kurz an und gießen Sie alles mit der Brühe auf. Zuletzt kommen die Kräuter und Gewürze dazu. Abschließend wird das Gericht für 1 Stunde bei 150° Celsius im Ofen gebacken.

Rinderfiletpfanne serviert mit Zuckerschoten

289,7 kcal | 42,1 Gramm Eiweiß | 7,9 Gramm Fett | 14,6 Gramm Kohlenhydrate

Zutaten: 150 Gramm Rinderfilet, 1/2 rote Zwiebel, 2 Knoblauchzehen, 100 Gramm Zuckerschoten, 100 Gramm Mangold, Saft einer Bio Limette, 1 EL Sojasauce, 1/2 Bund Minze, Himalaya Salz, Pfeffer, Öl zum Anbraten

Zubereitung:
Schneiden Sie das Filet in Streifen und braten Sie es in etwas Öl scharf an. Anschließend kann das Filet aus der Pfanne genommen und mit Küchenkrepp abgetupft werden. Würfel Sie Zwiebel und Knoblauch fein, dünsten Sie dies an und geben Sie die Zuckerschoten hinzu. Schneiden Sie Mangold grob und geben Sie dies ebenfalls in die Pfanne. Zunächst mit Salz und Pfeffer würzen und mit der Sojasauce abschmecken. Geben Sie den Limettensaft hinzu und legen Sie das Rindfleisch anschließend wieder in die Pfanne. Zuletzt alles vermischen und anrichten. Vor dem Servieren mit der gehackten Minze garnieren.

Leckere Rinderhackbällchen an aromatischer Currysauce

295 kcal | 29,9 Gramm Eiweiß | 16,5 Gramm Fett | 7,4 Gramm Kohlenhydrate

Zutaten: 100 Gramm Rinderhack, 1/2 TL Senf, 1 EL Mandelmehl, Himalaya Salz, Pfeffer, 1 TL Petersilie gehackt, 15 Gramm gehackte Haselnüsse, Öl zum Anbraten, 1 Schalotte, 1 Knoblauchzehe, 1 TL Currypulver gelb, 30 ml Brühe, 30 ml Sahne, 50 Gramm Lauch

Zubereitung:
Vermischen Sie Rinderhack mit Senf, Mandelmehl, Petersilie und Nüssen und würzen Sie alles mit Salz und Pfeffer. Zunächst mit nassen Händen kleine Bällchen formen. Braten Sie die Bällchen in heißem Öl von allen Seiten an und nehmen Sie diese anschließend aus dem Fett. Zunächst das Ganze gut abtropfen lassen und mit Küchenkrepp abtupfen. Nun im Backofen bei 150° Celsius für 10 Minuten fertig garen lassen. Schwitzen Sie in der Pfanne die gehackten Zwiebeln und den klein geschnittenen Knoblauch an. Als Nächstes den Lauch in dünne Ringe schneiden und dazu geben Bestreuen Sie das Ganze mit Currypulver und gießen Sie es anschließend mit der Brühe auf. Nun noch mit Salz und Pfeffer würzen und mit der Sahne verfeinern. Abschließend die Bällchen in die Pfanne geben, kurz durchschwenken und servieren.

Leckeres Carpaccio angerichtet mit Parmesan, Tomaten und getrockneten Aprikosen

388,6 kcal | 31,8 Gramm Eiweiß | 26,4 Gramm Fett | 3,4 Gramm Kohlenhydrate

Zutaten: 120 Gramm Rinderfilet, 30 Gramm Parmesan gehobelt, 1 Tomate, 2 getrocknete Aprikosen ohne Zuckerzusatz, 1 EL Pinienkerne, 20 Gramm Rucola, 3 EL Olivenöl, 2 EL Balsamico Essig dunkel, Himalaya Salz, Pfeffer aus der Mühle, Saft einer Bio Zitrone

Zubereitung:
Schneiden Sie das Rinderfilet in sehr dünne Scheiben und klopfen Sie dieses unter einer Klarsichtfolie vorsichtig hauchdünn. Nun werden sie Scheiben auf einem Teller angerichtet und mit Olivenöl und Balsamico Essig beträufelt. Hobeln Sie den Parmesan darüber und würzen Sie das Ganze mit Salz und Pfeffer. Legen Sie den Rucola oben drauf und marinieren Sie alles mit einigen Spritzern Zitronensaft. Zuletzt die Aprikosen fein würfeln und zusammen mit den Pinienkernen auf dem Gericht verteilen.

Hühnchen mit Zitronen-Ingwer Geschmack

444,7 kcal | 55,9 Gramm Eiweiß | 21,5 Gramm Fett | 0,5 Gramm Kohlenhydrate

Zutaten: 180 Gramm Hühnerfilet, 5 Gramm Ingwer frisch gerieben, Saft und Abrieb von zwei Bio Zitronen, 1 Messerspitze Anis-Samen, 1 Messerspitze Korianderkörner, Thymian, Himalaya Salz, Pfeffer, 2 EL Olivenöl

Zubereitung:
Reiben Sie das Hühnerfilet mit den Gewürzen, dem Ingwer und dem Abrieb der Zitronen ein. Anschließend auf ein Backblech legen und mit Zitronensaft und Olivenöl beträufeln. Legen Sie zunächst den Thymianzweig auf das Fleisch. Dann lassen Sie das Ganze bei 160° Celsius für 20 Minuten im Ofen garen.

Putenrollbraten an frischem Blattspinat

993,6 kcal | 126,9 Gramm Eiweiß | 49,3 Gramm Fett | 9,3 Gramm Kohlenhydrate

Das Rezept ist für 2 Portionen berechnet:

Zutaten: 500 Gramm Putenbrust, 80 Gramm Blattspinat, 30 Gramm Walnüsse, 30 Gramm Blauschimmel Käse, Öl zum Braten, Himalaya Salz, Pfeffer, 80 ml Sahne, 200 ml Brühe, Thymian

Zubereitung:
Klopfen Sie die Putenbrust. Salzen und pfeffern Sie diese und bestreichen Sie es mit dem Blauschimmelkäse auf einer Seite. Bestreuen Sie nun die Putenbrust mit den grob gehackten Nüssen. Zunächst den Blattspinat kurz blanchieren und auf die Pute legen. Als Nächstes wird das Ganze eingerollt und mit einem Küchengarn fixiert. Braten Sie die Putenrolle von allen Seiten an und gießen Sie die Pfanne mit der Brühe auf. Nun Thymian beifügen und im Ofen für 40 Minuten bei 150° Celsius garen. Anschließend den Braten aus der Pfanne nehmen und im Ofen warmhalten. Lassen Sie den Fond in der Pfanne bei mittlerer Hitze einreduzieren und verfeinern Sie diesen mit der Sahne. Nach Belieben abschmecken und mit den Scheiben des Bratens servieren.

Herrlicher Geflügelsalat Hula Hula (Hawaiianischer Art)

425,7 kcal | 44,9 Gramm Eiweiß | 17,4 Gramm Fett | 16,6 Gramm Kohlenhydrate

Zutaten: 100 Gramm Hühnchen, 100 Gramm Pute, 50 Gramm Ananas, 50 Gramm Pfirsich (frisch oder aus der Dose ohne Zuckerzusatz), 1/2 Stange Staudensellerie, 1 Tomate, 1/2 Paprika gelb, Saft einer Bio Zitrone, 3 EL Joghurt, 1 EL Sauerrahm, 2 EL Olivenöl, Himalaya Salz, Pfeffer, 1 Scheibe Eiweißbrot, 100 Gramm Rucola

Zubereitung:
Schneiden Sie das Geflügel in Streifen und braten Sie es ohne Fett in einer Pfanne an. Nun müssen noch die Früchte und das Gemüse in mundgerechte Stücke geschnitten werden. Joghurt, Sauerrahm, Olivenöl, Salz und Pfeffer ergeben die Marinade. Vermengen Sie das Fleisch mit dem geschnittenen Obst und Gemüse und vermischen Sie dies im Anschluss mit dem Dressing. Das Ganze wird nun auf dem Rucola Salat angerichtet und mit ein paar Spritzern Zitronensaft aromatisiert. Dazu passt wunderbar eine Scheibe Eiweißbrot. Diese kann bei Bedarf zu Croutons in einer beschichten Pfanne verarbeitet werden. Anschließend einfach über den Salat streuen.

Leckere Buletten aus Hühnchen und Mozzarella

341 kcal | 46,8 Gramm Eiweiß | 12,6 Gramm Fett | 5,9 Gramm Kohlenhydrate

Zutaten: 100 Gramm faschiertes Hühnerfleisch, 1 Ei, Thymian, Himalaya Salz, Pfeffer, 1/2 TL Senf, 30 Gramm Mozzarella, Öl zum Braten, 1 Schalotte, 1 Knoblauchzehe, 2 Tomaten, 1/2 Zucchini, Rosmarin, Basilikum

Zubereitung:
Verarbeiten Sie das faschierte Huhn mit Salz, Pfeffer, Thymian, Senf und dem Ei zu einer geschmeidigen Masse. Formen Sie aus dieser zwei Kugeln und geben Sie in die Mitte jeweils die Hälfte des Mozzarellas. Mit dem Fleisch umschließen und ein Laibchen formen. Braten Sie diese nun in Öl auf beiden Seiten gut an. Zunächst in einer zweiten Pfanne gehackte Schalotten und Knoblauch anschwitzen. Anschließend die klein geschnittenen Zucchini und Tomaten dazugeben. Würzen Sie das Ganze mit Rosmarin, Basilikum, Salz und Pfeffer und lassen Sie alles garen. Nun kann alles zusammen mit den Buletten angerichtet werden.

Saftige Puten-Medaillons an geschmorten Radieschen

284,7 kcal | 37,8 Gramm Eiweiß | 12 Gramm Fett | 5,6 Gramm Kohlenhydrate

Zutaten: 150 Gramm Putenbrust daraus 3 Medaillons schneiden, 1/2 Bund Radieschen, 1/2 Vanilleschote, Thymian, Salbei, 50 ml Brühe, 50 ml saure Sahne, Himalaya Salz, Pfeffer, 2 EL Butter

Zubereitung:
Salzen und pfeffern Sie die Medaillons und braten Sie diese in Butter an. Anschließend aus der Pfanne nehmen und zur Seite legen. Nun müssen die Radieschen geviertelt und in der Bratenpfanne geschwenkt werden. Zunächst salzen und pfeffern Sie das Ganze. Mit Thymian, Salbei und dem Mark der Vanilleschote verleihen Sie dem Gericht ein tolles Aroma. Nun mit der Brühe aufgießen, kurz dünsten und mit der sauren Sahne verfeinern. Zuletzt können die Medaillons wieder zurück in die Pfanne, kurz durchschwenken und servieren.

Oktober Schnitzel (Münchner Art)

742,5 kcal | 57,1 Gramm Eiweiß | 50 Gramm Fett | 12,2 Gramm Kohlenhydrate

Zutaten: 150 Gramm Schweinefilet, 1 EL süßen Senf, 10 Gramm Meerrettich frisch gerieben, 20 Gramm Mandelmehl, 1 Ei, 60 Gramm grob gehackte Nüsse, Himalaya Salz, Pfeffer, Öl zum Frittieren

Zubereitung:
Schneiden Sie das Schweinefilet in Medaillons und klopfen Sie es anschließend dünn. Nun salzen und pfeffern und eine Seite mit dem süßen Senf bestreichen. Den Meerrettich darauf verteilen. Wälzen Sie das Ganze in Mandelmehl, ziehen Sie es durch das verquirlte Ei und panieren Sie es in den Nüssen. Zuletzt im Öl herausbacken und anschließend auf einem Küchenkrepp gut abtropfen lassen.

Käsespieße in verschiedenen Farben

388,9 kcal | 44,3 Gramm Eiweiß | 20,2 Gramm Fett | 6,6 Gramm Kohlenhydrate

Zutaten: 130 Gramm Schweinefilet, 2 Ziegenkäsewürfel a 10 Gramm, 4 Cocktailtomaten, 1/4 Paprika gelb, 1/4 Paprika grün, 1/2 Zwiebel, 2 Knoblauchzehen, 4 Scheiben Zucchini, 2 Scheiben Aubergine, Himalaya Salz, Pfeffer

Zubereitung:
Schneiden Sie das Fleisch in gleichgroße Stücke und bestücken Sie abwechselnd zwei Spieße mit Fleisch und Gemüse. Anschließend müssen die Spieße gesalzen, gepfeffert und in einer Grillpfanne ohne Fett angebraten werden. Alternativ können Sie diese auch auf dem Grill grillen. Die Spieße können nach Belieben gezaubert werden. Sie können sämtliche Fleisch- und Gemüsesorten verwenden. Lassen Sie Ihrer Kreativität freien Lauf.

Gegrilltes Schweinskotelette dazu Low Carb Salsa

466,2 kcal | 44,3 Gramm Eiweiß | 28,6 Gramm Fett | 8,5 Gramm Kohlenhydrate

Zutaten: Schweinskotelette mit Knochen ca. 230 Gramm, 1 Knoblauchzehe, Himalaya Salz, Pfeffer, Rosmarin, 2 EL Öl, 2 EL Butter

Zubereitung:
Würzen Sie das Fleisch mit Salz und Pfeffer und braten Sie es in heißem Öl scharf an. Zunächst das Fett aus der Pfanne entfernen und die Butter in die Pfanne geben. Lassen Sie das Fleisch zusammen mit dem Knoblauch und dem Rosmarin in der Pfanne bei mittlerer Hitze gar ziehen. Mehrmals mit einem Löffel die Butter über das Fleisch gießen. Servieren Sie das Schweinskotelette mit etwas Salsa.

Deftiger Schweinsgulasch

306,6 kcal | 33,6 Gramm Eiweiß | 8,1 Gramm Fett | 22,9 Gramm Kohlenhydrate

Zutaten: 150 Gramm von der Schweinsoberschale, 60 Gramm Maroni geschält, 1/2 Zwiebel, 20 Gramm Frühstücksspeck, Öl zum Braten, Himalaya Salz, Pfeffer 1 Lorbeerblatt, 150 ml Brühe, Thymian, Majoran, 1/2 TL Paprikapulver edelsüß, 1 Messerspitze Paprikapulver scharf, 1 Spritzer Rotweinessig

Zubereitung:
Schneiden Sie das Fleisch in Würfel und braten Sie es zusammen mit der klein geschnitten Zwiebel und dem Speck in heißen Fett an. Fügen Sie Maroni hinzu und salzen und pfeffern Sie das Ganze. Zunächst noch Paprikapulver darüber streuen. Löschen Sie alles mit Essig ab und gießen Sie das Gericht mit der Brühe auf. Anschließend Thymian, Rosmarin und Lorbeerblatt in die Brühe geben und für eine Stunde bei geschlossenem Deckel bei mittlerer Hitze köcheln lassen.

Leckere Schweinemedaillons angerichtet mit frischen Champignons und Paprika

374,8 kcal | 35,1 Gramm Eiweiß | 22 Gramm Fett | 6,5 Gramm Kohlenhydrate

Zutaten: 150 Gramm Schweinefilet, 1 Schalotte, 1/2 rote Paprika, 60 Gramm Champignons, 1 Knoblauchzehe, 1/2 TL Tomatenmark, Himalaya Salz, Pfeffer, 50 ml Fond, 30 ml Sahne, Majoran, 1 Prise Kümmel gemahlen, 2 EL Butter

Zubereitung:
Schneiden Sie das Filet in Medaillons und drücken Sie diese leicht platt. Anschließend werden die Medaillons gesalzen und gepfeffert. Hacken Sie Schalotten und Knoblauch und schneiden Sie Champignons und Paprika in Streifen. Braten Sie zunächst das Fleisch beidseitig in der Butter an und nehmen Sie es danach aus der Pfanne. Knoblauch, Schalloten, Paprika und Champignons werden daraufhin in derselben Pfanne angebraten. Rösten Sie das Tomatenmark leicht mit. Zunächst fügen Sie Majoran und Kümmel hinzu und gießen das Ganze mit dem Fond auf. Lassen Sie dies für 5 Minuten köcheln und verfeinern Sie es anschließend mit der Sahne. Zuletzt mit Salz und Pfeffer abschmecken und das Fleisch für 3 Minuten in der Sauce ziehen lassen.

Leckeres getrüffeltes Sellerie-Gemüse mit Lammfilet

370,3 kcal | 19 Gramm Eiweiß | 30,2 Gramm Fett | 2,9 Gramm Kohlenhydrate

Zutaten: 130 Gramm Lammfilet, 100 Gramm Sellerie, 1 Schalotte, 1 Knoblauchzehe, Himalaya Salz, Pfeffer, Muskat gerieben. Thymian, Rosmarin, 1 EL Petersilie fein gehackt, 1 EL Butter, 1 EL Trüffelöl, Öl zum Anbraten

Zubereitung:
Salzen und pfeffern Sie das Lammfilet und stecken Sie in die Mitte des Fleisches einen Rosmarinzweig hinein. Hierfür kann ein winziger Schnitt in das Fleisch gemacht werden. Braten Sie das Fleisch in heißem Öl von allen Seiten an und lassen Sie es bei 100° Celsius für 20 Minuten im Ofen fertig garen. Würfeln Sie den Sellerie und lassen Sie diesen kurz in Salzwasser kochen. Zunächst Schalotte und Knoblauch hacken und in Butter anschwitzen lassen. Fügen Sie den gekochten Sellerie hinzu. Nun das Gericht mit Salz, Pfeffer, Muskat, Thymian und Petersilie abschmecken. Zuletzt mit Trüffelöl verfeinern und zusammen mit dem Fleisch anrichten.

Leckeres Maronipüree an Lammbuletten

789,4 kcal | 33,3 Gramm Eiweiß | 50,8 Gramm Fett | 47,3 Gramm Kohlenhydrate

Zutaten: 130 Gramm gehacktes Lammfleisch, 1/2 Zwiebel, 1 Knoblauchzehe, 1/2 EL Petersilie gehackt, Beifuß, 1/2 TL Senf, 1 Ei, Himalaya Salz, Cayenne Pfeffer, 1 EL Mandelmehl, 100 Gramm Maroni, 1 EL Butter, 50 ml Sahne, Mark einer halben Vanilleschote

Zubereitung:
Hacken Sie Zwiebel und Knoblauch fein und schwitzen Sie alles in Butter an. Vermischen Sie dies anschließend mit dem gehackten Lammfleisch und der Petersilie. Zunächst ein Ei mit Mandelmehl verquirlen und mit dem Fleisch verkneten. Schmecken Sie dies nun mit Senf, Salz und Cayenne Pfeffer ab und formen Sie es zu Laibchen. Braten Sie diese unter mehrmaligem Wenden in einer Pfanne mit etwas Öl an. Nun die Maroni in Salzwasser mit dem Mark der Vanilleschote weichkochen, abseihen und mit der Butter und der Sahne pürieren. Zuletzt das Maronipüree mit Salz und Pfeffer abschmecken und servieren.

Saftiges Lammkotelett mit gebratenem Apfel

550,9 kcal | 27,5 Gramm Eiweiß | 40,3 Gramm Fett | 16,2 Gramm Kohlenhydrate

Zutaten: 200 Gramm Kotelette mit Knochen, 1 Apfel, 2 Knoblauchzehen, Himalaya Salz, Pfeffer, Thymian, 2 EL Olivenöl, Öl zum Anbraten, 2 EL Balsamico Essig rot, 30 Gramm Bacon, 2 Nelken

Zubereitung:
Braten Sie das Kotelette in Öl von beiden Seiten scharf an. Während das Kotelette in der Pfanne brät kann nun aus Knoblauch, Salz, Pfeffer, Olivenöl und Thymian eine Marinade zubereitet werden. Zunächst den Apfel entkernen und mit den Nelken spicken. Nehmen Sie das Kotelette aus der Pfanne und legen Sie es in eine feuerfeste Auflaufform. Bedecken Sie dieses mit dem Bacon. Stellen Sie den Apfel daneben und füllen Sie diesen mit 2/3 der Marinade. Anschließend die restliche Marinade über das Fleisch träufeln. Lassen Sie das Gericht für 30 Minuten bei 120° Celsius im Ofen schmoren. Nach 15 Minuten alles zusätzlich mit dem Balsamico Essig aufgießen.

Leckeres mediterranes Lammfilet

433,2 kcal | 22,8 Gramm Eiweiß | 33 Gramm Fett | 7,3 Gramm Kohlenhydrate

Zutaten: 130 Lammlachse oder Rücken, 1 Schalotte, 1/4 Zucchini, 1/4 Paprika gelb, 1/4 Aubergine, 2 Zehen Knoblauch, Oregano, Thymian, Rosmarin, 4 Kirschtomaten, 2 EL Balsamico Essig, 2 EL Olivenöl, Himalaya Salz, Pfeffer, Abrieb einer Bio Orange

Zubereitung:
Schneiden Sie das Fleisch in 1 cm dicke Streifen und das Gemüse in gleich große Stücke. Zunächst Knoblauch und Schalotte grob hacken. Braten Sie das Fleisch im Olivenöl scharf an und nehmen Sie es aus der Pfanne. Fügen Sie nun Zwiebel, Knoblauch und Paprika hinzu und rösten Sie es gemeinsam an. Danach können noch Zucchini und Auberginen hinzugefügt werden. Würzen Sie das Ganze im Anschluss mit den Kräutern und löschen Sie es dann mit dem Balsamico Essig ab. Nun das Fleisch wieder hinzufügen. Stechen Sie die Tomaten mit der Gabel ein und geben Sie auch diese dann in die Pfanne. Anschließend kann alles mit dem Abrieb der Bio Orange aromatisiert werden. Zuletzt das Gericht für 20 Minuten bei 170° Celsius im Ofen schmoren lassen.

Leckere Süßspeisen

Leckeres eiweißhaltiges Dessert mit Beeren

131,4 kcal | 6,5 Gramm Eiweiß | 2,4 Gramm Fett | 24,4 Gramm Kohlenhydrate

Zutaten: 50 Gramm Joghurt, 2 EL Frischkäse, Süßstoff oder Xylit nach Bedarf, 80 Gramm Beeren, einige Minzblätter

Zubereitung:
Verrühren Sie den Joghurt mit dem Frischkäse und dem Süßstoff. Pürieren Sie zunächst 25 Gramm der Beeren mit dem Zauberstab und füllen Sie die Masse in ein Glas. Anschließend mit der Creme bedecken und mit den restlichen Beeren auffüllen. Damit das Ganze schöner aussieht die Minzblätter als Garnitur aufsetzen und im Kühlschrank kurz kalt stellen.

Leckere Mandel-Bananencreme

255,4 kcal | 10,7 Gramm Eiweiß | 12,5 Gramm Fett | 29,6 Gramm Kohlenhydrate

Zutaten:
1 EL Mandeln gehackt, 1/2 Banane, Abrieb und Saft einer Bio Zitrone, Süßstoff oder Xylit nach Bedarf, 60 Gramm Quark, 2 EL Sahne

Zubereitung:
Rösten Sie die Mandeln ohne Fett in einer Pfanne an. Nun kann die Banane mit dem Abrieb und dem Saft der Bio Zitrone in einen Mixer gegeben werden. Verrühren Sie anschließen den Quark mit der Sahne, dem Süßstoff und der Mandelpaste. Stellen Sie das Ganze kurz kalt und genießen Sie es anschließend.

Kiwi Chia Pudding mit Joghurt

136,9 kcal | 6 Gramm Eiweiß | 6,2 Gramm Fett | 12,4 Gramm Kohlenhydrate

Zutaten: 10 Gramm Chia Samen, 75 ml Mandelmilch, Süßstoff oder Xucker nach Bedarf, 75 ml Joghurt, Mark einer halben Vanilleschote, 1 Kiwi, Saft einer halben Bio Limette

Zubereitung:
Süßen Sie die Mandelmilch nach Bedarf und geben Sie anschließend die Chia Samen hinein. Das Ganze am besten über Nacht im Kühlschrank quellen lassen. Verrühren Sie Joghurt, Vanillemark, etwas Süßstoff und Limettensaft zu einer Masse. Anschließend die Kiwi passieren. Nachdem die Samen aufgequellt sind, den Chia Pudding in ein Glas füllen und mit dem Joghurt bedecken. Verwenden Sie die passierte Kiwi als Topping und garnieren Sie das Dessert mit einer Fruchtscheibe.

Lecker Pudding aus Chia Samen und Schoko Sojamilch

172,3 kcal | 7,1 Gramm Eiweiß | 8,4 Gramm Fett | 11,9 Gramm Kohlenhydrate

Zutaten: 15 Gramm Chia Samen, 200 ml Schoko Sojamilch Low Carb, 1 EL Kakao doppelt entölt, Süßstoff oder Xylit nach Bedarf, 1/4 Banane, 1 EL Frischkäse

Zubereitung:
Verrühren Sie Sojamilch, Banane, Frischkäse und Kakao im Mixer. Nehmen Sie die Masse aus dem Mixer und vermischen Sie diese mit den Chia Samen. Süßen Sie das Ganze nach Belieben und lassen Sie den Pudding optimalerweise über Nacht im Kühlschrank quellen.

Chia Dessert mal fruchtig

170,2 kcal | 7,3 Gramm Eiweiß | 6,3 Gramm Fett | 17,3 Gramm Kohlenhydrate

Zutaten: 10 Gramm Chia Samen, 75 ml Orangensaft frisch gepresst oder ohne Zuckerzusatz, 75 ml Joghurt, 70 Gramm Blaubeeren, 1/4 Mango, Süßstoff oder Xylit nach Bedarf

Zubereitung:
Lassen Sie die Chia Samen im Orangensaft quellen und stellen Sie diese über Nacht in den Kühlschrank. Zunächst Joghurt und Blaubeeren in den Mixer geben. Süßen Sie dies mit Süßstoff nach Belieben. Anschließend auch die Mango im Mixer oder mit dem Zauberstab pürieren. Alle drei Cremes können nun abwechselnd in ein Glas geschichtet werden. Zuletzt kühl stellen und kalt genießen.

Leckere Schokomousse Verführung

1321,4 kcal | 34,2 Gramm Eiweiß | 110,6 Gramm Fett | 43,2 Gramm Kohlenhydrate

Dieses Rezept ist für 4 Portionen berechnet:

Zutaten: 2 Eier, 2 Eigelb, 100 Gramm Xylit Schokolade zartbitter, 300 ml Sahne, Süßstoff oder Xylit nach Bedarf

Zubereitung:
Schlagen Sie Eier und Dotter schaumig und süßen Sie nach Bedarf. Anschließend kann die Xylit Schokolade über einem heißen Wasserbad geschmolzen werden. Das Ganze nun auf mindestens 20° Celsius abkühlen lassen. Direkt danach zügig mit einem Schneebesen in die Eimasse einrühren. Schlagen Sie die Sahne steif und rühren Sie diese vorsichtig unter die schokoladige Masse. Die Masse über Nacht kaltstellen. Das Schoko Mousse kann nun nach Belieben mit Sahne oder auch Früchten garniert werden.

Erfrischende Creme mit Zitrone und Mango

175,3 kcal | 4,4 Gramm Eiweiß | 10,7 Gramm Fett | 15,1 Gramm Kohlenhydrate

Zutaten: 40 ml Sahne, Saft und Abrieb einer Bio Zitrone, 1/2 Mango, 2 Blatt Gelatine, 2 EL Joghurt, Süßstoff oder Xylit nach Bedarf

Zubereitung:
Schlagen Sie zunächst die Sahne steif. Nachdem Sie die Mango mit dem Zauberstab püriert haben, rühren Sie Süßstoff, Abrieb und Joghurt unter. Weichen Sie die Gelatine ein, drücken Sie sie aus und lösen Sie diese im warmen Zitronensaft zügig mit einer Gabel auf. Anschließend die Gelatine unter die Sahne rühren. Das Ganze kann jetzt schichtweise in ein Glas gefüllt werden. Am Besten über Nacht, zumindest aber für 4 Stunden, in den Kühlschrank stellen.

Orangen Zabaione mit Zimt

211,9 kcal | 13,4 Gramm Eiweiß | 11,2 Gramm Fett | 20,6 Gramm Kohlenhydrate

Zutaten: 2 Eier, 1 EL Xylit, Birkenzucker oder Xucker, 1 Messerspitze Zimt, 30 ml Orangensaft, Abrieb und Filets einer Bio Orange

Zubereitung:
Trennen Sie die Eier und schlagen Sie die Dotter mit dem Xucker schön schaumig. Anschließend mit dem Orangensaft gut verrühren. Fügen Sie Zimt und Abrieb der Bio Orange bei und schlagen Sie alles über einem heißen Wasserbad. Zunächst aus dem Eiweiß einen steifen Schnee schlagen und mit ein wenig Süßstoff süßen. Nun kann die Dottermasse in eine feuerfeste Form gefüllt, mit dem Eischnee bedeckt und mit den Orangenfilets belegt werden. Zuletzt lassen Sie die Zabaione im Ofen bei Oberhitze für etwa 7 Minuten gratinieren.

Leckerer Himbeer-Quark Trifle

287,2 kcal | 20,6 Gramm Eiweiß | 17,6 Gramm Fett | 8,9 Gramm Kohlenhydrate

Zutaten: 30 Gramm Low Carb Kekse, 150 Gramm Sahnequark ohne Zuckerzusatz, 100 Gramm Himbeeren, Abrieb einer Bio Zitrone, Süßstoff oder Xylit nach Bedarf

Zubereitung:
Zerbröseln Sie die Low Carb Kekse in einem Gefrierbeutel und füllen Sie diese anschließend in ein Glas. Verrühren Sie den Quark mit dem Abrieb der Zitrone und süßen Sie das Ganze. Nun den Quark über die Kekse schichten und mit den Himbeeren belegen. Trifles können mit sämtlichen Früchten zubereitet werden. Früchte können passiert aber auch klein geschnitten daraufgesetzt werden. Eine tolle Kombination aus crunchigen Keksen, sahniger Creme und Früchten.

Vanille Creme angerichtet mit Tofu

132,3 kcal | 10,9 Gramm Eiweiß | 7,8 Gramm Fett | 4,1 Gramm Kohlenhydrate

Zutaten: 60 Gramm weiches Seidentofu, 50 ml Sojamilch, 1 Ei, Mark einer halben Vanilleschote, Abrieb einer Bio Limette, Süßstoff oder Xylit nach Bedarf, 50 Gramm Brombeeren

Zubereitung:
Verrühren Sie Tofu mit Süßstoff und Vanille im Mixer. Anschließend das Ei dazugeben. Mit der Zeit auch die Sojamilch und den Abrieb der Limette dazugeben. Bedecken Sie eine leicht gebutterte Auflaufform mit Brombeeren und leeren Sie die Masse darüber. Zunächst ein Backblech oder eine Auflaufform mit Wasser füllen, die Auflaufform mit der Creme darauf stellen und im Ofen bei 170° Celsius für etwa 20 Minuten stocken lassen.

Low Carb Streusel auf gratinierten Beeren

248,8 kcal | 12,6 Gramm Eiweiß | 12,2 Gramm Fett | 20,6 Gramm Kohlenhydrate

Zutaten: 200 Gramm gemischte Beeren frisch oder TK, 1 Eiklar, Süßstoff oder Xucker nach Bedarf, 10 ml Orangensaft frisch gepresst oder ohne Zuckerzusatz, 2 EL Butter, 3 EL Mandelmehl, 1/2 EL Xylit

Zubereitung:
Zu Beginn werden die Beeren mit dem Orangensaft mariniert und nach Bedarf gesüßt. Schlagen Sie das Eiklar zu einem steifen Schnee. Nun könne die Beeren in eine feuerfeste Form gegeben und mit dem Löffel kleine Häubchen aus Schnee daraufgesetzt werden. Verkneten Sie die kalte Butter mit dem Mandelmehl und dem Xucker und bröseln Sie dies über die Beeren. Lassen Sie das Ganze für 10 Minuten im Ofen gratinieren.

Winterliches Pflaumendessert

192 kcal | 8,1 Gramm Eiweiß | 8,5 Gramm Fett | 20, 3 Gramm Kohlenhydrate

Zutaten: 1 Messerspitze Zimt, 1 Messerspitze Nelkenpulver, 1 Messerspitze Ingwerpulver, 150 ml Joghurt, Süßstoff oder Xylit nach Bedarf, 5 Pflaumen entsteint, 10 ml Orangensaft frisch gepresst oder ohne Zuckerzusatz, 1/2 Zimtstange, 1/2 TL Butter

Zubereitung:
Schneiden Sie die Pflaumen klein und rösten Sie diese anschließend in Butter an. Nun kann die halbe Zimtstange hinzugegeben und das Ganze mit dem Orangensaft aufgegossen werden. Lassen Sie dies nun bei niedriger Hitze köcheln. Verrühren Sie Joghurt, Xucker, Zimt, Nelken und Ingwer zu einer Masse. Zuletzt den Pflaumenröster in ein Glas füllen und den Joghurt darauf verteilen. Als Topping kann ein Löffel Röster verwendet werden.

Leckere bayrische Low Carb Creme

169,6 kcal | 8,8 Gramm Eiweiß | 8,9 Gramm Fett | 13,3 Gramm Kohlenhydrate

Zutaten: 60 ml Milch, 1 Eigelb, 1 TL Xylit oder Süßstoff, 30 ml Sahne, 1/2 Vanilleschote, 1 Blatt Gelatine, 1/2 Nektarine

Zubereitung:
Lassen Sie die Milch mit der Vanilleschote und dem Xucker aufkochen. Zunächst Eigelb schaumig schlagen und die abgekühlte Milch mit der schaumige Eimasse vermischen. Rühren Sie das Ganze über einem heißen Wasserbad weiter, bis die Masse eine cremige Konsistenz erhält. Nun noch die Gelatine einweichen, ausdrücken und in der Eimasse auflösen. Damit keine Klumpen entstehen, die Masse gut verrühren. Nun die Creme über Eiswasser kalt schlagen. Würfeln Sie die Nektarine und heben Sie diese, zusammen mit geschlagener Sahne, unter die Vanillecreme. Das Dessert muss für mindestens 2 Stunden im Kühlschrank durchziehen.

Leckere Creme mit Schokolade und Nüssen

275 kcal | 23,2 Gramm Eiweiß | 12,7 Gramm Fett | 14,5 Gramm Kohlenhydrate

Zutaten: 150 Gramm Quark, 15 Gramm fein gehackte Nüsse nach Wahl, 20 Gramm Xylit Schokolade zartbitter, 1 EL Xylit Schokolade geraspelt, Süßstoff oder Xylit nach Bedarf, 2 EL Frischkäse

Zubereitung:
Verrühren Sie den Quark mit dem Frischkäse und dem Süßstoff zu einer Masse. Rösten Sie die Nüsse ohne Fett in einer beschichteten Pfanne an und heben Sie diese unter den Quark. Anschließende muss die Schokolade über einem heißen Wasserbad verflüssigt und zügig unter den Quark gerührt werden. Lassen Sie das Ganze kurz abkühlen und heben Sie anschließend die Schokoraspeln unter.

Cheese-Cake Creme verfeinert mit Espresso

266,4 kcal | 11,8 Gramm Eiweiß | 19,7 Gramm Fett | 9,9 Gramm Kohlenhydrate

Zutaten: 20 Gramm Low Carb Kekse, 1 Espresso 30ml bis 40 ml, 3 EL Frischkäse, 40 ml Sahne, Xylit oder Süßstoff nach Bedarf, 1 Dotter, Abrieb einer halben Bio Orange

Zubereitung:
Schlagen Sie zu Beginn die Sahne steif. Rühren Sie das Eigelb schaumig und verrühren Sie es mit dem Frischkäse. Anschließend den Espresso, den Abrieb und den Süßstoff dazugeben und verrühren. Nun die geschlagene Sahne unterheben. Zerbröseln Sie die Low Carb Kekse in einem Gefrierbeutel und mischen Sie diese ebenfalls unter die Creme. Zuletzt kaltstellen und genießen.

Für die winterlichen Tage: Low Carb Lebkuchenpudding

2359,8 kcal | 80,9 Gramm Eiweiß | 167,4 Gramm Fett | 140,6 Gramm Kohlenhydrate

Dieses Rezept ist für 6 Portionen berechnet:

Zutaten: 1 Ei, 130 Gramm getrocknete Aprikosen ohne Zucker, 50 Gramm getrocknete Zitrusfrüchte ohne Zuckerzusatz, 1 Messerspitze Lebkuchengewürz, 150 Gramm Mandelmehl, 4 EL Xylit, 100 Gramm fein gehackte Nüsse, 1 Messerspitze Anis gemahlen, 120 Gramm Butter, 250 ml Milch, 1 Packung Backpulver

Zubereitung:
Hacken Sie die getrockneten Früchte klein und vermengen Sie diese mit Mandelmehl, Backpulver, Xylit, gehackten Nüssen und Gewürzen. Zunächst die weiche Butter in die Masse bröseln und mit einem Knethaken durchrühren. Fügen Sie die Milch und das Ei hinzu und verkneten Sie das Ganze solange, bis eine geschmeidige Masse entsteht. Anschließend in leicht gebutterte, feuerfeste Förmchen füllen. Achten Sie darauf, dass diese nur 2/3 gefüllt sind. Füllen Sie einen großen Topf mit Wasser und stellen Sie die Förmchen hinein. Alle Förmchen sollten bis kurz vorm Rand vom Wasser umgeben sein. Lassen Sie diese anschließend für etwa 50 Minuten bei geschlossenem Deckel garen. Bei Bedarf Wasser nachgießen. Zuletzt können die Förmchen gestürzt und serviert werden.

Bratapfel gefüllt mit Rosinen-Quark

282,6 kcal | 11,9 Gramm Eiweiß | 15,8 Gramm Fett | 22,2 Gramm Kohlenhydrate

Zutaten: 1 Apfel, 10 Gramm Rosinen, 4 Nelken, 30 Gramm Quark, 1 Ei, Süßstoff oder Xylit nach Bedarf, 1 EL gehackte Nüsse, 1/2 TL Butter, 1 Messerspitze Zimt

Zubereitung:
Entkernen Sie zunächst den Apfel. Verrühren Sie anschließend den Quark mit Ei, Rosinen, Nüssen, Xylit und Zimt. Füllen Sie den Apfel damit und stecken Sie die Nelken in den Apfel. Zuletzt den Apfel mit der Butter bedecken und bei 170° Celsius für 25 Minuten im Ofen schmoren lassen.

Birnentraum

250,1 kcal | 20,3 Gramm Eiweiß | 10,1 Gramm Fett | 18,4 Gramm Kohlenhydrate

Zutaten: 1 Birne, 1 Ei, 60 ml Milch, 2 EL Mandelmehl, etwas Öl zum Herausbacken, Xylit Puderxucker zum Bestreuen, 1 Prise Salz, Süßstoff

Zubereitung:
Trennen Sie das Ei und schlagen Sie das Eiweiß zu einem steifen Schnee. Verquirlen Sie das Dotter mit der Milch und rühren Sie anschließend Mandelmehl, Süßstoff und Salz unter. Nun auch den Eischnee unterheben. Entkernen Sie die Birne und schneiden Sie diese in Spalten. Zunächst die Spalten durch den Backteig ziehen und in einer Pfanne mit wenig Öl goldgelb backen. Nach Belieben mit Puderxucker bestreuen und servieren.

Leckerer Rübenkaiserschmarrn

296,2 kcal | 26,7 Gramm Eiweiß | 15,7 Gramm Fett | 11,1 Gramm Kohlenhydrate

Zutaten: 2 Eier, 60 ml Möhrensaft, 1/2 Möhre, 60 ml Milch, 2 gehäufte EL Mandelmehl, 10 Gramm flüssige Butter, Süßstoff oder Xylit nach Bedarf, 3 EL Margarine zum Backen

Zubereitung:

Verquirlen Sie Eier mit Milch und Möhrensaft und süßen Sie dies anschließend mit Süßstoff. Nun kann das Mandelmehl untergerührt werden. Reiben Sie die Möhren fein und heben Sie diese unter die Masse. Zunächst die flüssige Butter untermischen. Erhitzen Sie 2 EL der Margarine in einer Pfanne und geben Sie die Masse hinein. Das Ganze nun bei mittlerer Hitze bei geschlossenem Deckel für etwa 8 Minuten backen. Wenden Sie die Masse und fügen Sie die restliche Margarine hinzu. Nach ungefähr 5 Minuten die Masse mit Hilfe von 2 Löffeln in große Stücke reißen. Fertig ist der Kaiserschmarrn.

Frischer Mohnpfannkuchen mit roten Johannisbeeren

268 kcal | 20,6 Gramm Eiweiß | 12,3 Gramm Fett | 16 Gramm Kohlenhydrate

Dieses Rezept ist für 2 Pfannkuchen berechnet:

Zutaten: 2 Eigelb, 100 ml Milch, 2 gehäufte EL Mandelmehl, 10 Gramm gemahlener Mohn, Süßstoff oder Xylit nach Bedarf, 100 Gramm rote Johannisbeeren, 1 Messerspitze Zimt, Saft einer Bio Orange, 1 TLButter

Zubereitung:

Verquirlen Sie Dotter mit der Milch und dem Mandelmehl. Anschließend den Mohn unterrühren und nach Bedarf süßen. Backen Sie den Teig mit etwas Butter zu hauchdünnen Pfannkuchen. Lassen Sie die Johannisbeeren zusammen mit Xucker, Zimt und Orangensaft kurz aufkochen. Das Ganze anschließend vom Herd nehmen und die kalte Butter einrühren. Zuletzt die Johannisbeeren zusammen mit den Pfannkuchen servieren.

Leckere Nussfüllung für jegliche Low Carb Pfannkuchen

150,6 kcal | 2,5 Gramm Eiweiß | 11,4 Gramm Fett | 12,5 Gramm Kohlehydrate

Zutaten: 1 EL gemahlene Nüsse nach Wahl, 1/2 EL Birkenzucker oder Süßstoff, 10 ml Sahne

Zubereitung:
Rösten Sie die Nüsse ohne Fett in einer heißen Pfanne an. Anschließend das Ganze mit Süßstoff oder Birkenzucker süßen und auskühlen lassen. Schlagen Sie die Sahne steif und heben Sie diese nun unter. Die Nussfüllung passt auch wunderbar zu Pancakes am Morgen.

Frischer Flan mit Orangengeschmack

1029 kcal | 47,5 Gramm Eiweiß | 71,8 Gramm Fett | 52,6 Gramm Kohlenhydrate

Dieses Rezept ist für 6 Portionen berechnet:

Zutaten: 4 EL Xylit, 3 EL Orangensaft, 4 EL Xylit Marmelade Orange, 5 Eier, 200 ml Sahne, 200 ml Milch, Mark einer Vanilleschote, 1 Bio Orange

Zubereitung:
Verrühren Sie den Orangensaft mit der Marmelade. Filetieren Sie die Orange und schneiden Sie diese klein. Anschließend unter die Marmelade mischen. Füllen Sie die Masse in 6 feuerfeste Förmchen. Verrühren Sie Milch, Sahne, Eier, Vanille und Xylit zu einer weiteren Masse und füllen Sie diese ebenfalls in die Förmchen. Zunächst muss ein Blech mit Wasser befüllt und die Förmchen hineingestellt werden. Das Ganze für 35 Minuten bei 170° Celsius garen lassen.

Leckerer Obstsalat nach indischer Art

191,6 kcal | 5 Gramm Eiweiß | 2,5 Gramm Fett | 35,2 Gramm Kohlenhydrate

Zutaten: 30 Gramm Ananas, 30 Gramm Mango, 30 Gramm Papaya, 1/2 Apfel, 1/2 Banane, 1/2 Birne, 30 Gramm Beeren, Saft von einer Bio Limette, 4 Minzblätter, 1 Zimtstange, 3 Nelken, 1 Chilischote, 1 Messerspitze Currypulver, 50 ml Joghurt, Süßstoff nach Bedarf
Zubereitung:
Vermischen Sie den Limettensaft mit etwas Wasser und lassen Sie die Minze, die Zimtstange, die Nelken, die Chili und das Currypulver darin aufkochen. Anschließend in den Kühlschrank stellen und gut auskühlen lassen. Schneiden Sie zunächst die Früchte klein. Als Nächstes müssen Joghurt und Gewürztee gut verrührt und mit Süßstoff gesüßt werden. Mischen Sie Früchte und Joghurt und dekorieren Sie das Ganze mit einem frischen Minzblatt.

Leckere Low Carb Torte mit Avocado

2844,3 kcal| 103,8 Gramm Eiweiß | 188,8 Gramm Fett | 194 Gramm Kohlenhydrate
Dieses Rezept ist für eine ganze Torte (12 Portionen) berechnet:

Zutaten: 100 Gramm Datteln, 150 Gramm gemahlene Mandeln, Abrieb einer Orange, 30 Gramm weiche Butter, 2 Avocados, 100 Gramm Quark, 100 Gramm Sahne geschlagen, Saft einer Bio Zitrone, 3 EL Xylit, Mark einer Vanilleschote, 200 Gramm Xylit Schokolade zartbitter, 50 ml Sahne
Zubereitung:
Hacken Sie die Datteln fein und verkneten Sie diese mit dem Abrieb der Orange, der Butter und den gemahlenen Mandeln. Nun das Ganze in eine runde Springform füllen und glatt streichen. Pürieren Sie zunächst die Avocados mit dem Zitronensaft und vermengen Sie es mit dem Quark, dem Xylit und der Vanille. Anschließend die geschlagene Sahne unterheben und auf den Boden streichen. Schmelzen Sie die Schokolade über einem heißen Wasserbad und verrühren Sie sie mit der flüssigen Sahne. Geben Sie dies zuletzt über die Torte. Danach für mindestens 3 Stunden im Kühlschrank ruhen lassen.

Low Carb Torte mit Joghurt und Mandarinen

Die gesamte Torte hat 12 Stück:

2132 kcal | 51,3 Gramm Eiweiß | 160,8 Gramm Fett | 118,2 Gramm Kohlenhydrate

Zutaten: 200 Gramm Low Carb Kekse, 100 Gramm Butter, 400 Gramm Joghurt, 200 ml Sahne, 6 Blatt Gelatine, 6 Mandarinen, Saft und Abrieb einer Bio Zitrone, Süßstoff oder 3 EL Xylit, 3 EL gehackte Pistazien

Zubereitung:
Zu Beginn müssen die Kekse in einem Gefrierbeutel zerbröselt und mit der Butter verknetet werden. Füllen Sie dies anschließend in eine runde Springform und streichen Sie die Keksmasse glatt. Nun ab damit in den Kühlschrank. Als Nächstes kann die Sahne steif geschlagen werden. Filetrieren Sie die Mandarinen und schneiden Sie diese klein. Verrühren Sie den Joghurt mit dem Abrieb und dem Süßstoff. Nachdem die Gelatine eingeweicht wurde, kann diese ausgedrückt und in warmem Zitronensaft aufgelöst werden. Heben Sie anschließend die Sahne unter den Joghurt und rühren Sie diese in die Gelatine ein. Nun die Mandarinen untermischen und den Boden mit der Creme bestreichen. Bestreuen Sie das Dessert mit gehackten Pistazien und stellen Sie es für mindestens 3 Stunden kalt.

Gekühlter Ziegenkäse-Cake

Das Rezept ergibt eine Torte mit 12 Stück:

2332,2 kcal | 92,1 Gramm Eiweiß | 175,2 Gramm Fett | 93,3 Gramm Kohlenhydrate

Zutaten: 200 Gramm gehackte Nüsse, 2 EL Xylit, 100 Gramm Butter, 100 Gramm Ziegenkäse, 300 Gramm Quark, Saft und Abrieb von 2 Bio Limetten, 250 ml Sahne, 8 Blatt Gelatine, 4 EL Xylit oder Süßstoff

Zubereitung:
Verkneten Sie die Nüsse mit dem Xylit und der Butter und drücken Sie die Masse in eine runde Springform. Anschließend im Kühlschrank gut durchkühlen lassen. Schlagen Sie die Sahne steif und verarbeiten Sie Ziegenkäse mit Quark, Abrieb und Süßstoff im Mixer zu einer glatten Masse. Nun kann die Sahne untergehoben werden. Weichen Sie die Gelatine ein, drücken Sie diese aus und lösen Sie sie in warmem Limettensaft auf. Nun schnell unter die Masse rühren und auf den Boden streichen. Der Low Carb Ziegenkäse-Kuchen muss für mindestens 4 Stunden im Kühlschrank durchziehen.

Leckere Low Carb Schokotorte

Das Rezept ist für eine Torte mit 12 Stück berechnet und ergibt:

2092, 8 kcal | 59,7 Gramm Eiweiß | 143,1 Gramm Fett | 137 Gramm Kohlenhydrate

Zutaten: 100 Gramm Low Carb Kekse, 100 Gramm fein gehackte Pistazien, 2 EL Xylit, 100 Gramm Butter, 200 ml Sahne, 300 Gramm Quark, 5 EL Kakao doppelt entölt, Süßstoff, 6 Blatt Gelatine, Saft und Abrieb einer Bio Orange

Zubereitung:
Zerbröseln Sie die Kekse in einem Gefrierbeutel und verkneten Sie diese anschließend mit den Pistazien und der Butter. Drücken Sie die Masse in eine Tortenform. Nun kann die Sahne steif geschlagen werden. Verrühren Sie den Quark mit dem Kakao, dem Süßstoff und dem Abrieb in einem Mixer. Als Nächstes die Gelatine einweichen, ausdrücken und in warmem Orangensaft auflösen. Rühren Sie dies zügig unter den Quark und heben Sie anschließend die Sahne unter. Die Masse auf den Boden streichen und für mindestens 4 Stunden kalt stellen.

Leckere Low Carb Torte mit Erdbeere

Eine ganze Torte mit 12 Stück hat:

1527,2 kcal | 99,3 Gramm Eiweiß | 110 Gramm Fett | 99,9 Gramm Kohlenhydrate

Zutaten: 6 Eier, 120 Gramm Mandelmehl, 3 EL Xylit, 1 EL Öl, 300 ml Sahne, 350 Gramm Erdbeeren, Saft und Abrieb von 2 Bio Limetten, 3 Blatt Gelatine, Süßstoff, 1 Packung Tortenguss rot, Mark einer halben Vanilleschote

Zubereitung:
Trennen Sie die Eier und rühren Sie die Dotter schaumig. Verarbeiten Sie das Eiweiß zu einem Schnee. Zunächst Xylit und Öl zum Eigelb hinzugeben und Mandelmehl einrühren. Anschließend kann der Eischnee untergehoben werden. Füllen Sie die Masse in eine gebutterte Tortenform und lassen Sie das Ganze bei 170° Celsius für etwa 30 Minuten backen. Danach den Teig auskühlen lassen und halbieren. Pürieren Sie die Hälfte der Erdbeeren und schlagen Sie die Sahne steif. Nun die Gelatine einweichen, ausdrücken und in Limettensaft auflösen. Anschließen kann diese mit dem Abrieb und der Vanille vermischt werden. Vermischen Sie die Erdbeeren und die Schlagsahne und rühren Sie die Gelatine ein. Bestreichen Sie die eine Hälfte des Bodens mit der Hälfte der Creme. Anschließend den zweiten Boden daraufsetzen und mit der restlichen Creme bestreichen. Garniert wird das Ganze mit den Erdbeeren und kann dann mit dem Tortenguss überzogen werden.

Low Carb Torte mit frischen Pfirsichen

1133,2 kcal | 54,5 Gramm Eiweiß | 77,4 Gramm Fett | 48,2 Gramm Kohlenhydrate

Dieses Rezept ergibt 2 Portionen:

Zutaten: 60 Gramm Mandelmehl, 30 Gramm Butter, 1 EL Xucker, 1 EL Joghurt, 1 Ei, 100 Gramm saure Sahne, 1 EL Tapiokastärke, 2 Pfirsiche, Abrieb und Saft einer Limette, Süßstoff

Zubereitung:
Kneten Sie aus dem Mandelmehl, der Butter, dem Xucker und dem Joghurt einen Mürbteig. Dieser kann nun ausgerollt und in 2 kleine Tartformen gefüllt werden. Ziehen Sie den Rand hoch und stechen Sie mehrfach in den Boden ein. Anschließend für 8 Minuten bei 170° Celsius vorbacken. Schneiden Sie die Pfirsiche in Spalten und trennen Sie das Ei. Nun das Dotter mit saurer Sahne, Süßstoff, Abrieb, Tapiokastärke und Limettensaft glatt rühren. Schlagen Sie das Eiklar zu Eischnee und heben Sie diesen anschließend unter. Nun kann die Masse in die 2 Törtchen gefüllt und mit den Pfirsichen belegt werden. Lassen Sie das Ganze für 35 Minuten bei 160° Celsius fertig backen.

Frisches Low Carb Soufflé

Das Rezept ist für 2 Portionen berechnet:

Zutaten: 2 Eier, 100 Gramm Quark, 1 TL Tapiokastärke, 2 EL Xylit, Abrieb einer Bio Zitrone

Zubereitung:
Trenne Sie die Eier und verrühren Sie Eigelb mit Quark, Xylit, Abrieb und der Stärke. Schlagen Sie anschließend den Eischnee und heben Sie diesen unter. Nun kann die Masse in 2 leicht gebutterte Förmchen und in eine große Tasse Wasser in den Ofen gestellt werden. Zuletzt die Soufflés bei 200° Celsius für 15 Minuten backen lassen.

Leckere Torte mit roter Grütze

2098,3 kcal | 86,7 Gramm Eiweiß | 136,5 Gramm Fett | 109 Gramm Kohlenhydrate

Dieses Rezept ist für eine Torte mit 12 Stücken berechnet:

Zutaten: 150 Gramm Butter, 3 Eier, 150 Gramm Mandelmehl, 1 Packung Backpulver, 3 EL Xylit, 600 Gramm Beerenmix, 500 ml Preiselbeersaft ohne Zuckerzusatz, Mark einer Vanilleschote, Süßstoff, 12 Blatt Gelatine

Zubereitung:

Schlagen Sie die Butter schaumig und rühren Sie ein Ei nach dem Anderen in die Buttermasse. Anschließend Xylit, Mandelmehl und Backpulver hinzufügen. Füllen Sie nun alles in eine runde Tortenform und lassen Sie es bei 170° Celsius für 35 Minuten backen. Zunächst kann der Fruchtsaft mit der Vanilleschote und dem Süßstoff kurz aufgekocht werden. Weichen Sie die Gelatine ein, drücken Sie diese aus und lösen Sie sie zuletzt im Saft auf. Nun kann der Beerenmix hinzugegeben werden. Anschließend alles auf dem Tortenboden verteilen. Jetzt kann das Ganze im Kühlschrank für 4 Stunden durchziehen.

Leckeres Matcha Panna Cotta

540,3 kcal | 9,8 Gramm Eiweiß | 50 Gramm Fett | 12,8 Gramm Kohlenhydrate

Das Rezept ist für 2 Portionen berechnet:

Zutaten: 250 ml Sahne, 1 TL Matcha Pulver, 1/2 Vanilleschote, Süßstoff, 3 Blatt Gelatine

Zubereitung:

Kochen Sie die Sahne mit Vanille und Süßstoff auf und rühren Sie das Matcha Pulver unter. Nun kann die Gelatine eingeweicht, ausgedrückt und in der Sahne aufgelöst werden. Zuletzt das Ganze in 2 Gläser füllen und 4 Stunden im Kühlschrank durchkühlen lassen.

Traumhafter Nuss Kuchen

1228,7 kcal | 118 Gramm Eiweiß | 58,7 Gramm Fett | 49,4 Gramm Kohlenhydrate

Dieses Rezept ist für 8 Stück Kuchen berechnet:

Zutaten: 500 Gramm Möhren geraspelt, 5 Gramm Ingwer gerieben, 4 Eier, 4 EL Xylit, Mark einer Vanilleschote, 1 Packung Backpulver, 200 Gramm Mandeln fein gerieben, 40 Gramm gehackte Nüsse nach Wahl, Abrieb und Saft einer Bio Orange, 50 ml Kokossahne.

Zubereitung:
Verrühren Sie zunächst alle Zutaten zu einer glatten Masse und füllen Sie diese in eine runde Springform. Anschließend für 40 Minuten bei 180° Celsius backen. Dieser Kuchen geht fix und perfekt für spontane Besuche.

Schoko Bongo - Becherkuchen

1887,7 kcal | 85,6 Gramm Eiweiß | 152,9 Gramm Fett | 31,6 Gramm Kohlenhydrate

Dieses Rezept ergibt etwa 12 Schnitten Kuchen:

Zutaten: 4 Eier, 1 Becher Joghurt (200 Gramm), 1 Becher Mandelmehl, Süßstoff, 1 Becher Kokosraspeln, 3 EL Kakao doppelt entölt, 3 EL Kokosöl

Zubereitung:
Rühren Sie alle Zutaten im Mixer und füllen Sie anschließend die Masse in eine Kastenform. Das Ganze nun bei 180° Celsius für 40 Minuten im Ofen backen lassen. Am Besten die Kastenform leicht buttern oder mit Backpapier auslegen.

Frischer Low Carb Apfelkuchen mit Streuseln

1850,9 kcal | 88,6 Gramm Eiweiß | 122,2 Gramm Fett | 105,6 Gramm Kohlenhydrate

Dieses Rezept ist für 12 Portionen berechnet:

Zutaten: 200 Gramm Mandelmehl, 3 EL Xylit, 1 Prise Salz, 80 Gramm Butter, 40 Gramm Kokosfett, Abrieb einer Bio Limette, 1 Eigelb, etwas Kokosöl für die Form, 400 Gramm Äpfel, Süßstoff, 100 Gramm Frischkäse, Mark einer Vanilleschote

Zubereitung:
Kneten Sie aus dem Mandelmehl, dem Xylit, dem Salz, der Butter, dem Kokosfett, dem Abrieb und dem Eigelb einen Teig. Legen Sie eine kleine Hand voll Teig zur Seite und drücken Sie den Rest in eine gefettete, eckige Kastenform. Entkernen Sie zunächst die Äpfel und schneiden Sie diese anschließend in Spalten. Nun kann der Frischkäse mit der Vanille und dem Süßstoff glatt gerührt und auf den Teig gegossen werden. Belegen Sie das Ganze nun mit den Äpfeln. Nun den restlichen Teig verwenden. Dieser bildet die Streusel, welche über die Äpfel gebröselt werden. Zuletzt für 40 Minuten bei 180° Celsius backen.

Fruchtiges Low Carb Sorbet: Maracuja trifft auf Ananas

636 kcal | 14,6 Gramm Eiweiß | 2,7 Gramm Fett | 142,2 Gramm Kohlenhydrate

Das Rezept ergibt etwa 4 Portionen:

Zutaten: 1 Ananas, 14 Maracujas, Süßstoff nach Bedarf, Saft von 2 Bio Orangen
Zubereitung:
Pürieren Sie die Ananas und streichen Sie diese anschließend durch einen Sieb. Kratzen Sie die Maracujas aus der Schale und streichen Sie auch diese durch einen Sieb. Mischen Sie das Ganze mit dem Orangensaft. Nun nach Bedarf süßen und in eine für den Tiefkühler geeignete Form geben. Dies kann nun eingefroren und alle halbe Stunde mit der Gabel durchgerührt werden. Dies den ganzen Tag fortführen und schon ist das leckere Low Carb Sorbet fertig.

Süßer Low Carb Gugelhupf (Tiroler Art)

2834 kcal | 172,7 Gramm Eiweiß | 208,6 Gramm Fett | 68,4 Gramm Kohlenhydrate

Das Rezept ergibt etwa 12 Stück Kuchen:

Zutaten: 200 Gramm Butter, 6 Eier, 4 EL Xylit, 350 Gramm fein geriebene Mandeln, 200 ml Milch, 1 Packung Backpulver, 3 EL Kakao doppelt entölt, Abrieb einer halben Bio Orange
Zubereitung:
Verarbeiten Sie alle Zutaten außer Kakao zu einer glatten Masse. Nun die Hälfte des Teiges mit dem Kakao verrühren. Füllen Sie anschließend eine gut gebutterte Gugelhupfform abwechselnd mit hellem und dunklem Teig. Als Nächstes mit der Gabel einige Linien ziehen, damit das berühmte Muster des Marmorkuchens entsteht. Lassen Sie das Ganze nun bei 180° Celsius für 50 Minuten backen.

Mama's Kirschkuchen (Prager Art)

1731 kcal | 87,3 Gramm Eiweiß | 115,6 Gramm Fett | 84 Gramm Kohlenhydrate

Dieses Rezept ergibt etwa 12 Stück Kuchen:

Zutaten: 3 Eier, 3 EL Xylit, Mark einer Vanilleschote, 4 EL Kokosöl, 140 Gramm Mandelmehl, 1 Packung Backpulver, 100 Gramm gehackte Walnüsse, 250 Gramm entsteinte und halbierte Kirschen

Zubereitung:
Verarbeiten Sie zu Beginn alle Zutaten außer den Kirschen zu einem glatten Teig. Heben Sie nun die halbierten Kirschen unter und füllen Sie alles in eine eckige Springform. Das Ganze bei 180° Celsius für 50 Minuten backen lassen. Je nach Anlass kann der Kuchen zusätzlich mit flüssiger Xylit Schokolade übergossen und mit gehackten Mandeln bestreut werden.

Charlies Schokokuchen mit cremiger Schlagsahne

1586,8 kcal | 33,3 Gramm Eiweiß | 141,1 Gramm Fett | 37,9 Gramm Kohlenhydrate

Dieses Rezept ist für 6 Portionen berechnet:

Zutaten: 80 Gramm Butter, 5 Eier, 80 Gramm fein gemahlene, geröstete Mandeln, Mark einer Vanilleschote, 80 Gramm Xylit Schokolade zartbitter, 3 EL Xylit

Zubereitung:
Schlagen Sie die Butter mit dem Xylit schaumig und trennen Sie anschließend die Eier. Fügen Sie das Eigelb nach und nach zur Butter hinzu. Dies ständig weiterrühren und nun auch das Mark der Vanilleschote hinzugeben. Erhitzen Sie die Schokolade über einem heißen Wasserbad bis diese flüssig ist. Nun die Mandeln in die Dottermasse einrühren. Anschließend die lippenwarme, flüssige Schokolade in die Dottermasse geben. Schlagen Sie den Eischnee und heben Sie diesen unter. Nun das Ganze in leicht gebutterte Förmchen füllen. Füllen Sie eine große Auflaufform mit Wasser und stellen Sie die Förmchen hinein. Dies für 20 Minuten bei 180° Celsius backen lassen.

1999 Buttermilchnockerl

784,8 kcal | 28,8 Gramm Eiweiß | 45 Gramm Fett | 63,2 Gramm Kohlenhydrate

Das Rezept ist für etwa 4 Portionen berechnet:

Zutaten: 500 ml Buttermilch, Süßstoff, Saft und Abrieb einer Bio Limette, 200 ml Sahne, 12 Blatt Gelatine, 300 Gramm Aprikosen

Zubereitung:
Verrühren Sie die Buttermilch mit dem Süßstoff und dem Abrieb der Bio Limette. Schlagen Sie anschließend die Sahne steif und heben Sie diese vorsichtig unter. Zunächst die Gelatine einweichen, ausdrücken und in warmem Limettensaft auflösen. Jetzt kann das Ganze zügig unter die Buttermilchmasse gerührt werden. Achten Sie hierbei darauf, dass keine Klümpchen entstehen. Füllen Sie die Masse in eine Schüssel und stellen Sie diese für 3 Stunden kalt. Zerkleinern Sie die Aprikosen mit dem Pürierstab und streichen Sie sie durch einen Sieb. Stechen Sie die Nockerl mit einem feuchten Löffel aus und servieren Sie diese auf einem fruchtigen Spiegel.

Schnelle Low Carb Rezepte für Berufstätige

Low Carb Frühstücks-Rezepte

Knuspriges Omelette mit Käse

248,1 kcal | Eiweiß: 22,2 Gramm | Fett: 17,3 Gramm | Kohlenhydrate: 0,9 Gramm

Zubereitungszeit: 10 Minuten

Zutaten für eine Portion: 1 EL Parmesan fein gerieben | 2 Eier | 2 Scheiben Gouda | Pfeffer | Thymian gerebelt

Zubereitung:

Verteilen Sie den Parmesan in einer beschichteten Pfanne ohne Öl und lassen Sie diesen leicht schmelzen. Verquirlen Sie in der Zwischenzeit die Eier und würzen Sie diese mit Pfeffer und Thymian. Anschließend können die gewürzten Eier nun langsam über den geschmolzenen Parmesan gegossen werden. Zunächst den Gouda darauf verteilen und das Ei stocken lassen. Klappen Sie das Omelette vorsichtig zusammen und lassen Sie es ohne Hitze für eine Minute ziehen. Nun kann das Ganze serviert und nach Bedarf mit frischen Kräutern bestreut werden.

Leckerer Räucherlachs in Rührei

285,7 kcal | Eiweiß: 23,2 Gramm | Fett: 20,5 Gramm | Kohlenhydrate: 2,1 Gramm
Zubereitungszeit: 8 Minuten
Zutaten für eine Portion:
2 Eier | 2 EL Sahne | Himalaya Salz | Pfeffer | 1/2 TL Dill gehackt | 50 Gramm Räucherlachs | etwas Abrieb einer unbehandelten Bio Zitrone
Zubereitung:
Verquirlen Sie die Eier mit der Sahne und würzen Sie das Ganze mit etwas Salz und Pfeffer. Verarbeiten Sie die Masse in einer beschichteten Pfanne ohne Fett zu einem Rührei. Zunächst den Lachs in Streifen schneiden und unter das Rührei mengen. Aromatisieren Sie dieses mit dem Abrieb der Zitrone. Nun kann das Rührei angerichtet werden. Vor dem Servieren großzügig mit Dill bestreuen. Alternativ können auch Schnittlauch, Petersilie oder Koriander verwendet werden.

Gebratener Geflügel Debreziner mit leckeren Spiegeleiern

543,2 kcal | Eiweiß: 27,8 Gramm | Fett: 47,1 Gramm | Kohlenhydrate: 2 Gramm
Zubereitungszeit: 11 Minuten
Zutaten für eine Portion:
2 Eier | 2 TL Pflanzenöl | Salz und Pfeffer | 1 EL Schnittlauch in Röllchen geschnitten | 2 Stück Geflügel Debreziner | 3 Cherry Tomaten
Zubereitung:
Halbieren Sie zunächst die Tomaten und braten Sie die Eier in einem EL Öl zu Spiegeleiern an. Verteilen Sie hierauf nun noch die Cherry Tomaten und salzen und pfeffern Sie alles. Ritzen Sie die Würstchen mit einem Messer leicht ein und braten Sie diese im restlichen Öl rundherum für etwa 3 Minuten an. Zuletzt können die Spiegeleier angerichtet, mit Schnittlauch bestreut und mit den Debrezinern gegessen werden.

Würzige Low Carb mit Zucchini und Walnuss

297,4 kcal | Eiweiß: 52,1 Gramm | Fett: 41 Gramm | Kohlenhydrate: 12,5 Gramm

Zubereitungszeit: 23 Minuten

Zutaten für 4 Muffins:
2 Eier | 4 EL Quark | 80 Gramm Mandelmehl | 1 Messerspitze Natron | 4 EL gehackte Walnüsse | 1 Zucchini fein gerieben | Himalaya Salz und Pfeffer

Zubereitung:
Trennen Sie die Eier und schlagen Sie das Eiklar mit Schneebesen oder Handmixer zu einem steifen Schnee. Verrühren Sie zunächst die Eidotter mit dem Quark und würzen Sie das Ganze sparsam mit Salz und Pfeffer. Nun kann das Mandelmehl mit dem Natron, den gehackten Nüssen und der fein geriebenen Zucchini vermengt und mit dem Dotter vermischt werden. Heben Sie den Eischnee vorsichtig unter und füllen Sie die Teigmasse in vier Backformen. Zuletzt werden die Muffins im Ofen bei 180° Celsius und unter Verwendung von Ober- und Unterhitze für 15 Minuten gebacken.

Leckere Eier aus dem Ofen mit Oregano Tomaten

204,6 kcal | Eiweiß: 13,4 Gramm | Fett: 15,8 Gramm | Kohlenhydrate: 2,2 Gramm

Zubereitungszeit: 9 Minuten

Zutaten: 2 Eier | 1 Tomate | Oregano frisch oder getrocknet | Himalaya Salz und Pfeffer | 1/2 TL Olivenöl

Zubereitung:
Schneiden Sie die Tomate in Scheiben und schichten Sie diese in eine kleine Auflaufform. Nun die Scheiben mit Salz, Pfeffer und Oregano würzen und mit dem Olivenöl beträufeln. Schlagen Sie die Eier darüber auf und schieben sie die Auflaufform in einen 200° Celsius vorgeheizte Backofen. Nun die Eier für 6 Minuten bei Ober- und Unterhitze backen und nach Bedarf mit frischen Kräutern bestreuen.

Fruchtiger Low Carb Limettenquark

172,8 kcal | Eiweiß: 17,5 Gramm | Fett: 6 Gramm | Kohlenhydrate: 12,2 Gramm

Zubereitungszeit: 6 Minuten

Zutaten: 150 Gramm Quark | 2 EL Sahne | Saft und Abrieb einer halben unbehandelten Bio Limette | 1 Spritzer Süßstoff oder etwas Stevia | 20 Gramm Brombeeren | 20 Gramm Himbeeren | 20 Gramm Blaubeeren | einige Minzeblätter oder Zitronenmelisse zum Dekorieren

Zubereitung:
Verrühren Sie den Quark mit der Sahne und aromatisieren Sie diesen nun mit Saft und Abrieb der Limette. Zunächst noch nach Bedarf mit Süßstoff süßen. Füllen Sie das Ganze in eine Schüssel und bedecken Sie alles mit den Beeren. Vor dem Genießen kann der Quark noch mit Minze oder Melisse garniert werden.

Chiapudding mit Erdbeeren

150 kcal | Eiweiß: 8,6 Gramm | Fett: 6,8 Gramm | Kohlenhydrate: 13,6 Gramm

Zubereitungszeit: 6 Minuten - der Pudding sollte aber unbedingt einige Stunden quellen

Zutaten:150 Gramm Joghurt | 1 TL Xylit oder Stevia | 1 TL Chia Samen | einige Thymianblätter frisch | 80 Gramm Erdbeeren

Zubereitung:
Verrühren Sie den Joghurt mit dem Süßstoff und den Chia Samen. Nun mit dem Thymian aromatisieren und am Besten über Nacht im Kühlschrank quellen lassen. Schneiden Sie vor dem Servieren die Erdbeeren klein und heben Sie diese anschließend unter. Bei Bedarf kann der Chia Pudding zusätzlich mit einem Spritzer Zitronensaft oder einer Prise Zimt verfeinert werden.

Matcha-Joghurt verfeinert mit Mango

145 kcal | Eiweiß: 8,9 Gramm | Fett: 4,6 Gramm | Kohlenhydrate: 17 Gramm

Zubereitungszeit: 6 Minuten

Zutaten: 130 Gramm Joghurt | 2 EL Frischkäse | 1 gestrichener TL Matcha Pulver | etwas Abrieb einer unbehandelten Bio Limette | 1/2 Mango

Zubereitung:
Verrühren Sie Joghurt mit Frischkäse und arbeiten Sie das Matcha Pulver mit einem Schneebesen ein. Somit entstehen keine Klümpchen. Zunächst kann die Mango geschält und in kleine Würfel geschnitten werden. Heben Sie diese nun zusammen mit dem Abrieb der Limette unter den Joghurt. Dieser Joghurt kann auch bequem am Vorabend zubereitet und im Kühlschrank gelagert werden.

Leckerer Low Carb Pfannkuchen mit fruchtiger Beerensauce

343,9 kcal | Eiweiß: 33,8 Gramm | Fett: 17,9 Gramm | Kohlenhydrate: 11,9 Gramm

Zubereitungszeit: 13 Minuten

Zutaten: 2 Eier | 80 ml fettarme Milch | 3 EL Mandelmehl | 1 Prise Himalaya Salz | 60 Gramm Beeren-Mix frisch oder TK | 1 Spritzer Süßstoff flüssig | 40 ml Buttermilch

Zubereitung:
Verquirlen Sie zu Beginn die Eier mit der Milch und verrühren Sie die Masse anschließend mit dem Mandelmehl. Würzen Sie das Ganze vorsichtig mit einer Prise Himalaya Salz. Backen Sie aus dem dickflüssigen Teig in einer beschichteten Pfanne ohne Fett kleine Pfannkuchen. Nun können die Beeren mit der Buttermilch püriert und mit Süßstoff gesüßt werden. Richten Sie die Sauce zusammen mit den Pfannkuchen an.

Köstlich gegrillte Feigen im leckeren Speckmantel

108,6 kcal | Eiweiß: 6,2 Gramm | Fett: 3 Gramm | Kohlenhydrate: 14,2 Gramm

Zubereitungszeit: 6 Minuten

Zutaten: 1 Feige | 4 Scheiben rohen Schinken wie Schwarzwälder Schinken | etwas Rosmarin

Zubereitung:
Vierteln Sie die Feige, würzen Sie diese mit fein gehacktem Rosmarin und wickeln Sie sie zuletzt in den Schinken. Nun noch in einer Grillpfanne ohne Fett von allen Seiten knusprig anbraten. Die Feigen eignen sich nicht nur zum Frühstück, sondern auch als kleiner Snack für zwischendurch.

Würziger Melonensalat mit Speckstreifen

107,2 kcal | Eiweiß: 6,4 Gramm | Fett: 6 Gramm | Kohlenhydrate: 6,9 Gramm
Zubereitungszeit: 10 Minuten

Zutaten: 120 Gramm Honigmelone | Saft und Abrieb einer halben, unbehandelten Bio Limette | 1 EL Zitronenmelisse fein gehackt | schwarzer Pfeffer frisch gemahlen | 2 EL Speck gewürfelt

Zubereitung: Schneiden Sie die Melone in etwa 1 cm große Würfel und marinieren Sie diese mit dem Saft und Abrieb der Limette. Mengen Sie die Zitronenmelisse und den gemahlenen Pfeffer unter. Nun den Speck in einer beschichteten Pfanne ohne Fett knusprig braten, kurz auskühlen lassen und unter die Melone mengen. Passend zum Melonensalat kann eine Scheibe Eiweißbrot serviert werden. Diese können Sie zusammen mit dem Speck in der beschichteten Pfanne anrösten.

Leckerer Pfannkuchen aus Frischkäse

337,9 kcal | Eiweiß: 32,8 Gramm | Fett: 20,3 Gramm | Kohlenhydrate: 6,6 Gramm
Zubereitungszeit: 11 Minuten

Zutaten: 50 Gramm Frischkäse | 2 EL fettarme Milch | 2 Eier | 4 EL Mandelmehl oder Kokosmehl | 1 Messerspitze Backpulver | etwas Vanille Aroma | 1 Prise Himalaya Salz | etwas Süßstoff, Stevia oder Xylit | 1 TL Butter

Zubereitung: Verrühren Sie den Frischkäse mit der Milch. Verquirlen Sie anschließend die Eier und rühren Sie diese in die Masse ein. Zunächst mit dem Schneebesen das Mandelmehl und das Backpulver einarbeiten. Nun kann das Ganze mit Vanille, Salz und Süßstoff abgeschmeckt werden. Nun kann der Teig in einer Pfanne mit geschmolzener, heißer Butter zu kleinen Pfannküchlein angebraten werden. Um die perfekte Bräune zu erhalten, braten Sie diese von beiden Seiten für etwa 1,5 Minuten an.

Leckerer Quark mit Kokos und Erdbeere

298,8 kcal | Eiweiß: 21,5 Gramm | Fett: 20,4 Gramm | Kohlenhydrate: 7,3 Gramm

Zubereitungszeit: 8 Minuten

Zutaten: 100 Gramm Quark | 50 ml Kokosmilch | Saft einer halben Bio Limette | etwas Süßstoff oder Stevia | 2 EL Kokosraspeln geröstet | 60 Gramm Erdbeeren

Zubereitung:
Verrühren Sie den Quark mit der Kokosmilch und schmecken Sie dies anschließend mit Limettensaft und Süßstoff ab. Zunächst können die Erdbeeren klein geschnitten und in den Quark gerührt werden. Geben Sie das Ganze in eine Schüssel und bestreuen Sie alles mit den gerösteten Kokosraspeln. Auch dieser Quark kann schon am Vortag zubereitet und im Kühlschrank gelagert werden.

Würziger Low Carb Quark mit Avocado und Sojasprossen

168,5 kcal | Eiweiß: 20,4 Gramm | Fett: 8,1 Gramm | Kohlenhydrate: 3,5 Gramm

Zubereitungszeit: 8 Minuten

Zutaten:1/4 Avocado | 100 Gramm Quark | Himalaya Salz und Pfeffer | 1 Spritzer Zitronensaft | 10 Gramm Sojasprossen

Zubereitung:
Schälen Sie die Avocado und zerdrücken Sie diese mit der Gabel. Rühren Sie das ganze mit dem Quark glatt und schmecken Sie es anschließend mit Salz, Pfeffer und Zitronensaft ab. Nun kann die Masse in eine Schüssel gefüllt und mit den Sprossen bestreut werden. Sprossen liefern Vitamine und Mineralstoffe und haben zudem so gut wie keine Kohlenhydrate.

Energie Spiegeleier mit leckeren Schmelztomaten

232,1 kcal | Eiweiß: 13,6 Gramm | Fett: 18,5 Gramm | Kohlenhydrate: 2,8 Gramm

Zubereitungszeit: 10 Minuten

Zutaten: 2 Eier | 1 Tomate | 1 Schalotte | 2 TL Olivenöl | 1/2 TL Rosmarin fein gehackt | Himalaya Salz und Pfeffer

Zubereitung:

Schneiden Sie die Tomate in sechs Teile und befreien Sie diese grob von Kernen. Anschließend würfeln Sie die Schalotte klein und schwitzen Sie Tomate und Schalotte zusammen mit einem TL Olivenöl bei mittlerer Hitze glasig an. Zunächst kann das Ganze mit dem Rosmarin, Salz und Pfeffer gewürzt und für 5 Minuten angebraten werden. Braten Sie die Eier im restlichen Olivenöl zu Spiegeleiern an und richten Sie diese Zusammen mit den Tomaten an.

Blutorangen-Joghurt mit Chia Samen

111 kcal | Eiweiß: 5,8 Gramm | Fett: 5 Gramm | Kohlenhydrate: 10,7 Gramm

Zubereitungszeit: 6 Minuten Die Chia Samen sollten für mindestens 1 Stunde quellen

Zutaten: 1/2 Blutorange filetiert | 100 Gramm Joghurt | 1 TL Chia Samen | etwas Süßstoff, Stevia oder Xylit | 1 Prise Lavendel-Salz

Zubereitung:
Pürieren Sie die Blutorange mit dem Joghurt und den Chia Samen in einem Standmixer. Nun das Ganze mit Süßstoff und Salz würzen und für etwa eine Stunde im Kühlschrank quellen lassen.

Leichte & leckere low Carb Rezepte für den Mittag

Folgende Rezepte für das Mittagessen sind fix nachgekocht, schmecken absolut lecker und sind gesund und belasten den Körper nicht. Des Öfteren wird das Mittagessen gerade bei Berufstätigkeit ausgelassen, weil schwere Gerichte oft müde machen. Mit diesen Rezepten können Sie aber gesättigt und mit viel Elan mit Ihrem üblichen Tagesablauf fortfahren.
Die Gerichte für früh, mittags und abends sollten Ihnen nur einen Richtwert vermitteln. Sie können den Speiseplan natürlich nach ihrem Belieben gestalten.

Geräuchertes Forellenfilet mit frischem Fenchelsalat und leckerem Wasabi Dip

239,3 kcal | Eiweiß: 28,3 Gramm | Fett: 10,9 Gramm | Kohlenhydrate: 7 Gramm

Zubereitungszeit: 10 Minuten

Zutaten: 120 Gramm geräucherte Forelle | 1/2 Knolle Fenchel | 1 Orange filetiert | 1 Messerspitze Kardamom | 1/2 TL Dill gehackt | 1 TL Walnuss Öl | Himalaya Salz und Pfeffer | 2 EL Sauerrahm | 1 Spritzer Limettensaft | 1/2 Messerspitze Wasabi Paste

Zubereitung:
Raspeln Sie den Fenchel fein und die Orange in Stücke. Anschließend können beide Zutaten miteinander vermengt werden. Schmecken Sie dies nun mit Kardamom, Dill, Walnuss Öl, Salz und Pfeffer ab. Verrühren Sie den Sauerrahm mit dem Limettensaft und der Wasabi Paste. Hier können Sie aber auch wunderbar Meerrettich verwenden. Zuletzt kann die Forelle zusammen mit dem Salat und dem Dip angerichtet werden.

Gebratener Kürbis mit Rahmspinat

292,6 kcal | Eiweiß: 8,7 Gramm | Fett: 24,2 Gramm | Kohlenhydrate: 10,6 Gramm

Zubereitungszeit: 23 Minuten

Zutaten: 80 Gramm Blattspinat | 1/2 rote Zwiebel | 1 Knoblauchzehe | 1 TL Butter | 50 ml Sahne | 1 EL Hüttenkäse | Himalaya Salz und Pfeffer | etwas Muskat gerieben | 80 Gramm Hokkaido Kürbis | 1 TL Olivenöl | 1/2 TL Rosmarin gehackt | 1 TL Kürbiskerne geröstet und gehackt

Zubereitung:

Schneiden Sie Zwiebel und Knoblauch klein und schwitzen Sie alles in Butter glasig an. Nun kann die Sahne hinzugegeben und der Hüttenkäse eingerührt werden. Geben Sie den Blattspinat hinzu und lassen Sie das Ganze für 2 Minuten köcheln. Als Nächstes mit Salz, Pfeffer und Muskat abschmecken und von der Hitze nehmen. Schälen Sie den Kürbis und schneiden Sie ihn in 1/2 cm dicke Stücke. Diese nun in etwas Olivenöl von allen Seiten goldbraun anbraten, mit Salz, Pfeffer und Rosmarin würzen und zusammen mit dem Spinat anrichten. Zuletzt alles großzügig mit den gehackten und gerösteten Kürbiskernen bestreuen.

Curry Minutensteaks

346 kcal | Eiweiß: 39,8 Gramm | Fett: 20,4 Gramm | Kohlenhydrate: 0,8 Gramm

Zubereitungszeit: 12 Minuten

Zutaten: 140 Gramm Minutensteaks, (Schwein, Rind oder Geflügel) | 1/2 TL Olivenöl | 1/2 TL Currypaste rot aus dem Asia Laden | 1 Ei | 1 EL Parmesan fein gerieben

Zubereitung:

Verrühren Sie das Olivenöl mit der roten Currypaste und bepinseln Sie das Fleisch damit. Anschließend kann dieses in einer Grillpfanne ohne Fett bei starker Hitze von beiden Seiten für je eine Minute angebraten werden. Braten Sie nun noch ein Spiegelei an, welches anschließend mit Parmesan bestreut und zusammen mit dem Fleisch angerichtet werden kann. Passend dazu kann noch ein kleiner Blattsalat mit einem Dressing aus Joghurt und Zitronensaft serviert werden.

Gemüsepfanne nach griechischer Art mit rohem Lammschinken

297,9 kcal | Eiweiß: 17,5 Gramm | Fett: 21,5 Gramm | Kohlenhydrate: 8,9 Gramm
Zubereitungszeit: 20 Minuten
Zutaten: 1/2 Zucchini | 1/4 gelbe Paprika | 1/4 rote Paprika | 1/4 Aubergine | 1/2 rote Zwiebel | 2 Tomaten | 1 EL Olivenöl | Thymian | Himalaya Salz und Pfeffer | 50 Gramm Schafskäse schnittfest | 30 Gramm Lammschinken hauchdünn geschnitten
Zubereitung:
Schneiden Sie Zucchini, Paprika, Aubergine, Zwiebel und Tomate in 1 cm große Würfel. Rösten Sie anschließend alles in Olivenöl für etwa 10 Minuten an. Rühren Sie das Gemüse ständig um, damit dieses nicht zu dunkel wird. Schmecken Sie das Ganze mit Salz und Pfeffer ab und aromatisieren sie danach alles mit Thymian. Richten Sie das Gericht auf einem Teller an und bröseln Sie den Schafskäse darüber. Zuletzt kann der Lammschinken darüber drapiert werden.

Gefüllte Toscana Zucchini

149,5 kcal | Eiweiß: 7 Gramm | Fett: 5,5 Gramm | Kohlenhydrate: 18 Gramm
Zubereitungszeit: 23 Minuten
Zutaten: 1 Zucchini | 1 Schalotte | 60 Gramm Kirschtomaten | 1 Feige | 1/2 Birne | 8 Oliven schwarz oder grün | Himalaya Salz und Pfeffer | Basilikum frisch oder getrocknet | 2 EL Parmesan
Zubereitung:
Schneiden Sie die Zucchini der Länge nach auf und kratzen Sie mit einem Löffel das Kerngehäuse heraus. Nun können noch Schalotte, Kirschtomaten, Feige und Birne klein geschnitten und vermengt werden. Das Ganze anschließend mit Salz und Pfeffer würzen und die Zucchini damit befüllen. Drücken Sie die Oliven leicht in die Füllung und bestreuen Sie alles mit dem Basilikum. Abschließend kann der Parmesan darüber verteilt und die Zucchini auf ein mit Backpapier ausgelegtes Backblech gegeben werden. Zuletzt die gefüllten Zucchini im Ofen bei 200° Celsius für 15 Minuten bei Ober- und Unterhitze backen lassen.

Konjak-Nudelsalat

318 kcal | Eiweiß: 19,6 Gramm | Fett: 21,2 Gramm | Kohlenhydrate: 12,2 Gramm

Zubereitungszeit: 15 Minuten

Zutaten: 50 Gramm Konjak Nudeln | 1/4 grüne Paprika | 1/2 gelbe Paprika | 1/2 Apfel rot | 1/2 Salatgurke | 20 Gramm Putenschinken gewürfelt | 1 EL Walnüsse gehackt | 20 Gramm Schnittkäse nach Wahl gewürfelt | 1/2 Chicoree rot | Saft und Abrieb einer halben unbehandelten Bio Zitrone | 1 EL Schmand | Himalaya Salz und Pfeffer | 1 EL Schnittlauch gehackt | 1 TL Kerbel gehackt

Zubereitung:
Spülen Sie die Konjak Nudeln ab und kochen Sie diese kurz ab. Nun mit kaltem Wasser abschrecken und zur Seite stellen. Verrühren Sie zunächst Saft und Abrieb der Zitrone mit dem Schmand und vermengen Sie die Creme anschließend mit Schnittlauch und Kerbel. Kräftig salzen und pfeffern. Würfeln Sie Paprika fein und raspeln Sie den Apfel und die Gurke grob. Danach den Chicoree in Streifen schneiden und alles zusammen mit dem gewürfelten Putenschinken verrühren. Mengen Sie die Walnüsse und den Käse unter. Nun können die Konjak Nudeln untergehoben und mit der zubereiteten Marinade versetzt werden. Zuletzt nach Belieben nachwürzen und genießen.

Putensteak mit leckerer Kräuter-Frischkäse-Sauce

231,6 kcal | Eiweiß: 36,9 Gramm | Fett: 7,2 Gramm | Kohlenhydrate: 4,8 Gramm

Zubereitungszeit: 16 Minuten

Zutaten: 150 Gramm Putensteak | 1 Schalotte | 1 Knoblauchzehe | 1 TL Butter | 1 EL Zitronensaft | 80 ml Brühe | 1 EL Frischkäse | 1/2 TL gehackte Petersilie | 1/2 TL gehackter Estragon | 1/2 TL gehackter Koriander | Himalaya Salz | weißer Pfeffer

Zubereitung:
Salzen und pfeffern Sie das Fleisch und braten Sie es anschließend in einer Grillpfanne ohne Fett von beiden Seiten für je zwei Minuten an. Schneiden Sie nun die Schalotte und den Knoblauch klein und schwitzen Sie dies in der Butter hell an. Zunächst wird das Ganze mit dem Zitronensaft abgelöscht und mit der Brühe aufgegossen. Lassen Sie dies kurz aufkochen und rühren Sie dann den Frischkäse mit einem Schneebesen ein. Zunächst kann die Sauce von der Flamme genommen und die Kräuter eingerührt werden. Zuletzt mit Salz und Pfeffer abschmecken, das Fleisch kurz in die Sauce legen, eine Minute ziehen lassen und servieren.

Exotisches Hühnercurry mit Papaya und Mango

317 kcal | Eiweiß: 42,9 Gramm | Fett: 10,2 Gramm | Kohlenhydrate: 13,4 Gramm

Zubereitungszeit: 14 Minuten

Zutaten: 130 Gramm Hühnerbrust ohne Haut | 1/2 rote Zwiebel | 1 EL Pflanzenöl | 1/2 TL Currypulver gelb | Saft einer halben Limette | 1/2 Stange Staudensellerie | 1/2 Mango | 50 Gramm Papaya | 80 ml Brühe | 3 EL Joghurt | 1 rote Chili | etwas Himalaya Salz | 1 EL gehackter Koriander

Zubereitung:
Schneiden Sie das Hühnchen in dünne Streifen und die Zwiebel in feine Würfel. Das Ganze in Öl für zwei Minuten scharf anbraten. Bestreuen Sie alles anschließend mit dem Currypulver und lassen Sie dies kurz anrösten. Nun mit dem Limettensaft ablöschen und direkt mit der Brühe aufgießen. Schneiden Sie als Nächstes Staudensellerie, Mango und Papaya in 1 cm große Würfel und geben Sie nun auch dies in die Pfanne. Hacken Sie den Chili klein und vermengen Sie dies mit dem Joghurt. Rühren Sie nun den scharfen Joghurt in die Brühe ein. Dem Ganzen noch etwas Salz hinzugeben. Vor dem Servieren können Sie das Gericht großzügig mit gehacktem Koriander bestreuen.

Paprikastreifen mit leckerer Hühnerbrust

263,1 kcal | Eiweiß: 47,1 Gramm | Fett: 5,1 Gramm | Kohlenhydrate: 7,2 Gramm
Zubereitungszeit: 22 Minuten
Zutaten: 140 Gramm Hühnerbrust ohne Haut | Himalaya Salz und Pfeffer | Paprikapulver mild | 1/4 rote Paprika | 1/4 gelbe Paprika | 1/4 grüne Paprika | 1/2 rote Zwiebel | 1 EL Frischkäse | 2 Zweige Thymian
Zubereitung:
Schneiden Sie die Hühnerbrust in drei gleichgroße Stücke und reiben Sie diese mit Salz, Pfeffer und Paprikapulver ein. Zunächst Paprika und Zwiebel in Streifen schneiden, alles vermengen und zusammen in eine kleine Auflaufform geben. Würzen Sie das Ganze mit Salz und Pfeffer und aromatisieren Sie es anschließend mit Thymian. Legen Sie die Hühnerbrust darauf und verteilen Sie den Frischkäse auf der Hühnerbrust. Das Ganze kann nun für 15 Minuten bei 180° Celsius (Umluft) im Backofen gebacken werden. Abschließend das Gericht aus dem Ofen nehmen, auf einem Teller anrichten und genießen.

Camembert ummantelt mit Speck

708,6 kcal | Eiweiß: 56,5 Gramm | Fett: 51,8 Gramm | Kohlenhydrate: 4,8 Gramm
Zubereitungszeit: 12 Minuten
Zutaten: 1 Camembert mit etwa 125 Gramm | 6 dünne Scheiben Bauchspeck oder Bacon | 1 Messerspitze Paprikapulver scharf | 1 EL Mandelmehl | 1 Ei | 2 EL fettarme Milch | 4 EL fein geriebene Mandeln | 1 TL gehackter Rosmarin
Zubereitung:
Reiben Sie den Camembert mit dem Paprikapulver ein, umwickeln Sie ihn anschließend mit dem Speck und wälzen Sie ihn zuletzt im Mandelmehl. Verquirlen Sie das Ei mit der fettarmen Milch und ziehen Sie den Käse durch. Vermengen Sie geriebene Mandeln mit Rosmarin und panieren Sie den Camembert darin. Nun ein weiteres Mal den Käse durch das Ei ziehen und noch einmal panieren. Setzen Sie den Camembert auf den Grillrost und heizen Sie den Backofen auf 200° Celsius auf. Das Ganze kann für 7 Minuten bei Umluft gebacken werden.

Leckerer Seelachs im Curry-Sud an Cherry-Tomaten

289,8 kcal | Eiweiß: 27,9 Gramm | Fett: 17,5 Gramm | Kohlenhydrate: 5,4 Gramm

Zubereitungszeit: 18 Minuten

Zutaten: 130 Gramm Seelachs filetiert | 1 Schalotte | 1 Knoblauchzehe | 1/2 TL Pflanzenöl | 1/2 TL Currypulver gelb | 2 Pimentkörner | 2 Gewürznelken | 2 Kardamomkapseln | 1 Stange Staudensellerie | 1 Tomate | 500 ml Brühe | 2 Frühlingszwiebeln | Himalaya Salz und Pfeffer

Zubereitung:
Hacken Sie zu Beginn die Schalotte und die Knoblauchzehe fein und rösten Sie dies zusammen mit dem Currypulver in Öl leicht an. Geben Sie anschließend Piment, Nelken, Kardamom dazu und gießen Sie das Ganze mit der Brühe auf. Nun einmal kurz aufkochen lassen. Schneiden Sie als Nächstes den Staudensellerie und die Tomaten klein und geben Sie alles zusammen mit dem Fisch in den Sud. Zunächst mit Salz und Pfeffer würzen und bei mittlerer Hitze für 12 Minuten köcheln lassen. Schneiden Sie die Frühlingszwiebel klein und nehmen Sie den Fisch und das Gemüse aus dem Sud. Nun das Gemüse und den Fisch mit etwas Flüssigkeit anrichten und mit Frühlingszwiebeln bestreuen. Den restlichen Sud können Sie im Kühlschrank aufbewahren oder einfrieren.

Feiner Räucherlachsfrittata mit frischem Dill

442,9 kcal | Eiweiß: 40,3 Gramm | Fett: 29,7 Gramm | Kohlenhydrate: 3,6 Gramm
Zubereitungszeit: 20 Minuten
Zutaten: 2 Eier | 60 ml Buttermilch | 100 Gramm Räucherlachs | Saft und Abrieb einer halben, unbehandelten Bio Zitrone | Himalaya Salz und Pfeffer | 1 EL Dill gehackt | 20 Gramm Butterkäse gerieben

Zubereitung:
Verquirlen Sie die Eier mit der Buttermilch und geben Sie den Saft und Abrieb der Zitrone hinzu. Nun mit Salz, Pfeffer und Dill würzen. Gießen Sie die Eier anschließend in eine runde Tarteform und verteilen Sie den grob geschnittenen Räucherlachs darauf. Bestreuen Sie nun alles mit dem Butterkäse und heizen Sie den Backofen auf 190° Celsius auf. Lassen Sie die Frittata bei Ober- und Unterhitze für 15 Minuten backen. Passend dazu kann ein kleiner gemischter Salat serviert werden. Diesen können Sie mit etwas Apfelessig und Olivenöl marinieren.

Würziger Wurstsalat mit Radieschen, Chili und Koriander

191,1 kcal | Eiweiß: 10,8 Gramm | Fett: 7,9 Gramm | Kohlenhydrate: 19,2 Gramm
Zubereitungszeit: 10 Minuten
Zutaten: 100 Gramm Geflügelwurst | 3 Radieschen | 2 Gewürzgurken ohne Zuckerzusatz | 1 rote Chili | 1/4 rote Paprika | 1/2 Chicoree | 1/2 Bund Koriander gehackt | 1 Tomate | Himalaya Salz | 2 EL Apfelessig | 4 EL Wasser oder Brühe | 1 EL Pflanzenöl

Zubereitung:
Schneiden Sie zu Beginn die Geflügelwurst in dünne Streifen, die Radieschen und Gewürzgurken in Scheiben und Chili, Paprika, Chicoree und Tomate in Würfel. Vermengen Sie alles zusammen mit dem gehackten Koriander. Apfelessig, Wasser und Öl können nun zu einer Marinade verrührt werden. Diese leicht salzen und den Wurstsalat damit anmachen.

Mit Käse und Speck überbackene Gemüse-Taler

390,1 kcal | Eiweiß: 23,3 Gramm | Fett: 27,7 Gramm | Kohlenhydrate: 11,9 Gramm

Zubereitungszeit: 20 Minuten

Zutaten: 1/2 Zucchini | 1/4 Möhre | 20 Gramm Knollensellerie | 1 TL Sesam | 1 Ei | 2 EL Haferkleie | 1 EL Mandeln gerieben | 1 TL Petersilie gehackt | Himalaya Salz und Pfeffer | 1/2 TL Liebstöckl gehackt | 20 Gramm Speck gewürfelt | 2 EL Bergkäse gerieben | etwas Majoran

Zubereitung:

Raspeln Sie Zucchini, Möhre und Sellerie sehr fein. Vermengen Sie dies anschließend mit dem Sesam, dem Ei, der Haferkleie und den Mandeln. Zunächst die Petersilie und den Liebstöckl untermengen und mit Salz und Pfeffer würzen. Aus dieser Masse können nun Taler geformt werden. Dies gelingt mich feuchten Händen am Besten. Die Taler in einer beschichteten Pfanne für je 2 Minuten pro Seite anbraten. Vermengen Sie den Speck mit Bergkäse und Majoran und bedecken Sie die Taler damit. Diese können nun auf ein mit Backpapier ausgelegtes Backblech gelegt werden. Bei Grillfunktion für etwa 3 Minuten gratinieren.

Leckeres Hühnchen Caprese

368,9 kcal | Eiweiß: 52,1 Gramm | Fett: 16,5 Gramm | Kohlenhydrate: 3 Gramm
Zubereitungszeit: 20 Minuten
Zutaten: 130 Gramm Hühnerbrust ohne Haut | 1 EL Olivenöl | etwas Abrieb einer unbehandelten Bio Zitrone | 1/2 Bund Basilikum | Himalaya Salz und Pfeffer | 1/2 Tomate | 1/2 Kugel Mozzarella
Zubereitung:
Salzen und pfeffern Sie das Hühnchen. Verrühren Sie anschließend das Olivenöl mit dem Zitronenabrieb und dem Basilikum im Mixer zu einem Pesto. Dieses nun salzen und pfeffern und die Hühnerbrust damit bestreichen. Schneiden Sie die Hühnerbrust oben tief ein und schneiden Sie Tomate und Mozzarella in Scheiben. Stecken Sie zunächst Tomate und Mozzarella in die Einkerbungen des Hühnchens. Legen Sie das Hühnchen auf ein mit Backpapier ausgelegtes Backblech und lassen Sie dieses bei 180° Celsius für 12 Minuten bei Ober- und Unterhitze garen.

Frischer Spargel in gebackenen Schinken-Käse-Röllchen

560 kcal | Eiweiß: 37,3 Gramm | Fett: 38,4 Gramm | Kohlenhydrate: 16,3 Gramm
Zubereitungszeit: 16 Minuten
Zutaten: 8 Scheiben Putenschinken | 4 Scheiben Gouda | 2 Stangen grüner Spargel | 1 EL Mandelmehl | 1 EL fettarme Milch | 2 EL Walnüsse fein gerieben | Himalaya Salz und Pfeffer | 1 EL saure Sahne | 1/2 TL Senf ohne Zuckerzusatz

Zubereitung:
Legen Sie jeweils zwei Scheiben Schinken überlappend aneinander und belegen Sie diese mit einer Scheibe Käse. Halbieren Sie den Spargel und legen Sie ihn auf den Käse. Nun kann das Ganze eingerollt und in Mandelmehl gewälzt werden. Verquirlen Sie anschließend das Ei mit der Milch und ziehen Sie die Röllchen durch. Nun die ummantelten Spargel in den Walnüssen panieren und auf ein mit Backpapier ausgelegtes Blech legen. Backen Sie die Röllchen bei 180° Celsius und Umluft für 6 Minuten. Verrühren Sie saure Sahne, Senf, Salz und Pfeffer zu einem Dip und richten Sie diesen zu den Röllchen an.

Schnelle Low Carb Hauptgerichte

Das Seelachsschlemmerfilet der extra Klasse

319,1 kcal | Eiweiß: 29,9 Gramm | Fett: 20,3 Gramm | Kohlenhydrate: 4,2 Gramm

Zubereitungszeit: 25 Minuten

Zutaten: 140 Gramm Seelachs-Filet | Himalaya Salz | weißer Pfeffer | Zitronensaft | 1 EL Butter | 1 TL Dill gehackt | 1 TL Schnittlauch in Röllchen | 2 EL geriebene Mandeln | 1 Messerspitze Senf mittelscharf ohne Zuckerzusatz

Zubereitung:

Salzen und pfeffern Sie den Fisch und beträufeln Sie diesen mit Zitronensaft. Nun die Butter mit dem Dill, dem Schnittlauch, den Mandeln und dem Senf verkneten und auf dem Fisch verteilen. Das Ganze kann in eine kleine Auflaufform gegeben und der Backofen auf 180° Celsius aufgeheizt werden. Lassen Sie den Fisch bei Ober- und Unterhitze für 15 Minuten garen. Nach der Garzeit den Fisch mit einem kleinen gemischten Salat genießen.

Gesundes Zucchini Spaghetti mit frischen Garnelen

159,7 kcal | Eiweiß: 21,8 Gramm | Fett: 5,7 Gramm | Kohlenhydrate: 5,3 Gramm

Zubereitungszeit: 12 Minuten

Zutaten: 1 Zucchini | 1/2 rote Zwiebel | 2 Knoblauchzehen | 1 EL Butter | 100 Gramm Garnelen ohne Schale | 1/2 rote Paprika | Saft einer halben Zitrone | Himalaya Salz | Pfeffer | 1/2 EL Koriander gehackt | 1/2 TL Rosmarin fein gehackt

Zubereitung:
Verarbeiten Sie die Zucchini mit einem Sparschäler zu feinen Nudeln. Hacken Sie zunächst Zwiebel und Knoblauch und schneiden Sie die Paprika in Streifen. Nun kann die Butter in einer Pfanne erhitzt und die Garnelen mit Zwiebel, Knoblauch und Paprika für 2 Minuten angebraten werden. Geben Sie anschließend die Zucchini-Nudeln hinzu und schwenken Sie das Ganze durch Rosmarin und Koriander. Zunächst alles mit dem Zitronensaft ablöschen und mit Salz und Pfeffer würzen. Lassen Sie das Gericht für etwa 2 Minuten bei mittlerer Hitze dünsten. Zuletzt kann es serviert und verzehrt werden.

Low Carb Burger alla Roma (italienischer Art)

297,5 kcal | Eiweiß: 36 Gramm | Fett: 15,1 Gramm | Kohlenhydrate: 4,4 Gramm

Zubereitungszeit: 15 Minuten

Zutaten: 150 Gramm Rinderhackfleisch | 1/2 Zwiebel | 1 Knoblauchzehe | 1/2 TL Senf scharf ohne Zuckerzusatz | etwas Thymian gerebelt | 1 Prise Kümmel gemahlen | 1 Tomate | 1/2 Kugel Mozzarella | 8 Blatt Basilikum | Salz und Pfeffer

Zubereitung:
Hacken Sie Zwiebel und Knoblauch fein und verkneten Sie alles mit dem Fleisch und dem Senf. Nun noch ein wenig mit Salz und Pfeffer würzen und mit Thymian und Kümmel abschmecken. Formen Sie die Masse mit feuchten Händen zu zwei Patties und braten Sie diese in einer beschichteten Pfanne ohne Öl von allen Seiten für 2 Minuten an. Verwenden Sie die Laibchen als "Burgerbrot". Zunächst Tomate und Mozzarella in Scheiben schneiden und zusammen mit dem Basilikum zwischen die Fleischlaibchen schichten. Legen Sie die Fleischlaibchen auf ein mit Backpapier ausgelegtes Backblech und backen Sie diese im Backofen bei 200° für 3 Minuten.

Oma's geheime Szegediner-Hühnchengulasch

331,8 kcal | Eiweiß: 38,9 Gramm | Fett: 17,8 Gramm | Kohlenhydrate: 4 Gramm

Zubereitungszeit: 25 Minuten

Zutaten: 120 Gramm Hühnerschenkel ausgelöst | 1/2 Zwiebel | 1 Knoblauchzehe | 1 TL Tomatenmark ohne Zuckerzusatz | 1/2 TL Paprika mild | 1 Messerspitze Paprika scharf | Thymian getrocknet | Majoran getrocknet | Kreuzkümmel | 150 ml Hühnerbrühe | 50 Gramm Sauerkraut ohne Zuckerzusatz | Salz | Pfeffer | 1 EL Pflanzenöl | 1 EL Creme Fraiche

Zubereitung:
Schneiden Sie zu Beginn das Hühnchen in 1 cm große Würfel. Hacken Sie anschließende Zwiebel und Knoblauch klein und braten Sie alles in Pflanzenöl für 3 Minuten an. Geben Sie das Tomatenmark hinzu und rösten Sie dieses für 2 Minuten mit an. Zunächst können Paprika, Thymian und Majoran dazugegeben und kurz mitangeröstet werden. Gießen Sie das Ganze mit der Hühnerbrühe auf und lassen Sie es für 12 Minuten köcheln. Nun das Sauerkraut hinzugeben und mit Salz, Pfeffer und Kreuzkümmel würzen. Wenn alles 5 Minuten lang bei mittlerer Hitze geköchelt hat, kann das Szegediner Hühnchengulasch angerichtet und vor dem Servieren mit der Crème Fraîche garniert werden.

Leckerer Tomaten-Frühlingszwiebelsalat mit Seeteufel-Spieß

216,2 kcal | Eiweiß: 25,3 Gramm | Fett: 11,8 Gramm | Kohlenhydrate: 2,2 Gramm

Zubereitungszeit: 12 Minuten

Zutaten: 150 Gramm Filet vom Seeteufel | 2 Scheiben Bacon | Himalaya Salz | Steak Pfeffer | etwas Limettensaft | 1 Stange Zitronengras | 3 Frühlingszwiebel mit Grün | 40 Gramm Cherry Tomaten gelb | 40 Cherry Tomaten rot | 1/2 Bund Kerbel gehackt | 1 EL Apfelessig | 1 EL Olivenöl | 1 Spritzer Süßstoff

Zubereitung:

Salzen und pfeffern Sie den Fisch und säuern Sie diesen anschließend mit Limettensaft. Nun in 3 gleichgroße Stücke schneiden. Spießen Sie die Stücke abwechselnd mit dem Bacon auf dem Zitronengras auf. Nun kann das Ganze in einer Grillpfanne ohne Fett von allen Seiten für je 4 Minuten gut angebraten werden. Schneiden Sie die Frühlingszwiebel in Ringe, halbieren Sie die Cherry Tomaten und vermengen Sie alles mit dem Kerbel. Marinieren Sie das Ganze mit einem Dressing aus Apfelessig, Olivenöl und Süßstoff und servieren Sie dies zusammen mit dem Spieß. Das Zitronengras verleiht dem Gericht ein zusätzliches Aroma.

Leckeres Putenschnitzel gefüllt mit Käse, Zwiebel und Chili

280 kcal | Eiweiß: 40,7 Gramm | Fett: 12 Gramm | Kohlenhydrate: 2,3 Gramm
Zubereitungszeit: 17 Minuten

Zutaten: 140 Gramm Putenschnitzel | Salz und Pfeffer | 20 Gramm Emmentaler Käse gerieben | 1/2 rote Zwiebel | 1 Chili rot | 2 Salbeiblätter | 1 EL Bergkäse gerieben
Zubereitung:
Klopfen Sie die Pute dünn und würzen Sie das Fleisch mit Salz und Pfeffer. Nun Zwiebel und Chili in Scheiben schneiden und mit gehacktem Salbei und geriebenem Emmentaler vermengen. Verteilen Sie das Ganze auf dem Schnitzel und klappen Sie das Fleisch ein. Zuletzt noch mit einem Zahnstocher fixieren. Legen Sie das Putenschnitzel auf ein mit Backpapier ausgelegtes Backblech und bestreuen Sie es mit dem Bergkäse. Heizen Sie den Backofen auf 170° Celsius auf und lassen Sie die Pute bei Ober- und Unterhitze für 12 Minuten garen.

Gebratene Wassermelone mit Rinderfilet

319,3 kcal | Eiweiß: 34,8 Gramm | Fett: 16,5 Gramm | Kohlenhydrate: 7,9 Gramm
Zubereitungszeit: 10 Minuten

Zutaten: 180 Gramm Rinderfilet | Fleur de Sel | bunter Pfeffer | 1 Zweig Rosmarin| 2 Zweige Thymian | 2 Knoblauchzehen | 1 EL Olivenöl | 100 Gramm Wassermelone kernlos
Zubereitung:
Salzen und pfeffern Sie das Fleisch und braten Sie es zusammen mit Rosmarin, Thymian und Knoblauch in Olivenöl an. Das Fleisch wird von jeder Seite etwa 3 Minuten angebraten. Sobald Sie das Fleisch wenden, können Sie auch die Wassermelone mit in die Pfanne geben. Nun kann alles zusammen angerichtet und nach Bedarf noch etwas gesalzen und gepfeffert werden.

Rucola an Garnelen mit schwarzem Sesam

350,9 kcal | Eiweiß: 31,7 Gramm | Fett: 21,3 Gramm | Kohlenhydrate: 8,1 Gramm

Zubereitungszeit: 11 Minuten

Zutaten: 140 Gramm Garnelen ohne Schale und geputzt | 1 EL Sesam Öl | 1 EL Sesam Samen schwarz | Saft und Abrieb einer unbehandelten Bio Limette | Himalaya Salz | Pfeffer | 50 Gramm Rucola | 1 EL geröstete Pinienkerne | 1/4 Paprika gelb | 2 Dattel Tomaten | 1 TL Himbeer Essig | 2 EL Wasser | 1 EL Walnuss Öl | 40 Gramm Himbeeren frisch oder TK

Zubereitung:
Braten Sie die Garnelen in Sesam Öl für 2 Minuten glasig an und bestreuen Sie diese anschließend mit dem Sesam. Würzen Sie die Garnelen mit Salz, Pfeffer, Limettensaft und Abrieb. Nun kann der Himbeeressig mit Wasser und Walnuss Öl verrührt und dezent mit Salz und Pfeffer abgeschmeckt werden. Schneiden Sie Paprika in Würfel und Tomaten in Scheiben. Vermengen Sie beides mit dem Rucola und heben Sie zunächst Pinienkerne und Himbeeren unter. Nun mit dem Dressing marinieren und zusammen mit den Garnelen servieren. Passend dazu kann eine Scheibe getoastetes Eiweiß-Brot angerichtet werden.

Leckerer Mandel-Spinat mit Zander

365 kcal | Eiweiß: 32,5 Gramm | Fett: 22,6 Gramm | Kohlenhydrate: 7,9 Gramm
Zubereitungszeit: 12 Minuten
Zutaten: 150 Gramm Zanderfilet | 80 Gramm Blattspinat | 1/2 Zwiebel | 1 Knoblauchzehe | 1 Messerspitze Natron | 2 EL Mandeln gehackt | 60 ml Sahne | Salz und Pfeffer | etwas Muskat gemahlen | etwas Zitronensaft | 2 TL Butter

Zubereitung:
Salzen und pfeffern Sie den Fisch und säuern Sie diesen mit dem Zitronensaft. Braten Sie Ihn mit der Hautseite nach unten in einem Teelöffel Butter an. Auf der Hautseite für 3 Minuten braten, anschließend von der Hitze nehmen, wenden und für 2 Minuten durchziehen lassen. Schneiden Sie Zwiebel und Knoblauch klein und schwitzen Sie alles zusammen mit den gehackten Mandeln in der restlichen Butter glasig an. Hacken Sie den Blattspinat grob und geben Sie ihn hinzu. Gießen Sie alles mit der Sahne auf und geben Sie Natron dazu. Nun wird das Ganze noch mit Salz, Pfeffer und Muskat gewürzt. Lassen Sie den Mandel-Spinat für eine Minute köcheln und richten Sie diesen zusammen mit dem Zander an.

Hühnerschnitzel ummantelt in einer Parmesan-Ei-Hülle

459,4 kcal | Eiweiß: 58,3 Gramm | Fett: 24,6 Gramm | Kohlenhydrate: 1,2 Gramm
Zubereitungszeit: 10 Minuten
Zutaten: 140 Gramm Hühnerschnitzel | Salz und Pfeffer | 2 Salbeiblätter | 1 EL Mandelmehl | 1 Ei | 3 TL Parmesan fein gerieben | 1 TL Pflanzenöl | 1 TL Butter

Zubereitung:
Klopfen Sie das Schnitzel dünn und salzen und pfeffern Sie es anschließend. Nun den Salbei gut am Fleisch andrücken. Wälzen Sie zunächst das Fleisch in Mehl. Verquirlen Sie das Ei und vermengen Sie es mit dem Parmesan. Ziehen Sie das Schnitzel durch das Ei. Erhitzen Sie nun das Pflanzenöl zusammen mit der Butter in einer Pfanne und braten Sie das Schnitzel darin goldbraun an.

Leckeres Schweinefilet mit Paprika-Gorgonzola-Sauce

232,4 kcal | Eiweiß: 37,6 Gramm | Fett: 7,6 Gramm | Kohlenhydrate: 3,4 Gramm

Zubereitungszeit: 12 Minuten

Zutaten: 150 Gramm Schweinefilet | 1 EL Olivenöl | 1 Schalotte | 1/2 rote Paprika | 1/2 TL Paprikapulver süß | 1 EL Apfelessig | 1 Messerspitze Ingwerpulver | 80 ml Brühe | 10 Gramm Gorgonzola oder Blauschimmelkäse nach Wahl | 1 EL Schnittlauch in Röllchen | Salz und Pfeffer

Zubereitung:
Teilen Sie das Schweinefilet in drei gleichgroße Medaillons und drücken Sie diese mit der Hand leicht flach. Anschließend das Fleisch salzen und pfeffern und mit dem Paprikapulver einstreichen. Schneiden Sie Schalotte und Paprika in Streifen. Braten Sie das Fleisch in Olivenöl von beiden Seiten für je 2 Minuten an, nehmen Sie es aus der Pfanne und stellen Sie es warm. Nun Schalotte und Paprika in derselben Pfanne anrösten und mit Apfelessig ablöschen. Würzen Sie das Ganze mit Ingwer und gießen Sie alles mit der Brühe auf. Lassen Sie dies kurz aufkochen und bröseln Sie dann den Gorgonzola ein. Lassen Sie bei mittlerer Hitze unter ständigem Rühren den Käse schmelzen. Zunächst das Fleisch zurück in die Pfanne legen, kurz durchschwenken und servieren. Zuletzt bestreuen Sie das Gericht mit Schnittlauch oder Kräutern Ihrer Wahl.

Die Orginale Hackfleischpfanne mit Basilikum aus Asien

333,4 kcal | Eiweiß: 44,2 Gramm | Fett: 14,6 Gramm | Kohlenhydrate: 6,3 Gramm

Zubereitungszeit: 18 Minuten

Zutaten: 130 Gramm Hackfleisch vom Geflügel | 1/2 Zwiebel | 1/2 TL Currypaste rot aus dem Asia Laden | Saft einer halben Limette | 1/2 Stange Staudensellerie | 50 ml Kokosmilch | 1 Prise Xylit oder ein Spritzer Süßstoff | Sojasauce | Fischsauce | 8 Blatt Basilikum | 1 getrocknete Chilischote | 2 EL Haselnüsse gehackt | 50 ml Brühe | 1 TL Kokosöl

Zubereitung:
Würfeln Sie zu Beginn die Zwiebel klein und braten Sie diese zusammen mit dem Hackfleisch in Kokosöl an. Geben Sie die Currypaste hinzu und rösten Sie diese für einige Minuten mit an. Schneiden Sie den Staudensellerie klein und geben Sie diesen in die Pfanne. Nun noch mit Limettensaft, Sojasauce und Fischsauce würzen. Fügen Sie die getrocknete Chilischote im Ganzen und die Haselnüsse hinzu. Das Ganze anschließend mit Süßstoff abschmecken. Löschen Sie alles mit der Brühe ab und gießen Sie es mit der Kokosmilch auf. Zuletzt für 5 Minuten bei mittlerer Hitze einkochen lassen, nach Bedarf nachwürzen und anrichten.

Brokkoli und Karfiol mit leckerem Lachs

460,7 kcal | Eiweiß: 32,4 Gramm | Fett: 32,7 Gramm | Kohlenhydrate: 9,2 Gramm

Zubereitungszeit: 15 Minuten

Zutaten: 130 Gramm Lachsfilet ohne Haut | 50 Gramm Brokkoli | 50 Gramm Blumenkohl | 100 ml Sahne | 2 EL Frischkäse | 1 EL Liebstöckl gehackt (Maggikraut) | Saft einer halben Zitrone | Salz und Pfeffer | 1 EL Mandelblättchen geröstet

Zubereitung:
Salzen und pfeffern Sie den Fisch und legen Sie diesen in eine kleine Auflaufform. Schneiden Sie zunächst Brokkoli und Blumenkohl in kleine Röschen und drapieren Sie diese rund um den Fisch. Vermischen Sie Frischkäse mit Liebstöckl und Zitronensaft und würzen Sie das Ganze mit Salz und Pfeffer. Verteilen Sie alles über dem Fisch und bestreuen Sie diesen mit Mandelblättchen. Heizen Sie den Backofen auf 180° Celsius vor und garen Sie den Fisch bei Umluft für 12 Minuten.

Leckere Kürbiskruste auf Schweinerückensteak

452,5 kcal | Eiweiß: 44,3 Gramm | Fett: 25,7 Gramm | Kohlenhydrate: 11 Gramm
Zubereitungszeit: 18 Minuten

Zutaten: 160 Gramm Schweinerücken Steak ohne Schwarte | Salz und Pfeffer | 50 Gramm Kürbis | 1 EL gehackte Kürbiskerne | 1 Eigelb | etwas Majoran getrocknet | 2 EL Haferkleie | 1/2 TL Meerrettich frisch gerissen
Zubereitung: Salzen und pfeffern Sie zu Beginn das Fleisch und braten Sie es in einer Grillpfanne ohne Fett von beiden Seiten für je 2 Minuten an. Reiben Sie zunächst den Kürbis fein und vermengen Sie diesen mit den gehackten Kürbiskernen, dem Eigelb, dem Majoran, der Haferkleie und dem Meerrettich. Das Ganze dezent mit Salz und Pfeffer würzen. Bedecken Sie das Fleisch mit der Masse und legen Sie es auf ein mit Backpapier ausgelegtes Backblech. Heizen Sie den Backofen auf 170° Celsius vor und backen Sie das Fleisch für 12 Minuten bei Ober- und Unterhitze.

Leckeres Hühnchen in köstlicher Champignon-Sauce

238,8 kcal | Eiweiß: 42 Gramm | Fett: 6,4 Gramm | Kohlenhydrate: 3,3 Gramm
Zubereitungszeit: 15 Minuten

Zutaten: 120 Gramm Hühnerbrust ohne Haut | 4 Champignons | 3 kleine Schalotten | 1/4 gelbe Möhre | 120 ml Hühnerbrühe | 2 EL saure Sahne | etwas Thymian frisch oder getrocknet | 1 TL Petersilie gehackt | Salz und Pfeffer | 1 Spritzer Zitronensaft
Zubereitung: Schneiden Sie das Hühnchen in dünne Streifen und vierteln Sie die Champignons. Schneiden Sie zudem die Möhre in kleine Würfel. Nun die Brühe einmal aufkochen lassen und das Fleisch, die Champignons, die geschnittenen Schalotten und die gewürfelte Möhre hineingeben. Lassen Sie das Ganze für 10 Minuten kochen und rühren Sie anschließend die saure Sahne ein. Würzen Sie alles mit Thymian und schmecken Sie es anschließend mit Salz, Pfeffer und Zitronensaft ab. Nun für weitere 2 Minuten bei mittlerer Hitze simmern lassen und vor dem Servieren mit Petersilie bestreuen.

Zartes Kalbsschnitzel mit leckerem Schafskäse und leckerem Speck gratiniert

558 kcal | Eiweiß: 39,9 Gramm | Fett: 43,6 Gramm | Kohlenhydrate: 1,6 Gramm

Zubereitungszeit: 14 Minuten

Zutaten: 140 Gramm Kalbsschnitzel | 1 EL Mandelmehl | Salz und Pfeffer | 1 EL Butter | 1 EL Speck gewürfelt | 30 Gramm Ziegenkäse weich | 1 TL Walnüsse gehackt | 1 EL Petersilie gehackt | 60 ml Gemüsebrühe

Zubereitung:

Zu Beginn wird das Schnitzel dünn geklopft und anschließend gesalzen und gepfeffert. Braten Sie das Schnitzel nun in Butter von beiden Seiten für je eine Minute an. Nehmen Sie es aus der Pfanne und rühren Sie das Mandelmehl in die verbliebene Butter ein. Nun kann das Ganze mit der Brühe aufgegossen werden. Rühren Sie alles mit dem Schneebesen um, lassen Sie es einmal aufkochen und stellen Sie es dann zur Seite. Zunächst das Schnitzel auf ein mit Backpapier ausgelegtes Blech legen und die Speckwürfel mit Ziegenkäse, Walnüssen und Petersilie vermengen. Verteilen Sie die Masse auf dem Fleisch und lassen Sie alles bei 180° Celsius und Ober- und Unterhitze für 8 Minuten backen. Zuletzt kann das Schnitzel auf einem Teller angerichtet und mit der Sauce übergossen werden.

Rehfilet auf leckerem Ofenkürbis

366,7 kcal | Eiweiß: 33,4 Gramm | Fett: 24,7 Gramm | Kohlenhydrate: 2,7 Gramm

Zubereitungszeit: 18 Minuten

Zutaten: 140 Gramm Rehfilet | Salz und Pfeffer | 1 EL Olivenöl | 1/2 TL Petersilie gehackt | 1/2 TL Kerbel gehackt | 1/2 TL Rosmarin fein gehackt | 1 TL Haselnüsse gehackt | 80 Gramm Hokkaido Kürbis | etwas Thymian | 1 Messerspitze Paprikapulver mild | 1 Prise Zimt

Zubereitung:

Salzen und pfeffern Sie das Fleisch und braten Sie es in Olivenöl von allen Seiten für etwa 3 Minuten an. Vermengen Sie nun Petersilie, Kerbel, Rosmarin und Haselnüsse und wälzen Sie das Fleisch darin. Nun die Panade mit den Händen gut andrücken und das Fleisch auf ein mit Backpapier ausgelegtes Blech legen. Schneiden Sie den Kürbis in etwa 0,5 cm dicke Scheiben und würzen Sie diese mit Thymian, Paprika, Zimt, Salz und Pfeffer. Nun auch diese auf das Backblech legen und alles zusammen bei 160° Celsius, bei Ober- und Unterhitze für 15 Minuten backen lassen.

Lecker Hackfleischpfanne mit frischen Pilzen

355,5 kcal | Eiweiß: 30,1 Gramm | Fett: 21,9 Gramm | Kohlenhydrate: 9,5 Gramm

Zubereitungszeit: 14 Minuten

Zutaten: 130 Gramm Rinderhackfleisch mager | 1/2 Zwiebel | 50 Gramm Pfifferlinge | 50 Gramm Kräuterseitlinge | 1/4 Birne | 2 EL Apfelessig | 100 ml Gemüsebrühe | 50 ml Sahne | Salz und Pfeffer | getrockneter Majoran | 1 EL Schnittlauch in Röllchen | 1 TL Olivenöl

Zubereitung:

Schneiden Sie zu Beginn die Zwiebel klein und braten Sie diese zusammen mit dem Hackfleisch in Olivenöl an. Zunächst können die Pfifferlinge und Seitlinge in mundgerechte Stücke geschnitten und ebenfalls in die Pfanne gegeben werden. Würfeln Sie nun die Birne, fügen Sie diese hinzu und schwenken Sie sie durch die Pfanne. Danach das Ganze mit Apfelessig ablöschen. Nun die Brühe hinzugeben und mit Salz, Pfeffer und Majoran würzen. Lassen Sie alles für etwa 8 Minuten köcheln. Verfeinern Sie das Gericht zuletzt mit der Sahne. Dies kurz simmern lassen, anrichten und vor dem Servieren mit Schnittlauch bestreuen.

Low Carb Snacks und Beilagen

Sie suchen Low Carb Rezepte für den kleinen Hunger zwischendurch? Wir haben da was für Sie. Wichtig ist, dass Sie darauf achten wie Sie die Snacks und Beilagen auf den gesamten, täglichen Umsatz der Kohlenhydrate kombinieren. Kalorien und Fett stehen bei einer Low Carb Ernährung nicht im Vordergrund - dies bedeutet, dass Sie nicht hungern müssen und dennoch in kürzester Zeit an Kilos verlieren werden.

Humus in Kombination mit Staudensellerie

131,2 kcal | Eiweiß: 9,2 Gramm | Fett: 2,8 Gramm | Kohlenhydrate: 17,3 Gramm

Zubereitungszeit: 6 Minuten

Zutaten: 80 Gramm Kichererbsen aus der Dose | 2 Knoblauchzehen | 2 EL Hüttenkäse | 1 Chilischote | 2 EL Orangensaft ohne Zuckerzusatz | Salz und Pfeffer | 2 Stangen Staudensellerie

Zubereitung:
Seihen Sie die Kichererbsen ab und geben Sie diese zusammen mit dem Knoblauch, dem Hüttenkäse, der Chili und dem Orangensaft in den Mixer. Schmecken Sie die Paste anschließend mit Salz und Pfeffer ab. Nun kann der Staudensellerie in Stücke geschnitten und in den Humus gedippt werden. Diesen Humus können Sie auch gut als Aufstrich auf einer Scheibe Eiweißbrot essen.

Kleine Low Carb Pizza aus Auberginen

97,8 kcal | Eiweiß: 8,3 Gramm | Fett: 5,8 Gramm | Kohlenhydrate: 3,1 Gramm

Zubereitungszeit: 12 Minuten

Zutaten: 4 Scheiben Auberginen mit einer Dicke von ca. 1 cm | 3 EL Pizzatomaten ohne Zuckerzusatz | 20 Gramm Gouda | Oregano | Salz und Pfeffer | 2 EL Tunfisch aus der Dose - im eigenen Saft

Zubereitung: Braten Sie zu Beginn die Auberginen in einer Grillpfanne ohne Öl von beiden Seiten scharf an. Nehmen Sie diese aus der Pfanne und legen Sie die Auberginen auf ein mit Backpapier ausgelegtes Blech. Das Ganze kann nun gesalzen, gepfeffert und mit den Pizzatomaten bestrichen werden. Bestreuen Sie alles mit Gouda und würzen Sie es mit Oregano, Salz und Pfeffer. Zunächst die Scheiben mit Thunfisch bedecken und bei 200° Celsius für 6 Minuten bei Ober- und Unterhitze backen lassen. Beim Belegen der Pizzen sind Ihrer Fantasie keine Grenzen gesetzt.

Leckere Zucchini-Sticks

185,8 kcal | Eiweiß: 11,6 Gramm | Fett: 14,6 Gramm | Kohlenhydrate: 2 Gramm

Zubereitungszeit: 7 Minuten

Zutaten: 1/2 Zucchini | 1 Ei | 2 EL Mandelmehl | 2 EL Joghurt | Salz und Pfeffer | Öl zum Frittieren

Zubereitung: Schneiden Sie zu Beginn die Zucchini in Sticks und salzen und pfeffern Sie diese. Verquirlen Sie das Ei mit dem Mandelmehl und dem Joghurt. Nun die Sticks durchziehen und in heißem Öl backen. Alternativ können sie auch in der Fritteuse oder im Backofen gebraten werden.

Frische Küchlein aus Karotten

141,8 kcal | Eiweiß: 12,6 Gramm | Fett: 7,4 Gramm | Kohlenhydrate: 6,2 Gramm

Zubereitungszeit: 8 Minuten

Zutaten: 1/2 Möhre | 1 Ei | 2 EL Mandelmehl | Salz und Pfeffer | etwas Muskat gerieben

Zubereitung:
Schlagen Sie zunächst das Ei schaumig und raspeln Sie die Möhre fein. Nun kann das Mandelmehl mit dem Ei vermengt und die geraspelte Möhre untergerührt werden. Würzen Sie das Ganze mit Salz, Pfeffer und Muskat und backen Sie in einer beschichteten Pfanne kleine Pfannküchlein.

Omelette mit Honigschinken

225,2 kcal | Eiweiß: 17,9 Gramm | Fett: 16,4 Gramm | Kohlenhydrate: 1,5 Gramm

Zubereitungszeit: 6 Minuten

Zutaten: 60 Gramm Honigschinken (1 Scheibe) | 1 Ei | etwas Thymian | 2 EL Milch | 1 EL Schnittlauch in Röllchen | Salz und Pfeffer

Zubereitung:
Verquirlen Sie das Ei mit dem Thymian, der Milch und dem Schnittlauch und würzen Sie es anschließend mit Salz und Pfeffer. Ziehen Sie den Schinken durch das Ei und braten Sie diesen in einer beschichteten Pfanne an. Nun mit dem restlichen Ei übergießen. Lassen Sie das Ei stocken und wenden Sie alles vorsichtig. Bei Belieben geriebenen Käse unter das Ei mengen.

Low Carb Pommes aus Möhren und Käse

115 kcal | Eiweiß: 6,4 Gramm | Fett: 7,8 Gramm | Kohlenhydrate: 4,8 Gramm

Zubereitungszeit: 15 Minuten

Zutaten: 1 Möhre | 1 EL Olivenöl | Salz und Pfeffer | 20 Gramm Käse gerieben

Zubereitung:
Schneiden Sie die Möhre in etwa 0,5 cm dicke Stifte und legen Sie diese anschließend auf ein mit Backpapier ausgelegtes Backblech. Nun die Sticks mit dem Olivenöl beträufeln und etwas salzen und pfeffern. Heizen Sie den Backofen auf 170° Celsius vor und backen Sie die Pommes bei Ober- und Unterhitze für 8 Minuten. Bestreuen Sie die Sticks zuletzt mit dem Käse und lassen Sie diese für weitere 5 Minuten backen.

Paprika überbacken mit zerlaufenem Camembert

132,5 kcal | Eiweiß: 12,7 Gramm | Fett: 6,5 Gramm | Kohlenhydrate: 5,8 Gramm

Zubereitungszeit: 7 Minuten

Zutaten: 1/2 gelbe Paprika | 1/2 rote Paprika | 30 Gramm Brombeeren | 50 Gramm Camembert | Pfeffer frisch gemahlen

Zubereitung:

Schneiden Sie die Paprika in 2 cm dicke Streifen. Legen Sie als Nächstes ein Backblech mit Backpapier aus und verteilen Sie die Paprika darauf. Nun mit den Brombeeren belegen und mit dem, in Scheiben geschnittenen, Camembert bedecken. Heizen Sie den Backofen auf 200° Celsius vor und überbacken Sie die Paprika bei Ober- und Unterhitze für etwa 4 bis 5 Minuten.

Grüner Spargel mit fruchtigem Erdbeer-Dipp

196,8 kcal | Eiweiß: 13,5 Gramm | Fett: 14 Gramm | Kohlenhydrate: 4,2 Gramm
Zubereitungszeit: 10 Minuten

Zutaten: 4 Stangen grüner Spargel | 1 EL Mandelmehl | 1 Ei | 2 EL Mandeln gerieben | Salz und Pfeffer | 3 Erdbeeren | 1 EL Quark
Zubereitung:
Schneiden Sie zu Beginn beim Spargel die unteren Enden ab und halbieren Sie den Spargel der Länge nach. Anschließend diesen in Mandelmehl wälzen. Verquirlen Sie das Ei mit Salz und Pfeffer und ziehen Sie den Spargel durch. Diesen als Nächstes in den Mandeln panieren und auf ein mit Backpapier ausgelegtes Backblech legen. Das Ganze nun bei 160° Celsius und Ober- und Unterhitze für 6 Minuten backen lassen. Zerdrücken Sie die Erdbeeren mit der Gabel oder dem Zauberstab, verrühren Sie diese mit dem Quark und bestreuen Sie den Dipp mit etwas Pfeffer.

Frischkäse-Speck Pfannkuchen

274,1 kcal | Eiweiß: 24,5 Gramm | Fett: 17,7 Gramm | Kohlenhydrate: 4,2 Gramm
Zubereitungszeit: 10 Minuten

Zutaten: 2 Eier | 50 ml fettarme Milch | 2 EL Mandelmehl | Salz und Pfeffer | 1 EL Petersilie gehackt | 2 EL Frischkäse | 2 EL Speck gewürfelt,
Zubereitung: Verquirlen Sie Eier mit Milch und rühren Sie anschließend Mandelmehl ein. Würzen Sie das Ganze mit Salz und Pfeffer und geben Sie die Petersilie hinzu. Nun kann der Teig in einer beschichteten Pfanne ohne Öl zu dünnen Pfannkuchen, sogenannten Palatschinken verarbeitet werden. Nehmen Sie die Palatschinken aus der Pfanne und bestreichen Sie diese mit Frischkäse. Nun den Speck darauf verteilen. Schlagen Sie die Pfannkuchen ein und legen Sie diese auf ein Backblech. Lassen Sie das Ganze bei 180° Celsius für 3 Minuten bei Ober- und Unterhitze backen.

Low Carb Desserts

Gebackenes Vanille Eis im Baisermantel

178,4 kcal | Eiweiß: 5,5 Gramm | Fett: 4,8 Gramm | Kohlenhydrate: 28,3 Gramm

Zubereitungszeit: 8 Minuten
Zutaten: 1 Nektarine | 2 kleine Kugeln Low Carb Eis Vanille | 1 Eiweiß | 1 EL Xylit oder Süßstoff
Zubereitung:
Halbieren und entkernen Sie zu Beginn die Nektarine. Setzen Sie jeweils eine Kugel Eis in die Mulde. Nun kann das Eiweiß mit dem Süßstoff zu einem steifen Schnee geschlagen und die Nektarine samt dem Eis damit ummantelt werden. Legen Sie dies nun auf ein mit Backpapier ausgelegtes Backblech und heizen Sie den Ofen auf 220° Celsius vor. Das Dessert bei Ober- und Unterhitze für 3 Minuten backenlasse. Zuletzt aus dem Ofen nehmen und sofort genießen.

Leckerer Low Carb Frozen Joghurt

236,2 kcal | Eiweiß: 11,2 Gramm | Fett: 14,2 Gramm | Kohlenhydrate: 15,9 Gramm

Zubereitungszeit: 8 Minuten Gefrierzeit: 6 Stunden

Zutaten: 120 Gramm Joghurt | 1 Eiklar | 1 EL Xylit oder Süßstoff | Mark einer halben Vanilleschote | etwas Abrieb einer unbehandelten Bio Limette | 50 ml Sahne
Zubereitung:
Verrühren Sie Joghurt mit Eiklar, Süßstoff, Vanille und Abrieb. Schlagen Sie anschließend die Sahne steif und heben Sie diese unter. Nun die Masse in eine Schüssel füllen und für mindestens 6 Stunden einfrieren. Nehmen Sie diese aus dem Tiefkühler und verarbeiten Sie die Masse im Mixer zu einem Frozen Joghurt. Garnieren Sie nach Belieben mit frischen Beeren.

Leckere Gratinierte Beeren

117,5 kcal | Eiweiß: 5,9 Gramm | Fett: 4,7 Gramm | Kohlenhydrate: 12,9 Gramm

Zubereitungszeit: 10 Minuten

Zutaten: 80 Gramm Beerenmix frisch oder TK | 1 Ei | Saft und Abrieb einer halben unbehandelten Bio Orange | 1 TL Xylit, Stevia oder Süßstoff nach Bedarf
Zubereitung:
Schlagen Sie das Ei mit dem Orangensaft und dem Süßstoff über einem heißen Wasserbad schaumig. Füllen Sie die Beeren in eine kleine Auflaufform und marinieren Sie diese mit dem Abrieb. Das Ganze nun mit der Eimasse übergießen. Heizen Sie den Backofen auf 220° Celsius vor und gratinieren Sie die Beeren für 4 Minuten bei Ober- und Unterhitze.

Apfel Crumble mit leckeren Low Carb Streuseln

273,4 kcal | Eiweiß: 11,2 Gramm | Fett: 20,2 Gramm | Kohlenhydrate: 11,7 Gramm

Zubereitungszeit: 12 Minuten

Zutaten: 1/2 Apfel | 1 Spritzer Zitronensaft | 20 Gramm Butter | 30 Gramm Mandelmehl | 1 Messerspitze Zimt | etwas Abrieb einer unbehandelten Bio Orange | Süßstoff nach Bedarf
Zubereitung: Schneiden Sie den Apfel in dünne Spalten und schichten Sie diese in eine kleine Tarteform. Das Ganze nun mit dem Zitronensaft beträufeln. Lassen Sie die Butter in einer Pfanne schmelzen und rühren Sie das Mandelmehl zusammen mit dem Zimt und dem Süßstoff ein. Rühren Sie so lange bis sich die Masse krümelig vom Pfannenboden löst. Verteilen Sie die Krümel über den Äpfeln, aromatisieren Sie alles mit dem Abrieb und schieben Sie die Tarteform in den Backofen. Nun bei 180° Celsius für 10 Minuten bei Ober- und Unterhitze backen.

Exotischer Low Carb Eiweißshake

Kalorien: 154,5 kcal | Eiweiß: 4,2 Gramm | Fett: 6,5 Gramm | Kohlenhydrate: 19,8 Gramm

Zubereitungszeit: 5 Minuten

Zutaten: 1/2 Mango | 30 Gramm Papaya | Saft und Abrieb einer halben unbehandelten Bio Limette | 100 ml Orangensaft frisch gepresst oder ohne Zuckerzusatz | 50 ml Kokosmilch | 1 TL Whey Pulver | Süßstoff oder Stevia nach Bedarf

Zubereitung: Dieser Shake ist im Handumdrehen zubereitet. Geben Sie alle Zutaten in einen Standmixer und mixen Sie alles gut durch. Dieser Shake eignet sich auch sehr gut als Frühstücksshake. Hierfür können Sie noch einen Löffel Weizenkleie in den Shake geben. Zuletzt noch nach Belieben süßen..

Himmlische Low Carb Brownies

2972,3 kcal | Eiweiß: 47,5 Gramm | Fett: 187,5 Gramm | Kohlenhydrate: 273,7 Gramm
Zubereitungszeit: 25 Minuten

Zutaten für ca. 12 Brownies: 120 Gramm Butter | 3 Eier | 250 Gramm Xylit Schokolade zartbitter | 80 Gramm Xylit oder Stevia nach Bedarf | 60 Gramm Mandelmehl | 2 EL doppelt entölter Kakao | 1 Packung Backpulver | 1 Prise Himalaya Steinsalz
Zubereitung: Schlagen Sie die Butter schaumig und rühren Sie ein Ei nach dem Anderen in die Butter ein. Lassen Sie die Schokolade in einer kleinen Pfanne unter ständigem Rühren schmelzen und rühren Sie diese anschließend zügig in die Buttermasse ein. Zunächst Süßstoff, Mandelmehl, Kakao, Backpulver und Salz hinzugeben. Füllen Sie die Teigmasse in eine leicht gebutterte Auflaufform. Heizen Sie den Ofen auf 175° Celsius auf und backen Sie die Brownies bei Ober- und Unterhitze für 20 Minuten. Nun aus dem Ofen nehmen und in 12 Stücke schneiden.

Traum-Muffins mit Vanille und Ingwer

943,1 kcal | Eiweiß: 43,3 Gramm | Fett: 81,1 Gramm | Kohlenhydrate: 10 Gramm
Zubereitungszeit: 20 Minuten

Zutaten für 4 Muffins: 2 Eier | 90 Gramm Mandelmehl | 1 Packung Backpulver | 3 EL griechischer Joghurt | Mark einer Vanilleschote oder Vanille Aroma | 1 Messerspitze Ingwer frisch gerieben oder Pulver | 2 EL gehackte Walnüsse | 4 Walnuss Hälften
Zubereitung: Trennen Sie die Eier und verarbeiten Sie das Eiklar mit dem Schneebesen oder Handmixer zu einem steifen Schnee. Verrühren Sie die Eidotter mit dem griechischen Joghurt und arbeiten Sie Mandelmehl und Backpulver ein. Zunächst Vanille, Ingwer und gehackte Walnüsse einrühren und anschließend den Eischnee vorsichtig unterheben. Füllen Sie den Teig in vier Muffinformen. Setzen Sie je eine Walnuss Hälfte auf einen Muffin. Heizen Sie den Backofen auf 170° Celsius auf und backen Sie die Muffins bei Ober- und Unterhitze für etwa 15 Minuten.

Low Carb Schokoladen-Eis

Kalorien: 1130,2 kcal | Eiweiß: 26,3 Gramm | Fett: 66,6 Gramm | Kohlenhydrate: 106,4 Gramm

Zubereitungszeit: 10 Minuten Gefrierzeit: mindestens 6 Stunden
Zutaten für vier Portionen: 2 Eier | 1 Eiklar | 100 Gramm Xylit Schokolade zartbitter | 2 EL Xylit, Stevia oder Süßstoff | 200 ml Sahne
Zubereitung: Schlagen Sie zu Beginn die Eier mit dem Süßstoff schaumig und rühren Sie dann das Eiklar mit unter. Lassen Sie die Schokolade unter einem heißen Wasserbad schmelzen. Rühren Sie dies zügig mit dem Schneebesen in die Eimasse ein. Nun die Sahne steif schlagen und vorsichtig unterheben. Füllen Sie die Masse in eine Wanne und frieren Sie diese für mindestens 6 Stunden ein. Nehmen Sie die Wanne aus dem Tiefkühler und entnehmen Sie der Masse insgesamt 4 Portionen Eis.

Frische Crepes mit leckerem Beeren-Mus

Kalorien: 418,6 kcal | Eiweiß: 17,1 Gramm | Fett: 33,4 Gramm | Kohlenhydrate: 12,4 Gramm

Zubereitungszeit: 9 Minuten
Zutaten für eine Portion: 2 Eigelb | 60 ml Sahne | 2 EL Kokosmehl | 1 Prise Himalaya Salz | 50 Gramm Waldbeeren frisch oder TK | 2 EL Hüttenkäse | 1 TL Xylit oder Süßstoff | etwas Abrieb einer unbehandelten Bio Orange
Zubereitung: Verquirlen Sie Eigelb mit Sahne und verrühren Sie alles mit Kokosmehl und Salz. Backen Sie in einer beschichteten Pfanne den Teig ohne Fett zu dünnen Crepes. Pürieren Sie mit Hilfe eines Zauberstabes die Beeren zusammen mit dem Hüttenkäse, Süßstoff und Abrieb. Begießen Sie die Crepes mit dem Mus. Nach Belieben mit etwas Puderxylit bestreuen oder mit einem Klacks Sahne garnieren.

Erfrischender Joghurt Pudding

Kalorien: 163,6 kcal | Eiweiß: 12,4 Gramm | Fett: 6,8 Gramm | Kohlenhydrate: 13,2 Gramm

Zubereitungszeit: 8 Minuten Kühlzeit: mindesten 4 Stunden

Zutaten für eine Portion: 150 Gramm Joghurt | 1 TL Chia Samen | 1 EL Xylit oder Süßstoff | etwas Vanille Aroma | etwas Abrieb einer unbehandelten Bio Limette | 50 ml frisch gepressten Grapefruit Saft | 1 Messerspitze Sofort-Gelatine

Zubereitung: Verrühren Sie den Joghurt mit den Chia Samen, dem Süßstoff, der Vanille und dem Limettenabrieb. Füllen Sie die Masse in ein Gläschen. Verrühren Sie den Grapefruitsaft mit der Sofort-Gelatine, bis diese sich vollständig aufgelöst hat. Nun das Ganze über dem Joghurt verteilen und im Kühlschrank für mindestens 4 Stunden, am besten über Nacht stocken lassen.

Karotten-Muffins mit Zimt und Kakao

Kalorien: 964,4 kcal | Eiweiß: 49,8 Gramm | Fett: 77,6 Gramm | Kohlenhydrate: 16,7 Gramm

Zubereitungszeit: 20 Minuten

Zutaten für 4 Muffins: 60 Gramm Butter | 2 Eier | 2 EL Joghurt | 90 Gramm Mandelmehl | 1/2 Packung Backpulver | 100 Gramm Möhren fein geraspelt | 2 EL fein gehackte Pistazien | 1 Messerspitze Zimt | 1 EL doppelt entölter Kakao | 1 Prise Himalaya Salz | 2 Spritzer Süßstoff

Zubereitung: Schlagen Sie die Butter schaumig und rühren Sie ein Ei nach dem anderen in die Butter ein. Arbeiten Sie Mandelmehl, Backpulver, Joghurt, Möhren, Pistazien, Zimt, Kakao, Salz und Süßstoff ein. Verteilen Sie die Masse in vier Muffinformen. Nun die Muffins bei 180° Celsius bei Ober- und Unterhitze für 15 Minuten backen.

Low Carb Getränke

Low Carb Eiweißshake

Kalorien: 182,6 kcal | Eiweiß: 17,3 Gramm | Fett: 7,8 Gramm | Kohlenhydrate: 10,8 Gramm

Zubereitungszeit: 5 Minuten

Zutaten für eine Portion: 200 Gramm Kefir | 1 Eiklar | 1 EL Whey Pulver mit Vanillearoma | Süßstoff nach Bedarf

Zubereitung:

Mixen Sie alle Zutaten in einem Mixer zu einem cremigen Smoothie. Zunächst das Eiweiß zu einem steifen Schnee schlagen und diesen mit Kefir glatt rühren. Arbeiten Sie nun zügig das Whey Pulver ein. Welche Sorte von Whey Pulver bleibt Ihnen überlassen

Mango und Ingwer in grünem Smoothie

Kalorien: 32,1 kcal | Eiweiß: 0,7 Gramm | Fett: 0,1 Gramm | Kohlenhydrate: 7,1 Gramm

Zubereitungszeit: 3 Minuten

Zutaten für eine Portion: 150 ml grüner Tee kalt | 1 cm Ingwer frisch | 1 Spritzer Limettensaft | 1/2 Mango | Süßstoff oder Stevia nach Bedarf

Zubereitung:
Geben Sie alle Zutaten in den Mixer und verarbeiten Sie alles zu einem cremigen Shake. Für diesen Drink können auch sämtliche andere Teesorten verwendet werden, wie beispielsweise diverse Kräutertees. An heißen Tagen können auch einige Eiswürfel in den Mixer hinzugegeben werden. Hiermit erhalten Sie dann einen erfrischenden Slushy.

Wasser aromatisiert mit Melone

Kalorien: 53,9 kcal | Eiweiß: 0,9 Gramm | Fett: 0,3 Gramm | Kohlenhydrate: 11,9 Gramm

Zubereitungszeit: 2 Minuten

Zutaten für eine Portion:
1 Liter Wasser, Mineralwasser oder Sodawasser | 150 Gramm Wassermelone kernlos | 1/2 Bund Minze | Zitronensaft | Süßstoff nach Bedarf

Zubereitung:

Schneiden Sie die Wassermelone in grobe Stücke, hacken Sie die Minze klein und füllen Sie alles in einen Krug. Nun kann das Ganze mit Wasser aufgegossen und mit Zitronensaft und Süßstoff abgeschmeckt werden. Sie können auch Zitronenmelisse oder Basilikum verwenden. Auch andere Kombination sind möglich.

Leckerer Shake mit Matcha

Kalorien: 135,1 kcal | Eiweiß: 15,7 Gramm | Fett: 5,1 Gramm | Kohlenhydrate: 6,6 Gramm

Zubereitungszeit: 4 Minuten

Zutaten für eine Portion: 150 Gramm Joghurt | 50 Gramm Quark | 1 gestrichener TL Matcha Pulver | 1 Spritzer Limettensaft | 1 TL Whey Pulver natur | Süßstoff oder Stevia nach Bedarf

Zubereitung:

Geben Sie alle Zutaten in den Mixer und verarbeiten Sie das Ganze auf höchster Stufe zu einem cremigen Shake. Nun noch nach Belieben süßen.

Heiße oder kalte Chai Latte

Kalorien: 108,8 kcal | Eiweiß: 11,8 Gramm | Fett: 6 Gramm | Kohlenhydrate: 1,9 Gramm

Zubereitungszeit: 6 Minuten

Zutaten für eine Portion: 150 ml Chai Tee (indischer Gewürztee) | 1 EL Whey Pulver Vanillearoma | 50 Gramm Quark | 1 Messerspitze Zimt | 1 Prise Nelkenpulver | Süßstoff oder Stevia nach Bedarf

Zubereitung:
Verarbeiten Sie alle Zutaten im Mixer zu einem cremigen Shake. Wenn Sie die Chai Latte heiß mögen, verwenden Sie heißen Tee. Für die kalte Variante verwenden Sie kalten Tee und geben Sie zusätzlich noch Eiswürfel hinein.

Frischer Low Carb Beeren-Shake

Kalorien: 29,7 kcal | Eiweiß: 1,1 Gramm | Fett: 0,5 Gramm | Kohlenhydrate: 5,2 Gramm

Zubereitungszeit: 5 Minuten

Zutaten für eine Portion: 20 Gramm Brombeeren | 30 Gramm Himbeeren | 30 Gramm Erdbeeren | 3 Minzblätter | 150 ml Apfel-Tee kalt | 1 Messerspitze Vanillemark | Süßstoff oder Stevia nach Bedarf

Zubereitung:

Geben Sie alle Zutaten in einen Mixer oder Smoothiemaker und verarbeiten Sie alles zu einem cremigen Drink.

Low Carb Eiskakao zubereitet mit Mandelmilch

Kalorien: 67,7 kcal | Eiweiß: 4,7 Gramm | Fett: 2,5 Gramm | Kohlenhydrate: 6,6 Gramm

Zubereitungszeit: 5 Minuten

Zutaten für eine Portion: 200 ml Mandelmilch | 2 EL Whey Pulver mit Schokoladengeschmack | 1/2 TL Kakao | 4 Eiswürfel

Zubereitung:

Geben Sie alle Zutaten in einen Standmixer und verarbeiten Sie alles zu einer cremigen Masse. Im Nu haben Sie einen leckeren Eiskakao.

20 beliebte Low Carb Gerichte

Würziger Döner im leckerem Quark-Zwiebel-Brötchen

Vorbereitungszeit: 20 Minuten Kochzeit: 20 Minuten
Kalorien: 488,4 kcal | Eiweiß: 62,5 Gramm | Fett: 22 Gramm | Kohlenhydrate: 10,1 Gramm

Zutaten für eine Portion:

Für das Döner Brötchen: 70 Gramm Quark, 2 Eier, 40 Gramm Mandelmehl, etwas Backpulver, 1 Prise Himalaya Salz, 20 Gramm geröstete Zwiebel

Für die Fülle: 80 Gramm Hühnerbrust ohne Haut, 1/2 rote Zwiebel, 2 Scheiben Tomaten, 20 Gramm Rotkohl, Salz und Pfeffer, 1 TL Olivenöl

Für die Döner Sauce: 1 EL Sahnequark, 2 Knoblauchzehen, 1 TL Koriander gehackt, Salz und Pfeffer

Zubereitung:

Verkneten Sie für das Brötchen den Quark mit Eiern, Mandelmehl, Backpulver, Salz und gerösteten Zwiebeln zu einem weichen Teig. Das Ganze kann nun zu einer Kugel geformt und auf ein mit Backpapier ausgelegtes Blech gelegt werden. Heizen Sie den Backofen auf 170° Celsius vor und backen Sie das Brötchen bei Ober- und Unterhitze für 20 Minuten. Schneiden Sie für die Fülle die Hühnerbrust in hauchdünne Streifen. Anschließend können diese gesalzen und gepfeffert und in Olivenöl schön dunkel und knusprig angebraten werden. Hobeln Sie die Zwiebel und den Rotkohl und belegen Sie das Brötchen damit. Nun kann das Fleisch darauf verteilt und mit der Sauce aus Sahnequark, Knoblauch, Koriander, Salz und Pfeffer beträufelt werden. Bestreuen Sie das Ganze nach Bedarf mit Cayenne Pfeffer oder Chili. Klappen Sie das Brot zusammen und genießen Sie den Low Carb Döner.

Low Carb Käsespätzle (schwäbischer Art)

Vorbereitungszeit: 10 Minuten Ruhezeit: 10 Minuten Kochzeit: 15 Minuten

Kalorien: 556,6 kcal | Eiweiß: 41,1 Gramm | Fett: 39 Gramm | Kohlenhydrate: 10,3 Gramm

Zutaten für eine Portion:
Für die Spätzle: 60 Gramm Kokosmehl, 1 Ei, 1 Eigelb, 20 ml Sodawasser, 15 Gramm Flohsamenschalen, 1 EL Quark, Salz und Muskat gerieben
Zum Vervollständigen: 1/2 Zwiebel, 1 TL Butter, 50 ml Sahne, 60 Gramm Käse gerieben, Salz und Pfeffer

Zubereitung:
Schlagen Sie alle Zutaten für die Spätzle zu einem weichen, zähflüssigen Teig. Achten Sie hierbei darauf, dass Sie den Teig so lange schlagen, bis er Blasen wirft. Danach Salzwasser zum Kochen bringen und die Masse durch ein Spätzlesieb ins Wasser streichen. Nun mit dem Kochlöffel durchrühren, damit die Spätzle nicht kleben und für etwa 3 Minuten kochen lassen. Sobald die Spätzle an der Oberfläche schwimmen sind sie fertig. Seihen Sie die Spätzle ab und schrecken Sie diese mit kaltem Wasser ab.
Schneiden Sie die Zwiebel klein und schwitzen Sie diese in Butter an. Nun können die Spätzle hinzugegeben und für 2 Minuten mitgeschwenkt werden. Würzen Sie alles mit Salz und Pfeffer und bestreuen Sie das Ganze mit Käse. Nun mit der Sahne aufgießen, die Pfanne mit einem Deckel verschließen und den Käse für 2 Minuten schmelzen lassen. Rühren Sie alles gut durch und servieren Sie dann das Gericht. Nach Belieben können Sie noch gewürfelten Speck oder auch Röstzwiebeln dazu geben.

Traumhaftes Low Carb Ravioli

Vorbereitungszeit: 15 Minuten Ruhezeit: 30 Minuten Kochzeit: 6 Minuten

Kalorien: 396,1 kcal | Eiweiß: 21,5 Gramm | Fett: 22,5 Gramm | Kohlenhydrate: 26,9 Gramm

Zutaten für eine Portion:
Für den Nudelteig: 50 Gramm Linsenmehl rot, 1/2 TL Flohsamenschalen, 1 Ei, 1/2 TL Olivenöl, 1 Prise Himalaya Salz
Für die Fülle: 2 EL Ricotta Käse, 1 TL Petersilie gehackt, Salz und Pfeffer, 1 Eigelb zum Bestreichen
Zum Braten: 1 TL Butter, 1 TL Salbei gehackt, eventuell Parmesan zum Bestreuen

Zubereitung:
Verkneten Sie für den Nudelteig das rote Linsenmehl mit den Flohsamenschalen und dem Ei. Nun Olivenöl und Salz hinzugeben und zu einem geschmeidigen Teig verkneten. Decken Sie das Ganze anschließend mit Folie ab und lassen Sie den Teig für 30 Minuten im Kühlschrank ruhen. Nehmen Sie den Teig aus dem Kühlschrank, kneten Sie ihn kurz durch und rollen Sie ihn auf 1 mm aus. Stechen Sie mit einem runden Keks-Ausstecher Kreise aus. Verrühren Sie Ricotta mit Petersilie, Salz und Pfeffer und bedecken Sie eine Hälfte der Ravioli mit einem Klacks. Nun kann das Ei verquirlt und die Ränder der Nudel damit bestrichen werden. Klappen Sie die Ravioli zu und drücken Sie die Ränder mit dem Finger schön fest. Bringen Sie Salzwasser zum Kochen und geben Sie anschließend die Ravioli hinein. Das Ganze für etwa 3 Minuten kochen lassen. Fischen Sie die Ravioli aus dem Topf und schwenken Sie alle mit Salbei in zerlassener Butter.

Würzige und Saftige Texas Rippchen

Vorbereitungszeit: 4 Minuten Marinierzeit: 24 Stunden Kochzeit: 1 Stunde
Kalorien: 216,6 kcal | Eiweiß: 18,4 Gramm | Fett: 15 Gramm | Kohlenhydrate: 2 Gramm
Zutaten für eine Portion: 200 Gramm Rippchen, 50 ml Diät Cola, 1 Knoblauchzehe, 1/2 TL Rosmarin gehackt, 1/2 TL Majoran gerebelt, 1 Chilli rot, 2 EL Low Carb Ketchup ohne Zuckerzusatz, 1 Prise Meersalz, Pfeffer
Zubereitung:
Verarbeiten Sie alle Zutaten, außer den Rippchen, mit dem Stabmixer zu einer Marinade. Legen Sie die Rippchen am Besten für 24 Stunden darin ein. Anschließend können diese aus der Marinade genommen und auf ein Grillgitter gelegt werden. Backen Sie das Ganze im 160° Celsius heißen Backofen bei Ober- und Unterhitze für 35 Minuten. Verteilen Sie die restliche Marinade auf den Rippchen und backen Sie alles für weitere 25 Minuten bei 180° Celsius fertig. Die Rippchen können auch wunderbar bei einem sommerlichen BBQ gegessen werden.

Leckerer Camembert (gebacken)

Vorbereitungszeit: 5 Minuten Backzeit: 6 Minuten
Kalorien: 761,7 kcal | Eiweiß: 65,2 Gramm | Fett: 57,3 Gramm | Kohlenhydrate: 5,3 Gramm
Zutaten für eine Portion: 1 Camembert mit 150 Gramm, 1 EL Mandelmehl, 2 Eier, 1/2 TL Majoran, 4 EL Walnüsse fein gerieben, etwas gemahlenen Pfeffer
Zubereitung:
Wälzen Sie den Camembert in Mehl. Verquirlen Sie nun die Eier mit dem Majoran und dem Pfeffer und ziehen Sie den Käse hindurch. Wenden Sie diesen anschließend in den Nüssen und ziehen Sie ihn nochmals durch das Ei. Abermals in den Walnüssen panieren und die Panade gut andrücken. Legen Sie den Camembert auf ein Backgitter und heizen Sie den Backofen auf 180° Celsius vor. Lassen Sie den Käse bei Umluft für 6 Minuten backen.

Ananas Karfiol-Pizza

Vorbereitungszeit: 10 Minuten Backzeit: 18 Minuten
Kalorien: 400,9 kcal | Eiweiß: 38,8 Gramm | Fett: 22,5 Gramm | Kohlenhydrate: 10,8 Gramm

Zutaten:

Für den Pizza-Boden: 80 Gramm Blumenkohl, 1 Ei, 60 Gramm Gouda gerieben, Salz und Pfeffer

Für den Belag: 50 Gramm Pizza-Tomaten ohne Zuckerzusatz, 2 Scheiben Putenschinken, 1 Spitzpaprika, 30 Gramm Ananas, 40 Gramm Gouda gerieben, etwas Oregano

Zubereitung:

Schreddern Sie für den Teig den rohen Blumenkohl im Mixer auf Reisgröße und vermengen Sie die Masse anschließend mit Ei, Käse, Salz und Pfeffer. Streichen Sie alles in eine runde Springform mit einem Durchmesser von 24 cm und backen Sie das Ganze im Ofen bei 170° Celsius für 12 Minuten bei Ober- und Unterhitze vor. Pürieren Sie nun die Pizza-Tomaten und bestreichen Sie den Teig damit. Anschließend mit Schinken, Ananas, Paprika und Gouda belegen. Bestreuen Sie alles mit Oregano und lassen Sie die Karfiol-Pizza für weitere 6 Minuten bei 180° Celsius backen.

Leckeres Schinken-Käse Sandwich mit Eiweißbrot

Vorbereitungszeit: 4 Minuten Kochzeit: 5 Minuten
397,8 kcal | Eiweiß: 38,1 Gramm | Fett: 21,1 Gramm | Kohlenhydrate: 9,6 Gramm

Zutaten: 2 Scheiben Eiweißbrot, 2 Scheiben Schinken, 2 Scheiben Käse, 1 Ei, 1 Gewürzgurke ohne Zuckerzusatz, 1/2 TL Senf, Salz und Pfeffer

Zubereitung:

Bestreichen Sie das Eiweißbrot dünn mit Senf und belegen Sie es anschließend mit Schinken. Schneiden Sie die Gewürzgurke in feine Streifen und belegen Sie den Schinken damit. Nun mit dem Käse bedecken, salzen und pfeffern und auf ein Kuchengitter legen. Lassen Sie das Ganze im Ofen bei 170° Celsius für 5 Minuten backen. Braten Sie in der Zwischenzeit in einer beschichteten Pfanne ohne Fett ein Spiegelei an. Nun dieses auf eine Scheibe Brot legen und die zweite Scheibe Brot als Deckel verwenden.

Linsennudeln mit einer schmackhaften Speck-Champignon-Rahmsauce

Vorbereitungszeit: 15 Minuten Ruhezeit: 30 Minuten Kochzeit: 7 Minuten

Kalorien: 383,4 kcal | Eiweiß: 18,4 Gramm | Fett: 26,1 Gramm | Kohlenhydrate: 18,7 Gramm

Zutaten:
Für die Nudeln: 30 Gramm rotes Linsenmehl, 1/2 TL Flohsamenschalen, 1 Ei, 1/2 TL Olivenöl, 1 Prise Salz
Für die Sauce: 1/2 Schalotte, 1 EL Speck gewürfelt, 40 Gramm Champignons blättrig geschnitten, 1 EL Apfelessig, 60 ml Sahne, 1 EL Petersilie, 1 TL Butter, Salz und Pfeffer

Zubereitung:
Verkneten Sie für die Nudeln das rote Linsenmehl mit den Flohsamenschalen, dem Ei, dem Öl und dem Salz zu einem geschmeidigen Teig. Das Ganze mit einer Folie abdecken und im Kühlschrank für 30 Minuten ruhen lassen. Nehmen Sie den Teig aus dem Kühlschrank, kneten Sie diesen durch und rollen Sie ihn 1mm dick aus. Schneiden Sie mit Hilfe eines Lineals und dem Pizza-Roller Bandnudeln heraus. Bringen Sie einen Topf mit Salzwasser zum Kochen und lassen Sie die Nudeln für etwa 2 Minuten kochen. Diese können nun abgeschöpft und in kaltem Wasser abgeschreckt werden. Schneiden Sie anschließend die Schalotte klein und rösten Sie diese zusammen mit dem Speck in etwas Butter an. Zunächst können die Champignons hinzugegeben und mit Essig abgelöscht werden. Das Ganze mit der Sahne aufgießen, Petersilie hinzugeben, salzen und pfeffern und die Nudeln in der Sauce durchschwenken.

Deftige Schwedische Fleischbällchen

Vorbereitungszeit: 6 Minuten Kochzeit: 15 Minuten

Kalorien: 404 kcal | Eiweiß: 30,5 Gramm | Fett: 29,6 Gramm | Kohlenhydrate: 3,9 Gramm

Zutaten:
Für die Bällchen: 100 Gramm Rinderhack, 1 EL Schalotten gehackt, 2 EL Milch, 1 Ei, 2 EL Mandelmehl, 1 Messerspitze Senf scharf, Salz und Pfeffer, 1 TL Öl
Für die Sauce: 6 Gramm Butter, 6 Gramm Mandelmehl, 100 ml Brühe, 50 ml Sahne, Sojasauce und Pfeffer

Zubereitung:
Verkneten Sie für die Hackfleischbällchen alle Zutaten miteinander und formen Sie mit feuchten Händen Kugeln daraus. Braten Sie diese anschließend in etwas Öl von allen Seiten für etwa 8 Minuten an. Schmelzen Sie für die Sauce die Butter und rühren Sie das Mandelmehl ein. Das Ganze unter ständigem Rühren leicht anrösten lassen. Gießen Sie alles mit der Brühe auf. Rühren Sie solange bis die Sauce aufkocht. Verfeinern Sie die Sauce mit der Sahne. Nun kann diese noch mit Sojasauce und Pfeffer abgeschmeckt und die Bällchen hineingegeben werden. Die Fleischbällchen kurz in der Sauce durchschwenken.

XT Low Carb Cheeseburger

Vorbereitungszeit: 20 Minuten Ruhezeit: 30 Minuten Kochzeit: 20 Minuten

Kalorien: 473 kcal | Eiweiß: 47,8 Gramm | Fett: 27,1 Gramm | Kohlenhydrate: 9,7 Gramm

Zutaten:
Für das Brötchen: 50 Gramm Quark, 1 Ei, 2 EL Mandelmehl, 1 EL Haferkleie, 1 Messerspitze Backpulver, Salz und Pfeffer und etwas Sesam zum Bestreuen
Für das Patty: 100 Gramm Rinderhack, 1 EL Bauchspeck fein gewürfelt
Für den Belag: 2 Scheiben Tomaten, 2 Blatt Eisbergsalat, 3 Scheiben Gurken, 4 Zwiebelringe, 2 Scheiben Käse
Für die Sauce: 1 TL saure Sahne, 1 Messerspitze Senf

Zubereitung:
Verkneten Sie für das Brötchen den Quark mit Ei, Mandelmehl, Haferkleie, Backpulver, Salz und Pfeffer zu einem geschmeidigen Teig. Decken Sie den Teig mit Folie ab und lassen Sie diesen für 30 Minuten im Kühlschrank ruhen. Nun kann der Teig herausgenommen und kurz durchgeknetet werden. Formen Sie ein Brötchen und setzen Sie dieses auf ein mit Backpapier ausgelegtes Blech. Bestreuen Sie das Brötchen mit Sesam und heizen Sie den Ofen auf 170° Celsius vor. Nun kann das Brötchen bei Ober- und Unterhitze für 20 Minuten gebacken werden. Verkneten Sie für das Patty das Hackfleisch mit dem Speck und formen Sie die Masse anschließend zu einem Laibchen. Braten Sie das Patty in einer beschichteten Pfanne ohne Fett von beiden Seiten für je 2 Minuten an. Zunächst kann der Käse auf das heiße Patty gelegt und leicht geschmolzen werden. Schneiden Sie das Brötchen auf, belegen Sie dieses mit einem Salatblatt und setzen Sie das Patty darauf. Nun noch mit Tomaten, Gurken und Zwiebel belegen. Verrühren Sie die saure Sahne mit Senf und verstreichen Sie dies auf dem Deckel des Brötchens. Anschließend zuklappen und den Burger genießen.

Der Sokrates: Mhh Griechischer Moussaka

Vorbereitungszeit: 15 Minuten Backzeit: 35 Minuten
Kalorien: 321,1 kcal | Eiweiß: 31,5 Gramm | Fett: 19,1 Gramm | Kohlenhydrate: 5,8 Gramm
Zutaten: 100 Gramm Rinderhack, 1/2 Zwiebel, 2 Knoblauchzehen, 1 Tomate, 40 Gramm Auberginen, 1/2 Zucchini, Salz und Pfeffer, 1 Prise Anis, 1 TL Butter, 1 TL Mandelmehl, 100 ml Milch, 50 Gramm Schafskäse, 1 TL Olivenöl
Zubereitung:
Hacken Sie Zwiebel, Knoblauch und Tomate grob und braten Sie alles zusammen mit dem Fleisch in Olivenöl scharf an. Schneiden Sie anschließend Auberginen und Zucchini in dünne Scheiben und legen Sie damit eine kleine Auflaufform aus. Verteilen Sie das Fleisch darauf und streuen Sie den Schafskäse darüber. Nun kann die Butter in einer Pfanne geschmolzen und das Mandelmehl mit einem Schneebesen eingerührt werden. Das Ganze mit der Milch aufgießen und gut durchrühren, bis die Sauce einmal aufkocht. Gießen Sie die Sauce über das Fleisch und salzen und pfeffern Sie alles. Nun bei 170° Celsius, Ober- und Unterhitze für 30 Minuten im Backofen backen. Nach Belieben mit Basilikum bestreuen.

Klassisches Wiener Schnitzel

Vorbereitungszeit: 5 Minuten Backzeit: 5 Minuten
Kalorien: 392,7 kcal | Eiweiß: 35,8 Gramm | Fett: 26,7 Gramm | Kohlenhydrate: 2,3 Gramm
Zutaten: 140 Gramm Kalbsschnitzel, 1 EL Mandelmehl, 1 Ei, 2 EL Mandeln gerieben, Salz und Pfeffer, 3 EL Butterschmalz zum Backen
Zubereitung:
Klopfen Sie das Schnitzel dünn und würzen Sie es mit Salz und Pfeffer. Nun kann dieses im Mandelmehl gewälzt und im verquirlten Ei gebadet werden. Panieren Sie das Schnitzel in den Mandeln und drücken Sie die Panade gut an. Erhitzen Sie Butterschmalz in einer Pfanne auf etwa 170° Celsius und braten Sie das Schnitzel für 5 Minuten an. Achtung: Wenden Sie das Schnitzel erst nach etwa 3 Minuten. Servieren Sie das Schnitzel nach Bedarf mit einer Zitrone zum Beträufeln.

Himmlisches Low Carb Cordon Bleu

Vorbereitungszeit: 6 Minuten Backzeit: 12 Minuten

Kalorien: 467,4 kcal | Eiweiß: 45,3 Gramm | Fett: 30,6 Gramm | Kohlenhydrate: 2,7 Gramm

Zutaten: 130 Gramm Schweineschnitzel, 1/2 Zwiebel, 2 dünne Scheiben Bauchspeck, 15 Gramm Begkäse, 1 EL Mandelmehl, 1 Ei, 2 EL geriebene Mandeln, Salz und Pfeffer

Zubereitung:
Klopfen Sie zu Beginn das Schnitzel dünn, würzen Sie es mit Salz und Pfeffer und belegen Sie es dann mit dem Speck. Schneiden Sie die Zwiebel klein und verteilen Sie diese auf dem Schnitzel. Nun kann das Ganze mit dem Käse bedeckt und das Schnitzel zusammengeklappt werden. Fixieren Sie alles mit einem Zahnstocher und wälzen Sie das Schnitzel im Mandelmehl. Verquirlen Sie das Ei und ziehen Sie das Cordon Bleu durch. Nun in den geriebenen Mandeln panieren und die Panade gut festdrücken. Legen Sie das Cordon Bleu auf einen Grillrost und heizen Sie den Backofen auf 170° Celsius vor. Lassen Sie das Cordon Bleu bei Ober- und Unterhitze für 12 Minuten backen.

Aromatischer Kümmelbraten mit Knoblauch

Vorbereitungszeit: 10 Minuten Marinierzeit: 24 Stunden Kochzeit: 1,5 Stunden

Kalorien: 532,7 kcal | Eiweiß: 84,7 Gramm | Fett: 20,3 Gramm | Kohlenhydrate: 2,8 Gramm

Zutaten: 400 Gramm Schweinerücken mit Schwarte, 1/2 Zwiebel, 2 Knoblauchzehen, 1/2 TL Paprikapulver edelsüß, 1 EL Kümmel ganz, 1 TL Senf scharf, Majoran, Salz und Pfeffer

Zubereitung:
Schneiden Sie die Schwarte mit einem Teppichmesser ein. Hierbei sollen Rauten entstehen. Hacken Sie Zwiebel und Knoblauch sehr fein und verrühren Sie alles mit Paprika, Kümmel, Senf, Majoran und Pfeffer zu einer Paste. Reiben Sie nun das Fleisch großzügig mit der Paste ein. Wickel Sie alles in Folie ein und lassen Sie das Ganze für 24 Stunden im Kühlschrank durchziehen. Nehmen Sie das Fleisch aus dem Kühlschrank und salzen und pfeffern Sie es. Setzen Sie es anschließend auf den Grillrost. Lassen Sie den Braten bei 150° Celsius und Ober- und Unterhitze für 60 Minuten garen. Zuletzt für weitere 30 Minuten bei 190° fertig backen lassen.

Saftiges Schweinefilet mit Bärlauchsauce

Vorbereitungszeit: 3 Minuten Kochzeit: 10 Minuten
Kalorien: 327,9 kcal | Eiweiß: 36,4 Gramm | Fett: 18,7 Gramm | Kohlenhydrate: 3,5 Gramm
Zutaten: 150 Gramm Schweinefilet, 1 EL Butter, 1 Schalotte, 1 EL Apfelessig, 50 ml Brühe, 50 ml Sahne, 2 EL Bärlauch gehackt, frisch oder TK-Ware, Salz und Pfeffer
Zubereitung:
Teilen Sie das Schweinefilet in drei Medaillons, drücken Sie diese leicht platt und salzen und pfeffern Sie alles. Braten Sie die Medaillons von beiden Seiten für je 2 Minuten in etwas Butter an. Nehmen Sie diese anschließend aus der Pfanne und stellen Sie sie warm. Nun kann in der gleichen Pfanne die klein geschnittene Schalotte angebraten, mit Essig abgelöscht und mit der Brühe aufgegossen werden. Lassen Sie die Flüssigkeit leicht einreduzieren, Geben Sie nun Sahne und Bärlauch hinzu, lassen Sie alles einmal aufkochen und schmecken Sie das Ganze mit Salz und Pfeffer ab. Geben Sie zunächst die Medaillons in die Sauce und lassen Sie diese für 2 Minuten in der Sauce ziehen.

Leckerer Grillteller angerichtet mit geschmorten Cherry Tomaten

Vorbereitungszeit: 5 Minuten Kochzeit: 8 Minuten
Kalorien: 221 kcal | Eiweiß: 33 Gramm | Fett: 9 Gramm | Kohlenhydrate: 2 Gramm
Zutaten: 50 Gramm Rinderfilet, 50 Gramm Schweinefilet, 50 Gramm Putenbrust, 6 Cherry Tomaten, 2 Zweige Rosmarin, Salz und Pfeffer, 1 EL Olivenöl, Thymian, 2 Knoblauchzehen, 1 kleines Stück Zitronengras
Zubereitung:
Spießen Sie zu Beginn die Cherry Tomaten auf dem Rosmarinzweig auf und lassen Sie diese bei 200° Celsius im Backofen bei Umluft für 6 Minuten garen. Salzen und pfeffern Sie anschließend das Fleisch und braten Sie es in Olivenöl an. Geben Sie nun Thymian, Knoblauch und Zitronengras in die Pfanne, damit das Fleisch ein besonderes Aroma erhält. Braten Sie das Fleisch für etwa 2 Minuten von jeder Seite und richten Sie es zusammen mit den Tomaten an.

Schweineschnitzel gefüllt mit Pilzen

Vorbereitungszeit: 6 Minuten Kochzeit: 16 Minuten
Kalorien: 215,2 kcal | Eiweiß: 28,8 Gramm | Fett: 10,8 Gramm | Kohlenhydrate: 0,7 Gramm
Zutaten: 130 Gramm Schweineschnitzel, 1 Schalotte, 30 Gramm Egerlinge, 20 Gramm Pfifferlinge, 1 Prise Kümmel gemahlen, 1/2 TL Salbei gehackt, 1 TL Butter, 1/2 TL Meerrettich gerieben, Salz und Pfeffer
Zubereitung:
Klopfen Sie das Schweineschnitzel dünn und salzen und pfeffern Sie dieses. Hacken Sie Schalotte, Egerlinge und Pfifferlinge klein und schwitzen Sie diese in Butter an. Das Ganze kann nun mit Kümmel, Salbei, Salz, Pfeffer und Meerrettich gewürzt und auf das Schnitzel gelegt werden. Klappen Sie das Schnitzel zu und fixieren Sie das Ganze mit einem Zahnstocher. Anschließend kann das Schnitzel auf ein Backblech gelegt und bei 180° Celsius für etwa 12 Minuten gegart werden.

Der Zeus: Mhh Griechische Roulade

Vorbereitungszeit: 8 Minuten Kochzeit: 15 Minuten
Kalorien: 194,5 kcal | Eiweiß: 37,9 Gramm | Fett: 3,7 Gramm | Kohlenhydrate: 2,4 Gramm
Zutaten: 130 Gramm Putenschnitzel, 20 Gramm Schafskäse weich, 1 TL Frischkäse, 2 Knoblauchzehen, 1 TL Petersilie gehackt, 1/2 TL Olivenpaste, Salz und Pfeffer
Zubereitung:
Klopfen Sie die Pute hauchdünn und salzen und pfeffern Sie diese. Verrühren Sie den Schafskäse mit dem Frischkäse. Schneiden Sie zunächst den Knoblauch klein und verrühren Sie alles zusammen mit Petersilie, Olivenpaste, Salz, Pfeffer und Käse. Nun kann die Masse auf das Schnitzel gestrichen und zu einer Roulade gerollt werden. Fixieren Sie die Roulade mit einem Zahnstocher und legen Sie diese auf den Grillrost. Heizen Sie den Backofen auf 170° Celsius vor und lassen Sie die Roulade bei Ober- und Unterhitze für 15 Minuten garen.

Frisches Kohlrabi-Rahmgemüse mit leckerem Putensteak

Vorbereitungszeit: 5 Minuten Kochzeit: 10 Minuten

Kalorien: 235,6 kcal | Eiweiß: 40,1 Gramm | Fett: 6,4 Gramm | Kohlenhydrate: 4,4 Gramm

Zutaten: 140 Gramm Putenbrust, 1/2 Zwiebel, 80 Gramm Kohlrabi, 100 ml Brühe, 2 EL Hüttenkäse, Saft einer Limette, 1 TL Butter, 1 TL Mandelmehl, 1 Prise Kümmel gemahlen, Salz und Pfeffer

Zubereitung:
Salzen und pfeffern Sie zu Beginn die Pute und braten Sie diese in einer beschichteten Pfanne ohne Fett von beiden Seiten für je 2 Minuten an. Schälen Sie nun den Kohlrabi und schneiden Sie diesen in etwa 1 cm dicke, längliche Stücke. Anschließend kann der Kohlrabi in der Brühe für etwa 5 Minuten weichgekocht werden. Nehmen Sie den Kohlrabi aus der Brühe und stellen Sie die Brühe zur Seite. Nun die Zwiebel klein würfeln und in Butter glasig anschwitzen. Geben Sie zunächst das Mandelmehl hinzu, löschen Sie alles mit Limettensaft ab und gießen Sie das Ganze mit der Hälfte der Brühe auf. Würzen Sie das Gericht mit Kümmel, Salz und Pfeffer, rühren Sie den Hüttenkäse ein und geben Sie den Kohlrabi hinzu. Zuletzt das Kohlrabi-Rahmgemüse zusammen mit der Pute servieren.

Leckerer Wrap

Vorbereitungszeit: 8 Minuten Kochzeit: 15 Minuten

Kalorien: 347,3 kcal | Eiweiß: 37,9 Gramm | Fett: 18,1 Gramm | Kohlenhydrate: 8,2 Gramm

Zutaten:
Für den Wrap: 80 Gramm Magerquark, 60 Gramm Gouda gerieben, 1 Ei, 2 EL Haferkleie, Salz und Pfeffer
Für die Fülle: 1 EL körnigen Hüttenkäse, 1 EL Koriander gehackt, 2 EL Thunfisch aus der Dose im eigenen Saft, 2 Salatblätter, 1/2 rote Zwiebel, 1 Radieschen, Salz und Pfeffer

Zubereitung:
Verrühren Sie zu Beginn den Magerquark mit geriebenem Käse, Ei, Haferkleie, Salz und Pfeffer. Legen Sie ein Backblech mit Backpapier aus und verstreichen Sie die Masse dünn darauf. Nun den Backofen auf 170° Celsius vorheizen und den Teig bei Ober- und Unterhitze für 12 Minuten backen. Verrühren Sie für die Füllung den Hüttenkäse mit dem Koriander und dem Thunfisch und salzen und pfeffern Sie das Ganze. Nehmen Sie den Wrap aus dem Ofen und bestreichen Sie diesen mit der Füllung. Nun können Salat und Zwiebel in dünne Streifen geschnitten und das Radieschen fein gehobelt werden. Den Wrap mit dem Salatgemüse belegen. Zuletzt einrollen und genießen.

10 leckere Low Carb Frühstück Rezepte

Leckere Gefüllte Käsekipferl mit sehr viel Geschmack

Vorbereitungszeit: 15 Minuten Ruhezeit: 30 Minuten Backzeit 20 Minuten

Kalorien: 454,2 kcal | Eiweiß: 34,6 Gramm | Fett: 32,6 Gramm | Kohlenhydrate: 5,6 Gramm

Zutaten:
Für den Teig: 30 Gramm Quark, 15 Gramm Hüttenkäse, 30 Gramm weiche Butter, 50 Gramm Mandelmehl, Salz, weißer Pfeffer, 1/2 TL Olivenöl
Für die Füllung: 40 Gramm Käse, 1/2 TL Koriander gehackt (oder Kräuter nach Wahl)

Zubereitung:
Verkneten Sie Quark, Hüttenkäse, Butter und Mandelmehl. Arbeiten Sie zunächst Salz, Pfeffer und Olivenöl ein. Nun den Teig abdecken und im Kühlschrank für etwa 30 Minuten ruhen lassen. Nehmen Sie den Teig heraus und kneten Sie diesen durch. Rollen Sie ihn auf 3 mm aus und teilen Sie den Teig in 2 Dreiecke. Bestreuen Sie den Teig mit Käse und Kräutern und rollen Sie diesen anschließend zu Kipferl. Legen Sie ein Backblech mit Backpapier aus, heizen Sie den Ofen auf 170° Celsius vor und backen Sie die Kipferl für 20 Minuten bei Ober- und Unterhitze. Damit der Kipferl einen goldenen Glanz erhält, wird dieser vor dem Backen mit einem verquirlten Ei bestrichen.

Selbstgebackenes Eiweißbrot

Vorbereitungszeit: 10 Minuten Backzeit: 50 Minuten
Kalorien pro Scheibe: 48,9 kcal | Eiweiß: 5 Gramm | Fett: 8 Gramm | Kohlenhydrate: 2,8 Gramm
Zutaten für ein Brot mit etwa 12 Scheiben: 3 Eier, 2 Eiweiß, 300 Gramm Quark, 100 Gramm Mandelmehl, 60 Gramm Haferkleie, 5 Gramm Flohsamenschalen, 1/2 TL Backpulver, Himalaya Salz, Muskat gerieben
Zubereitung:
Verrühren Sie zu Beginn alle Zutaten und verarbeiten Sie diese zu einem sämigen Teig. Legen Sie anschließend eine Kastenform mit Backpapier aus und füllen Sie den Teig hinein. Schieben Sie nun das Brot in den auf 170° Celsius vorgeheizten Backofen und lassen Sie das Ganze bei Ober- und Unterhitze für 50 Minuten backen. Das Brot kann wunderbar im Kühlschrank aufbewahrt werden, dann bleibt es eine Woche frisch.

Leckeres Low Carb Nussbrot

Vorbereitungszeit: 10 Minuten Ruhezeit: 20 Minuten Backzeit: 40 Minuten
Kalorien pro Scheibe: 75,9 kcal | Eiweiß: 3,9 Gramm | Fett: 5,7 Gramm | Kohlenhydrate: 2,3 Gramm
Zutaten für ein Brot mit etwa 12 Scheiben: 150 Gramm Quark, 50 Gramm Joghurt, 4 Eier, 4 EL Haferkleie, 2 EL Chia Samen, 2 EL Walnüsse gehackt, 2 EL Cashew Nüsse gehackt, 2 EL Sonnenblumen Kerne, 2 TL Leinsamen, 1 Packung Backpulver, 60 Gramm Mandelmehl, 1/2 TL Himalaya Salz
Zubereitung:
Verkneten Sie alle Zutaten zu einem Brotteig. Nun den Teig abdecken und bei Zimmertemperatur für 20 Minuten ruhen lassen. Legen Sie eine Kastenform mit den Maßen 25 cm x 11 cm mit Backpapier aus und füllen Sie den Teig hinein. Schieben Sie das Ganze nun in den auf 170° Celsius vorgeheizten Backofen und lassen Sie das Brot für 40 Minuten bei Ober- und Unterhitze backen. Sie können das Brot im Kühlschrank aufbewahren oder portionsweise einfrieren.

Der Low Carb Nussaufstrich für alle Nutella Fans

Vorbereitungszeit: 5 Minuten

Kalorien: 90,5 kcal | Eiweiß: 5,2 Gramm | Fett: 6,9 Gramm | Kohlenhydrate: 1,9 Gramm

Zutaten: 1 EL Haselnuss Mus ohne Zuckerzusatz, 1 EL Whey Pulver mit Schokogeschmack, 1/2 TL doppelt entölter Kakao, 1 EL Mandelmilch, 1/2 TL Xylit oder Süßstoff nach Bedarf

Zubereitung:
Verrühren Sie alle Zutaten mit dem Schneebesen. Das Haselnuss Mus können Sie auch wunderbar selbst im Mixer oder Mörser herstellen. Hierzu mixen Sie einfach Nüsse mit etwas Butter.

Pochiertes Ei mit knusprigem Bacon

Vorbereitungszeit: 2 Minuten Kochzeit: 5 Minuten

Kalorien: 172,9 kcal | Eiweiß: 13,2 Gramm | Fett: 11,3 Gramm | Kohlenhydrate: 4,6 Gramm

Zutaten: 1 Ei, 3 Scheiben Bauchspeck, 1 TL Schnittlauch Röllchen, Salz und Pfeffer, 1 Schuss Essig

Zubereitung:
Füllen Sie einen Topf mit Wasser und bringen Sie diesen zum Kochen. Das Wasser nun mit einem ordentlichen Schuss Essig würzen. Erzeugen Sie einen Strudel und schlagen Sie das Ei hinein. Das Ganze für 3 Minuten pochieren lassen und aus dem Wasser nehmen. Nun kann auch der Speck in einer beschichteten Pfanne ohne Öl knusprig angebraten und zusammen mit dem Ei angerichtet werden. Zuletzt das Gericht salzen und pfeffern und mit Schnittlauch bestreuen.

Deftige Schinken-Muffins

Vorbereitungszeit: 6 Minuten Backzeit: 15 Minuten

Kalorien für 2 Muffins: 193,6 kcal | Eiweiß: 19,7 Gramm | Fett: 10 Gramm | Kohlenhydrate: 6,2 Gramm

Zutaten für 2 Muffins: 1 Ei, 30 Gramm Mandelmehl, 1 EL Joghurt, 20 Gramm Putenschinken, 1 TL Petersilie gehackt, Salz und Pfeffer
Zubereitung:
Trenne Sie zu Beginn das Ei und verarbeiten Sie das Eiweiß zu einem steifen Eischnee. Verrühren Sie das Eigelb mit dem Dotter und dem Joghurt. Nun kann der Schinken in Würfel geschnitten und zusammen mit der Petersilie in die Dottermasse eingerührt werden. Das Ganze mit Salz und Pfeffer würzen und den Schnee behutsam unterheben. Füllen Sie die Masse in 2 Muffin-Formen. Heizen Sie anschließend den Backofen auf 170° Celsius vor und lassen Sie die Muffins bei Ober- und Unterhitze für etwa 15 Minuten backen.

Low Carb Fladen aus Haferkleie

Vorbereitungszeit: 5 Minuten Backzeit: 10 Minuten

Kalorien für 2 Fladen: 135,5 kcal | Eiweiß: 10,4 Gramm | Fett: 9,1 Gramm | Kohlenhydrate: 3 Gramm

Zutaten für 2 Fladen: 1 Ei, 30 Gramm Sahnequark, 1 Prise Backpulver, 1 Prise Himalaya Salz, 1 TL Haferkleie
Zubereitung:
Trenne Sie das Ei und verarbeiten Sie das Eiweiß zu einem steifen Schnee. Verrühren Sie den Dotter mit dem Quark und dem Backpulver und salzen Sie das Ganze. Rühren Sie den Eischnee behutsam unter. Formen Sie auf einem mit Backpapier ausgelegten Blech mit dem Löffel 2 Fladen. Nun alles mit der Haferkleie bestreuen. Heizen Sie den Backofen auf 170° Celsius vor und lassen Sie die Fladen bei Ober- und Unterhitze für 10 Minuten backen.

Frischer Joghurt mit Beeren

Zubereitungszeit: 5 Minuten

Kalorien: 134,5 kcal | Eiweiß: 7,9 Gramm | Fett: 5,3 Gramm | Kohlenhydrate: 13,8 Gramm

Zutaten: 150 Gramm Joghurt, 1 Spritzer Süßstoff, 60 Gramm Beeren frisch oder TK, 3 Blätter Zitronenmelisse

Zubereitung:
Verrühren Sie den Joghurt mit dem Süßstoff und heben Sie anschließend die Beeren unter. Bestreuen Sie das Ganze mit der gehackten Zitronenmelisse. Für diesen Joghurt können sämtlichen Beeren verwendet werden.

Omelett mit Speck und Champignons

Vorbereitungszeit: 4 Minuten Kochzeit: 5 Minuten

Kalorien: 193,8 kcal | Eiweiß: 15,8 Gramm | Fett: 13,8 Gramm | Kohlenhydrate: 1,6 Gramm

Zutaten: 10 Gramm Speck gewürfelt, 1/2 Schalotte, 20 Gramm Champignons, 2 Eier, 2 EL Buttermilch, 1 TL Kerbel gehackt, Salz und Pfeffer

Zubereitung:
Verrühren Sie die Eier mit der Buttermilch und dem gehackten Kerbel und würzen Sie alles dezent mit Salz und Pfeffer. Braten Sie den Speck in einer beschichteten Pfanne ohne Fett an und geben Sie die zerkleinerte Schalotte und Champignons hinzu. Das Ganze nun mit der Eimasse übergießen. Setzen Sie den Deckel auf die Pfanne und nehme Sie diese nach einer Minute vom Herd. Lassen Sie das Omelett für 3 Minuten ohne Hitze ziehen. Anschließend aus der Pfanne nehmen und genießen.

Herzhafte Parmesan Brötchen

Vorbereitungszeit: 5 Minuten Ruhezeit: 10 Minuten Backzeit: 20 Minuten

Kalorien für 2 Brötchen: 313,2 kcal | Eiweiß: 25,9 Gramm | Fett: 16,4 Gramm | Kohlenhydrate: 15,5 Gramm

Zutaten für 2 Brötchen: 40 Gramm Quark, 1 Ei, 2 EL Mandelmehl, 2 EL Haferkleie, 1 Prise Backpulver, Salz und Pfeffer, 1 EL fein geriebener Parmesan, 1 TL Olivenöl

Zubereitung:
Verrühren Sie alle Zutaten außer den Parmesan zu einer Masse. Lassen Sie das Ganze für 10 Minuten bei Zimmertemperatur quellen. Legen Sie nun ein Backblech mit Backpapier aus und formen Sie mit nassen Händen aus dem weichen Teig zwei Brötchen. Diese können dann auf das Blech gesetzt werden. Bestreuen Sie die Brötchen anschließend mit Parmesan. Heizen Sie den Ofen auf 170° Celsius vor und backen Sie die Brötchen bei Ober- und Unterhitze für 20 Minuten.

Low Carb Süßigkeiten und leckere Desserts

Trotz gesunder Ernährung lässt sich der Appetit auf Süßes nicht ganz zur Seite schieben. Daher finden Sie hier leckere Nachspeisen, Kuchen, Torten und Desserts. Naschkatzen und Schleckermäuler kommen hier garantiert auf ihre Kosten. Folgende Rezepte sind alle auf Low Carb Basis - ohne Zucker und mit möglichst wenig Kohlenhydraten. Sie können nun auch Süßes schlemmen ohne ein schlechtes Gewissen haben zu müssen.

Leckere Creme mit Matcha

Zubereitungszeit: 5 Minuten Ruhezeit 1 Stunde

Kalorien: 169,4 kcal | Eiweiß: 5,3 Gramm | Fett: 13,4 Gramm | Kohlenhydrate: 6,9Gramm

Zutaten: 80 Gramm Joghurt, 1/2 TL Matcha Teepulver, Saft einer halben Limette, 1 Spritzer Süßstoff, 50 ml Sahne, 1/2 Packung Sahnesteif

Zubereitung:
Verrühren Sie den Joghurt mit Matcha Pulver, Limettensaft und Süßstoff. Schlagen Sie die Sahne mit dem Sahnesteif gut auf und heben Sie diese vorsichtig unter den Joghurt. Das Ganze kann nun für eine Stunde im Kühlschrank durchziehen lassen. Anschließend kann die leckere Matcha Creme vernascht werden. Diese Creme können sie auch wunderbar als Topping auf einem Low Carb Muffin verwenden.

Erfrischende Joghurt Torte aus dem Kühlschrank

Vorbereitungszeit: 20 Minuten Ruhezeit: 4 Stunde

Kalorien für die ganze Torte: 2394,6 kcal | Eiweiß: 52,7 Gramm | Fett: 144,6 Gramm | Kohlenhydrate: 220,6 Gramm

Zutaten für eine Torte mit etwa 12 Stücken:
Für den Boden benötigen Sie: 120 Gramm Low Carb Kekse, 80 Gramm weiche Butter
Für die Creme brauchen Sie: 350 Gramm Joghurt, 5 EL Xylit oder Süßstoff, 100 Gramm Quark, 250 ml Sahne, Saft und Abrieb einer unbehandelten Bio Zitrone, 10 Blatt Gelatine, 200 Gramm Erdbeeren frisch oder TK-Ware, 100 Gramm Himbeeren frisch oder TK-Ware
Für das Topping brauchen Sie: 250 Gramm Brombeeren, 2 EL Xylit oder Süßstoff, Saft einer Limette

Zubereitung:
Zerbröseln Sie die Low Carb Kekse in einem Beutel und verkneten Sie diese mit der weichen Butter. Dieser Boden kann nun in eine runde Springform mit einem Durchmesser von 26 cm gestrichen werden. Zuletzt das Ganze mit feuchten Händen glatt streichen. Verrühren Sie den Joghurt mit dem Xylit, Quark und Abrieb. Schneiden Sie die Erdbeeren klein und mengen Sie diese zusammen mit den Himbeeren unter. Nun kann die Sahne steif geschlagen und behutsam untergehoben werden. Zunächst Blattgelatine in Wasser einweichen, gut ausdrücken und in lauwarmem Zitronensaft auflösen. Rühren Sie nun die Gelatine zügig mit einem Schneebesen ein. Achten Sie hierbei darauf, dass keine Klümpchen entstehen. Streichen Sie die Creme auf den Boden. Pürieren Sie für das Topping die Brombeeren mit dem Süßstoff und dem Limettensaft und verstreichen Sie dieses auf der Creme. Lassen Sie die Torte für etwa 4 Stunden im Kühlschrank ziehen und schneiden Sie diese anschließend mit einem langen, in Wasser getauchtem Messer an.

Weihnachtliche Kokos Makronen

Vorbereitungszeit: 10 Minuten Backzeit: 10 Minuten
Kalorien: 2517 kcal | Eiweiß: 32,4 Gramm | Fett: 213,6 Gramm | Kohlenhydrate: 114,6 Gramm
Zutaten für etwa 20 Makronen: 350 Gramm Kokosraspeln, 80 Gramm Xylit, 4 Eiklar, 2 EL Kokosmehl, Abrieb einer halben unbehandelten Bio Limette
Zubereitung:
Schlagen Sie zu Beginn den Süßstoff mit dem Eiklar steif und vermengen Sie das Mandelmehl mit den Kokosraspeln. Verrühren Sie ein Viertel des Schnees damit. Nun noch den Abrieb der Limette hinzufügen und den restlichen Eischnee behutsam unterheben. Füllen Sie die Masse in einen Dressiersack oder setzen Sie die Makronen mit dem Löffel auf ein mit Backpapier ausgelegtes Blech. Lassen Sie diese nun bei 170° Celsius bei Ober- und Unterhitze für 10 Minuten backen. Diese Makronen können auch wunderbar zum Kaffee das ganze Jahr über serviert werden.

Leckere Muffins mit Rum und Rosinen

Vorbereitungszeit: 15 Minuten Backzeit: 18 Minuten
Kalorien für 8 Muffins: 1520,6 kcal | Eiweiß: 68,2 Gramm | Fett: 115,6 Gramm | Kohlenhydrate: 77,6 Gramm
Zutaten für 8 Muffins: 100 Gramm Butter, 3 Eier, 4 EL Xylit oder Süßstoff, 130 Gramm Mandelmehl, 1 Packung Backpulver, 4 EL Rosinen natur ohne Zuckerzusatz, Rumaroma, Saft und Abrieb einer halben unbehandelten Bio Orange, 1 Messerspitze Zimt gemahlen
Zubereitung:
Schlagen Sie die Butter mit dem Süßstoff schaumig und rühren Sie ein Ei nach dem Anderen ein. Schlagen Sie die Masse für weitere 3 Minuten. Arbeiten Sie nun Mandelmehl, Backpulver und Rosinen ein. Verfeinern Sie alles mit dem Rumaroma nun nach eigenem Geschmack. Runden Sie die Masse mit dem Saft, dem Abrieb und dem Zimt ab und füllen Sie alles in 8 Muffinformen. Lassen Sie die Muffins bei 170° Celsius Umluft für 18 Minuten backen.

Süßer Stracciatella-Vanille Cake

Vorbereitungszeit: 15 Minuten Backzeit: 45 Minuten

Kalorien für den ganzen Kuchen: 2512,9 kcal | Eiweiß: 137,3 Gramm | Fett: 139,7 Gramm | Kohlenhydrate: 176,2 Gramm

Zutaten für einen Kuchen mit etwa 12 Stücken: 6 Eier, 5 EL Xylit oder Süßstoff, 240 Gramm Mandelmehl, 1 Packung Backpulver, 120 Gramm Joghurt, Mark einer Vanilleschote oder Vanille Aroma, 50 ml Kokosöl, 120 Gramm Xylit Schokoraspeln zartbitter
Zubereitung:
Trennen Sie die Eier und verarbeiten Sie das Eiklar zu einem steifen Schnee. Anschließend können die Eigelbe mit dem Süßstoff schaumig geschlagen werden. Rühren Sie zunächst Mandelmehl, Backpulver, Joghurt, Vanille, Kokosöl und Schokoraspeln in die Dottermasse ein und heben Sie den Schnee behutsam unter. Legen Sie eine Kastenform mit den Maßen 20 cm x 30 cm mit Backpapier aus und füllen Sie die Masse ein. Heizen Sie den Ofen auf 170° Celsius vor und backen Sie den Kuchen bei Ober- und Unterhitze für 45 Minuten.

Cremiges Schokoladen Mousse aus Mama's Küche

Zubereitungszeit: 15 Minuten Ruhezeit: 3 Stunden

Kalorien für vier Portionen: 1483,1 kcal | Eiweiß: 33,1 Gramm | Fett: 93,9 Gramm | Kohlenhydrate: 126,4 Gramm

Zutaten: 2 Eier, 2 Eigelb, 2 EL Xylit oder Süßstoff, 150 Gramm Xylit Schokolade zartbitter oder Diätschokolade, 250 ml Sahne
Zubereitung:
Schlagen Sie zu Beginn die Eier und die Dotter mit dem Süßstoff schaumig. Nun kann die Schokolade verflüssigt und zügig mit einem Schneebesen in die Eimasse gerührt werden. Schlagen Sie die Sahne steif und heben Sie diese behutsam unter. Stellen Sie das Mousse nun für mindestens 4 Stunden kalt.

Leckere Low Carb Muffins

Vorbereitungszeit: 20 Minuten Backzeit: 20 Minuten
Kalorien: 3018,5 kcal | Eiweiß: 70,6 Gramm | Fett: 198,9 Gramm | Kohlenhydrate: 236,5 Gramm
Zutaten für etwa 12 Brownies: 150 Gramm Butter, 300 Gramm Xylit Schokolade zartbitter oder Diät-Schokolade, 5 EL Xylit oder Süßstoff, 90 Gramm Mandelmehl, 3 EL doppelt entölter Kakao, 1 Packung Backpulver, 4 Eier, 1 Prise Himalaya Salz
Zubereitung:
Rühren Sie zuerst die Butter mit dem Süßstoff schaumig und rühren Sie dann ein Ei nach dem Anderen ein. Bringen Sie die Schokolade zum Schmelzen und rühren Sie auch diese in die Butter-Ei Masse ein. Nun Mandelmehl, Kakao, Backpulver und Salz hinzugeben. Legen Sie ein Backblech mit Backpapier aus und streichen Sie die Masse hierauf auf. Schieben Sie das Ganze in ein auf 160° Celsius aufgeheizten Backofen und lassen Sie dies für 20 Minuten bei Ober- und Unterhitze backen. Schneiden Sie alles noch warm in etwa 12 Brownies. Hierzu können Sie einen Klacks Schlagsahne oder eine Kugel Low Carb Eis servieren.

Der weiße Traum: Pina Colada Muffins

Vorbereitungszeit: 12 Minuten Backzeit: 20 Minuten
Kalorien: 929,8 kcal | Eiweiß: 99,8 Gramm | Fett: 47 Gramm | Kohlenhydrate: 26,9 Gramm
Zutaten für 8 Muffins: 4 Eier, Süßstoff, 100 Gramm Mandelmehl, 50 Gramm Kokosmehl, 50 Gramm Kokosraspeln, Saft und Abrieb einer unbehandelten Bio Limette, 80 Gramm Ananas oder aus der Dose ohne Zuckerzusatz, 5 EL Kokosmilch, 1 Packung Backpulver
Zubereitung:
Trennen Sie die Eier und verarbeiten Sie das Eiweiß zu einem steifen Schnee. Nun kann das Eigelb schaumig gerührt und mit Mandelmehl, Kokosmehl, Kokosraspeln, Saft und Abrieb der Limette, Kokosmilch und Backpulver vermengt werden. Schneiden Sie die Ananas in kleine Stücke und arbeiten Sie diese ebenfalls in den Teig ein. Nun den Schnee behutsam unterheben und die Masse in 8 Förmchen füllen. Heizen Sie den Backofen auf 170° Celsius vor und backen Sie die Muffins bei Ober- und Unterhitze für 20 Minuten.

Lava Schokokuchen mit leckerem flüssigem Kern

Vorbereitungszeit: 10 Minuten Gefrierzeit: 4 Stunden Backzeit: 12 Minuten

Kalorien: 1015,5kcal | Eiweiß: 62,6 Gramm | Fett: 80,3 Gramm | Kohlenhydrate: 10,6 Gramm

Zutaten für 4 Lava-Cakes: 4 Eier, 4 EL doppelt entölter Kakao, 4 EL Xylit oder Süßstoff, 120 Gramm Mandelmehl, 3 EL Pflanzenöl, 1/2 Packung Backpulver

Zubereitung:
Schlagen Sie die Eier schaumig und verrühren Sie diese anschließend mit den restlichen Zutaten zu einem cremigen, dickflüssigen Teig. Das Ganze kann nun in runde Förmchen gegossen und für mindestens 4 Stunden im Tiefkühler eingefroren werden. Legen Sie anschließend die noch gefroren Küchlein in den 180° Celsius heißen Ofen und lassen Sie diese bei Ober- und Unterhitze für 12 Minuten backen. Die Schokoküchlein schmecken besonders gut mit Schlagsahne und Vanilleeis.

Bonus: 9 Ketogene Abendessen Rezepete

Frischer Beef Tatar

Kalorien: 225,1 kcal | Eiweiß: 24,3 Gramm | Fett: 13,9 Gramm | Kohlenhydrate: 0,7 Gramm
Zutaten: 100 Gramm Filet vom Rind | 1 Schalotte | 1 Messerspitze Cayenne Pfeffer | 1 Messerspitze Senf scharf | 1 TL Kerbel gehackt | 1 Eigelb | 1 Prise Himalaya Salz | 1 Spritzer Zitronensaft
Zubereitung:
Schneiden Sie das Fleisch in sehr kleine Würfel. Verwenden Sie hierzu am Besten ein sehr scharfes Messer. Hacken Sie nun die Schalotte fein und mischen Sie diese unter das Fleisch. Nun kann das Ganze mit Cayenne Pfeffer, Senf, Kerbel, Himalaya Salz und Zitronensaft abgeschmeckt werden. Rühren Sie das Eigelb ein und servieren Sie das Tatar gut gekühlt. Nach Belieben kann das Tatar auch je eine Minute von beiden Seiten angebraten werden.

Leckere Hühnersuppe mit Ei

Kalorien: 219 kcal | Eiweiß: 32,5 Gramm | Fett: 8,6 Gramm | Kohlenhydrate: 2,9 Gramm
Zutaten für eine Person: 250 ml Gemüsebrühe | 80 Gramm Innenfilet vom Huhn | 1/2 Stange Staudensellerie | 20 Gramm Blumenkohl | Salz und Pfeffer | 1 Lorbeer Blatt | 1 Ei | 1 EL Schnittlauch in Röllchen geschnitten
Zubereitung:
Würzen Sie zu Beginn die Brühe mit Salz und Pfeffer und bringen Sie diese zusammen mit dem Lorbeerblatt zum Kochen. Schneiden Sie das Fleisch in 1,5 cm große Würfel und geben Sie diese in die heiße Suppe. Lassen Sie das Ganze bei mittlerer Hitze für etwa 9 Minuten köcheln. Schneiden Sie den Staudensellerie und den Blumenkohl in mundgerechte Stücke und lassen Sie alles für 3 Minuten mitkochen. Schlagen Sie kurz vor Ende das Ei in die kochende Suppe ein und rühren Sie alles mit dem Schneebesen durch. Nun kann die Hühnersuppe angerichtet und großzügig mit Schnittlauch bestreut werden.

Saftige und Würzige Hackbällchen in feiner Indischen Sauce

Kalorien: 390,9 kcal | Eiweiß: 34,2 Gramm | Fett: 26,9 Gramm | Kohlenhydrate: 3 Gramm

Zutaten:
Für die Hack-Bällchen: 140 Gramm Rinderhack mager | 1 EL Koriander gehackt | etwas Abrieb einer Bio Limette | Salz und Pfeffer | 1 Eigelb
Für die Sauce: 1/2 rote Zwiebel | 1 Knoblauchzehe | 1 TL Butter | 1/2 TL gelbes, indisches Curry-Pulver | Saft einer halben Bio Limette | 80 ml Brühe | 1 Prise Kardamom gemahlen | 1 kleine Prise Zimt | 2 EL Joghurt | etwas Sojasauce hell ohne Zuckerzusatz | Austernsauce ohne Zuckerzusatz

Zubereitung:
Verkneten Sie das Rinderhack mit gehacktem Koriander, Abrieb der Limette, Eigelb, Salz und Pfeffer. Formen Sie die Masse mit nassen Händen zu Bällchen und legen Sie diese auf ein mit Backpapier ausgelegtes Backblech. Heizen Sie nun den Backofen auf 200° Celsius vor und lassen Sie die Bällchen für 10 Minuten bei Ober- und Unterhitze backen. Hacken Sie für die Sauce die Zwiebel und den Knoblauch fein und schmelzen Sie alles in der Butter hell an. Nun kann das Currypulver eingerührt und kurz mitgeröstet werden. Löschen Sie alles mit dem Limettensaft ab und gießen Sie das Ganze mit der Brühe auf. Lassen Sie die Flüssigkeit leicht einreduzieren und nehmen Sie diese anschließend von der Hitze. Rühren Sie den Joghurt mit dem Schneebesen ein und würzen Sie die Sauce mit Kardamom und Zimt. Nun mit Sojasauce und Austernsauce abschmecken, die Bällchen kurz in der Sauce ziehen lassen, und servieren.

Pochierter Fisch mit Dill Sauce

Kalorien: 205,1 kcal | Eiweiß: 28,4 Gramm | Fett: 9,1 Gramm | Kohlenhydrate: 2,4 Gramm

Zutaten: 300 ml Brühe | 2 Lorbeer Blätter | 1/2 TL Senfkörner | 2 Zweige Thymian | 150 Gramm Alaska Seelachs | 1 Schalotte | 1/2 TL Butter | Saft einer halben Zitrone | 1 TL Dill gehackt | 20 ml Sahne | Salz und Pfeffer

Zubereitung:
Kochen Sie die Brühe mit Lorbeerblättern, Senfkörnern, Thymian und Salz und Pfeffer auf. Schneiden Sie das Fischfilet in zwei gleichgroße Stücke und lassen Sie die Brühe auf 70° Celsius abkühlen. Nun den Fisch darin für etwa 12 Minuten pochieren. Schneiden Sie die Schalotte klein und schwitzen Sie diese in der Butter leicht an. Das Ganze kann nun mit dem Saft der Zitrone abgelöscht werden. Rühren Sie den Dill ein und gießen Sie das Ganze mit einem Schöpfer des Pochier-Wassers auf. Verfeinern Sie alles mit der Sahne und schmecken Sie die Sauce mit Salz und Pfeffer ab. Das Ganze nun kurz einreduzieren lassen. Richten Sie die Sauce zusammen mit dem Alaska Seelachs an.

Mit Blauschimmelkäse mariniertes Putensteak

Kalorien: 215,9 kcal | Eiweiß: 36,7 Gramm | Fett: 6,7 Gramm | Kohlenhydrate: 2,2 Gramm

Zutaten: 150 Gramm Puten-Steak | Salz und Pfeffer | 1 TL Blauschimmel Käse (Gorgonzola oder Bavaria Blue) | 1 TL Frischkäse | 1 Messerspitze Senf scharf | 1/2 TL Petersilie gehackt
Zubereitung:
Salzen und pfeffern Sie das Fleisch auf beiden Seiten. Braten Sie das Fleisch in einer Grillpfanne ohne Fett für 90 Sekunden von jeder Seite scharf an. Nun aus der Pfanne nehmen und auf einen Grillrost legen. Verrühren Sie den Blauschimmel Käse mit dem Frischkäse und geben Sie anschließend Senf und Petersilie hinzu. Verteilen Sie die Marinade auf dem Fleisch und heizen Sie den Backofen auf 180° Celsius vor. Überbacken Sie das Putensteak bei Ober- und Unterhitze für 8 Minuten. Zuletzt kann dieses aus dem Ofen genommen und verschlemmet werden.

Carpacio mit frischem Mozzarella

Kalorien: 374,1 kcal | Eiweiß: 34 Gramm | Fett: 23,7 Gramm | Kohlenhydrate: 6,2 Gramm

Zutaten: 100 Gramm Filet vom Rind | 60 Gramm Mozzarella | 1 EL Olivenöl | 1 EL Balsamico Essig | etwas Abrieb einer unbehandelten Bio Limette | 10 Gramm Rucola Salat | 1 EL Pinienkerne gehackt und geröstet | Salz und Pfeffer
Zubereitung:
Legen Sie das Fleisch zwischen zwei Frischhaltebeutel und klopfen Sie dieses hauchdünn. Richten Sie das Fleisch auf einem Teller an, zerrupfen Sie den Mozzarella und verteilen Sie diesen darüber. Nun kann das Ganze mit Rucola bedeckt und mit dem Limetten-Abrieb bestreut werden. Marinieren Sie alles mit Essig und Öl und würzen Sie das Ganze noch mit Salz und Pfeffer. Nun großzügig mit den Pinienkernen bestreuen.

Deftiger gebratener Sesamzander mit Knoblauch

Kalorien: 362,3 kcal | Eiweiß: 32,9 Gramm | Fett: 23,1 Gramm | Kohlenhydrate: 5,7 Gramm

Zutaten für eine Person: 150 Gramm Zanderfilet ohne Haut | Salz und Pfeffer | 1 Knoblauchzehe | etwas Zitronensaft | 15 Gramm Sesam weiß | 15 Gramm Sesam schwarz | 1 EL Sesam Öl

Zubereitung:

Hacken Sie den Knoblauch, salzen und pfeffern Sie das Fischfilet und reiben Sie dieses mit dem Knoblauch ein. Beträufeln Sie das Ganze mit dem Zitronensaft. Vermengen Sie die Sesamsamen und wälzen Sie den Fisch darin. Drücken Sie den Sesam gut an. Braten Sie den Fisch in heißem Sesam Öl für 90 Sekunden von jeder Seite an und genießen Sie ihn anschließend.

Leckere Bolognese mit Konjaknudeln

Kalorien: 167,5 kcal | Eiweiß: 13,5 Gramm | Fett: 10,3 Gramm | Kohlenhydrate: 5,2 Gramm

Zutaten: 60 Gramm Konjaknudeln | 1/4 rote Zwiebel | 1 Knoblauchzehe | 60 Gramm Rinderhack mager | 1 EL Olivenöl | 80 Gramm Pizza-Tomaten aus der Dose ohne Zuckerzusatz | Salz und Pfeffer | 1/2 TL Oregano getrocknet | Basilikum frisch | 1 Prise Kümmel gemahlen | 1 Spritzer Süßstoff

Zubereitung:

Hacken Sie die Zwiebel und den Knoblauch und dünsten Sie alles in Olivenöl an. Geben Sie das Fleisch hinzu und braten Sie es mit an. Gießen Sie das Ganze mit den Pizzatomaten auf und würzen Sie alles mit Salz, Pfeffer und Oregano. Schmecken Sie die Bolognese mit Kümmel und Süßstoff ab und lassen Sie diese für 15 Minuten köcheln. Nun die Konjaknudeln laut Packungs-Anweisung abspülen und zubereiten. Vermengen Sie die Nudeln mit der Sauce und richten Sie diese an. Zuletzt mit frischem Basilikum bestreuen und nach Belieben mit frisch geriebenem Parmesan verfeinern.

Tintenfisch gefüllt mit Chili und Paprika

Kalorien: 189,6 kcal | Eiweiß: 21,2 Gramm | Fett: 10,8 Gramm | Kohlenhydrate: 1,9 Gramm

Zutaten: 120 Gramm Tintenfisch | Salz und Pfeffer | 1 EL Frischkäse | 1 Eigelb | 1 EL Petersilie gehackt | 1 Chili rot gehackt | 1/2 TL Dill gehackt | 1/4 Paprika rot fein gewürfelt

Zubereitung:
Waschen Sie zuerst den Tintenfisch und salzen und pfeffern Sie diesen von innen und von außen. Verrühren Sie den Frischkäse mit dem Eigelb und vermengen Sie alles mit der gehackten Petersilie, dem Chili, dem Dill und den Paprikawürfeln. Füllen Sie den Tintenfisch damit und legen Sie diesen auf ein mit Backpapier ausgelegtes Backblech. Nun kann der Backofen auf 190° Celsius aufgeheizt und der Tintenfisch bei Ober- und Unterhitze für 8 Minuten gebacken werden. Nach Bedarf kann der Tintenfisch mit etwas frischem Zitronensaft beträufelt werden.

Rezepte zum Frühstück

Rührei mit Vanille

Pro 100 g: kcal 113 | EW 33 g | FT 3,8 g | KH 6,8 g | B 15,5 g
Zutaten: 2 ganze Eier (M) | 4 Eiweiß | 30 g Proteinpulver mit Vanillegeschmack | 100 ml Milch (3,5 %) | 1-2 Spritzer Flüssig Süßstoff (nach Bedarf)
Zubereitung:
Eine Schüssel nehmen und die Eier hineinschlagen. Mit einem Rührgerät oder dem Schneebesen verquirlen, dann die übrigen Zutaten zugeben. Erneut verrühren.
Nun Öl in eine beschichteten Pfanne geben und auf mittlerer Stufe erwärmen, bis es heiß ist. Die Eiermasse nun in das heiße Öl geben und braten, bis sie sich bräunlich färbt. Auf einen Teller geben und heiß genießen.

Buttermilchsmoothie

1 Port: kcal 183 kcal | EW 18 g | FT 8 g | KH 13 g | B 9 g
Zutaten: 400 ml Buttermilch | 100 g Himbeeren frisch oder tiefgekühlt / ungezuckert | 15 g Molkenprotein neutral | 5 EL Wasser | 2 EL Mandelmus | 2 EL Flohsamenschalen
Zubereitung:
Flohsamenschalen in eine kleine Schüssel geben. Das Wasser darüber verteilen, dann die Schüssel zum Quellen beiseite stellen (15 Minuten). In der Zwischenzeit die frischen Himbeeren gründlich waschen. Wer tiefgekühltes Obst benutzt, kann das nach Geschmack auftauen lassen oder auch gefroren verwenden (zum Beispiel für einen leckeren Sommersmoothie).
Zusammen mit den übrigen Zutaten in einen Mixer geben, zum Schluss die gequollenen Flohsamenschalen ebenfalls einfüllen. Dann kräftig mixen, bis ein cremiger Smoothie entsteht. In ein Glas füllen und sofort genießen.

Nussmüsli

Pro Portion ca. 275 kcal/1151 kJ | 6 g EW | 24 g FT | 6 g KH

Zutaten: 90 g Cashewkerne | 75 g Haselnüsse | 75 g Mandeln | 55 g Sonnenblumenkerne | 50 g Kokosraspel | 40 g Kokosöl | 1 EL Honig | 1/2 TL gemahlene Vanille | 1/2 TL Salz | 8–10 Portionen

Zubereitung:

Zunächst den Backofen vorheizen (140 Grad). Ein Backblech mit Backpapier belegen.

Nüsse, Sonnenblumenkerne, Kokosraspeln und Mandeln mit der Küchenmaschine (alternativ mit dem Mixer) hacken. Wer diese Geräte nicht zu Hause hat, kann auch mit einem scharfen Messer arbeiten.

Nun das Kokosöl in einen Topf geben und auf mittlerer Stufe erhitzen, bis es geschmolzen ist. Dann vom Herd nehmen und in eine Schüssel geben. Vanille und Honig zugeben und gut verrühren. Die gehackte Nussmischung ebenfalls zugeben, erneut rühren. Nun alles auf das Backblech geben und backen. Gelegentlich umrühren. Nach 20 bis 25 Minuten färbt sich die Mischung bräunlich und kann aus dem Ofen geholt werden. Vorsichtig mit etwas Salz bestreuen. Ein sauberes Küchentuch nehmen und das Backblech mit dem Nussmüsli bedecken und mit den Fingerspitzen sanft andrücken. Dann gut abkühlen (20 Minuten).

Zum Verzehr nun kleine Stücke brechen und in eine Schüssel geben. Nach Geschmack mit Mandel- oder Kokosmilch servieren.

Beerenjoghurt mit Nüssen

Pro Portion ca. 240 kcal/1005 kJ | 10 g EW | 14 g FT | 16 g KH

Zutaten: 1 EL Macadamianüsse | 1 EL Cashewkerne | 150 g frische Beeren nach Saison und Wahl (z. B. Brombeeren, Schwarze Johannisbeeren, Heidelbeeren oder Himbeeren; alternativ TK-Beerenmischung) | 400 g Naturjoghurt (3,5 % Fett) | 1 TL Agavendicksaft nach Belieben | 2 Portionen

Zubereitung:

Zunächst die Nüsse und die Cashewkerne in die Küchenmaschine oder den Mixer geben und klein hacken. Alternativ ein scharfes Messer benutzen. Dann die frischen Beeren unter fließendem kalten Wasser gründlich waschen, dann mit etwas Küchenrolle vorsichtig trocken tupfen. Tiefkühlbeeren am besten über Nacht auftauen und gut abtropfen lassen.

Den Joghurt gleichmäßig in zwei Frühstücksschüsseln füllen. Je nach Geschmack mit Agavendicksaft verfeinern, dann Beeren und Nüsse darüber geben. Sofort genießen.

SPAGHETTI-ROLLE

Pro 100 g: kcal 226 | EW 21 g | FT 11 g | KH 8 g | B 7,3 g
Zutaten: 200 g geriebener Emmentaler | 5 Eier | 250 g Vollkorn-Spaghetti | 200 g Schinken | 120 g Mozzarella | 200 g Tomatensoße oder passierte Tomaten
Zubereitung:
Zunächst den Backofen vorheizen (180 Grad) und ein Backblech mit Backpapier auslegen. Die Spaghetti nach Packungsanleitung zubereiten. In der Zwischenzeit den Schinken und den Mozzarella klein schneiden und beiseite stellen. Parallel die Eier in eine große Schüssel schlagen und mit der Gabel verquirlen. Anschließend die Hälfte des Emmentalers zugeben, rühren. Zum Schluss die fertigen Spaghetti zugeben und nochmals vermengen, am besten geht das mit einem Holzkochlöffel.
Mit einer Zange nun die Spaghettimischung auf das Backblech geben und flächendeckend so verteilen, dass keine Lücken entstehen. Anschließend auf unterer Stufe in den Ofen schieben und kurz backen (9 Minuten). Die Spaghettimischung dann wieder aus dem Ofen nehmen und sofort mit Schinken und Mozzarella belegen. Nun an einer Seite des Spaghettifladens das Backpapier leicht anheben und die Masse rollen, sodass eine große Rolle entsteht. Das Backpapier anschließend wieder aufs Blech legen und die Rolle darauf positionieren. Zum Schluss die Tomatensoße oder passierten Tomaten über der Spaghetti-Rolle verteilen, mit restlichem Käse bestreuen und je nach Geschmack mit Basilikum und Oregano würzen, salzen und pfeffern. Nochmals kurz im Ofen backen (untere Schiene, 8 Minuten), dann heiß servieren.

High-Fibre-Knödel

Pro 100 g: kcal 164 | EW 8,9 g | FT 8,8 g | KH 3,7 g | B 16,3 g

Zutaten: 200 g Sahnequark | 60 g Flohsamenschalen | 10 g Bambusfasern | Gemüsebrühe | 2 Eier

Zubereitung:

Eine Schüssel nehmen und die Flohsamenschalen zusammen mit den Bambusfasern hineingeben. Mit einem Löffel gut vermengen. Anschließend die Eier in dieselbe Schüssel geben, Sahnequark und Gemüsebrühe zufügen. Gut kneten, am besten geht das mit der Hand. Alternativ können auch die Knethaken des Rührgeräts verwendet werden. Einen großen Topf mit Wasser füllen auf dem Herd zum Kochen bringen. In der Zwischenzeit die Hände mit Wasser befeuchten und den Teig zu 12 Kugeln rollen. Die Kugeln in das heiße Wasser geben und 10 Minuten kochen, dann heiß servieren. Dazu schmecken High-Fibre-Gemüsesorten wie Bohnen und passende Saucen.

Frikadellen mit Buttergemüse

1 Port: kcal 620 | EW 29 g | FT 48 g | KH 13 g | B 15 g

Zutaten: 100 g Rinderhackfleisch | 2 TL Dijonsenf | 2 TL Tomatenmark | Salz | frisch gemahlener schwarzer Pfeffer | 1 TL gemahlene Flohsamenschalen (3,5 g) | 3 TL frisch geschrotete braune Leinsamen (7,5 g) | 15 g gemahlene Mandelkerne | 1 TL Rapsöl (5 ml) | 200 g TK-Erbsen und TK-Karotten gemischt | 2 Stängel glatte Petersilie (5 g Blätter) | 4 TL Butter (20 g)

Zubereitung:

Eine Schüssel nehmen und das Hackfleisch hineingeben. Senf und Tomatenmark zugeben und alles gut verkneten (am besten geht das mit der Hand). Salz, Pfeffer, Mandeln, Flohsamenschalen und Leinsamen ebenfalls zufügen und weiter kneten, bis alles gut vermischt ist. Dann die Hackfleischmasse teilen und aus jeder Hälfte eine Frikadelle formen.

Nun Öl in eine beschichtete Pfanne geben und auf mittlerer Stufe erhitzen. Die Frikadellen dann in das heiße Öl geben und unter regelmäßigem Wenden 10 Minuten braten. Gleichzeitig 50 ml Wasser in einen Topf füllen, das Gemüse zugeben und alles gemeinsam zum Kochen bringen. Leicht salzen, dann den Topf mit einem Deckel abdecken und alles bei schwacher Hitze köcheln lassen. Nach 10 Minuten das Wasser abgießen und das Gemüse etwas abkühlen lassen.

In der Zwischenzeit die Petersilie unter fließendem Wasser waschen und vorsichtig trocken schütteln. Anschließend mit einem scharfen Messer grob hacken. Zum Schluss die Frikadellen und das Gemüse in einen Teller geben. Butterflocken auf dem Gemüse verteilen und kurz warten, bis sie geschmolzen sind. Dann die Petersilie ebenfalls darüber verteilen und heiß genießen.

Vegetarische Hamburger

Pro 100 g: kcal 162 | EW 17,2 g | FT 7,1 g | KH 4,9 g | B 6 g

Zutaten: 90 g Eiweißmehl | 120 ml Eiweiß | 100 g Karotten, geraspelt | 100 g Magerquark | 2 Eier | 6 g Backpulver | 20 g Goldleinsamen (Alternativ andere Nüsse und Körner) | Gewürze je Wahl (Worcester Soße, Soja Soße, Salz und Chili) | Belag je nach Wahl (Tomaten, Gurken, Radieschen, …)

Zubereitung:

Zunächst den Backofen vorheizen (180 Grad) und die mittleren 6 bis 7 Förmchen eines Muffinblechs mit Papierförmchen auslegen.

Eine Schüssel nehmen und 50 g des Eiweißmehls zusammen mit dem Eiweiß und den Möhren hineingeben, dann gut verrühren. Anschließend den Teig in 6 bis 7 Teile teilen und aus jedem Teil eine Frikadelle formen. Nun 2 EL Kokosöl in eine beschichtete Pfanne geben und bei mittlerer Stufe erwärmen, bis es geschmolzen ist. Dann die Frikadellen in das heiße Fett geben und von beiden Seiten kräftig braten. Eine separate Schüssel nehmen und das restliche Eiweißmehl zusammen mit dem Magerquark, den Eiern, dem Backpulver und den Goldleinsamen hineingeben. Gut verrühren, dann in die vorbereiteten Muffinförmchen geben. Im Ofen 25 Minuten backen, die fertigen Brötchen dann gut abkühlen lassen. Die Brötchen schließlich mit einem scharfen Messer halbieren und mit einer Frikadelle nach Wahl belegen und würzen.

Schweinesteaks mit Avocado

Pro Port.: ca. 445 kcal/1863 kJ | EW 36 g | FT 29 g | KH 11 g

Zutaten: Für die Salsa: 6 Limetten | 3 EL fruchtiges Olivenöl | 1 1/2 getrocknete Chilischoten | Salz | frisch gemahlener Pfeffer | 2 Mangos (reif, aber noch festfleischig) | 2 Schalotten | 2 Avocados | 1 Bund Koriander

Für die Steaks: 4 Schweinenackensteaks (à ca. 150 g) | 1 TL gemahlener Anis | 1 TL gemahlener Kreuzkümmel | Salz | frisch gemahlener Pfeffer | 2 EL Butterschmalz | 4 Port.

Zubereitung:

Zunächst die Salsa zubereiten. Dafür die Limetten halbieren und gründlich pressen, davon 10 EL Limettensaft abmessen und in eine kleine Schüssel geben. Olivenöl zugeben und mit einem Schneebesen gut verrühren. Chilischote zerbröseln und gemeinsam mit Salz und Pfeffer ebenfalls ins Dressing einrühren. Nun die Mangos mit einem Gemüseschäler schälen, den Kern entfernen und das Fruchtfleisch würfeln. Die Schalotten ebenfalls schälen, dann mit einem scharfen Messer fein hacken. Eine separate Schüssel nehmen, Mango und Schalotten hineingeben und gut verrühren. Stein und Schale von den Avocados entfernen, das Fleisch würfeln und dann zur Mangomischung füllen. Das Dressing sofort darüber geben, damit die Avocado nicht anlaufen kann, dann vorsichtig mischen. Zum Schluss Koriander unter fließendem Wasser gründlich waschen und vorsichtig abtrocknen. Die zarten Blättchen entfernen und ebenfalls in die Salsa geben, erneut mischen.

Jetzt den Backofen vorheizen (60 Grad). Die Steaks unter fließendem Wasser abspülen und mit etwas Küchenrolle vorsichtig abtrocknen. Anis, Kreuzkümmel, Salz und Pfeffer über die Steaks streuen, dann Butterschmalz in eine Pfanne geben und bei mittlerer Hitze erwärmen, bis er geschmolzen ist. Dann die Steaks ins heiße Fett geben und unter Wenden kurz braten (3 Minuten). Die Steaks nun auf ein Stück Alufolie legen und die Folie gut um das Steak verschließen. In den Ofen legen und kurz ruhen lassen (3 Minuten). Dann mit dem Fleischsaft und der Salsa auf einem Teller anrichten und sofort genießen.

Hühnchen mit Spargelsalat

Pro Port.: ca. 610 kcal/2554 kJ | EW 65 g | FT 36 g | KH 6 g

Zutaten: 800 g grüner Spargel | 1/2 Bund Frühlingszwiebeln | 3 EL Weißweinessig | Salz | Pfeffer | 1 TL Senf | 1/2 TL Honig | 8 EL Olivenöl | 4 Hähnchenbrustfilets (à ca. 200 g) | 250 g Frühstücksspeck in Scheiben | 2 EL Butterschmalz | Basilikumblättchen zum Garnieren | 4 Port.

Zubereitung:

Zunächst den Backofen vorheizen (180 Grad) und Backpapier auf ein Backblech legen.

Den Spargel nehmen und nur die untere Stange schälen. Die holzigen Enden entfernen, dann gründlich waschen. Den Spargel dann der Länge nach halbieren und so schneiden, dass schräge Stücke entstehen. Nun die Frühlingszwiebeln waschen und in grobe Stücke schneiden.

Eine Schüssel nehmen und Weißweinessig hineingeben. 2 EL Wasser zusammen mit Senf, Honig, Salz und Pfeffer ebenfalls zugeben und gut verrühren. Schließlich 6 EL des Olivenöls langsam löffelweise zufügen und verrühren.

Das Fleisch nehmen, unter fließendem Wasser abspülen und mit etwas Küchenrolle abtrocknen, dann von beiden Seiten mit Salz und Pfeffer würzen. Die Speckscheiben nehmen und das Fleisch darin einwickeln.

Nun Butterschmalz in eine beschichtete Pfanne geben und bei mittlerer Stufe erwärmen, bis das Fett geschmolzen ist. Dann die Hähnchenbrüste in das heiße Fett geben, dabei zuerst auf die Stelle legen, an der sich die Enden der Speckscheibe treffen. Nach 2 Minuten wenden und nochmals kurz anbraten (2 Minuten). Anschließend aus der Pfanne nehmen und aufs Blech legen, damit das Fleisch im Ofen weitere 15 Minuten garen kann.

In der Zwischenzeit das restliche Olivenöl in eine Pfanne geben und bei mittlerer Hitze erwärmen. Das Gemüse ins heiße Öl geben und kurz anbraten. Währenddessen salzen und pfeffern. Nach 4 Minuten das Gemüse aus der Pfanne holen und zur Essigmischung geben, gut vermischen. Zum Schluss das Fleisch mit dem Spargelsalat auf einem Teller anrichten und sofort genießen.

Peperoni-Lammlachse

Pro Port.: ca. 425 kcal/1779 kJ | EW 40 g | FT 23 g | KH 14 g
Zutaten: Für das Fleisch: 700 g Lammlachse | 2 Knoblauchzehen | 1/2 Bund Minze | 2 Zweige Rosmarin | 1/2 Bund Oregano | 10 Pfefferkörner | 4 EL Olivenöl | Salz | Pfeffer
Für die Peperonata: 1 kleine Zucchini | 2 rote Paprikaschoten | 2 gelbe Paprikaschoten | 1 Zwiebel | 3 Knoblauchzehen | 3 Fleischtomaten | 1 Chilischote | 3 EL kleine Kapern | 2 EL Olivenöl | Salz | Pfeffer | 2 EL gehackte Petersilie | 4 Port.
Zubereitung:
Zunächst das Fleisch unter fließendem Wasser abspülen und mit etwas Küchenrolle abtrocknen, dann Sehnen und Fett vorsichtig entfernen. Den Knoblauch schälen und schneiden, sodass feine Scheiben entstehen. Rosmarin, Oregano und Minze waschen, vorsichtig trocken tupfen und anschließend Blätter und Nadeln hacken (nicht zu fein). Die Pfefferkörner in den Mörser geben und leicht andrücken. Eine Schüssel nehmen und Kräuter und Pfefferkörner hineingeben. 2 EL des Olivenöls zugeben und gut verrühren, dann das Fleisch mit der Mischung einreiben. Schließlich das Fleisch in Folie wickeln und 4 Stunden im Kühlschrank kalt stellen, dann wieder herausnehmen und warten, bis es wieder Zimmertemperatur angenommen hat.
Den Backofen vorheizen (70 Grad), dabei eine Auflaufform, in die später das Fleisch kommt, mit in den Backofen stellen. Nun das Fleisch nehmen und die Marinade mit dem Messerrücken entfernen, dann salzen und pfeffern. Das verbliebene Öl in eine Pfanne geben und bei mittlerer Stufe erhitzen. Anschließend das Fleisch in das heiße Fett geben und unter Wenden kurz anbraten (2 Minuten). Dann das Fleisch in die Form in den Ofen geben und 40 Minuten weiter garen.
In der Zwischenzeit die Peperonata zubereiten. Dafür die Zucchini gründlich waschen und mit Schale würfeln. Die Paprika halbieren und entkernen, dann ebenfalls waschen. Anschließend so schneiden, dass schmale Streifen entstehen. Erst die Zwiebel, dann den Knoblauch schälen und danach zu feinen Würfeln verarbeiten. Die Tomaten einritzen, mit heißem Wasser übergießen, dann häuten und die Kerne entfernen. Fruchtfleisch klein schneiden. Alternativ können hier auch Tomaten aus der Dose verwendet werden. Die Chilischote halbieren und entkernen, dann gut waschen und klein schneiden. Zum Schluss die Kapern in einem Sieb spülen und abtropfen lassen.
Nun das Olivenöl in die Fleischpfanne geben und bei mittlerer Stufe erwärmen. Dann die Zwiebel in das heiße Fett geben und kurz anbraten, dann Paprika, Zucchini, Knoblauch und Chili zugeben. 5 Minuten braten, dabei gleichmäßig rühren. Tomaten zugeben und mit Salz und

Pfeffer abschmecken. Alles 10 Minuten braten lassen, dann die Kapern unterrühren und nochmals 5 Minuten braten.
Schließlich das Fleisch mit der Peperonata auf einem Teller anrichten und mit Petersilie bestreuen. Heiß genießen.

Schweineröllchen à la Ratatouille

Pro Port.: ca. 489 kcal/2047 kJ | EW 44 g | FT 31 g | KH 7 g

Zutaten: Für die Ratatouille: 2 gelbe Paprikaschoten | 2 rote Paprikaschoten | 2 kleine Zucchini | 2 rote Zwiebeln | 3 Knoblauchzehen | 250 g Kirschtomaten | 1 Bund Thymian | 3 EL Olivenöl | Salz | frisch gemahlener Pfeffer | 250 ml Gemüsebrühe | 3 EL Tomatenmark

Für die Schweineröllchen: 2 Bund Basilikum | 30 g Parmesan | 30 g Pinienkerne | 5 EL Olivenöl | Salz | frisch gemahlener Pfeffer | 75 g getrocknete Tomaten in Öl | 8 kleine Schweineschnitzel (à ca. 75 g) | 4 Port.

Zubereitung:

Zunächst den Backofen vorheizen (180 Grad).

Dann das Gemüse vorbereiten. Dazu Paprika halbieren und entkernen, gründlich waschen und so schneiden, dass schmale Streifen entstehen. Die Zucchini ebenfalls waschen, dann mit Schale zu Würfeln verarbeiten. Erst die Zwiebel, dann den Knoblauch schälen und ebenfalls zu Streifen schneiden. Die Tomaten gründlich waschen, dann in zwei Hälften teilen. Den Thymian unter fließendem Wasser waschen und vorsichtig trocken tupfen, dann die Blättchen entfernen. Eine Schüssel nehmen, das Gemüse mit dem Thymian hineingeben und gut vermischen. Mit Salz, Pfeffer und Olivenöl würzen und erneut mischen. Anschließend die Bratenpfanne des Backofens nehmen und die Gemüsemischung darin verteilen. 20 Minuten backen.

Jetzt das Basilikum unter fließendem Wasser abspülen und trocken schütteln, dann die Blätter abzupfen und fein hacken. Den Parmesan mit der Reibe nach Geschmack grob oder fein reiben. Eine kleine Pfanne nehmen, die Pinienkerne hineingeben und ohne die Zugabe von weiterem Fett kurz rösten, dann in den Mixer geben. Eine Hälfte des gehackten Basilikums zusammen mit dem Parmesan und 3 EL Olivenöl ebenfalls zufügen und alles zu einem Pesto pürieren, anschließend mit Salz und Pfeffer würzen.

Tomaten waschen und so schneiden, dass Streifen entstehen. Das Fleisch ebenfalls waschen, mit etwas Küchenrolle abtrocknen und dann mit einem Fleischklopfer (oder alternativ einem Topf) plattieren. Mit Salz und Pfeffer bestreuen, etwas Pesto darüber streichen. Getrocknete Tomaten und verbliebenes Basilikum ebenfalls darauf verteilen, dann zu Rouladen rollen und fixieren. Das verbliebene Öl in eine Pfanne geben und bei mittlerer Stufe erhitzen, dann die Röllchen in das heiße Fett geben und von allen Seiten 5 Minuten braten.

Eine kleine Schüssel nehmen, Gemüsebrühe und Tomatenmark hineingeben und verrühren. Die Kirschtomaten mit der Mischung zum fertig gegarten Gemüse im Ofen geben. Das Fleisch darauf betten und nochmals 15 Minuten backen. Mit dem verbliebenen Pesto auf einem Teller angerichtet genießen.

Pfefferfilet mit Lauch

Pro Port.: ca. 633 kcal/2650 kJ | EW 50 g | FT 41 g | KH 15 g
Zutaten: Für das Gemüse: 50 g getrocknete Tomaten | 100 g Pinienkerne | 4 große Stangen Lauch | 2 EL Rosinen | 2 EL Olivenöl | Salz | frisch gemahlener Pfeffer
Für das Fleisch: 2 EL schwarzer Pfeffer | 4 EL Sesamsamen | 1 TL Salz | 4 Zweige Rosmarin | 4 Rinderfiletsteaks (à ca. 180 g) | 4 EL Sonnenblumenöl | 4 Port.
Zubereitung:
Zunächst das Gemüse vorbereiten. Dafür die Tomaten in eine hitzebeständige Schüssel legen und kochendes Wasser darüber gießen. 10 Minuten stehen lassen, dann die Tomaten herausholen und mit einem scharfen Messer hacken. Nun die Pinienkerne in eine kleine Pfanne geben und ohne Zugabe von weiterem Fett kurz rösten, dabei gut rühren. Zunächst beiseite stellen und den Lauch gründlich waschen und so schneiden, dass Ringe entstehen. Die Rosinen unter fließendem kaltem Wasser abspülen.
Eine beschichtete Pfanne nehmen und das Olivenöl hineingeben. Bei hoher Stufe erhitzen und anschließend den Lauch ins heiße Öl geben. Kurz scharf anbraten, dann bei reduzierter Hitze Tomaten und Rosinen zugeben und gut rühren. Alles 10 Minuten kochen, dann salzen und pfeffern. Die Pinienkerne zugeben und vorsichtig unterrühren.
Parallel die Pfefferkörner in den Mörser geben und grob zerstoßen, dann in einer kleinen Schüssel mit Salz und Sesam verrühren. Rosmarin und Steaks abspülen und mit etwas Küchenrolle abtrocknen. Dann die Steaks mit den Rändern in die Pfeffermischung geben, sodass die Gewürze an den Rändern haften bleiben. Nun das Öl in einer beschichteten Pfanne auf hoher Stufe erhitzen und das Fleisch von beiden Seiten scharf anbraten (3 Minuten). Danach sofort in einem Stück Alufolie einwickeln, dabei einen Zweig Rosmarin mit einwickeln. Nach 5 Minuten Ruhezeit die Steaks wieder herausnehmen und mit dem Lauchgemüse auf einem Teller anrichten. Mit Fleischsaft garnieren und sofort genießen.

Lammkoteletts mit Bohnen

Pro Port.: ca. 1183 kcal/4953 kJ | EW 36 g | FT 113 g | KH 7 g
Zutaten: 1 kg Lammkoteletts | Saft von 2 Zitronen | Salz | Pfeffer | ca. 150 ml Olivenöl | 6 Knoblauchzehen | 6 Zweige Rosmarin | 6 Zweige Thymian | 2 Zwiebeln | 12 Cocktailtomaten | 300 g grüne Bohnen | 2 Schalotten | 70 g Speck | 2 TL Butter | Bohnenkraut nach Geschmack | 4 Port.
Zubereitung:
Zunächst die Lammkoteletts unter fließendem Wasser kurz abspülen und mit etwas Küchenrolle vorsichtig abtrocknen. Den Zitronensaft in eine kleine Schüssel geben, 100 ml des Olivenöls zufügen und gut umrühren. Kräftig salzen und pfeffern. Dann den Knoblauch nehmen und die Schale entfernen. So schneiden, dass dünne Scheiben entstehen, dann ebenfalls zur Zitronenmarinade geben. Nun die Marinade zusammen mit den Koteletts in einen Gefrierbeutel füllen, die Luft herausdrücken und verschließen. Zumindest 2 Stunden beiseitelegen und einziehen lassen.
Den Backofen vorheizen (180 Grad). Rosmarin und Thymian abbrausen und trocken tupfen. Dann eine Auflaufform nehmen und mit Olivenöl fetten. Kräuterzweige darin verteilen. Nun Zwiebeln schälen und in vier Teile schneiden, dann ebenfalls in die Form legen. Tomaten gründlich waschen und je nach Größe halbieren, dann zu den Zwiebeln geben. Dann das Fleisch aus der Marinade holen und auf das Gemüse betten. Marinade und etwas Olivenöl darüber verteilen. Auf mittlerer Schiene 40 Minuten backen.
In der Zwischenzeit die Bohnen nehmen und die Enden abschneiden, dann waschen. Wasser in einem Topf zum Kochen bringen, gut salzen und anschließend die Bohnen zugeben. 8 Minuten kochen. Währenddessen die Schalotten nehmen und die Schale entfernen, dann zu kleinen Würfeln verarbeiten. Den Speck ebenfalls fein würfeln.
Die Butter in eine Pfanne geben und bei mittlerer Hitze erwärmen, bis sie geschmolzen ist. Schalotten und Speck ins heiße Fett geben und braten, bis sich alles eine bräunliche Färbung annimmt. Dann Bohnen mit etwas Bohnenkraut hinzufügen, gut umrühren. Salzen und pfeffern, dann mit Lamm und dem Gemüsebett anrichten und heiß genießen.

Rinderfilet auf Frühlingsgemüse

Pro Port.: ca. 555 kcal/2324 kJ | EW 38 g | FT 41 g | KH 8 g

Zutaten: 500 g grüner Spargel | 2 Knollen Kohlrabi | 1 Bund glatte Petersilie | 1 Bund Estragon | Salz | Pfeffer | 4 Rinderfiletsteaks (à ca. 150 g) | 4 EL Olivenöl | 300 ml Sahne | 4 Port.

Zubereitung:

Den Spargel waschen, dann nur die untere Stange mit dem Gemüseschäler schälen. Holzige Enden abschneiden, dann den Spargel in zwei Hälften teilen. Nun den Kohlrabi mit den Gemüseschäler schälen, dann so schneiden, dass schmale Stifte entstehen.

Die Kräuter unter fließendem Wasser abspülen, dann vorsichtig abtrocknen und die Blätter entfernen. Mit einem scharfen Messer fein hacken. Eine Schüssel nehmen und zwei Drittel der Kräuter hineinfüllen, den Rest zunächst beiseite stellen. Nun das Gemüse zu den Kräutern in der Schüssel geben, mit Salz und Pfeffer würzen und gut mischen. Anschließend die Mischung in einen Bratschlauch geben (muss an einer Seite verschlossen sein). Dann einen großen Topf nehmen und Wasser eingießen, bis ein Drittel des Topfes gefüllt ist. Auf den Herd stellen und zum Kochen bringen.

In der Zwischenzeit die Steaks unter fließendem Wasser abspülen und mit etwas Küchenrolle vorsichtig abtrocknen. Mit Salz und Pfeffer von beiden Seiten bestreuen. Öl in eine Pfanne geben und bei mittlerer Hitze erwärmen. Das Fleisch ins heiße Fett geben und von allen Seiten kurz anbraten (3 Minuten), dann auf das Gemüse im Bratschlauch betten. Das Öl aus der Pfanne kippen und Sahne einfüllen. Kurz aufkochen, damit sich der Bratensatz löst, dann über das Fleisch im Bratschlauch geben. Nun den Schlauch schließen und ins kochende Wasser geben. Bei schwacher Hitze und abgedeckt 12 Minuten leicht kochen. Zum Schluss das Fleisch mit dem Gemüsebett auf einem Teller anrichten und mit verbliebenen Kräutern garnieren.

Bolognese mit Zucchininudeln

Pro Port.: ca. 551 kcal/2307 kJ | EW 31 g | FT 39 g | KH 17 g

Zutaten: 4 Zucchini (à ca. 200 g) | Salz | 1 Zwiebel | 3 Knoblauchzehen | 2 EL Kokosöl | 4 EL Tomatenmark | 3 EL Aceto balsamico | 600 g stückige Tomaten (aus der Dose) | 4 Zweige Rosmarin | 1 Handvoll Basilikumblättchen | getrockneter Oregano | getrockneter Thymian | frisch gemahlener schwarzer Pfeffer | 600 g gemischtes Hackfleisch | 2 EL Olivenöl | 4 Port.

Zubereitung:

Zunächst die Zucchini vorbereiten. Dazu die Zucchini erst waschen und dann zu dünnen, schmalen Scheiben verarbeiten. Am besten geht das mit einem Spiralschneider, alternativ kann auch der normale Gemüseschäler oder auch ein gutes Messer verwendet werden. Das weiche Innere mit den Kernen dabei übrig lassen. Die geschälten Zucchini in eine Schüssel geben, salzen und zum Ziehen beiseite stellen (2 Stunden).

In der Zwischenzeit die Bolognese zubereiten. Dafür Zwiebel und Knoblauch schälen und zu feinen Würfeln verarbeiten. Das Öl in einen Topf geben und auf mittlerer Stufe erwärmen. Dann zunächst die Zwiebel in das heiße Fett geben und anbraten, bis sie glasig wird. Anschließend den Knobloch zufügen. Gut umrühren und kurz gemeinsam braten, bevor das Tomatenmark zugegeben wird. Erneut kurz gemeinsam braten, dann Balsamico zugießen, bis der Boden nicht mehr zu sehen ist. Aufkochen, dann Tomaten zufügen.

Zuerst Rosmarin, dann Basilikum waschen und vorsichtig abtrocknen, dann Nadeln und Blätter abzupfen, gemeinsam hacken und zur Bolognese geben. Je nach Geschmack mit verbliebenen Kräutern würzen. Die Hitze reduzieren und leicht kochen lassen (30 Minuten), bevor das Hackfleisch eingerührt wird. Nochmals 15 Minuten garen, abschließend 5 Minuten bei starker Hitze kochen.

Parallel Olivenöl zu den Zucchininudeln geben und gut vermengen. Die geölten Zucchini in eine Pfanne geben und nur kurz bei mittlerer Stufe garen, ohne, dass die Zucchininudeln zu weich werden. Mit Bolognese auf einem Teller anrichten und heiß genießen.

HÜHNCHEN MIT KICHERERBSEN

Pro Port.: ca. 816 kcal/3416 kJ | EW 50 g | FT 59 g | KH 21 g
Zutaten: 12 getrocknete Tomaten in Öl | 2 Knoblauchzehen | 2 Zucchini | 500 g Kichererbsen (aus der Dose, Abtropfgewicht) | 4 EL Olivenöl |100 ml Geflügelbrühe | 2 Beutel Safranfäden | Salz | frisch gemahlener schwarzer Pfeffer | 1/4 TL gemahlener Koriander | 4 Hühnerbrüste (à ca. 200 g) | Ras el Hanout | 4 Port.
Zubereitung:
Zunächst die getrockneten Tomaten aus dem Öl holen und mit etwas Küchenrolle abtrocknen, dann so schneiden, dass schmale Streifen entstehen. Den Knoblauch nehmen, die Schale entfernen und zu Scheiben schneiden. Die Zucchini waschen und mit Schale zu Würfeln verarbeiten. Die Kichererbsen in einem Sieb abspülen und gut abtropfen. Einen Topf nehmen und 2 EL des Olivenöls hineingeben. Auf mittlerer Stufe erhitzen, anschließend Tomaten mit Knoblauch ins heiße Öl geben. Kurz braten (1 Minute). Dann Zucchini mit Kichererbsen zufügen, gut umrühren und kurz gemeinsam braten, bevor mit der Brühe abgelöscht wird. Safranfäden, Koriander, Salz und Pfeffer zugeben und alles aufkochen lassen. Anschließend die Hitze reduzieren, den Topf abdecken und das Gemüse 5 Minuten köcheln lassen.
In der Zwischenzeit das Fleisch unter fließendem Wasser abspülen und mit etwas Küchenrolle abtrocknen. Das verbliebene Öl in eine Pfanne geben und bei mittlerer Stufe erhitzen. Währenddessen das Fleisch von beiden Seiten mit Salz, Pfeffer und Ras el Hanout bestreuen, dann ins heiße Öl geben und unter Wenden 7 Minuten braten. Fleisch mit dem Gemüse auf einem großen Teller servieren und heiß genießen.

Schinken mit Chicorée

Pro Port.: ca. 313 kcal/1310 kJ | EW 18 g | FT 24 g | KH 6 g

Zutaten: 4 Stauden Chicorée (à ca. 200 g) | 150 g Emmentaler | 8 Salbeiblätter | 40 g Butter | 3 EL Orangensaft | Salz | Pfeffer | 8 Scheiben Schwarzwälder Schinken | 4 Port.

Zubereitung:

Zunächst den Backofen vorheizen (200 Grad).

Dann das Gemüse vorbereiten. Dazu den Chicorée waschen, putzen und längs in zwei Hälften teilen. Den Strunk mit einem Messer entfernen. Den Käse mit einer Reibe nach Geschmack grob oder fein reiben. Die Salbeiblätter unter fließendem Wasser abbrausen und vorsichtig trocken schütteln.

Die Butter in eine Pfanne geben und bei mittlerer Hitze erwärmen. Mit Orangensaft löschen und die Butter so zum Schäumen bringen. Salbei zugeben. Dann den Chicorée mit der aufgeschnittenen Seite ins heiße Fett legen. Die Hitze reduzieren und 5 Minuten braten. Den Chicorée dann herausnehmen, mit einem Salbeiblatt belegen und mit Salz und Pfeffer bestreuen. Dann in Schinken wickeln und in die Auflaufform geben. Mit Käse bestreuen und mit flüssiger Orangenbutter beträufeln. 20 Minuten im Ofen backen, dann heiß servieren.

Schweinemedaillons mit Spargel-Kokos-Curry

Pro Port.: ca. 562 kcal/2353 kJ | EW 38 g | FT 39 g | KH 16 g

Zutaten: 1 kg weißer Spargel | 500 g Möhren | 2 Zwiebeln | 1 rote Chilischote | 40 g Butter | 3–4 EL Currypulver | 250 ml Gemüsebrühe | 400 ml Kokosmilch | 2–3 EL Limettensaft | Salz | Pfeffer | 1 EL gehackter Koriander | 4 Schweinemedaillons (à 125 g) | 2–3 EL Öl | 4 Portionen

Zubereitung:

Zunächst das Gemüse vorbereiten. Dazu den Spargel schälen und die holzigen Enden entfernen, dann gut waschen und in mundgerechte Stücke schneiden. Die Möhren erst schälen, dann ebenfalls waschen und zu Scheiben verarbeiten. Nun die Zwiebeln nehmen, von der Schale entfernen und zu Würfeln schneiden. Die Chilischote in zwei Hälften schneiden, die Kerne entfernen und vorsichtig würfeln.

Die Butter in eine Pfanne geben und auf mittlerer Stufe erwärmen, bis sie geschmolzen ist. Zwiebeln zusammen mit Chili ins heiße Fett geben und glasig braten. Dann Spargel und Möhren zugeben und alles gemeinsam 5 Minuten braten, dabei regelmäßig Rühren. Curry darüber geben und kurz weiter braten, bevor mit der Brühe abgelöscht wird. Die Hitze reduzieren, den Topf abdecken und 15 Minuten köcheln lassen. Dann Kokosmilch zugießen, 3 weitere Minuten kochen lassen. Nach Geschmack Limettensaft zugießen, salzen und pfeffern. ½ EL Koriander einstreuen und gut verrühren.

Jetzt das Fleisch nehmen und von beiden Seiten salzen und pfeffern. Das Öl in eine Pfanne geben und auf mittlerer Stufe erhitzen. Dann die Medaillons ins heiße Öl geben und auf beiden Seiten kurz braten (3 bis 5 Minuten). Medaillons mit Curry auf einem Teller anrichten, mit Koriander garnieren und heiß servieren.

Lamm mit Möhren-Rosenkohl-Spaghetti

Pro Port.: ca. 513 kcal/2148 kJ | EW 47 g | FT 31 g | KH 11 g
Zutaten: 250 g Rosenkohl | 300 g Möhren | 5 EL Sesamöl | 3 EL Sojasauce | Saft von 1 Limette | 1 Prise Zucker | Salz | 600 g ausgelöster Lammrücken | Pfeffer | 2 EL Butter | 2 EL Sesamsamen | 4 Port.
Zubereitung:
Zunächst den Backofen vorheizen (100 Grad).
Dann den Rosenkohl nehmen, waschen und putzen. Anschließend den Rosenkohl in Streifen schneiden. Am besten geht das mit dem Spiralschneider, es kann aber alternativ auch zu einem scharfen Gemüseschäler gegriffen werden. Danach die Möhren putzen und schälen und ebenfalls zu Spaghetti verarbeiten.
Nun die Marinade zubereiten. Dafür 3 EL des Sesamöls zusammen mit Sojasauce, Zucker, Salz und Limettensaft in eine Schüssel geben und gut verrühren. Anschließend die Gemüsespaghetti in die Marinade geben, kurz ziehen lassen.
In der Zwischenzeit das Lamm mit Salz und Pfeffer würzen. Das verbliebene Öl in eine beschichtete Pfanne geben und auf hoher Stufe erwärmen. Das Fleisch in das heiße Öl geben und von allen Seiten scharf anbraten, dann in den Backofen geben und sanft garen lassen (10 Minuten).
Währenddessen in derselben Pfanne Butter zum Schmelzen bringen und das marinierte Gemüse darin braten (3 bis 4 Minuten). Anschließend mit dem geschnittenen Lamm auf einem Teller anrichten und mit Sesam garnieren.

Krautwickel

Pro Port.: ca. 370 kcal/1549 kJ | EW 23 g | FT 25 g | KH 14 g

Zutaten: 1 Kopf Weißkohl | Salz | 100 ml Milch | 1 Brötchen vom Vortag | 350 g gemischtes Hackfleisch | 1 Ei frisch gemahlener Pfeffer | 2 EL Butterschmalz | 250 ml Fleischbrühe | 1 EL Mehl | 4 EL Sahne | 4 Portionen

Zubereitung:

Zunächst die großen äußeren Blätter (12 bis 16 Stück) vom Kohlkopf trennen und die kräftige Blattrippe mit einem Messer herausschneiden. Einen Topf mit Wasser füllen und zum Kochen bringen. Kräftig salzen und die großen Kohlblätter mit dem restlichen Kohl hineingeben. Alles 5 bis 10 Minuten kochen.

Die Milch in einem Topf auf dem Herd oder in der Mikrowelle erwärmen. Dann das Brötchen in die warme Milch geben und einige Minuten einweichen. Dann das Brötchen ausdrücken und in eine Schüssel geben. Hackfleisch, Ei, Pfeffer und Salz ebenfalls zugeben und alles gut vermischen, bis ein Teig entsteht. Den gekochten Kohl (nicht die großen Blätter) schneiden und mit in den Teig geben, erneut vermengen.

3 bis 4 Kohlblätter nehmen und übereinander stapeln. Etwas Teig darauf verteilen, dann die Blätter rollen und mit Zahnstochern, Rouladennadeln oder Küchengarn fixieren. Mit den restlichen Kohlblättern und dem übrigen Teig ebenso verfahren. Dann Butterschmalz in eine Pfanne geben und bei mittlerer Hitze erwärmen, bis er schmilzt. Anschließend die Krautwickel in das heiße Fett legen und leicht braun braten. Mit der Brühe löschen, die Pfanne abdecken und die Krautwickel bei niedriger Hitze 25 Minuten köcheln lassen. Danach die Krautwickel herausholen und kurz warm stellen. Nun Mehl in etwas Sahne einrühren und alles zur Sauce geben. Kurz aufkochen, dann zusammen mit den Krautwickeln auf Tellern anrichten.

Kalb mit Spargel

Pro Port.: ca. 397 kcal/1662 kJ | EW 45 g | FT 21 g | KH 7 g

Zutaten: 800 g grüner Spargel | Salz | 3–4 EL Rapsöl | 1 Prise Zucker | Pfeffer | abgeriebene Schale von 1/2 unbehandelten Zitrone | Öl zum Braten | 8 Scheiben Kalbfleisch vom Rücken (à 60 g) | 8 Scheiben Parmaschinken | 8 Salbeiblätter | 125 ml Weißwein | 1 EL Butter | 4 Portionen

Zubereitung:

Zunächst den Spargel vorbereiten. Dazu den unteren Teil der Stangen mit einem Gemüseschäler schälen, dann die holzigen Enden mit einem Messer entfernen. Den Spargel gründlich waschen. Parallel einen Topf mit Wasser füllen und zum Kochen bringen. Kräftig salzen, dann den Spargel zugeben und 8 Minuten kochen, der Spargel darf dabei nicht zu weich werden. Den Spargel abschütten und direkt mit Eiswasser abschrecken. Den Spargel zum Abtrocknen auf etwas Küchenrolle legen, dann in eine Auflaufform geben.

Eine kleine Schüssel nehmen und Öl zusammen mit Salz, Pfeffer, Zucker und Zitronenschale hineingeben. Alles gut verrühren und über die Spargelstangen gießen. 30 Minuten in der Marinade liegen lassen. Dann Öl in eine Pfanne geben und bei mittlerer Stufe erhitzen. Den Spargel aus der Marinade nehmen und ins heiße Öl legen. Unter Wenden anbraten.

Nun das Fleisch pfeffern und mit Parmaschinken und einem Salbeiblatt belegen. Alles mit einem Zahnstocher befestigen. Öl in eine Pfanne geben, erhitzen und das Fleisch in das heiße Öl legen. Auf mittlerer Stufe und unter Wenden kurz braten (3 Minuten). Anschließend mit dem Spargel auf einem Teller servieren. Die nun leere Pfanne mit Weißwein löschen, damit sich der Bratensatz löst, dann Butter einrühren und kurz aufkochen. Die Sauce über Spargel und Fleisch gießen und heiß genießen.

Lachs mit Basilikum und Avocado

Pro Port.: ca. 544 kcal/2278 kJ | EW 42 g | FT 40 g | KH 5 g
Zutaten: 1 Avocado | 1 TL eingelegte Kapern | 3 Knoblauchzehen | 1 Handvoll Basilikumblättchen | 1 EL Schale von 1 unbehandelten Zitrone | 4 Lachsfilets (à ca. 200 g) | Kokosöl für das Blech | 4 Port.
Zubereitung:
Den Backofen vorheizen (180 Grad) und mit einem Pinsel Kokosöl auf einem Backblech verteilen.
Die Avocado in zwei Hälften teilen, dann Kern und Schale entfernen. Das Fruchtfleisch in einer kleinen Schüssel mit der Gabel zerdrücken. Die Kapern in ein Sieb geben und abtropfen lassen, dann fein hacken. Die Knoblauchzehen schälen und mit der Knoblauchpresse zerdrücken, alternativ den Knoblauch mit einem scharfen Messer sehr fein hacken. Zum Schluss das Basilikum waschen und trocken schütteln, die Blätter abzupfen und ebenfalls hacken. Alles zur Avocado in die Schüssel geben, mit Zitronenabrieb verfeinern und gut mischen.
Den Lachs waschen, mit etwas Küchenrolle abtrocknen und auf dem Backblech verteilen. Die Avocadomischung am besten mit einem Löffel auf dem Fisch verteilen, dann das Blech in den Ofen schieben und kurz backen (10 Minuten). Dann die Grillfunktion einschalten und weitere 4 Minuten backen, bis die Avocado eine leicht bräunliche Färbung annimmt. Lachsfilets dann auch einen Teller geben und heiß genießen.

Lauchquiche mit Oliven

Pro Port.: ca. 487 kcal/2039 kJ | EW 12 g | FT 47 g | KH 6 g

Zutaten: 140 g Mandeln | 40 g Walnüsse | 25 g Kokosöl | 1 TL Salz | 1 Stange Lauch | 50 g Spinat | 2 Zweige Rosmarin | 40 g frisches Basilikum | 30 g Pinienkerne | 4 EL kaltgepresstes Olivenöl | 2 EL Limettensaft | 1/2 Knoblauchzehe | 50 g schwarze Oliven ohne Stein | 1 TL rote Pfefferbeeren | Springform (Durchmesser 17 cm) | 4 Port.

Zubereitung:

Zunächst den Boden zubereiten. Dafür die Mandeln und die Walnüsse in der Küchenmaschine oder alternativ im Mixer grob mahlen, dann zusammen mit dem Kokosöl und ½ TL des Salzes in eine kleine Schüssel geben. Gründlich verrühren, dann die Masse in eine Kuchenspringform füllen. Mit den Fingern gleichzeitig den Teig festdrücken und in der Form verteilen, sodass ein Rand von 4 cm Höhe entsteht. Dann die Form ins Gefrierfach legen (15 Minuten).

Nun den Lauch, den Spinat und die Kräuter waschen und trocken tupfen. Den Lauch schneiden, sodass Scheiben entstehen, und in eine Schüssel geben. Das verbliebene Salz unterrühren und zum Ziehen beiseite stellen. Währenddessen Basilikum, Pinienkerne, Olivenöl und Limettensaft in einen Mixer geben und zerkleinern, bis ein cremiges Püree entsteht. Alternativ kann hier auch ein hohes Rührgefäß und der Pürierstab verwendet werden.

Nun die Knoblauchzehe schälen, die Hälfte hacken. Die Nadeln vom Rosmarin streichen und ebenfalls fein hacken. Den Spinat zu schmalen Streifen schneiden, die Oliven halbieren. Alles zum Lauch in die Schüssel geben, zum Schluss auch das Basilikumpüree zugeben. Gut verrühren. Die Mischung anschließend auf dem Boden in der Springform verteilen, die Pfefferbeeren darüber streuen. Anschließend die Quiche in Stücke schneiden und genießen.

Spiegelei auf Zwiebeln mit Salbei

Pro Port.: ca. 294 kcal/1231 kJ | EW 16 g | FT 24 g | KH 4 g
Zutaten: 275 g Zwiebeln | 1/2 Bund Salbei | 3 EL Butterschmalz | 1 1/2 EL Kokosmehl | Salz | 1 TL edelsüßes Paprikapulver | 8 Eier | frisch gemahlener schwarzer Pfeffer | 4 Portionen
Zubereitung:
Zunächst die Zwiebeln von der Schale befreien, dann zu dünnen Ringen verarbeiten. Den Salbei unter fließendem Wasser abbrausen, dann trocken tupfen und die Blätter entfernen. Nun 1 ½ EL Butterschmalz in eine Pfanne geben und auf mittlerer Stufe erwärmen, bis er geschmolzen ist. Anschließend die Salbeiblätter ins heiße Fett geben und braten, bis sie knusprig sind. Zum Abtropfen auf Küchenpapier legen. Währenddessen den verbliebenen Butterschmalz in dieselbe Pfanne geben und erhitzen, dann die Zwiebelringe ins heiße Fett legen. Kokosmehl darüber streuen und 10 Minuten braten, dabei in regelmäßigen Abständen umrühren. Salz und Paprikapulver darüber streuen.
Die Eier nehmen und nacheinander auf die Zwiebeln in die Pfanne schlagen. Die Eier dabei auf den Pfannenboden sinken lassen, eventuell mit dem Kochlöffel etwas nachhelfen. Nun die Pfanne abdecken und alles 10 Minuten braten lassen, bis die Eier vollständig gestockt sind. Anschließend die Spiegeleier mit den Zwiebeln auf flachen Tellern anrichten, nach Bedarf salzen und pfeffern und mit dem gerösteten Salbei garnieren.

Quinoa-Champignon-Risotto

Pro Port.: ca. 267 kcal/1118 kJ | EW 14 g | FT 18 g | KH 14 g

Zutaten: 1 Knoblauchzehe | 30 g Haselnüsse | Salz | etwas abgeriebene Schale von 1 unbehandelten Zitrone | 2 Schalotten | 650 g kleine Champignons | 1 Bund glatte Petersilie | 70 g Quinoa | 2 EL Olivenöl | Pfeffer | 100 g Babyspinat | 30 g geriebener Parmesan | 20 g Butter | roter Pfeffer nach Belieben | 500 ml heißes Wasser | 4 Port.

Zubereitung:

Zunächst die Knoblauchzehe schälen und in einen Mixer geben. Haselnüsse, Zitronenabrieb und etwas Salz ebenfalls zufügen und mixen, bis alles fein gemahlen ist. Beiseite stellen. Die Schalotten erst schälen, dann zu feinen Würfeln verarbeiten. Die Champignons am besten mit einer Bürste vorsichtig putzen, dann so schneiden, dass feine Scheiben entstehen. Petersilie unter fließendem Wasser abbrausen und abtupfen, dann die Blättchen entfernen und mit einem scharfen Messer hacken. Quinoa in ein Sieb geben und gut unter dem Wasserhahn waschen, dann gründlich abtropfen.

Olivenöl in eine beschichtete Pfanne geben und bei mittlerer Stufe erhitzen. Die Schalotten ins heiße Öl geben und braten, bis sie sich leicht bräunlich verfärben. Dann die Champignons zu den Schalotten geben und gemeinsam braten, bis sie eine braune Färbung annehmen. Quinoa zugeben, gleichzeitig aber das heiße Wasser zugießen. Mit Salz und Pfeffer würzen, gut umrühren. 15 Minuten bei schwacher Hitze kochen lassen, bis das ganze Wasser verkocht ist. Die Quinoa sollte dann weich sein. Nun Petersilie, Spinat, Parmesan und Butter zufügen und gründlich verrühren. Nochmals salzen und pfeffern und mit der Knoblauch-Haselnuss-Mischung bestreuen. Auf einem Teller anrichten und gegebenenfalls mit rotem Pfeffer garniert servieren.

Vegetarischer Linseneintopf

Pro Port.: ca. 339 kcal/1419 kJ | EW 10 g | FT 41 g | KH 18 g

Zutaten: 50 g Möhren | 30 g Pastinake oder Petersilienwurzel 30 g Sellerie | 1 Stange Lauch | 1 gelbe Paprikaschote | 250 g rote Linsen | 1 1/2 TL gemahlener Kreuzkümmel | 3 EL Aceto balsamico | 3 EL Walnussöl | 2–3 EL Ahornsirup | Salz | Pfeffer | 1 Msp. Cayennepfeffer | 1/2 Bund glatte Petersilie | 4 Portionen

Zubereitung:

1000 ml Wasser abmessen und in einen Topf füllen. Auf dem Herd auf hoher Stufe erhitzen, bis es kocht. In der Zwischenzeit das Gemüse vorbereiten. Dazu die Paprika halbieren, entkernen und zusammen mit dem Lauch waschen. Möhren, Pastinake und Sellerie schälen. Dann alles zu feinen Würfeln verarbeiten, beim Lauch nur den weißen Teil verwenden. Alles in das kochende Wasser geben und gemeinsam aufkochen, dann die Linsen zugeben. 10 Minuten kochen, dann sollten die Linsen weich sein.

Idealerweise ist der Großteil der Flüssigkeit verkocht, eventuell abgießen. Mit Kreuzkümmel, dem Balsamicoessig, Ahornsirup und Walnussöl würzen, anschließend salzen und pfeffern. Nach Geschmack Cayennepfeffer zugeben. Den Herd ausstellen und den vegetarischen Linseneintopf zum Ziehen kurz beiseite stellen. In der Zwischenzeit die Petersilie unter dem Wasserhahn abbrausen, trocken tupfen, die Blättchen abzupfen und in den Eintopf streuen. In tiefen Tellern anrichten und heiß genießen.

Zitronen-Hühnchen-Suppe mit Bohnen

Pro Port.: ca. 580 kcal/2428 kJ | EW 62 g | FT 32 g | KH 13 g
Zutaten: 1 Zwiebel | 6 Knoblauchzehen | 600 g Hühnerbrust | 3 EL Olivenöl | 1 l Hühnerbrühe | 1 unbehandelte Zitrone | 250 g gegarte weiße Bohnen (aus der Dose) | Salz | Pfeffer | 120 g Feta | 1 Bund Schnittlauch | 4 Port.
Zubereitung:
Erst die Zwiebel, dann die Knoblauchzehen schälen. Die Zwiebel in zwei Hälften teilen und zu schmalen Scheiben verarbeiten. Das Fleisch unter fließendem Wasser abspülen und mit etwas Küchenrolle abtrocknen. Olivenöl in einen großen Topf geben und auf mittlerer Stufe erwärmen, dann die Zwiebel und den Knoblauch in das heiße Öl geben. Braten, bis alles weich ist, anschließend mit der Hühnerbrühe ablöschen. Fleisch ebenfalls zugeben und alles aufkochen. In der Zwischenzeit die Zitrone abwaschen und abtrocknen, dann mit einer Reibe die Zitronenschale reiben, alternativ kann auch mit einem Zestenreißer gearbeitet werden. Den Zitronenabrieb zur Brühe geben und alles gemeinsam 40 Minuten kochen, bevor die Bohnen zugefügt werden. Salzen und pfeffern, dann erneut 10 Minuten kochen.
Nun das Fleisch herausnehmen und auf einem Teller oder einem Brettchen mit zwei Gabeln zu kleinen Stücken reißen. Die Hühnerstückchen wieder in die Suppe füllen, dann den Feta über der Suppe zu Bröseln verarbeiten. Abschließend den Schnittlauch unter fließendem Wasser abbrausen, abtrocknen und so schneiden, dass kleine Röllchen entstehen. In die Suppe streuen, gut umrühren und die Suppe sofort heiß genießen.

Schwarzwurzeleintopf mit Hühnchenbrust

Pro Port.: ca. 290 kcal/1214 kJ | EW 24 g | FT 15 g | KH 14 g

Zutaten: 1 Zwiebel | 2 Knoblauchzehen | 600 g Schwarzwurzeln | 400 g Topinambur | 200 g Hähnchenbrustfilet | 2 EL Olivenöl | 500 ml Gemüsebrühe | 400 ml Kokosmilch | 1 Msp. Chilipulver | 2–3 TL Currypulver | 1–2 TL gemahlener Kreuzkümmel | 1–2 TL Zitronengraspulver | Kräutersalz | 100 g frischer Koriander | 50 g Erdnüsse | 4 Port.

Zubereitung:

Erst die Zwiebel, dann den Knoblauch von der Schale trennen, anschließend hacken. Nun die Schwarzwurzel schälen, dafür am besten Handschuhe verwenden, da die Schwarzwurzel kräftig abfärbt. Dann ebenfalls hacken. Topinambur nehmen und mit einer Bürste vorsichtig putzen, anschließend hacken. Die Hähnchenbrust unter fließendem Wasser abspülen, mit etwas Küchenrolle abtrocknen und anschließend würfeln.

Das Öl in einen Topf geben und bei mittlerer Stufe erwärmen. Dann die Zwiebel und den Knoblauch ins heiße Öl geben und braten, bis beides eine braune Färbung annimmt. Topinambur und Schwarzwurzel zufügen und alles kurz zusammenbraten, bevor die Gemüsebrühe und die Kokosmilch zugegossen werden. Nun würzen. Dafür Chili, Kreuzkümmel, Zitronengras, Curry und Salz in die Suppe geben. Gut umrühren und aufkochen lassen. Weiter kochen lassen (30 Minuten), dann den Pürierstab verwenden und alles pürieren, bis die Suppe schön cremig ist. In der Zwischenzeit den Koriander unter fließendem Wasser abbrausen und trocken schütteln, dann die Blättchen entfernen und zusammen mit den Erdnüssen hacken. Abschließend die Fleischwürfel in die Cremesuppe geben und 5 bis 10 Minuten mit köcheln lassen. Dann auf einem Teller anrichten und mit Erdnüssen und dem Koriander garnieren.

Möhrensuppe

Pro Port.: ca. 441 kcal/1846 kJ | EW 28 g | FT 31 g | KH 15 g
Zutaten: 200 g Lauch | 200 g Knollensellerie | 1 Schalotte | 1 Knoblauchzehe | 600 g Möhren | 2 EL Olivenöl |1 EL frisch geriebener Ingwer | 1,5 l Rindfleischbrühe | 200 ml Sahne | Salz | Pfeffer | 4 Portionen
Zubereitung:
Zunächst den Lauch und die Möhren unter fließendem Wasser gründlich waschen. Den Lauch so schneiden, dass feine Ringe entstehen, die Möhren mit Schale in der Küchenmaschine oder mit der Reibe zu kleinen Raspeln verarbeiten. Sellerie schälen, anschließend klein würfeln.
Das Olivenöl in einen Topf geben (nicht zu klein wählen) und auf mittlerer Stufe erwärmen. Dann das Gemüse zusammen mit dem Ingwer ins heiße Öl geben und braten, bis alles weich ist. Dann mit der Brühe ablöschen, gut rühren und wieder aufkochen. 20 Minuten kochen lassen, dann den Pürierstab benutzen und alles pürieren, bis eine cremige Suppe entsteht. Nun die Sahne dazugeben und die Suppe kräftig salzen und pfeffern. Noch einmal erhitzen, ohne aufzukochen, dann in tiefe Teller geben und sofort genießen.

Currytopf mit roten Linsen

Pro Port.: ca. 312 kcal/1306 kJ | EW 8 g | FT 8 g | KH 18 g
Zutaten: 200 g getrocknete rote Linsen | 1 Bund Frühlingszwiebeln | 2 EL Pflanzenöl | 1 EL gelbe Currypaste | 1 TL Palmzucker | 2 EL Fischsauce | 2 EL Austernsauce | 500 ml Hühnerbrühe | 2 Dosen Kokosmilch (à 400 ml) | 3 Kaffir-Limettenblätter | 200 g Erbsen (TK) | 3 Zweige Minze | 4 Port.
Zubereitung:
Frühlingszwiebeln und Linsen waschen, die Linsen dabei nur kurz spülen. Die Frühlingszwiebeln trocken tupfen, dann so schneiden, dass Ringe entstehen. Das Öl in einen Wok geben und bei mittlerer Hitze erwärmen. Currypaste und Palmzucker ins heiße Öl geben und darin auflösen. Dann die Linsen in die Mischung geben und kurz rösten, dann die Fisch- und Austernsauce zugießen. Brühe und Kokosmilch ebenfalls zugießen, dann die Kaffir-Limettenblätter waschen und ebenfalls in die Brühe geben. Kräftig umrühren, dann kurz kochen lassen (5 Minuten). Die Frühlingszwiebeln und die Erbsen zugeben und alles gemeinsam kurz kochen lassen. In der Zwischenzeit die Minze waschen und trocken schütteln und die Blätter abzupfen. Nun die Suppe in tiefen Tellern anrichten und mit einigen Minzblättern und Curry garnieren.

Kokos-Garnelen-Suppe mit Möhrenraspeln

Pro Port.: ca. 220 kcal/921 kJ | EW 11 g | FT 13 g | KH 14 g

Zutaten: 1 Bund Petersilie | 1 Zwiebel | 600 g Möhren | 4 EL Olivenöl | 1 TL gemahlener Koriander | 1 TL gemahlene Kurkuma | 400 ml Gemüsebrühe | 400 ml Kokosmilch | Salz | Pfeffer | 200 g rohe Garnelen (küchenfertig vorbereitet) | 1 TL Currypulver | 1/2 TL Cayennepfeffer | 4 Port.

Zubereitung:

Zunächst Kräuter und Gemüse vorbereiten. Dazu die Petersilie unter fließendem Wasser abbrausen, dann abtupfen und die Blätter hacken. Zwiebel und Möhren schälen. Zwiebel hacken, die Möhren mit dem Spiralschneider oder alternativ mit dem Gemüseschäler zu Nudeln verarbeiten.

Nun einen Topf nehmen, 2 EL des Olivenöls hineingeben und bei mittlerer Stufe erhitzen. Erst die Zwiebeln in das heiße Öl geben und glasig braten, dann die Möhrennudeln dazugeben. Mit Koriander und Kurkuma würzen und alles kurz zusammen braten, bevor mit der Gemüsebrühe und der Kokosmilch abgelöscht wird. Gut umrühren und alles aufkochen lassen, dann 3 Minuten weiter kochen lassen. Salzen und pfeffern.

Parallel eine Pfanne nehmen, das verbliebene Öl hineingeben und auf mittlerer Stufe erwärmen. Die Garnelen in das heiße Öl legen und unter Wenden kurz braten (2 bis 3 Minuten), dabei mit Currypulver und Cayennepfeffer bestreuen. Abschließend die Garnelen und die Suppe auf einem tiefen Teller anrichten und mit der gehackten Petersilie garnieren. Heiß genießen.

Kürbissuppe mit schwarzen Bohnen

Pro Port.: ca. 200 kcal/837 kJ | EW 9 g | FT 12 g | KH 14 g
Zutaten: 1 kg Tomaten | 500 g schwarze Bohnen (aus der Dose) | 1 große Zwiebel | 1 Knoblauchzehe | 1/2 unbehandelte Zitrone | 1 kg Hokkaido-Kürbis | 2 EL Öl | Salz | Pfeffer | 1 EL gemahlener Kreuzkümmel | 300 ml Gemüsebrühe | 6 Stängel Koriander | 3 EL geröstete Kürbiskerne | 2 EL Crème fraîche | 4 Port.
Zubereitung:
Zunächst das Gemüse vorbereiten. Dazu die Tomaten unter fließendem Wasser gründlich waschen, dann abtrocknen und zu groben Würfeln verarbeiten. Anschließend zusammen mit den Bohnen in ein hohes Rührgefäß geben und mittels Pürierstab bearbeiten, bis ein feines Püree entsteht. Alternativ kann hier auch der Mixer verwendet werden. Die Zwiebel und die Knoblauchzehe erst schälen, dann mit einem scharfen Messer hacken. Die Zitrone halbieren und mit der Zitronenpresse gut auspressen, dann eine Zitronenhälfte nehmen und die Schale abreiben. Den Kürbis unter fließendem Wasser gründlich abspülen, dann halbieren und die Kerne mit einem Löffel entfernen. Das Fruchtfleisch mit Schale zu Würfeln verarbeiten.
Öl in einen großen Topf geben und auf mittlerer Stufe erhitzen. Dann die Zwiebel und den Knoblauch ins heiße Öl geben kurz braten, bevor das Tomatenpüree, der Kürbis und Zitronensaft und -abrieb ebenfalls zugegeben werden. Kurz alles gemeinsam braten, dabei mit Salz, Pfeffer und Kreuzkümmel bestreuen. Gut umrühren, dann mit der Gemüsebrühe ablöschen. Aufkochen und 20 Minuten kochen. In der Zwischenzeit den Koriander unter fließendem Wasser abspülen und trocken tupfen, dann hacken. Zum Schluss die Suppe in tiefen Tellern anrichten und mit Koriander, Crème fraîche und gerösteten Kürbiskernen garnieren.

Rosenkohlsuppe mit Pilzen und Hackfleisch

Pro Port.: ca. 439 kcal/1838 kJ | EW 45 g | FT 24 g | KH 11 g
Zutaten: 1 rote Zwiebel | 130 g Champignons | 200 g rote Paprikaschote | 200 g Rosenkohl | 50 g Butterschmalz | Salz | Pfeffer | 3 Knoblauchzehen | 1 Stange Staudensellerie | 1 große Möhre | 1 EL Olivenöl | 500 g Rinderhack | 450 g Tomatenstücke | 1 EL Tomatenmark | 1 Lorbeerblatt | 1 TL getrockneter Oregano | Chilipulver nach Belieben | 25 g gehackte Petersilie
Zubereitung:
Zunächst den Backofen vorheizen (200 Grad).
Die Zwiebel erst schälen, dann würfeln. Die Champignons am besten mit einer Bürste vorsichtig putzen, dann so schneiden, dass feine Scheiben entstehen. Die Paprika halbieren und entkernen, dann waschen. Anschließend zu kleinen Würfeln verarbeiten. Den Rosenkohl ebenfalls waschen und putzen, dann in zwei oder vier Teile schneiden (je nach Größe).
Eine Auflaufform nehmen und den Butterschmalt gleichmäßig hineinflocken. Das Gemüse darüber geben, salzen und pfeffern. Kurz im Ofen backen (5 Minuten), dann gut verrühren. Anschließend nochmals backen (30 Minuten). Währenddessen die Knoblauchzehen erst schälen, dann hacken. Sellerie ebenfalls waschen, dann würfeln. Möhren schälen, kurz abwaschen und anschließend ebenfalls würfeln.
Olivenöl in einen großen Topf geben und auf mittlerer Stufe erhitzen. Das Gemüse und den Knoblauch zusammen mit dem Hackfleisch in das heiße Öl geben und kurz anbraten (4 Minuten), dabei gut rühren Mit der Rinderbrühe ablöschen, dann Tomatenstücke ebenfalls zugeben. Mit Tomatenmark, Oregano, Salz, Chilipulver und Lorbeerblatt würzen, gut rühren. Alles aufkochen und gemeinsam kochen lassen (20 Minuten). Abschließend das Gemüse aus dem Ofen mit Petersilie in die Suppe geben kurz ziehen lassen, dann heiß genießen.

Leinsamenbrot

Pro Brot: ca. 1160 kcal/4856 kJ | EW 135 g | FT 61 g | KH 16 g

Zutaten: 50 g Leinsamenmehl oder geschrotete Leinsamen | 40 g Sojamehl | 120 g Gluten | 1 Ei | 1 EL zimmerwarme Butter | 50 ml Sahne | Salz | 1 TL Brotgewürz | 10 g Hefe | Fett für die Form | 1 kleines Brot (Kastenform 25 cm)

Zubereitung:

Eine Schüssel nehmen und das Leinsamenmehl (alternativ geschrotete Leinsamen verwenden) zusammen mit dem Sojamehl, dem Gluten und dem Brotgewürz hineingeben. Ein Ei in die Schüssel schlagen, Sahne zugießen und mit einer Prise Salz bestreuen, dann gut rühren. Die Hefe zu Bröseln verarbeiten und kurz in 40 ml lauwarmes Wasser geben, bis sie sich aufgelöst hat. Dann zur Mehlmischung in die Schüssel geben und mit den Händen gut kneten, bis sich der glatte Teig von der Schüssel löst. Alternativ kann hier auch mit den Knethaken des Rührgeräts gearbeitet werden. Etwas Mehl über den Teig streuen und nochmals durchkneten, dann die Schüssel abdecken und gehen lassen (30 bis 60 Minuten). Dafür am besten einen sanft warmen Ort wählen, zum Beispiel auf der Fußbodenheizung.

In der Zwischenzeit den Backofen vorheizen (180 Grad) und eine Brotkastenform mit Butter einfetten. Den Teig nochmals kurz kneten, dann in die Form geben und gleichmäßig verteilen. Auf mittlerer Schiene backen lassen (35 Minuten), dann auf ein Kuchengitter stürzen und vor dem Verzehr gut auskühlen lassen.

Leinsamenbrötchen

Pro Stück: ca. 466 kcal/1951 kJ | EW 21 g | FT 37 g | KH 1 g
Zutaten: 100 g fein geschroteter Leinsamen | 2 Eier | 40 g zerlassene Butter | 1 TL Weinstein-Backpulver | 1/4 TL Salz | 2 Stück
Zubereitung:
Zunächst den Backofen vorheizen (200 Grad) und Backpapier auf ein Backblech legen.
Eine Schüssel nehmen und alle Zutaten hineingeben. Alles gut miteinander verrühren, am Ende gegebenenfalls mit den Händen kneten. Dann den Teig in zwei Hälften teilen und aus jeder ein Brötchen formen. Dazu die Hände anfeuchten. Die geformten Brötchen schließlich auf das Backpapier geben und im Ofen backen (20 Minuten). Vor dem Verzehr abkühlen.

Rote-Beete-Aufstrich

Pro Glas: ca. 466 kcal/1947 kJ | EW 14 g | FT 35 g | KH 23 g
Zutaten: 1 große Knolle Rote Bete | 1 Schalotte | 2 EL Öl | 100 g Ricotta | 1 TL frisch geriebener Meerrettich (ersatzweise aus dem Glas) 1 TL Flohsamenschalen | Salz | Pfeffer | 1 Glas
Zubereitung:
Zunächst die Rote Beete unter fließendem Wasser gründlich waschen und schälen, dabei würfeln. Da die Rote Beete sehr stark abfärbt, sollte hier zu Handschuhen gegriffen werden. 100 ml Wasser in einen Topf geben und auf dem Herd zum Kochen bringen, dann die Rote Beete zugeben. Auf mittlerer Stufe 30 Minuten kochen, bis die Rote Beete schön weich ist. Ein Sieb über eine Schüssel geben und die Rote Beete darin abgießen.
Nun die Schalotten nehmen, die Schale entfernen und hacken. 1 EL des Öls in eine Pfanne geben und bei mittlerer Stufe erwärmen, dann die Schalotten ins heiße Öl geben. Kurz braten (3 Minuten), dann die Pfanne auf einem Holzbrettchen oder einem Untersetzer zum Abkühlen beiseite stellen. In der Zwischenzeit den Ricotta und den Meerrettich zusammen mit dem restlichen Öl in einen Mixer geben und mixen, bis ein feines Püree entsteht. Dann die Flohsamenschalen zugeben und erneut mixen. Bei Bedarf etwas Kochflüssigkeit einfüllen. Abschließend salzen und pfeffern, nach Belieben mit weiterem Meerrettich verfeinern. In ein steriles Glas füllen und im Kühlschrank lagern (bis 1 Woche).

Vegane Leberwurst aus Räuchertofu und Bohnen

Pro Glas: ca. 826 kcal/3457 kJ | EW 60 g | FT 45 g | KH 46 g
Zutaten: 1 EL abgezupfte Petersilienblätter | 1 rote Zwiebel | 3 EL Öl | 1 Dose Kidneybohnen (240 g Abtropfgewicht) | 200 g Räuchertofu | 2 TL getrockneter Majoran | 1 gestrichener TL geräuchertes Paprikapulver (alternativ 2 Prisen Rauchsalz) | 1 Msp. gemahlener Piment | Salz | Pfeffer | 1 Glas
Zubereitung:
Zunächst die Petersilie waschen, trocken schütteln und anschließend hacken. Die Zwiebel nehmen, die Schale entfernen und ebenfalls hacken. Einen Esslöffel des Öls in eine Pfanne geben und auf mittlerer Stufe erwärmen. Dann die Zwiebeln ins heiße Öl geben und gut braten (4 Minuten). In der Zwischenzeit die Petersilie und das verbliebene Öl in den Mixer geben, die fertig gedünsteten Zwiebeln ebenfalls zugeben. Die Kidneybohnen in einem Sieb spülen und abtropfen lassen. Den Tofu hacken. Tofu, Kidneybohnen und die verbliebenen Zutaten ebenfalls zu den Zwiebeln geben und kräftig mixen, bis ein cremiges Püree entsteht. Je nach Konsistenz mit etwas Wasser verdünnen. Abschließend salzen und pfeffern und in ein steriles Glas füllen. Im Kühlschrank aufbewahren.

Schafskäse-Paprika-Creme

Pro Port.: ca. 144 kcal/603 kJ | EW 2 g | FT 12 g | KH 2 g
Zutaten: 75 g Schafskäse | 2 EL Joghurt | 1 EL Olivenöl | 3 getrocknete Tomaten in Öl | 30 g rote Paprika | Salz | Pfeffer | Thymian | edelsüßes Paprikapulver | 2 Portionen
Zubereitung:
Zunächst den Schafskäse über einem hohen Rührgefäß zu Krümeln verarbeiten. Joghurt und Olivenöl ebenfalls zugeben. Die Tomaten erst waschen, dann schneiden. Die Paprika ebenfalls waschen, dann in zwei Hälften teilen, die Kerne entfernen und klein schneiden. Tomate und Paprika ebenfalls in das Rührgefäß geben und mit dem Pürierstab alles zu einer Creme pürieren (alternativ kann hier auch der Mixer benutzt werden). Salzen und pfeffern und mit Thymian und Paprikapulver nach Geschmack würzen.

Eiweiß-Avocado-Omelett

Pro Port.: ca. 331 kcal/1386 kJ | EW 25 g | FT 23 g | KH 7 g
Zutaten: 600 g Champignons | 4 Tomaten | 4 Frühlingszwiebeln | 2 EL Olivenöl | 1 Avocado | 4 Stängel Basilikum | 12 Eiweiß | Salz | Pfeffer | 200 g Ricotta | 4 Portionen
Zubereitung:
Zunächst den Backofen vorheizen (200 Grad).
Die Champignons mit einer Bürste vorsichtig putzen, dann so schneiden, dass dünne Scheiben entstehen. Die Tomaten unter fließendem Wasser gründlich abspülen, dann in zwei Hälften teilen. Stielansatz und Kerne entfernen und nur das Fruchtfleisch zu Würfeln verarbeiten. Die Frühlingszwiebeln ebenfalls gründlich waschen und trocknen und zu Scheiben schneiden.
Olivenöl in eine ofenfeste Pfanne (zum Beispiel aus Gusseisen) geben und erhitzen, dann die Pilze ins heiße Öl geben. Weich braten. Währenddessen die Avocado nehmen, Schale und Kern entfernen und das Fruchtfleisch so schneiden, dass Scheiben entstehen. Basilikum abbrausen und abtupfen, dann die Blätter entfernen und hacken. Die Eiweiße in eine Schüssel geben und mit dem Rührgerät unter Salzzugabe solange schlagen, bis es steif ist. Basilikum unterheben. Nun Tomaten und Frühlingszwiebeln in die Pfanne geben, mit Salz und Pfeffer würzen und gut umrühren. Ziehen lassen, dann den Eischnee auf das Gemüse in der Pfanne geben. Die Avocadoscheiben in den Eischnee sinken lassen, abschließend den Ricotta zu Bröseln verarbeiten und darüber verteilen. Die Pfanne in den Ofen schieben und backen lassen, bis das Omelette eine goldbraune Färbung annimmt (5 bis 10 Minuten). Auf einen Teller geben und heiß genießen.

Avocado-Salat mit Tomaten

Pro Port.: ca. 340 kcal/ 1424 kJ | EW 3g | FT 34 g | KH 6 g
Zutaten: Für das Dressing: 2 kleine Zwiebeln | 100 ml Rotweinessig | 100 ml Olivenöl | 1 1/2 TL Salz | 1/2 TL Pfeffer
Für den Salat: 2 EL Pinienkerne | 2 Avocados | 1 EL Zitronensaft | 4 Tomaten | 1 kleine rote Zwiebel | 6 Radieschen | ½ Bund frischer Basilikum
Zubereitung:
Zunächst das Dressing zubereiten. Dafür die Zwiebeln erst schälen, dann hacken und in einen Mixer geben. Den Essig ebenfalls zufügen und mixen, bis ein Püree entsteht. Öl, Salz und Pfeffer zugeben und erneut mixen.
Nun den Salat zubereiten. Dafür Pinienkerne in eine Pfanne geben und ohne weitere Zugabe von Fett kurz rösten, dabei stetig rühren. Die Avocados nehmen, Schale und Stein entfernen und das Fruchtfleisch so schneiden, dass Scheiben entstehen. Zitronensaft sofort darüber geben. Dann die Tomaten unter fließendem Wasser gründlich waschen und abtrocknen, dann grob würfeln. Die Zwiebel schälen, in zwei Hälften teilen und so schneiden, dass dünne Ringe entstehen. Radieschen waschen, dann zu Scheiben schneiden.
Eine Schüssel nehmen und die Avocados und das restliche Gemüse hineingeben. Das Dressing darüber gießen und alles gut vermengen. Zum Ziehen beiseite stellen (20 Minuten). In der Zwischenzeit das Basilikum abbrausen und trocken schütteln. Die Blätter entfernen und so schneiden, dass Streifen entstehen. Den Salat anschließend auf tiefen Tellern anrichten und mit Basilikum und Pinienkernen garnieren.

Avocado-Salat mit Hähnchen

Pro Port.: ca. 621 kcal/ 2600 kJ | EW 24 g | FT 50 g | KH 15 g
Zutaten: 2 cm frischer Ingwer | 1 rote Chilischote | 3 EL Kokosöl | 3 Hähnchenbrustfilets (à 130 g) | Salz | 1 EL edelsüßes Paprikapulver | 6 Zweige Thymian | 2 TL Honig | 1 Radicchio | 1 Mango | 1 Avocado | 3 EL frisch gepresster Zitronensaft | frisch gemahlener Pfeffer | 6 EL Olivenöl | 2 EL Sesamsamen | 4 Port.

Zubereitung:

Zunächst den Backofen vorheizen (180 Grad).

Dann den Ingwer nehmen, mit einem Gemüseschäler schälen und so schneiden, dass schmale Scheiben entstehen. Chili waschen und mit einem spitzen Messer an mehreren Stellen einritzen. Das Kokosöl in eine Pfanne geben (ofenfest, hier eignen sich beispielsweise gusseiserne Pfannen) und auf hoher Stufe erhitzen. Das Fleisch von beiden Seiten salzen und mit Paprikapulver bestäuben, dann in das heiße Fett geben. Zusammen mit Ingwer, der eingeritzten Chilischote und Thymian kurz kräftig anbraten, bis das Fleisch eine bräunliche Färbung annimmt (5 Minuten). Nun Honig über das Fleisch geben und die Pfanne dann in den Ofen geben (15 bis 20 Minuten).

Währenddessen den Radicchio nehmen, gründlich abwaschen und grob schneiden. Die Mango mit dem Gemüseschäler schälen, dann das Fruchtfleisch zu Würfeln schneiden. Die Avocado nehmen, Schale und Kern entfernen und das Fruchtfleisch so schneiden, dass Scheiben entstehen. Anschließend direkt 1 EL des Zitronensafts darüber geben. Verbliebenen Zitronensaft in eine kleine Schüssel geben und mit 2 EL Wasser, Salz und Pfeffer, dem verbliebenen Honig sowie Olivenöl gut vermischen. Eine separate Schüssel nehmen, das geschnittene Obst und Gemüse hineingeben und vermengen, dann das Dressing darüber geben. Das gebackene Fleisch klein schneiden und zusammen mit dem Salat auf einem Teller anrichten.

Rote-Beete-Tartar

Pro Port.: ca. 221 kcal/ 925 kJ | EW 2 g | FT 21 g | KH 7 g

Zutaten: 4 Zweige Thymian | 4 Stängel Basilikum | 1 Bund Schnittlauch | 3 EL Olivenöl | 2 EL Limettensaft | 2 EL Apfelessig | 2 Rote Beeten | 4 grüne Mini-Paprika | 6 Pekannüsse | 1 TL frisch geriebener Meerrettich | 2 EL Gartenkresse | 2 Port.

Zubereitung:

Zunächst eine Vinaigrette zubereiten. Dafür die Kräuter unter fließendem Wasser abbrausen und trocken tupfen, dann die Blätter entfernen und in den Mixer geben. Limettensaft, Apfelessig und Olivenöl ebenfalls hinzufügen und mixen, bis ein cremiges Püree entsteht. Alternativ kann hier auch der Pürierstab verwendet werden.

Die Rote Beete schälen und fein schneiden, am besten Würfel. Dabei Küchenhandschuhe tragen. Die Rote-Beete in eine separate Schüssel geben. Die Minipaprika halbieren und die Kerne entfernen, dann abwaschen und so schneiden, dass dünne Streifen entstehen. Die Hälfte des Pürees zur Rote Beete geben und gut verrühren, dann auf zwei Tellern anrichten. Wenn vorhanden, einen Anrichtering verwenden. Die Paprika mit den Pekannüssen, dem Meerrettich und der Kresse darauf verteilen und mit der verbliebenen Vinaigrette garnieren.

Spitzkohlsalat mit Radieschen

Pro Port.: ca. 210 kcal/ 879 kJ | EW 7 g | FT 12 g | KH 15 g

Zutaten: 600 g Spitzkohl | 1 Bund Radieschen | 1 Bund Brunnenkresse | 2 EL Apfelessig | 4 EL Apfelsaft | 3 EL Öl | brauner Zucker | Salz | Pfeffer | 2 EL Sonnenblumenkerne | 2 EL fein geschnittener Schnittlauch | 1 Scheibe Bauernbrot | 1 EL Butter | 4 Port.

Zubereitung:

Zunächst den Spitzkohl verarbeiten. Dazu den Spitzkohl nehmen und die äußersten Blätter abtrennen, dann den Spitzkohl längs halbieren. Den Strunk entfernen. Jede Hälfte nun so schneiden, dass feine Streifen entstehen. Anschließend in eine Schüssel füllen. Radieschen gründlich waschen, dann zu Scheiben schneiden (nicht zu grob) und zum Spitzkohl geben. Die Brunnenkresse abbrausen, vorsichtig trocken schütteln und ebenfalls in die Schüssel geben.

Nun eine separate kleine Schüssel nehmen und Apfelessig mit Apfelsaft und Öl darin vermischen. Etwas Zucker dazu geben, salzen und pfeffern. Anschließend das Dressing über den Salat geben und vorsichtig vermengen. Sonnenblumenkerne in eine Pfanne geben und ohne weitere Zugabe von Fett kurz rösten. Kurz auskühlen lassen, dann zusammen mit dem geschnittenen Schnittlauch zum Salat geben.

Butter in eine Pfanne geben und bei mittlerer Hitze erwärmen, bis sie geschmolzen ist. In der Zwischenzeit das Brot würfeln, dann in das heiße Fett geben. Kurz anbraten und salzen. Den Salat in tiefen Tellern oder Schalen anrichten, mit den Brotwürfeln garnieren.

Selleriesalat mit Meeresfrüchten

Pro Port.: ca. 450 kcal/ 1884 kJ | EW 32 g | FT 27 g | KH 19 g

Zutaten: 350 g Venusmuscheln | 700 g Miesmuscheln | 100 ml Weißwein | Saft von 1 großen Zitrone | Salz | 350 g Tintenfischringe | 175 g geschälte rohe Garnelen | 1 Knoblauchzehe | 1 TL Senf | Pfeffer | 3 EL Olivenöl | 1 Stange Staudensellerie | ½ Bund Petersilie | 4 Port.

Zubereitung:

Zunächst die Muscheln nehmen, waschen und gründlich putzen. Schon offene Muscheln entfernen. Einen Topf mit ½ Liter Wasser füllen und auf den Herd stellen. Weißwein, etwas Salz und 1 EL des Zitronensafts ebenfalls in den Topf geben und alles zum Kochen bringen. Nun die Tintenfischringe hineingeben, einen Deckel auf den Topf legen und bei reduzierter Hitze 2 Minuten kochen. Dann die Tintenfischringe aus dem Topf holen, in einem Sieb abtropfen und schließlich in eine Schüssel geben.

Jetzt die Garnelen in denselben Topf geben und kurz kochen (1 Minute), dann zu den Tintenfischringen füllen. Zum Schluss die Muscheln im Wein-Wasser-Sud kochen (je 3 Minuten), bis sie sich öffnen. Dann den Topf in ein Sieb abgießen, geschlossen gebliebene Muscheln aussortieren und aus den restlichen das Muschelfleisch lösen.

Knoblauch erst schälen, dann hacken. Zusammen mit Senf, Olivenöl und dem verbliebenen Zitronensaft in eine Schüssel geben. Salzen und pfeffern, gut verrühren. Das Dressing über die Meeresfrüchte gießen, verrühren und ziehen lassen (6 Stunden, am besten über Nacht).

Den Staudensellerie nehmen, unter fließendem Wasser gründlich waschen und schneiden, sodass Ringe entstehen. Petersilie abbrausen und trocken tupfen, dann hacken. Sellerie zu den Meeresfrüchten geben und gut vermengen. Den Salat auf einem tiefen Teller oder in einer Schale anrichten und mit Petersilie garnieren.

Fenchelsalat

Pro Port.: ca. 190 kcal/ 795 kJ | EW 5 g | FT 15 g | KH 8 g
Zutaten: 1 Knolle Fenchel | 4 Zweige Dill | 20 g grüne Erbsensprossen | Saft von ½ Orange | 2 EL kaltgepresstes Olivenöl | ½ TL Kokosblütenzucker | Meersalz | Pfeffer | 20 g Pistazien | 2 Port.
Zubereitung:
Zunächst Fenchel, Erbsensprossen und den Dill nehmen. Alles unter fließendem Wasser gut waschen, dann abtrocknen. Den Fenchel längs in zwei Hälften teilen und den Strunk herausschneiden. Mit der Reibe oder dem Hobel zu dünnen Scheiben reiben, dann in eine Schüssel geben. Orangensaft, Zucker und Olivenöl ebenfalls in die Schüssel geben. Mit Meersalz bestreuen und pfeffern, dann gut verrühren. Den Dill abzupfen und hacken. Die Pistazien ebenfalls hacken. Dill, Pistazien und Erbsensprossen nun ebenfalls zum Fenchel geben, gut vermengen und in tiefen Tellern anrichten.

Wurstsalat mediterrane Art

Pro Port.: ca. 407 kcal/ 1704 kJ | EW 18 g | FT 36 g | KH 5 g
Zutaten: Für den Salat: 50 g Fleischwurst am Stück | 30 g Fenchel | 60 g Mozzarella | 8 g getrocknete Tomaten | 6 Kapern | 25 g Radicchio | 10 g Rucola
Für das Dressing: 1 TL Zitronensaft | ¼ TL Dijonsenf | ¼ TL Honig | Salz | Pfeffer | 3 TL Olivenöl | 1 Port.
Zubereitung:
Zunächst die Fleischwurst von der Pelle trennen. Dann einmal längs durchschneiden und so schneiden, dass Scheiben entstehen (nicht zu dick schneiden). Den Fenchel unter fließendem Wasser gründlich waschen, in 4 Stücke teilen und den Strunk entfernen. Dann mit der Reibe oder dem Hobel zu dünnen Scheiben verarbeiten. Den Mozzarella aus der Packung holen, kurz abtropfen und klein schneiden. Die Tomaten zu Würfeln schneiden. Die Kapern in einem Sieb abtropfen lassen, währenddessen Radicchio und Rucola abbrausen, trocken schütteln und klein zupfen.
Eine Schüssel nehmen und das Dressing zubereiten. Dazu den Zitronensaft, den Senf und den Honig in die Schüssel geben. Salzen und pfeffern, gut verrühren. Schließlich das Olivenöl langsam zugießen und erneut vermischen. Wurst, Mozzarella und Gemüse in das Dressing geben und kräftig vermengen. Auf einem tiefen Teller servieren.

Zucchinibällchen an Weißkohlsalat

Pro Port.: 148 kcal/ 620 kJ | EW 7 g | FT 7 g | KH 14 g

Zutaten: 200 g Weißkohl | 1 TL Salz | ½ EL Kokosblütenzucker | 1 EL Apfelessig | 1 EL frisch gepresster Orangensaft | ½ TL Kreuzkümmel | ½ Zucchini | 4 Zweige Zitronenthymian | ½ rote Chilischote | ½ Bund Schnittlauch | 150 g Möhren | 20 g Pinienkerne | 1 EL Kokosmehl | Pfeffer | 2 Port.

Zubereitung:

Zunächst den Weißkohl nehmen und die äußersten Blätter entfernen. Den Weißkohl längs halbieren und den Strunk herausschneiden. Die Hälften nun zu dünnen Streifen schneiden und in eine Schüssel geben. ½ TL des Salzes zusammen mit Kokosblütenzucker, Orangensaft, Kreuzkümmel und Apfelessig ebenfalls in die Schüssel geben und alles kräftig vermischen. Die Schüssel mit einem Tuch abdecken und zum Ziehen beiseite stellen (30 Minuten).

Währenddessen Zucchini, Chili und die Kräuter waschen und trocken tupfen. Die Möhren mit einem Gemüseschäler schälen, anschließend mit der Zucchini in der Reibe zu feinen Raspeln verarbeiten und in eine separate Schüssel geben. Die Chilischote halbieren und die Kerne entfernen, dann eine Hälfte hacken. Pinienkerne ebenfalls hacken. Beides zum geriebenen Gemüse in die Schüssel geben. Kokosmehl, Thymian und das verbliebene Salz darüber streuen und mit den Händen gut kneten. Dann die Masse zu Bällchen formen (10 Stück). Den Schnittlauch waschen, trocken schütteln und klein schneiden.

Zum Schluss den Kohlsalat auf tiefen Tellern anrichte, die Bällchen anschließend darum drapieren. Mit Schnittlauch garnieren.

Aprikosen-Salat mit Avocado und Zucchini-Röllchen am Spieß

Pro Port.: ca. 563 kcal/ 2357 kJ | EW 22g | FT 46 g | KH 16 g
Zutaten: 130 g Mandeln | 1 Zucchini | 1 EL Salz | ½ rote Chilischote | 100 g Babyspinat | 6 Radieschen | 2 Aprikosen | 150 ml Mandelmilch | 3 TL Limettensaft | 1 TL geräuchertes Paprikapulver | 1 Beet Rote-Rettich-Kresse | 40 g gemischte Sprossen | 2 EL kaltgepresstes Olivenöl | Pfeffer | 2 Port.

Zubereitung:

Zunächst die Mandeln in eine Schüssel geben. Wasser dazu füllen, bis die Mandel gut bedeckt sind. Über Nacht quellen lassen.

Am nächsten Tag die Zucchini erst waschen, dann längs so schneiden, dass 12 Scheiben entstehen. Die Scheiben salzen und kurz einwirken lassen (10 Minuten). Währenddessen die Chilischote, den Spinat, die Radieschen und die Aprikosen gründlich waschen und trocken tupfen. Die Chilischote halbieren und die Kerne entfernen. Die Mandeln in ein Sieb geben und gut abtropfen lassen, dann in den Mixer geben. Mandelmilch, 1 TL des Limettensaftes sowie etwas Paprikapulver ebenfalls zufügen und mixen, bis ein feines Püree entsteht. Abschließend die Kresse einstreuen und gut vermischen.

Nun die Aprikosen halbieren und den Kern entfernen, dann das Fruchtfleisch würfeln. Radieschen zu Scheiben verarbeiten. Beides in eine Schüssel geben. Den Babyspinat und die Sprossen ebenfalls zufügen und gut vermischen. Eine separate kleine Schüssel nehmen und Olivenöl, Pfeffer sowie den verbliebenen Limettensaft darin zu einer Vinaigrette vermengen. Über dem Aprikosensalat verteilen.

Jetzt die Zucchinischeiben abwaschen, dann das Mandelpüree darauf verteilen. Jede Scheibe zu einem Röllchen rollen, je drei bis vier Röllchen mit einem Spieß fixieren. Die Spieße zusammen mit dem Salat auf einem großen Teller anrichten.

Brokkoli-Salat mit Rote Beete und Hähnchen

Pro Port.: ca. 522 kcal/ 2186 kJ | EW 54 g | FT 26 g | KH 17 g

Zutaten: 400 g Brokkoli | Salz | 5 EL Olivenöl | 4 Hähnchenbrüste ohne Haut (à ca. 200 g) | Pfeffer | 1 rote Zwiebel | 2 Rote Beete | 100 g Babyspinat | 1 Bund Basilikum | 1 Avocado | 1 Knoblauchzehe | 25 g Walnusshälften | Saft und Schale von 1 unbehandelten Zitrone | ½ TL Honig | ½ TL Dijonsenf | 2 EL Sesamsamen | 4 Port.

Zubereitung:

Den Brokkoli gründlich waschen, dann die Röschen abtrennen. Salzwasser in einen Topf zum Kochen bringen, dann die Röschen hineingeben und kurz kochen (2 Minuten), anschließend in ein Sieb gießen und mit kaltem Wasser abschrecken. Gut abtropfen lassen. Nun eine Pfanne nehmen, 1 EL des Olivenöls hineingeben und erhitzen. Anschließend die Röschen in das heiße Öl legen und von allen Seiten anbraten. Die Röschen herausnehmen und zum Abkühlen beiseite stellen. Das Fleisch nehmen und abspülen, mit etwas Küchenrolle abtrocknen. Beide Seiten mit Salz und Pfeffer bestreuen. Die Zwiebel erst schälen, dann in zwei Hälften schneiden und zu Ringen verarbeiten. Einen EL des Olivenöls in die benutzte Pfanne geben und erhitze, dann das Fleisch hineingeben und rundum anbraten (4 Minuten). Kurz, bevor das Fleisch fertig ist, die Zwiebeln zufügen und kurz mit braten. Das Fleisch dann klein schneiden. Rote Beete erst waschen, dann schälen. Mit der Küchenmaschine oder der Reibe zu Raspeln verarbeiten. Spinat waschen und abtropfen lassen.

Nun die Avocadocreme zubereiten. Dafür das Basilikum abbrausen und abtupfen, dann die Blättchen entfernen und in einen Mixer geben. Die Avocado in zwei Hälften teilen und Kern und Schale entfernen. Das Fruchtfleisch ebenfalls in den Mixer geben. Den Knoblauch schälen und zusammen mit den Walnusshälften, einem EL des Öls, einem EL des Zitronensafts und 3 EL kaltem Wasser zur Avocado füllen. Salzen und pfeffern, dann kräftig mixen, bis ein feines Püree entsteht. Sesamsaat in eine Pfanne geben und kurz rösten.

Eine kleine Schüssel nehmen, den verbliebenen Zitronensaft mit Honig und Senf hineingeben und gut verrühren. Salzen und Pfeffern, dann das verbliebene Olivenöl langsam zugeben. Erneut rühren. Die Brokkoliröschen und den Spinat ins Dressing geben, verrühren und schließlich auf tiefe Teller verteilen. Rote Beete auf dem Salat drapieren und das Fleisch danebenlegen. Etwas Zwiebeln auf das Fleisch streuen. Abschließend mit der Sesamsaat, Zitronenabrieb und der Avocadocreme garnieren.

Mediterraner Walnusssalat

Pro Port.: ca. 294 kcal/ 1231 kJ | EW 8 g | FT 25 g | KH 9 g
Zutaten: 600 g weißer und violetter Spargel | 200 g Tomaten | 1 Bund glatte Petersilie | 100 g Schafskäse | 4 EL Walnussöl | Salz | Pfeffer | 1 Prise Zucker | 4 EL Rapsöl | 2 EL Aceto balsamico | 30 g Walnusshälften | ½ EL Rotweinessig | 4 Port.
Zubereitung:
Zunächst den Spargel mit einem Gemüseschäler schälen, dann die Enden entfernen. Den Spargel kurz abwaschen und mit etwas Küchenrolle trocken tupfen. Dann klein schneiden (ca. 1 cm). Tomaten unter fließendem Wasser waschen und in vier Teile schneiden. Petersilie abbrausen und trocken tupfen, die Blätter entfernen und hacken. Schafskäse würfeln.
Nun eine Pfanne nehmen, 3 EL des Walnussöls hineingeben und auf mittlerer Stufe erhitzen. Den Spargel in das heiße Öl geben und unter Wenden anbraten (5 Minuten), dann salzen, pfeffern und etwas Zucker zugeben. Gut rühren, dann mit 2 EL des Rapsöls und dem Balsamicoessig ablöschen. Kurz aufkochen, dann die Pfanne beiseite stellen.
Jetzt die Vinaigrette zubereiten. Dafür eine Schüssel nehmen und das verbliebene Rapsöl und Walnussöl zusammen mit Rotweinessig darin vermengen. Salzen und pfeffern. Abschließend die Tomatenscheiben auf flachen Tellern drapieren, Petersilie und dann den Spargel darauf legen. Mit dem Schafskäse, der Vinaigrette und den Walnüssen garnieren.

Spargelsalat

Pro Port.: ca. 310 kcal/ 1298 kJ | EW 9 g | FT 28 g | KH 6 g

Zutaten: 500 g weißer Spargel | Salz | 150 g Kirschtomaten | 125 g Mozzarella | 4 Stängel Basilikum | 4 EL Aceto balsamico | 6 EL Olivenöl | Pfeffer | 1 Avocado | 4 Port.

Zubereitung:

Erst den Spargel mit einem Gemüseschäler schälen, dann die Enden entfernen. Salzwasser in einem Topf zum Kochen bringen, dann den Spargel ins kochende Wasser geben und kurz garen. In der Zwischenzeit die Kirschtomaten gründlich abspülen und je nach Größe halbieren oder vierteln. Den Mozzarella so schneiden, dass zarte Scheiben entstehen. Das Basilikum abbrausen und trocken tupfen, dann die Blätter entfernen und fein schneiden. Anschließend in eine kleine Schüssel geben und mit Balsamicoessig und Olivenöl vermenge. Pfeffern und erneut verrühren. Nun die Avocado nehmen und in zwei Hälften teilen, dann Kern und Schale entfernen. So Schneiden, dass Scheiben entstehen. Spargel halbieren. Anschließend den Spargel, den Mozzarella und das Gemüse auf flachen Tellern verteilen, das Basilikumdressing darüber geben und servieren.

Chicorée an Rucola und Feigen

Pro Port.: ca. 308 kcal/ 1290 kJ | EW 3 g | FT 25 g | KH 16 g

Zutaten: 4 Stauden Chicorée | 4 frische Feigen | 7 EL Olivenöl | Salz | schwarzer Pfeffer | 2 Bund Rucola | 2 EL weißer Aceto balsamico | Öl für die Grillschale | 4 Port.

Zubereitung:

Den Chicorée unter fließendem Wasser gründlich waschen, dann längs in zwei Hälften teilen und den Strunk entfernen. Die Feigen der Länge nach in vier Teile schneiden. Eine Alugrillschale nehmen, etwas ölen und anschließend Chicorée und Feigen mit der offenen Fläche nach oben in der Grillschale positionieren. 3 EL des Olivenöls darüber verteilen, dann den Chicorée mit Salz und Pfeffer würzen. In den Kugelgrill geben, den Deckel schließen und 5 bis 8 Minuten grillen.

In der Zwischenzeit den Rucola abbrausen und trocken schütteln. In einer kleinen Schüssel das verbliebene Öl und den Essig vermischen. Mit Salz und Pfeffer würzen und erneut rühren. Den Rucola zum Schluss auf flache Teller verteilen, Chicorée und Feigen darauf anrichten und etwas Dressing darüber geben.

Heringswürfel mit Rote Beete

Pro Port.: ca. 111 kcal/ 465 kJ | EW 5 g | FT 7 g | KH 6 g

Zutaten: 1 Schalotte | 1 Apfel | 120 g Rote Beete (vorgegart) | 1 EL Olivenöl | 1 TL Zitronensaft | 1 TL abgeriebene Schale von 1 unbehandelten Orange | 1 Prise Salz | Pfeffer | 1 Prise Zucker | 200 g Heringsfilets | 3 Zweige Dill | 200 g griechischer Joghurt | 8 Port.

Zubereitung:

Die Schalotten erst schälen, dann zu Würfeln verarbeiten. Den Apfel unter fließendem Wasser abspülen, dann halbieren und das Gehäuse entfernen. Davon eine Hälfte würfeln, die andere so schneiden, dass Spalten entstehen. Die Rote Beete ebenfalls würfeln. Nun eine Schüssel nehmen und Olivenöl, Zitronensaft und Orangenschale hineingeben. Salzen, pfeffern und etwas Zucker zugeben, dann gut verrühren. Die Rote-Beete-Würfel zusammen mit den Apfelwürfeln zum Dressing geben und erneut vermengen.

Jetzt die Heringswürfel zubereiten. Dafür den Fisch würfeln und mit dem gewaschenen und gehackten Dill in eine kleine Schüssel geben. Kräftig vermischen. Abschließend den Salat auf Salatschälchen verteilen, den Joghurt darüber geben und die Heringswürfel als oberste Schicht anrichten. Mit den Apfelspalten am Rand garnieren.

Rezepte für Snacks

Cranberry-Cookies

Pro Stück: ca. 168 kcal/703 kJ | EW 4 g | FT 13 g | KH 8 g
Zutaten: 50 g getrocknete Cranberrys (ohne Zuckerzusatz) | 40 g gemahlene Mandeln | 40 g gehackte Haselnüsse | 2 EL Sahne | 10 g weiche Butter | 1 Ei | Mark von ½ Vanilleschote | 1 TL Weinstein-Backpulver | ca. 40 g Erythtrit | 1 Prise Salz | 6 Stück
Zubereitung:
Zunächst die Cranberrys mit einem scharfen Messer oder in der Küchenmaschine fein hacken, anschließend in eine Schüssel geben. Die übrigen Zutaten ebenfalls zu den Cranberrys geben und kräftig rühren, bis ein cremiger Teig entsteht. Dann zum Ruhen kalt stellen, am besten in den Kühlschrank (30 Minuten). Währenddessen den Ofen vorheizen (180 Grad) und Backpapier auf ein Backblech legen.
Nun den geruhten, kalten Teig mit einem Esslöffel auf das Backpapier löffeln. Dafür am besten den Löffel zuvor etwas anfeuchten. Außerdem zwischen den Cookies genug Platz lassen, da sie beim Backen verlaufen. Das Backblech in den Backofen schieben und auf mittlerer Schiene 12 Minuten backen. Vor dem Verzehr vollständig auskühlen lassen.

Zucchini-Muffins

Pro Stück: ca. 229 kcal/ 959 kJ | EW 11 g | FT 14 g | KH 19 g
Zutaten: 300 g Zucchini (geputzt gewogen) | 200 g Birkenzucker | 100g gemahlene Mandeln | 180 g Mandelmehl | 100 g Butter | 3 Eier | 1 Päckchen Weinstein-Backpulver | 1 TL gemahlener Zimt | 1 EL Rum | Butter oder Papierförmchen für das Muffinblech | Puder-Birkenzucker zum Bestäuben | 12 Stück
Zubereitung:
Zunächst den Backofen vorheizen (200 Grad). Ein Muffinblech mit Butter fetten oder mit Papierförmchen auslegen.
Die Zucchini unter fließendem Wasser waschen und trocknen, dann mit einer Reibe zu raspeln verarbeiten. Wenn die Zucchini sehr viel Flüssigkeit enthält, können die Raspeln mit einem sauberen Baumwolltuch ausgewrungen werden. Alternativ die geraspelte Zucchini im Sieb abtropfen lassen. Anschließend in eine Schüssel geben. Alle verbliebenen Zutaten ebenfalls zufügen und gut verrühren. Dann den Teig auf die Muffinformen verteilen. 20 bis 25 Minuten auf mittlerer Schiene backen, dann mit Puder-Birkenzucker überziehen und vor dem Verzehr gut auskühlen.

Rote-Beete-Schokomuffins

Pro Stück: ca. 144 kcal/ 603 kJ | EW 5 g | FT 11 g | KH 6 g
Zutaten: 260 g vorgegarte, geschälte Rote Beete | 2 Eier | 1 TL Vanillemark | ½ TL gemahlener Zimt | 1 Prise Salz | 3 EL geriebene dunkle Schokolade (85 % Kakaoanteil) | 30 g zerlassene Butter | 60 ml Ahornsirup | 150 g gemahlene Mandeln | 1 TL Weinstein-Backpulver | Butter oder Papierförmchen für das Muffinblech | 12 Stück
Zubereitung:
Zunächst den Backofen vorheizen (180 Grad). Ein Muffinblech mit Butter fetten oder mit Papierförmchen auslegen.
Die rote Beete nehmen und mit einer Reibe oder der Küchenmaschine zu feinen Raspeln verarbeiten. In eine Schüssel geben, Eier, Zimt, Vanillemark und Salz ebenfalls hinzufügen. Alles gut verrühren, dann Butter, Schokolade und Ahornsirup unterheben. In einer kleinen separaten Schüssel das Backpulver mit den gemahlenen Mandeln vermischen und anschließend zur Rote-Beete-Mischung geben. Erneut gut rühren, bis ein glatter Teig entsteht.
Nun den Teig in die Muffinförmchen verteilen und im Ofen 40 Minuten auf mittlerer Schiene backen. Vor dem Verzehr die Muffins gut abkühlen lassen.

Quark-Muffins mit Heidelbeeren

Pro Stück: ca. 83 kcal/ 348 kJ | EW 5 g | FT 5 g | KH 4 g
Zutaten: 50 g Heidelbeeren | 2 Eier | 1 Prise Salz | 250 g Magerquark | 75 g Frischkäse (Doppelrahmstufe) | 2 EL Birkenzucker | 3 EL gemahlene Mandeln | 1 gestrichener TL Weinstein-Backpulver | 2 EL neutrales Eiweißpulver | 1 Spritzer Zitronensaft | 1 EL Sonnenblumenöl | Butter oder Papierförmchen für das Muffinblech | 12 Stück
Zubereitung:
Zunächst den Backofen vorheizen (175 Grad). Ein Muffinblech mit Butter fetten oder mit Papierförmchen auslegen.
Die Beeren unter fließendem Wasser gründlich waschen, dabei schlechte Beeren oder Dreck herauslesen. In einem Sieb gut abtropfen lassen. In der Zwischenzeit die Eier aufschlagen. Dabei Eiweiß und Eigelb trennen, dann das Eiweiß mit dem Rührgerät unter Zugabe von Salz schlagen, bis es steif ist. Das Eigelb dagegen in eine separate Schüssel geben und Quark, Birkenzucker und Frischkäse hinzufügen. Gut rühren, dann Mandeln und Backpulver zusammen mit dem Eiweißpulver, dem Zitronensaft und dem Sonnenblumenöl ebenfalls zufügen. Gründlich glatt rühren. Zum Schluss erst den Eischnee, dann die Heidelbeeren unterheben.

Den Teig auf dem Muffinblech verteilen und in den Ofen schieben. 35 Minuten backen. Vor dem Verzehr vollständig auskühlen lassen.

Sauerkraut-Cracker

Pro Stück: ca. 30 kcal/ 126 kJ | EW 2 g | FT 2 g | KH 1 g

Zutaten: 250 g Leinsamen | 500 g rohes frisches Sauerkraut | 2 TL gemahlener Kümmel | 30–50 Stück

Zubereitung:

Zunächst den Leinsamen im Mixer oder in der Küchenmaschine fein mahlen. Leinsamen umfüllen, dann Sauerkraut und Kümmel in den Mixer geben, mit 350 ml Wasser auffüllen und alles gemeinsam mixen. Dann zum Leinsamen geben und mit der Hand gut kneten, bis ein Teig entsteht. Den Teig zum Ruhen beiseite stellen (1 Stunde).

Anschließend den Teig zwischen zwei Schichten Backpapier legen und ausrollen, bis er nur noch 5 mm dick ist. Das obenliegende Backpapier entfernen und mit der Rückseite eines Messers Furchen in den Teig ziehen. So lassen sich die Cracker später besser zerbrechen.

Das Backpapier mit dem Cracker-Teig nun auf ein Backblech ziehen und in den Ofen schieben. Zunächst bei nicht ganz verschlossener Ofentür 30 Minuten bei 65 Grad Umluft backen, dann auf 50 Grad reduzieren (10 bis 12 Stunden). Das Backpapier entfernen, die halb fertigen Cracker einmal wenden (direkt aufs Blech ohne Backpapier) und erneut 12 bis 14 Stunden bei 50 Grad trocknen.

Die Cracker schmecken super mit einem ballaststoffreichen Low-Carb-Aufstrich wie zum Beispiel dem Haselnuss-Pesto oder dem Jogurt-Hummus und sind ein idealer Snack für Zwischendurch.

Haselnuss-Pesto

Pro Port.: 393 kcal/ 1645 kJ | EW 5 g | FT 41 g | KH 4 g
Zutaten: 1 ½ Bund Petersilie | 8 Basilikumblätter | 100 g Haselnüsse | 1 Knoblauchzehe | 90 ml Olivenöl | 1 EL Haselnussöl | 3 EL frisch geriebener Parmesan | Salz | Pfeffer | reichlich Olivenöl zum Auffüllen des Glases | 4 Port.
Zubereitung:
Zunächst die Kräuter unter fließendem Wasser abbrausen und abtupfen, dann in den Mixer geben. Den Knoblauch schälen und gemeinsam mit den Haselnüssen zu den Kräutern geben. Alles mixen, bis ein feines Püree entsteht. Die Öle langsam zugeben, dann Parmesan, Salz und Pfeffer zufügen. Alles glatt rühren.
Nun ein steriles Glas (beispielsweise durch Auskochen) nehmen und das Pesto hineinfüllen. Olivenöl zugeben, bis das gesamte Pesto bedeckt ist. Dann das Glas luftdicht verschließen. Im Kühlschrank lagern.

Jogurt-Hummus

Pro Port.: 192 kcal/ 804 kJ | EW 8 g | FT 13 g | KH 12 g
Zutaten: 240 g Kichererbsen (aus der Dose) | 1 Knoblauchzehe | 150 g Tahin (Sesampaste) | 2–3 EL frisch gepresster Limettensaft | 200 g Joghurt | Salz | frisch gemahlener schwarzer Pfeffer | 1TL Sesamsamen | 6–8 Port.
Zubereitung:
Die Kichererbsen in ein Sieb geben, gründlich unter dem Wasserhahn spülen und schließlich gut abtropfen. Währenddessen die Knoblauchzehe schälen und mit einer Knoblauchpresse zerdrücken. Knoblauch und Kichererbsen zusammen mit Tahin, dem Joghurt und dem Limettensaft in einen Mixer geben und mixen, bis ein Püree entsteht. Salzen und pfeffern, gründlich rühren. Mit Sesam bestreut genießen.

Fett verbrennen am Bauch – Lernen Sie wie Sie effektiv am Bauch abnehmen

Einleitung

Haben Sie sich schon mal gefragt, warum Sie nicht abnehmen, obwohl Sie die Übungen machen, die Ihnen von selbst ernannte Experten geraten wird?
Die Wahrheit ist: Sie können noch so viele Übungen machen wie Sie wollen, wenn Sie nicht die 3-Faktoren-Regeln einhalten, werden Sie keine Ergebnisse haben. Schlimmer noch: Sie werden durch die Anstrengungen sogar noch mehr essen und zunehmen!
Ich bin als Ernährungsberater und Personaltrainer tätig und kann Ihnen sagen, dass die meisten Bücher da draußen falsche Informationen verbreiten.
Jedes Buch, das Ihnen sagt, dass man gezielt am Bauch Fett verbrennen kann, lügt Sie an!
Das ist nun mal Fakt! Unser Körper nimmt am ganzen Körper unterschiedlich ab, es beginnt von oben nach unten. Ich möchte hier nicht zu sehr ins Detail gehen und komme gleich zum Punkt. Wenn Sie das Training nicht mit einer bestimmten Diät oder besser gesagt Ernährungsweise durchführen, werden Sie nicht abnehmen! Was bedeutet das nun für Sie und was müssen Sie machen, damit Sie erfolgreich abnehmen? Nun, das werden wir alles in meinem Buch klären. Sie bekommen von mir die Übungen, die Ernährungsweise und die Rezepte, die Sie machen müssen, um erfolgreich zu sein! Sie bekommen das Beste aus 3 Welten und können bereits nach 7 Tagen Ergebnisse sehen. Es ist das ultimative Buch zum Thema Abnehmen.

Für wen ist dieses Buch?

Kämpfen Sie auch mit dieser gefürchteten "mittleren Altersspanne" oder mit einem unschönen "Muffin-Top"? Tragen Sie auch zusätzliches Gewicht, das sich immer um den Bauch und um die Hüften ansammelt? Haben Sie Schwierigkeiten, Kleidung zu finden, die passt, weil Ihr Bauch Sie daran hindert, die Schnalle oder den Reißverschluss zu schließen, und Ihre Mitte immer größer und runder wird? Wünschen Sie sich auch einen schlanken schönen Bauch, an dem man leicht die Bauchmuskeln sieht? Wünschen Sie sich eine schmale Taille und einen Traumkörper? Wenn ja, ist dieses Buch genau richtig für Sie! Verschwenden Sie keine Zeit mehr mit Diäten, die nicht auf Ihr hartnäckiges Bauchfett abzielt, und mit keinen langweiligen Sit-ups mehr, die nur Ihren Rücken verletzen oder starke Muskeln um Ihre Bauchgegend aufbauen. Wenn Sie bereit sind, Bauchfett zu verlieren, Ihren Bauch zu straffen und endlich die schmeichelhafte Figur zu haben, die Sie schon immer haben wollten, ***dann ist dieses Buch genau das Richtige für Sie***! Was wird dieses Buch Sie lehren? Es gibt einen Grund, warum Menschen das Wort "hartnäckig" häufig verwenden, wenn Sie über Thema Bauchfett verlieren reden, weil das Fett um die Mitte häufig das am schwersten zu verlierende ist, egal welche Diät oder welche Übungen Sie versuchen. Sie haben sicher bemerkt, dass Ihre Mitte mit der Zeit immer weiterwächst und besonders, wenn Sie das mittlere Alter erreicht haben. Die gute Nachricht ist, dass Sie diese hartnäckigen Kilos und Zentimeter um Ihre Mitte verlieren können und ein schlankes und festes Aussehen schaffen können, wenn Sie ein paar einfache Tipps beim Abendessen und beim Training befolgen. Sie können gezielt Ihre Bauchmuskeln mit einfachen aber effektiven Übungen trainieren, und mit den richtigen Nahrungsmitteln Ihr Fett verlieren, sodass Sie eine wohlgeformte Figur bekommen, die Sie begeistern wird. Sie können unerwünschte Pfunde verlieren, während Sie feste Muskeln aufbauen und Bauch, Taille und sogar Ihren Rücken straffen. In diesem Buch teilen wir Ihnen alles mit, was Sie an Ihrer Ernährung ändern müssen, welche Übungen Sie machen müssen, die effektiver sind als langweilige Sit-ups und Crunches um gezielt Ihr Bauchfett zu verlieren. Weil es ein wenig überwältigend sein kann, sich an all die Tipps und Hinweise zu erinnern, die Sie befolgen müssen, um dieses hartnäckige Bauchfett zu verbrennen und die modellierten Muskeln rund um Ihre Taille zu straffen, werden wir es in 31 einfache Schritte zerlegen. Also, wenn Sie bereit sind, an Ihrer schlanken und durchtrainierten Bauchpartie zu arbeiten, um endlich die starken, schlanken Bauchmuskeln zu bekommen, die Sie wollen, können wir loslegen! ☺

Warum Bauchfett so hartnäckig und so schwer zu verlieren ist

Bevor wir darüber sprechen, wie wir dieses Bauchfett verlieren, wollen wir zuerst darüber sprechen, warum Ihr Körper überhaupt an diesem Fett festhält und warum es so schwer ist, es zu verlieren. Dies kann Ihnen helfen, zu verstehen, warum einige dieser Techniken erfolgreich sein werden und warum bestimmte Diäten oder Bewegungsübungen, die Sie in der Vergangenheit versucht haben, Sie möglicherweise über die Jahre hinweg im Stich gelassen haben.

Warum wird man fett?

Beachten Sie zuerst, wie und warum der Körper überhaupt überschüssiges Fett bekommt. Ihr Körpergewicht ist ein Verhältnis zwischen den Kalorien, die Sie verbrauchen, und den Kalorien, die Sie durch körperliche Aktivität verbrennen. Diese Aktivität umfasst die alltägliche Funktion Ihrer Systeme wie Herzschlag, Lungenatmung und so weiter. Wenn Sie mehr Kalorien aufnehmen, als Sie verbrauchen, werden diese Kalorien umgewandelt und dann von Ihrem Körper als Fett gespeichert. Diese Fettspeicher werden angezapft und wieder zu Energie umgewandelt, wenn Sie nicht genug Kalorien essen, um Ihre Aktivitäten zu unterstützen. Dies mag vermuten, dass es einfach ist, diese Fettreserven zu verbrennen, indem Sie nur ein wenig trainieren oder eine neue Diät befolgen. Aber bedenken Sie, dass der Körper die Glukose aus den Lebensmitteln verwendet, die Sie essen, bevor es diese Fette verbraucht. Der Körper muss auch eine Menge Kalorien verbrennen, bevor Sie einen signifikanten Unterschied sehen können. Das bedeutet nicht, dass Sie hungern sollten, um Gewicht zu verlieren, aber es erklärt, warum es so schwer ist, an Gewicht zu verlieren. Sie können nicht nur ein paar Kalorien hier und da einsparen und erwarten, dass Sie genug an Gewicht verlieren werden.

Warum der Bauch dick ist?

Abnehmen am Bauch ist auch am schwierigsten, weil hier der Körper gezwungen wird, dass meiste an gespeichertem Fett zu halten. Der Bauch ist ein sicherer Ort, um diese zusätzlichen Pfunde zu speichern, ohne die Muskeln unnötig zu belasten. Wenn der Körper überschüssiges Fett um die Beine oder Arme speichern würde, würden Sie bald Muskelermüdung fühlen, jedes Mal, wenn Sie Ihre Arme und Beine benutzten. Die Lagerung von viel Fett am Rücken kann auch das Risiko erhöhen, die Rückenmuskulatur zu verletzen, jeden Mal, wenn Sie aufstehen oder sich auf den Rücken legen. Der Körper verbrennt das meiste Fett von den anderen Stellen, bevor es sich an die Fettspeicher am Bauch wendet, um die Belastung zu verringern, die es auf die Muskeln ausübt, indem es das hinzugefügte Fett speichert. Sie können sehen, dass Ihre Arme, Rückseite, Brüste und sogar Ihr Gesicht schlanker werden, wenn Sie Gewicht verlieren, während Ihr Bauch immer noch ein Problem für Ihre Lieblingsjeans darstellt! Weil der Großteil Ihres gespeicherten Fettes um den Bauch festgehalten wird, merken Sie es nicht, wenn sie sogar am Bauch abgenommen haben. Sie können leicht den Unterschied an Ihren Armen, Beinen, Rückseite und anderen solchen Stellen sehen, wenn Sie anfangen, Kilos zu verbrennen, aber es vielleicht nicht so schnell um den Bauch bemerken. Sie können aber Ihren Bauch messen oder an der Kleidung feststellen, ob Sie am Bauch abgenommen haben. Es ist auch gut, sich regelmäßig zu wiegen, wenn Sie abnehmen und Muskeln aufbauen, aber denken Sie daran, dass ein Körperfett-Indikator ein noch besseres Werkzeug sein kann, um Ihren Fortschritt zu verfolgen. Sie könnten tatsächlich Bauchfett verlieren, während Sie Muskeln aufbauen, also könnte die Waage auch ein schlechter Indikator für Ihren Fortschritt sein.

Den Bauch trainieren

Das Trainieren des Bauches kann auch schwierig sein, da der Körper wahrscheinlich die Rückenmuskeln und Beinmuskeln benutzten wird, wenn Sie trainieren, bevor es die Bauchmuskeln aktiviert. Mit den richtigen Übungen können Sie Ihre Bauchmuskeln trainieren, die effektiver sind, als die alltäglichen Sit-ups, da viele Menschen Sie falsch ausführen, indem sie die Rücken- und Beinmuskeln verwenden. Einfache Übungen, die das körpereigene Gewicht für den Widerstand nutzen und gezielt auf die Bauchmuskulatur zielen, können mit wenigen Wiederholungen und wenig Belastung zu Straffung und zu Formung der Bauchmuskeln führen. Nun, da Sie ein wenig mehr darüber wissen, wie der Körper Fett erzeugt und speichert und warum es so eine Herausforderung ist, es um den Bauch herum zu verlieren, lassen Sie uns anfangen, die besten Wege zu finden, dieses Fett wegzuschmelzen. Wir werden zuerst einige Änderungen an Ihrer Ernährung besprechen, die Ihnen helfen können, Kalorien zu reduzieren, und dann auch einige Nahrungsmittel, die Sie nehmen können, um Ihre Muskelaufbau-Routine zu unterstützen. Diese Nahrungsmittel werden Ihnen auch helfen, leere Kalorien von Ihrer Diät zu streichen und sicherzustellen, dass Sie insgesamt gesünder sind. Dann werden wir ein paar einfache Übungen und alltägliche Aktivitäten machen, die Sie tun können, um die Mitte zu straffen und zu formen. Wir werden sie sorgfältig durchgehen, damit Sie sie richtig ausführen können. In kürzester Zeit haben Sie feste und straffe Bauchmuskeln und eine schlanke und muskulöse Figur.

Tipp 1: Kalorien zählen

Eine sehr wichtige Sache, die Sie tun können, um Bauchfett zu verbrennen, ist es, den Überblick über Ihre Kalorien zu behalten. Da Körperfett aus Kalorien umgewandelt wird, die Sie eingenommen aber nicht verbrannt haben, kann die Reduzierung Ihrer Kalorienaufnahme Ihren Körper in eine eigene Fettverbrennungsmaschine verwandeln. Wenn Sie Ihre Kalorien reduzieren, wird Ihr Körper gezwungen sein, sich für Energie an diese Fettreserven zu wenden. Sie können jedoch nicht erkennen, dass Sie Ihre Kalorien reduzieren müssen, wenn Sie nicht verfolgen, wie viel Sie aufnehmen, und Sie nicht Ihre Kalorien gefährlich reduzieren möchten, sodass Sie verhungern. Den Überblick darüber zu behalten, was Sie essen, wie viel, wie viele Kalorien es enthält und all diese anderen Details, ist ein sehr guter Schritt, um diese Kalorien zu reduzieren, während Sie gesund und sicher bleiben. Kalorien zählen ist nicht so schwer wie Sie vielleicht denken. Sie können sogar eine einfache App auf Ihrem Smartphone verwenden, um Ihre Kalorien im Laufe des Tages zu addieren und diese Zahlen anschließend in einen Kalender oder eine Tabelle zu übertragen. Wenn Sie kein Smartphone haben, verwenden Sie ein einfaches kleines Notizbuch, das Sie in einer Tasche oder Handtasche aufbewahren, und notieren Sie, was Sie den ganzen Tag essen. Jede Nacht addieren Sie diese Kalorien in Ihrem Kalender und Sie werden sehen, wo einige Kürzungen gemacht werden können.

Eine sehr wichtige Anmerkung: Sie müssen ehrlich zu sich selbst sein, wenn Sie verfolgen, was Sie essen und trinken. Oft sind wir nicht ehrlich zu uns selbst und schätzen den Kalorienverbrauch im Laufe des Tages weniger ein, als es tatsächlich ist:

- Wenn Sie einen gehäuften Esslöffel Zucker gegen einen gestrichenen Esslöffel vergleichen, entspricht das wahrscheinlich zwei Esslöffeln Zucker.
- Übersehen Sie nicht kleine Dinge wie Sahne in Ihrem Kaffee, Essig auf Ihrem Salat oder ein Stück Butter, das Sie auf Ihr Gemüse legen. Das Gleiche gilt auch für kleine Stücke von Süßigkeiten, ein paar Erdnüssen, Rosinen oder andere Lebensmittel, die nicht viele Kalorien pro Portion haben. Fügen Sie diese zu Ihrer Kalorienzahl hinzu, auch

wenn Sie vermuten, dass es nicht mehr als 10 oder 20 Kalorien sind, die Sie mit jedem Bissen konsumieren.

- Dosen und verpackte Lebensmittel haben eine Nährwerttabelle. Aber diese sind pro Portion, und es kann zwei oder sogar mehr Portionen pro Packung enthalten. Eine Portion Suppe, die Sie nehmen, hat 200 Kalorien. Die Dose kann aber insgesamt 400 oder mehr Kalorien haben; Stellen Sie sicher, dass Sie die Etiketten lesen und notieren Sie die Portionsgröße und nicht nur die Kalorienzahlen.
- Die einzigen Lebensmittel, die keine Kalorien haben, sind Wasser, Kaffee und Diät-Limonade! Denken Sie nicht, dass Sie andere "Diät"-Lebensmittel mit wenig Zucker oder fettarme Lebensmittel nicht zu Ihren Kalorien zählen brauchen. Sogar Obst, Gemüse und andere solche Lebensmittel sollten enthalten sein, da diese Kalorien sich im Laufe der Zeit summieren können.
- Bleiben Sie ehrlich, was Nahrungsmittel angeht, die nicht genau für Sie portioniert sind, und bleiben Sie auf der Seite der Vorsicht. Als Beispiel, was das bedeutet, wenn Sie ein Fastfood-Mittagessen mit einem Freund haben, überprüfen Sie die Kalorienzahlen bestimmter Lebensmittel auf der Website des Restaurants oder anderswo. Wenn Sie Ihren eigenen Burger essen und dann die letzten Bisse des Burger Ihres Freundes essen, sollten Sie die Kalorien aus Ihrem eigenen Burger notieren, aber sollten auch einige zusätzliche Kalorien zu Ihrer Aufzeichnung hinzufügen, um die Bissen des Essens Ihres Freundes einzuschließen!
- Vergessen Sie nicht das, was Sie trinken, zu Ihrer Kalorienmenge hinzuzufügen, einschließlich Säfte, Tee, aromatisierten Kaffee und Milch.

Sobald Sie beginnen, Kalorien zu zählen, müssen Sie die Kalorien, die Sie verbrauchen, mit einer gesunden Menge für Ihr Geschlecht, Alter und allgemeine körperliche Leistungsfähigkeit vergleichen. Sie können tatsächlich überrascht sein, wie viele Kalorien Sie jeden Tag realistisch verbrauchen und erkennen, dass einige Änderungen vorgenommen werden müssen, um Bauchfett zu reduzieren. Wenn Sie nicht sicher sind, wie Sie die Kalorien selbst reduzieren können, besprechen wir als nächstes einige kleine Schritte, die Sie ergreifen können, um diese Kalorien zu reduzieren und Ihren Körper dazu zu bringen, sich an diese Fettspeicher für Energie zu wenden.

Tipp 2: Streichen Sie den Zucker

Zucker hat überhaupt keinen Nährwert. Es enthält keine Proteine, Vitamine, Spurenelemente, Aminosäuren oder irgendetwas, was Ihr Körper für die allgemeine Gesundheit braucht. Zucker hat in Wahrheit nur "leere Kalorien" und dient nur dazu, Lebensmittel zu süßen. Dies ist der Grund, warum der Nicht-Verzehr von reinem Zucker eine der besten Möglichkeiten ist, um zu sehen, wie das Fett um den Bauchbereich verschwindet. Sobald Sie anfangen, keinen

Zucker mehr zu verzehren bzw. dies drastisch verringern, werden Sie weit weniger Kalorien zu sich nehmen, und Sie können schließlich diese unerwünschten Pfunde verlieren. Diese einfache Änderung bedeuten Kalorien zu reduzieren, ohne sie zählen zu müssen. Achten Sie darauf, wo der meiste Zucker in Ihrer Ernährung ist, damit Sie wissen, wo Sie anfangen können z. B:

- Zucker in Ihrem Kaffee
- Zucker im Müsli
- Zuckerhaltige Limonaden und gesüßte Tees.
- Energy-Drinks
- gefrorene Desserts wie Eis und Milchshakes oder Eiskaffee
- Fruchtsäfte mit Zuckerzusatz
- Plätzchen
- Kuchen
- Schokoriegel und andere Süßigkeiten
- Dosenfrüchte in Fruchtsirup
- in Flaschen abgefüllte Salatdressings
- Müsliriegel
- Frühstücksriegel
- Proteinriegel und –shakes

Um Ihr Bauchfett zu reduzieren, notieren Sie, wie viele davon Sie in Ihrer täglichen Ernährung haben, und entfernen Sie sie vollständig aus Ihrer Ernährung. Betrachten Sie einige Möglichkeiten, um Änderungen an Ihrer Ernährung zu machen, sodass Sie immer noch die Lebensmittel haben, die Sie lieben, aber ohne all diesen zusätzlichen Zucker:

- Versuchen Sie aromatisierte Kaffeebohnen anstatt aromatisierter Kaffeesahne.
- Machen Sie Ihren eigenen Fruchtsaft zuhause, indem Sie gefiltertes Wasser und frisches Obst mischen.
- Ungesüßter Eistee mit frischer Zitrone anstelle von gesüßtem Tee.
- Fügen Sie frisches Obst zu einer zuckerarmen Müslisorte oder zu einer zuckerarmen Joghurtvariante zu Ihrem Frühstück hinzu.
- Entscheiden Sie sich für frisches Obst statt Dosenfrüchte.
- Machen Sie Ihr eigenes Salatdressing, indem Sie Magermilch mit Geschmackspäckchen schlagen oder wechseln Sie zum Dressing aus Essig und Öl.
- Machen Sie sich Studentenfutter mit Erdnüssen, Kokosraspeln und ein paar Rosinen, um den Platz Ihrer Müsliriegel zu ersetzen.

Diese Ersatzstoffe sind alle viel niedriger in ihrem Zuckergehalt und bieten Ihnen immer noch die Nährstoffe, die Sie brauchen und einen Hauch von Süße, den Sie in Ihren Nahrungsmitteln haben wollen.

Tipp 3: Verringern Sie einfache Kohlenhydrate

Es gibt viele Missverständnisse über Kohlenhydrate und wie sie Ihr

Körpergewicht beeinflussen, sowie wann und warum Sie sie entfernen müssen, um insbesondere Bauchfett zu verlieren. Die richtigen Kohlenhydrate in Ihrer Diät können Ihnen tatsächlich helfen, Bauchfett zu verlieren, während das Verringern anderer Kohlenhydrate helfen kann, dieses störrische Fett zu verbrennen. Um zu verstehen, wie und warum Kohlenhydrate zu Reduzierung Ihres Bauchfetts helfen können, schauen wir uns Kohlenhydrate ein bisschen näher als Ganzes an.

Einfache und komplexe Kohlenhydrate

Kohlenhydrate gelten als einfach oder komplex. Komplexe Kohlenhydrate sind aus Vollkorn und haben minimale Verarbeitung, wenn überhaupt. Einfache Kohlenhydrate wurden verarbeitet, um etwas oder den größten Teil dieses Korns zu entfernen. Diese Körner, die verarbeitet werden, oft als weißes Mehl, sodass die häufigsten einfachen Kohlenhydrate Quelle in Ihren Lebensmittel sind, die aus weißem Mehl hergestellt wurden. Dazu gehören Pasta aller Art, Brot, Kekse und Muffins, Kuchen, Kekse, Cracker, Brezeln und andere ähnliche Backwaren und Snacks, Pfannkuchen und Waffeln, Pizzateig und andere solche Lebensmittel.

Warum reduzieren oder entfernen Sie einfache Kohlenhydrate?

Der Grund, warum einfache Kohlenhydrate aus Ihrer Ernährung entfernt werden sollten, ist, dass sie zu einer Form von Zucker im Körper verarbeitet werden. Wenn dieser Zucker nicht in den Blutkreislauf des Körpers aufgenommen und dann für Energie verwendet wird, wird er ein Teil von all dem gespeicherten Körperfett. Das Essen von vielen einfache Kohlenhydrate hilft Ihnen also nicht, Fett zu verlieren. Im Gegenteil, es fügt welches hinzu! Einfache Kohlenhydrate sind auch in der Regel sehr kalorienreich, was bedeutet, dass Sie sehr wenig Nahrung für die Menge an Kalorien bekommen, die Sie essen. Überlegen Sie, wie viele Kalorien in Crackern und Brezeln sowie Brot und Nudeln sind, und beobachten Sie, wie sie leicht zu diesem Bauchfett hinzufügt werden, obwohl sie nicht unbedingt mit viel Zuckerzusatz gemacht werden.

Tipps zum Reduzieren von einfachen Kohlenhydraten

Beim Entfernen von Lebensmitteln, die zu Ihrem Bauchfett beitragen, beginnen Sie mit Pasta, Weißbrot und Backwaren. Dazu gehören Cracker, Brezeln und andere solche Snacks. Beseitigen Sie diese vollständig aus Ihrer Ernährung, und Sie können sehen, wie einige Pfunde und Zentimeter beginnen, zu schmelzen. Alles, was mit einem weißen Mehlteig gemacht wird, sollte typischerweise entfernt werden, einschließlich Pizza, Hamburger- und Hot-Dog-Brötchen und -

Nudeln in der Suppe. Dies sind alles einfache Kohlenhydrate und helfen Ihnen nicht, Bauchfett zu verbrennen!

Tipp 4: Stärkehaltige Nahrung vermeiden

Stärkehaltige Nahrungsmittel sind Kartoffeln, Limabohnen, Reis. Mais und Erbsen. Die Stärke in diesen Lebensmitteln ist eine Form von Kohlenhydraten. also wird es auch als Zucker im Körper abgebaut. Diese Art von Zucker gibt Ihnen nicht viel Energie, wird dazu beitragen, noch mehr Pfunde drauf zu packen, wenn Sie nicht aktiv genug sind, um diesen Zucker zu verbrennen, bevor er in Fett umgewandelt werden kann. Diese Nahrungsmittel wie andere Lebensmittel, die reich an Kohlenhydraten sind, sind auch sehr kalorienreich, sodass Sie nicht viel Nahrung für die Menge an Kalorien bekommen, die Sie konsumieren. Dies ist der Grund, warum Sie stärkehaltige Lebensmittel vermeiden sollten, um das hartnäckige Bauchfett zu schmelzen. Die Herausforderung besteht darin, dass viele Menschen stärkehaltige Nahrungsmittel als Hauptnahrungsmittel ihrer Ernährung haben, Kartoffeln werden oft mittags als Pommes serviert und dann beim Abendessen als Beilage. Bratkartoffeln können auch Teil eines warmen Frühstücks sein. Mais wird oft als Beilage serviert oder zu vielen Mahlzeiten mit Bohnen gemischt oder gemahlen, um Tortillas und andere Brotersatzstoffe herzustellen. Reis ist auch ein Grundnahrungsmittel für viele Menschen und ihre tägliche Ernährung. Hinzufügen von Honig, Zucker und andere solche kalorienreichen Süßstoffe zu Reis machen es auch zu einem sehr ungesunden Gericht, wenn es darum geht, Körperfett zu schmelzen. Wenn Sie eine Liste der stärkehaltigen Nahrungsmittel machen, die Sie während der Woche haben, können Sie sehen, wo einige Schnitte gemacht werden können. Gehen Sie nicht davon aus, dass Kartoffeln beim Abendessen eine wichtige Rolle spielen und wechseln Sie zu Hafer statt Reis. Probieren Sie beim Abendessen andere Gemüsebeilagen wie Brokkoli, Blumenkohl, Spargel oder grüne Bohnen aus. Diese Nahrungsmittel haben wenig bis keine Stärke und helfen Ihnen, sich zu sättigen, sodass Sie Ihren Appetit besser kontrollieren und dieses hartnäckige Bauchfett wegschmelzen können.

Tipp 5: Obst reduzieren

Obst ist sehr gesund, da es viele Vitamine, Spurenelemente und andere Nährstoffe enthält, die Sie brauchen, um gesund zu sein. Die Hydratation von Früchten kann auch dazu führen, dass Sie sich satt fühlen und Ihren süßen Zahn befriedigen, wenn Sie auf reinen Zucker verzichten. Obst ist auch leicht mitzunehmen, wenn Sie einen Snack ins Büro oder anderswo bringen müssen, und ist ein guter Ersatz für Schokoriegel und andere zuckerhaltige Leckereien. Warum reduzieren Sie dann Obst, wenn Sie Bauchfett verlieren möchten? Der Grund ist, dass Früchte eine hohe Konzentration an Zucker haben, die zu Ihrer täglichen Kalorienzahlen beitragen und diese Pfunde um Ihren Bauch erhöhen

können. Während Obst gesünder sein kann als Backwaren, Süßigkeiten und andere Lebensmittel, die ohne all diese Nährstoffe sind, können Sie immer noch zu viel Zucker bekommen, wenn Sie jeden Tag viel Obst essen. Der Schlüssel zum Obst ist in einer gesunden Menge, wie viel Obst Sie jeden Tag haben, und stellen Sie sicher, dass Sie mehr Gemüse statt frisches Obst haben.
Sie möchten auch eine Vielzahl von Früchten, die nicht die höchste Konzentration an Zucker haben, aber immer noch alle diese gesunden Nährstoffe bieten. Früchte mit dem höchsten Zuckergehalt sind Äpfel und Bananen. Aber Früchte mit der niedrigsten Zuckermenge sind Trauben, Melonen und Beeren aller Sorten. Um diesen süßen Zahn zu befriedigen und die benötigten Nährstoffe aus Früchten zu erhalten, reduzieren Sie Ihre Bananen und Äpfel und essen Sie mehr gemischte Beeren, Wassermelonen, Melonen und Trauben. Sie sind tolle Desserts ohne Zusatz von Süßstoffen oder Zucker. Sie können einige Beeren zu einem Protein-Shake hinzufügen und bekommen einen Geschmack von Süße zusammen mit Ihren benötigten Nährstoffen, ohne jeden Tag zu viel Zucker aus Früchten zu haben. Denken Sie auch daran, dass Zucker aus Früchten auch in Fruchtsaft enthalten ist. Selbst wenn dem Saft keinen Zucker hinzugefügt wurde, können Sie eine ganze Reihe von Kalorien und Zucker aus Fruchtsaft allein aufnehmen. Machen Sie Ihren eigenen Saft, indem Sie gefiltertes Wasser und gesunde Beeren mischen, sodass Sie kontrollieren können, wie viel Obst hineingemischt wird und Sie sicherstellen, dass kein Zucker hinzufügt ist. Etwas Zitrone oder Limette mit wenig Zucker, aber sehr lecker, für einen zusätzlichen Geschmack hinzufügen.

Tipp 6: Essen Sie mehr Ballaststoffe

Ein Kaloriendefizit hilft Ihnen, Fett am Bauch zu verbrennen, doch Sie sollten sich auch Gedanken über die Wahl der Nahrungsmittel machen. Einer dieser bestimmten Nahrungsmittel sind Ballaststoffe. Ballaststoffe werden Ihnen wirklich helfen, Gewicht zu verlieren! Es gibt ein paar Gründe, warum Ballaststoffe so wichtig für die Gewichtsabnahme ist. Einer davon ist, dass sie sich im Magen ausbreiten und Sie satt machen. Im Gegenzug werden Sie weniger essen. So können Sie Ihre Kalorien leichter kontrollieren. Die Verdauung von Ballaststoffen dauert sehr lange, sodass Sie zwischen den Mahlzeiten möglicherweise weniger Hunger und Heißhunger haben und auch Ihre tägliche Kalorienzufuhr kontrollieren können. Ballaststoffe binden auch an andere Lebensmittel und helfen, sie abzubauen, sodass sie sich viel leichter durch das Verdauungssystem bewegen. Auch die Wahrscheinlichkeit, dass Sie Blähungen von Nahrungsmitteln mit Ballaststoffen bekommen, sinkt, außerdem wird Ihr Stuhlgang erleichtert. Wenn sich Nahrungsmittel besser durch Ihr Verdauungssystem bewegen können, kann dies auch bedeuten, dass der Körper Glukose und Zucker nicht absorbiert und in Fett umwandelt. Ballaststoffe sind auch nicht so kalorienreich wie andere Lebensmittel, sodass Sie mehr davon essen können, ohne Kalorien zu verbrauchen. Eine Schale mit Haferflocken hat normalerweise viel weniger Kalorien als eine Schüssel mit zuckerhaltigem Getreide!

Wo sind Ballaststoffe enthalten?

Ein Ballaststoff ist ein pflanzliches Produkt und kommt nur in pflanzlichen Lebensmitteln einschließlich Gemüse und Hafer vor. Ganze Körner sind sehr reich an Ballaststoffen, ebenso wie grünes Blattgemüse. Suchen Sie nach einer Vielzahl von Kopfsalaten, Brokkoli, Blumenkohl, Bohnen und Spargel, wenn Sie Ihrer Ernährung Ballaststoffe hinzufügen möchten. Fügen Sie mehr Haferflocken zum Frühstück, Vollkornbrot und viele Salate. Die Schale von Früchten hat normalerweise auch viel Ballaststoffe, also schälen Sie keine Äpfel, essen Sie Orangen mit ihrem Fruchtfleisch anstatt Orangensaft zu trinken, bei dem das Fruchtfleisch entfernt wurde. All diese ballaststoffreichen Lebensmittel können Ihnen helfen, Ihr Essen zu kontrollieren und die Kalorien zu reduzieren, die Sie benötigen, um endlich Bauchfett zu verlieren.

Tipp 7: Trinken Sie reichlich Wasser

Wasser kann eines der besten Dinge sein, die Sie in Ihr System geben, um Bauchfett zu verlieren. Es gibt viele Vorteile für das Trinken von Wasser, wenn es um Ihre allgemeine Gesundheit geht. Ein Vorteil ist, dass Wasser Sie sättigt, sodass Sie weniger essen können. Ein Glas Wasser vor den Mahlzeiten kann bedeuten, dass man weniger essen und sich satt fühlen kann. Es ist sogar so, dass Sie, wenn Sie meinen, Sie wären hungrig, Sie aber vielleicht nur dehydriert sind und der Körper versucht, etwas Flüssigkeit und Hydratation zu bekommen, die durch die Nahrung und nicht nur durch Wasser bereitgestellt wird. Wasser hilft auch bei anderen Lebensmitteln, das Verdauungssystem zu optimieren, sodass Sie weniger Probleme mit der Ausscheidung haben und sich nicht aufgebläht fühlen. Wasser ernährt auch Ihr Blut und erleichtert es dem Körper, das Blut zu zirkulieren. Dies ist notwendig, um den Muskeln die wichtigen Proteine und Aminosäuren zu liefern, die sie brauchen, um stark zu werden. Wenn Sie trainieren, um einen straffen und mageren Bauch zu bekommen, brauchen Sie Wasser, um gesunde Muskeln aufbauen zu können! Trinkwasser hilft auch, dem Körper Bauchfett zu reduzieren, es erleichtert das Aufbrechen der Fettzellen, wenn der Körper Energie benötigt. Es spült auch Giftstoffe aus, wenn Sie urinieren, sodass Sie sich weniger träge und müde fühlen und mehr Energie haben.

Wie Sie mehr Wasser täglich trinken können

Um mehr Wasser trinken zu können, beachten Sie diese praktischen Tipps:

- Planen Sie einen Zeitpunkt, um jeden Tag ein Glas oder ein halbes Glas Wasser zu trinken. Dies könnte zu jeder vollen Stunde sein. Sie können es auch zu einem Teil Ihrer täglichen Routine machen, trinken Sie ein Glas Wasser, nachdem Sie im Büro angekommen sind oder gleich nach dem Mittagessen, direkt nachdem Sie zuhause angekommen sind und direkt nach Ihrem Lieblingsprogramm am

Abend. Wenn Sie sich einen Zeitplan erstellen, ist es wahrscheinlicher, dass Sie weiterhin Wasser trinken.

- Haben Sie immer eine Flasche Wasser bei sich, auch wenn Sie denken, dass Sie kein Wasser trinken werden. Wenn Sie immer eine Flasche bei sich haben, werden Sie es auch trinken, und jeder Schluck hilft!
- Werfen Sie einige Zitronen- oder Limettenscheiben oder ein paar Kirschen oder andere Beeren hinein, wenn das Wasser für Sie etwas langweilig ist. Ein wenig Geschmack kann Wasser schmackhafter machen, und ein paar kleine Stücke von frischem Obst sollten nicht zu viel zu Ihrem täglichen Kaloriengehalt hinzufügen.
- Haben Sie Ihr Wasser in zwei 1-Liter-Flaschen und beenden Sie Ihren Tag erst, wenn Sie das Wasser in beiden Flaschen getrunken haben. Bewahren Sie eine Flasche im Kühlschrank auf, um sie kühl zu halten, und tauschen Sie sie aus, wenn die andere Flasche warm geworden ist. Sie können auch einen Wasserkrug für frisches gefiltertes Wasser verwenden. Füllen Sie ihn nachts auf und lassen Sie ihn im Kühlschrank, gehen Sie nicht am nächsten Tag zu Bett, bis all das Wasser weg ist.

Tipp 8: Mehr Proteine essen

Protein ist wichtig für den Aufbau eines mageren und getönten Bauchs, da Protein ein Muskelbaustein ist. Wenn Sie nicht genug Protein in Ihrer Diät bekommen, können Sie alle Übungen machen, die Sie wollen und immer noch keine kräftigen Muskeln haben. Viele Leute nehmen an, dass Sie nur Protein aus Fleisch und Milchprodukten erhalten, aber das ist nicht wahr. Es gibt eine Menge Protein in bestimmten Gemüsen und Lebensmitteln wie Soja. Auch wenn Proteine wichtig sind, vergessen Sie die zusätzlichen Kalorien nicht, die Sie aus gesättigten Fetten in vielen Tierprodukten erhalten wie z.B. Rindfleisch, Käse, und Butter. Diese Nahrungsmittel sind reich an Protein, aber auch reich an Kalorien.

Entscheiden Sie sich stattdessen für magere Proteinquellen:

- Huhn, Truthahn und Fisch
- Bohnen und vor allem schwarze Bohnen
- Erdnüsse und Erdnussbutter
- Soja-Produkte
- Dunkles Blattgemüse
- Eier
- Hülsenfrüchte

Betrachten Sie die vielen Möglichkeiten und integrieren Sie diese Lebensmittel in Ihre Ernährung ein. Hülsenfrüchte wie Kichererbsen können gemahlen und mit Knoblauch, Zitrone und Olivenöl zu hausgemachtem Hummus vermischt werden. Soja kann Sojamilch und Tofu enthalten, die oft in fleischlosen Aufläufen enthalten sind. Sie können auch eine Nussmilchsorte wie Cashew oder

Mandelmilch anstelle von Milch wählen. Fügen Sie Spinat zu einem Omelett hinzu und Sie haben beides - Eier und dunkles Blattgemüse - auf einem Teller!

Tipp 9: Stretching

Lassen Sie uns zu den Übungen übergehen, die Sie tun können, um Ihren Bauch zu formen und zu stärken. Stretching ist eine sehr einfache Übung und Bewegung, aber sehr vorteilhaft für den Bauch. Je mehr Sie sich dehnen, desto mehr Blut und heilenden Sauerstoff werden Ihre Muskeln erhalten, sodass sie stärker und schlanker werden können. Ohne zu dehnen, können Sie mit Ihren Bauch anstellen was Sie wollen, Ihre Muskeln werden nie mager und straff sein und sehen nicht schön und fest aus. Stretching kann auch dazu beitragen, Ihre Körperhaltung zu verbessern, da Sie eher aufrecht und geradestehen, wenn Ihre Muskeln richtig gestreckt sind. Wenn Muskeln, Knochen und Gelenke nicht gedehnt werden, tendieren sie dazu, sich über sich selbst zu beugen und sich zu verspannen, doch Dehnung verlängert tatsächlich Muskeln und Sehnen. Im Gegenzug werden Sie schlanker aussehen, weil Sie nicht zusammengesackt dastehen.

Streching in der Praxis speziell für den Bauch

Um Ihre Bauchmuskeln zu dehnen, müssen Sie Bewegungen verwenden, die speziell auf die Mitte abzielen. Eine gute Yoga-Pose, die Sie ausprobieren könnten, heißt Kobra-Position:

1. Legen Sie sich auf den Bauch, die Hände neben der Schulter, die Handflächen flach auf dem Boden, als ob Sie einen Liegestütz machen würden.
2. Anstatt jedoch den Oberkörper gerade in die Luft zu heben, krümmen Sie sich nach oben und nach hinten. Beginnen Sie damit, Ihr Gesicht zu heben, dann den Nacken, dann die Schultern, dann den Oberkörper von Ihrer Trainingsmatte und benutzen Sie Ihre Hände für das Gleichgewicht. Stellen Sie sicher, dass der Rücken in umgekehrter C-Form gebogen ist.
3. Sie werden spüren, wie sich Ihre Rückenmuskeln nach innen krümmen, während sich Ihre Bauchmuskeln nach oben und nach außen krümmen. Senken Sie sich wieder auf die Matte, indem Sie sich wieder rückwärts strecken. Senken Sie Ihren Bauch, dann Oberkörper, dann Schultern, dann Nacken, dann Kopf.
4. Nach einer kurzen Ruhepause wiederholen Sie diese Position und halten Sie diese Kurve so lange wie möglich.

Ein weiterer einfacher Schritt ist es, mit den Füßen schulterbreit auseinander zu stehen.

1. Halten Sie Ihr Gleichgewicht und stellen Sie sicher, dass Ihr Gewicht gleichmäßig unterstützt wird, dann schließen Sie Ihre Hände über Ihren Kopf oder legen Sie sie auf die Rückseite Ihrer Hüften.
2. Strecken Sie Ihren gesamten Rücken sanft in eine C-Form und halten Sie Ihre Arme in Ihre Hüften oder erreichen Sie sie hinter sich für eine tiefere Dehnung.
3. Fühlen Sie, wie sich die Bauchmuskeln dehnen. Sanft nach links und dann nach rechts für eine noch tiefere Dehnung. Schwingen Sie nicht in dieser Position, sondern strecken Sie sich langsam und einfach.

Tipp 10: Einfache Beinlifts

Um die Bauchmuskeln zu trainieren und sicherzustellen, dass Sie sie anvisieren, versuchen Sie einen einfachen Beinheber.

1. Legen Sie sich auf die Trainingsmatte, auf den Rücken, mit den Beinen zusammen und ausgestreckt, Arme an der Seite.
2. Heben Sie Ihre Beine nur ein paar Zentimeter vom Boden, halten Sie die Füße zusammen. Legen Sie nicht Ihre Hände auf den Boden, um eine Hebelwirkung zu erzielen, da Sie möchten, dass die Bauchmuskeln die Arbeit tun, um Ihre Beine in der Luft zu halten. Heben Sie die Beine auch nicht mehr als einige Zentimeter an, denn wenn Sie sie in einem Winkel von 45 Grad oder höher halten, werden Sie von den Rücken- und Hüftmuskeln unterstützt und Ihre Bauchmuskeln werden nicht so hart arbeiten. Halte sie einfach nur ein paar Zentimeter hoch, und Sie werden spüren, dass die Bauchmuskeln arbeiten!
3. Sie wollen auch nicht die Beine hoch und runter pumpen, da dies Stress auf den Rücken ausübt, und der Schwung lässt auch nicht zu, dass die Bauchmuskeln richtig arbeiten. Halten Sie einfach die Füße ein wenig vom Boden entfernt, und Sie werden spüren, wie die Bauchmuskeln arbeiten und sich straffen.
4. Legen Sie die Füße wieder auf den Boden, um sie auszuruhen, dann wiederholen Sie diese Übung und halte die Füße so lange wie möglich hoch.

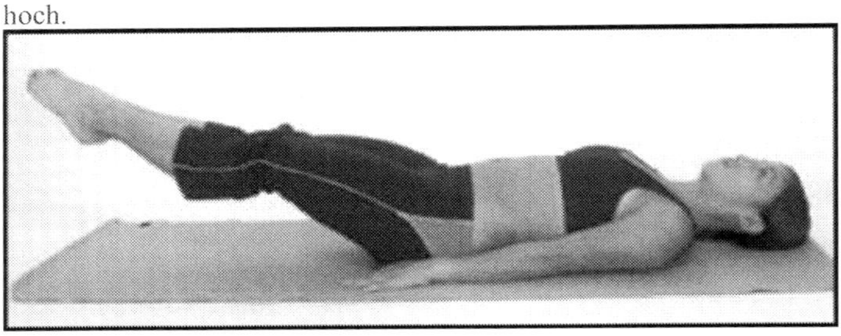

Tipp 11: Die 8-Form

Ein weiterer Schritt, der speziell auf die Bauchmuskeln abzielt, ist die 8-Form.

1. Legen Sie sich auf der Trainingsmatte auf den Rücken und strecken Sie die Beine in die Luft, sodass der Körper einen 90-Grad-Winkel bildet.
2. Halten Sie die Knöchel zusammen und die Arme an den Seiten, damit Sie nicht nachhelfen können. Sie wollen ja, dass Ihre Bauchmuskeln die Arbeit machen.
3. Machen Sie eine 8ter-Form vorsichtig mit den Füßen in die Luft zur Decke hin, ohne Ihre Füße breiter als Ihre Hüften oder tiefer als Ihre Knie zu halten. Halten Sie die Figur 8 fest und kompakt. Machen Sie dies viermal in eine Richtung und dann viermal in die entgegengesetzte Richtung.
4. Senken Sie Ihre Beine auf den Boden und ruhen Sie sich aus, dann kehren Sie zurück und wiederholen Sie diese Bewegung. Achten Sie darauf, dass Sie die Zahl 8 klein halten, da dies die meiste Arbeit für Ihre Bauchmuskeln bedeutet.Ihre Bauchmuskeln sollten angespannt sein, um die Bewegung Ihrer Beine während dieser Übung zu kontrollieren.

Tipp 12: Rollen wie ein Ball

Rollen wie ein Ball ist eine beliebte Pilates-Übung und wirkt sich auf die Bauchmuskeln aus und erhöht das Gleichgewicht. Es kann auch helfen, etwas Fett zu lockern, das Sie vielleicht am Rücken tragen und Ihren Rücken straffen.

1. Setzen Sie sich auf Ihre Trainingsmatte und ziehen Sie die Beine an, die Knie an die Brust.
2. Wickeln Sie Ihre Arme um Ihre Knie und heben Sie dann Ihre Füße gerade über dem Boden. Ihre Bauchmuskeln werden sich anspannen, um Sie im Gleichgewicht zu halten. Diese Übung selbst ist sehr gut für die Arbeit der Bauchmuskeln. Sie können jedoch die Herausforderung, die Sie diesen Muskeln geben, erhöhen, indem Sie sich leicht rollen.
3. Lehnen Sie sich zur Seite und dann nach vorne, zur anderen Seite und zurück, sodass Sie mit dem Körper einen Kreis bilden.
4. Stellen Sie sicher, dass Sie Ihre Füße vom Boden halten und Sie den Kreis sehr klein und eng halten, sodass Ihre Bauchmuskeln hart arbeiten müssen, um sicherzustellen, dass Sie in dieser Position bleiben können. Wenn Sie zu weit nach vorne rollen, kann das bedeuten, dass sich Ihre Rückenmuskulatur anspannt, und wenn Sie zu weit nach hinten rollen, können Sie aus der Position fallen.
5. Wiederholen Sie diesen Kreis so oft wie möglich in einer Richtung und wechseln Sie dann die Richtung.
6. Legen Sie die Füße auf den Boden und ruhen Sie sich aus und wiederholen es dann. Stellen Sie sicher, dass Sie Ihren Rücken aufrecht und entspannt halten, sodass Sie nur Ihre Bauchmuskeln und nicht den Rücken verwenden, um diese Bewegung auszuführen.

Tipp 13: Semi Sit-Ups

Ein Grund dafür, dass Sit-Ups und Crunches ineffektiv sind, besteht darin, dass Menschen sie oft nicht richtig ausführen und durch ihre Bewegung Spannung verlieren, sodass der Bauch nicht wirklich hart arbeitet. Ihre Bauchmuskeln arbeiten am härtesten, wenn Sie Rücken und Schultern vom Boden heben. Danach beginnen die Rücken- und Hüftmuskulatur zu arbeiten, damit Sie Ihre Bewegung beenden können. Um dies zu vermeiden, versuchen Sie die halb Sit-ups.

1. Legen Sie sich dazu auf die Trainingsmatte auf dem Rücken Stellen Sie Ihre Füße unter ein Möbelstück, wenn Sie müssen, oder beugen Sie die Knie und halten Sie Ihre Füße flach auf dem Boden.
2. Legen Sie Ihre Hände hinter Ihren Kopf oder kreuzen Sie Ihre Arme unter Ihrem Nacken und heben Sie Ihren Oberkörper um nur wenige Zentimeter an.
3. Sie sollten jetzt spüren, wie sich Ihre Bauchmuskeln anspannen Halten Sie für ein paar Sekunden die Position und kehren Sie dann zur Matte zurück. Wiederholen Sie diese Bewegung, aber arbeiten Sie langsam, sodass Sie wirklich fokussiert arbeiten und die Bauchmuskeln herausfordern.

Heben Sie Ihren Oberkörper nicht mehr als ein paar Zentimeter vom Boden ab und benutzen Sie nicht Ihre Rückenmuskulatur, um sich in Position zu halten. Sie wollen sich auch nicht in dieser Position krümmen, sondern den Körper direkt von der Matte heben. Curling wird die Rückenmuskulatur arbeiten lassen, aber wenn Sie Ihren Oberkörper gerade halten, treten die Bauchmuskeln ein, um Sie zu unterstützen. Da diese Bewegung die Bauchmuskeln angespannt und gebeugt hält, zielen sie vollständig auf diese Muskeln, sodass Sie ein besseres Training als mit Crunches und Sit-ups bekommen.

Tipp 14: Reverse Sit-Ups

Die Bauchmuskeln können trainiert werden, wenn Sie sitzen, aber sie arbeiten auch hart, um Ihren Körper zu stützen, wenn Sie sich aus einer sitzenden Position zurücklehnen. Um die Muskeln auf diese Weise wirklich herauszufordern, versuchen Sie umgekehrte Sit-ups.

1. Um diese Übung durchzuführen, setzten Sie sich auf die Matte und beugen die Knie, die Füße flach auf dem Boden.
2. Halten Sie die Hände vor sich verschränkt. Spannen Sie die Bauchmuskeln an, während Sie sich langsam wieder auf die Matte legen und fühlen Sie, wie diese Muskeln kämpfen, um Sie ausgeglichen und stark zu halten.
3. Machen Sie es so, als würden Sie gegen den Körper kämpfen, während Sie sich auf die Matte legen, wobei die Bauchmuskeln arbeiten werden, um Sie aufrecht zu halten, während Sie daran arbeiten, sich wieder von der Matte weg zu drücken.
4. Gehen Sie langsam durch diese Bewegung des Zurücklehnens auf die Matte und Ihre Bauchmuskeln arbeiten stärker, damit Ihr Körper nicht zusammenbricht. Versuchen Sie, still zu halten und nicht zu wackeln, gehen Sie aus dieser aufrechten Position flüssig und langsam zurück zur Matte.

Denken Sie daran, die Bauchmuskeln anzuspannen und den Rücken entspannt zu halten, damit die Rückenmuskulatur überhaupt nicht hilft! Sie wollen auch nicht die Beinmuskeln anspannen, da sie auch etwas Gewicht und Anstrengung verteilen, und Sie werden nicht das effektive Bauchtraining bekommen. Wenn Sie es richtig gemacht haben, werden Sie spüren, wie die Bauchmuskeln extra hart arbeiten, um die Bewegung zu bekämpfen, und dies wird Ihnen helfen, sie straff und fest zu halten, besser als ein normales schnelles Sit-Up.

Tipp 15: Reverse Crunch

Eine Variation eines umgekehrten Sit-Ups ist das umgekehrte Crunch. Diese Übung wird ohne einen Stuhl oder einem Sofa gemacht, um Ihre Beine zu halten, aber es ist sehr herausfordernd und kann die Bauchmuskeln schneller aufbauen als die Standard-Crunches.

1. Um die Übung auszuführen, liegen Sie auf dem Rücken auf Ihrer Matte, die Hände hinter Ihrem Kopf oder an Ihren Seiten verschränkt.
2. Heben Sie Ihre Beine an, sodass sie geradeaus in der Luft sind, die Füße zusammen und Ihr Körper einen 90-Grad-Winkel bildet.
3. Als nächstes beugen Sie die Knie leicht, sodass Sie sie zu sich ziehen können. Dann halten Sie mit den Bauchmuskeln Ihren Oberkörper auf der Matte, aber ziehen Sie Ihr hinteres Ende und die Hüften vom Boden, sodass Ihre Knie sich noch mehr auf Sie zu bewegen, Ihre Füße sind immer noch in die Luft gerichtet. Ziehen Sie Ihre Beine nicht zu nahe an Ihrem Körper an, sondern heben Sie nur den Rücken und die Hüften an, sodass sich Ihr Körper leicht zusammenrollt.
4. Wiederholen Sie diese Bewegung langsam und fließend mit den Bauchmuskeln, um Ihre Füße und Beine zu kontrollieren und heben Sie Ihre Hüften von der Matte. Schwingen Sie die Beine nicht hin und her, da dieser Schwung etwas von der Arbeit wegnimmt, die Ihre Bauchmuskeln tun müssen.
5. Konzentrieren Sie sich auf das Anspannen der Bauchmuskeln, um die Beine in Position zu bringen und dann wieder flach auf die Matte zu liegen. Sie möchten auch nicht Ihre Schultern und Ihren Nacken anspannen, da dies zu Muskelzerrungen und Schmerzen führen kann. Isolieren Sie die Bauchmuskeln für diese Bewegung und Sie werden sie effektiver als Standard-Crunches finden.

Tipp 16: V-Crunch

Eine weitere Übung, die einem Crunch ähnelt, aber viel effektiver beim gezielten Trainieren des Bauches ist, ist der V-Crunch. Diese Bewegung kann den Bauch straffen und formen und sogar die Rückenmuskulatur verlängern und dehnen.

1. Um einen V-Crunch zu machen, legen Sie sich auf den Rücken und heben dann die Beine in die Luft, gerade nach oben, sodass der Körper einen 90-Grad-Winkel bildet. Halten Sie Ihre Füße zusammen.
2. Ihre Hände werden bei dieser Übung nicht hinter dem Kopf verschränkt.
3. Halten Sie die Hüften und den Po auf der Matte, heben Sie den Oberkörper und strecken die Arme vor sich, als würden Sie versuchen, Ihre Zehen zu berühren. Ziehe Sie nicht die Beine zurück.

Diese Bewegung zielt besser auf die Bauchmuskeln ab, als bei den normalen Crunches. Wenn Sie Ihre Beine in der Luft halten, werden die Bauchmuskeln härter arbeiten, als wenn Sie Ihre Füße unter einem Möbelstück abstützten würden. Stellen Sie sicher, dass Sie die Bauchmuskeln anspannen, sodass Sie wirklich hart arbeiten und sich nicht mit dem Rücken heben. Den Körper in die richtige Position bringen und dann wieder nach unten krümmen und die ganze Zeit über die Bauchmuskeln anspannen. Wippen Sie nicht oder bewegen Sie sich nicht zu schnell, da eine langsame und stetige Bewegung der beste Weg ist, die Bauchmuskeln herauszufordern.

Tipp 17: Planke

Eine Planke kann sehr einfach aussehen, aber es ist wirklich sehr anstrengend für den gesamten mittleren Bereich des Köpers. Es kann auch helfen, die Beinmuskeln und den Rücken zu straffen und zu formen.

1. Legen Sie sich auf den Bauch.
2. Legen Sie Ihre Ellbogen und Unterarme auf die Matte und heben Sie sich auf, sodass Ihre Ellbogen, Unterarme und Zehen die einzigen Teile von Ihnen auf der Matte sind.
3. Halten Sie Ihren Körper gerade und gestreckt. Während Sie dies tun, dürfen Sie nicht einbrechen oder den Rücken rund machen. Wenn Sie spüren, wie der Rücken zusammenbricht oder sich verbiegt, schieben Sie Ihre Füße zurück oder Ihre Arme etwas nach vorne, sodass sich Ihr Körper in einer langen geraden Linie befindet.
4. Halten Sie auch Ihren Kopf in einer geraden Linie, schauen Sie auf den Boden, da dies die Nackenmuskulatur entlastet.
5. Spannen Sie die Bauchmuskeln an, damit sie hart arbeiten, um Sie in dieser Position zu halten.
6. Weil die Ellbogen und Zehen die einzigen Körperteile sind, die Ihr Körpergewicht halten, werden die Bauchmuskeln alles versuchen, Sie zu halten. Halten Sie diese Position so lange wie möglich, bevor Sie zur Matte zurückkehren, um sich auszuruhen. Anschließend wiederholen Sie die Übung.

Tipp 18: Crunchen am Ball

Ein Übungsball gibt Ihnen eine Reihe von Möglichkeiten, Ihre Bauchmuskeln zu trainieren. Die Bauchmuskeln werden effektiver trainiert, wenn Sie einen Gymnastikball benutzen, da Ihre Muskeln hart arbeiten, um Sie auf dem Ball aufrecht zu halten. Die gleiche Übung, die Sie auf dem Boden gemacht haben, kann an Schwierigkeit dazu gewinnen, indem Sie einfach einen Gymnastikball nehmen!

1. Setzen Sie sich an den Rand des Balles, die Füße flach auf dem Boden, die Beine etwas breiter als die Schulterbreite, die Finger hinter dem Kopf verschränkt.
2. Beginnen Sie, indem Sie sich auf den Ball zurücklehnen und dann in einem sitzenden Crunch vorwärtsbewegen. Stellen Sie sicher, dass Sie die Bauchmuskeln anspannen, sodass der Rücken nicht überlastet wird, und halten Sie Ihre Füße auf dem Boden, damit der Ball nicht hinter Ihnen herausrollt oder mit Ihnen rollt.
3. Halten Sie den Oberkörper gerade, damit die Bauchmuskeln die Arbeit machen. Schaukeln Sie nicht hin und her, sondern führen Sie die Übung langsam und in einer fließenden Bewegung aus, sodass die Bauchmuskeln immer angespannt sind.

Sie müssen diese Übung vielleicht ein paar Mal versuchen, damit Sie ausgeglichen bleiben und sich daran gewöhnen.

Tipp 19: Ball rollen

Diese Übung ist etwas schwieriger als die anderen, aber sie ist gut für die Ausrichtung der Bauchmuskeln und macht sie gestrafft und fest.

1. Um in die richtige Position zu kommen, legen Sie sich auf den Ball mittig unter dem Bauch, die Füße flach auf dem Boden.
2. Rollen Sie Ihren Körper vorwärts auf den Ball, sodass Sie den Boden mit Ihren Händen vor sich erreichen können, Ihre Handflächen flach auf dem Boden, und bringen Sie Ihre Beine auf den Ball.
3. Gehen Sie entweder mit beiden Händen vorwärts oder, wenn Ihre Bauchmuskeln bereits so weit entwickelt sind, dass Sie den Übungsball bewegen können, bewegen Sie sich rückwärts mit den Beinen. Heben Sie nicht Ihre Hände, da sie auf dem Boden bleiben müssen, während Sie diese Bewegung ausführen.
4. Sobald Sie in dieser Position sind, halten Sie Ihre Hände flach auf dem Boden, benutzen Sie Ihre Beine, um den Ball vorwärts zu rollen.Die Bauchmuskeln werden arbeiten, um Sie ausgeglichen und sicher zu halten, während Sie den Ball mit den Knöcheln hin und her bewegen. Seien Sie sehr vorsichtig, da Sie leicht vom Ball herunterfallen können. Wenn Sie jedoch es einmal gelernt haben, wie es für Sie funktioniert, werden Sie spüren, wie Ihre Bauchmuskeln, Beine und Rückseite hart arbeiten.

Tipp 20: Hantel Front Squat

Kniebeugen sollen die Rückseite einschließlich den Po, die Schenkel und der oberen Beine aufbauen. Wenn Sie eine Kniebeuge ausführen, drücken Sie mit den Muskeln in den Beinen und mit den Gesäßmuskeln nach oben. Wenn Sie auf die Schultern ein Gewicht aufladen, entweder als freie Gewichte, die Sie in Ihren Händen halten, oder als Kurzhantel, die Sie hinter Ihrem Nacken und auf Ihren Schultern halten, kann dies eine größere Herausforderung darstellen. Während Standard-Kniebeugen dazu gedacht sind, die Rückseite zu trainieren, werden bei den Front Squats die Bauchmuskeln sowie die Gesäßmuskeln und die Beine trainiert.

1. Benutzen Sie eine Kurzhantel mit oder ohne Gewichte und halten Sie es vor Ihren Schultern, balanciert über dem oberen Teil der Brust, unter dem Nacken.
2. Machen Sie jetzt eine gerade Beuge nach unten bis Sie einen 90-Grad-Winkel erreichen.
3. Halten Sie sich ein paar Sekunden und drücken sich dann wieder nach oben.
4. Achten Sie bei Kurzhanteln darauf, dass Sie Ihren Rücken gerade halten, nicht nach vorne gebeugt und sie nicht mit dem Rücken angehoben werden. Sie müssen mit den Beinen und dem Rücken nach oben drücken und die Fersen statt die Zehen benutzten.

Wenn Sie eine Kniebeuge machen, spannen Sie Ihre Bauchmuskeln an. Spüren Sie, wie der Bauch arbeitet, um den Körper in Position zu bringen. Dies wird Ihre gesamte Mittelzone und Rückseite für einen schlanken, wohl geformten Lock trainieren.

Tipp 21: Knieheben

Kienheben ist wie Crunches, aber sie können leichter für diejenigen mit Rückenproblemen sein. In dieser Übung crunchen Sie mit dem unteren Körper und nicht mit dem Oberkörper.

1. Legen Sie sich auf den Boden, Beine direkt vor sich, Füße zusammen.
2. Crunchen Sie nach vorne, sodass Ihr Rücken einen 45-Grad-Winkel bildet, und legen Sie Ihre Hände hinter den Kopf, um sich selbst zu unterstützen.
3. Ziehen Sie die Beine von der Matte hoch und beugen gleichzeitig die Knie nach außen. Halten Sie Ihre Füße zusammen und berühren Sie sich an den Seiten, aber lassen Sie Ihre Knie leicht nach außen fallen, bis sie nur schulterbreit auseinander sind.

Beachten Sie, dass Ihre Füße auch angehoben werden sollten. Sie werden spüren, dass Ihre Bauchmuskeln arbeiten, um Sie ausgeglichen und aufrecht zu halten. Sie können Ihre Beine in dieser Position für einige Sekunden halten, Ihre Knie nach außen und Füße zusammen, um das Level zu erhöhen. Schieben Sie die Beine nach unten, bringen Sie die Knie wieder zusammen und wiederholen die Übung.

Tipp 22: Hängendes Knieheben

Eine Variante des Kniehebens, die herausfordernder ist und die etwas mehr Ausrüstung erfordert, ist hängendes Knieheben. Sie brauchen eine Klimmzugstange für diese Übung.

1. Hängen Sie sich an die Stange.
2. Ziehen Sie jetzt die Beine an, entweder bis zur Hüfte oder die Knie zur Brust und halten es für paar Sekunden. Hier können Sie auch die Beine direkt vor sich ausstrecken. Beide Positionen sind sehr anspruchsvoll und erfordern, dass die Bauchmuskeln Ihren Körper aufrecht halten.

Diese Übung ist schwieriger, als Sie vielleicht angenommen haben und erfordert ein wenig Übung, um die Beine nach oben oder vor sich ziehen zu können. Und Sie brauchen genug Armkraft, um sich an der Stange hängen zu lassen. Im Fitnessstudio finden Sie möglicherweise ein Gerät, das eher wie ein Ständer als eine Klimmzugstange funktioniert. Dieser Stand wird auf beiden Seiten Balken haben, auf denen Sie Ihre Arme abstützen können. Sie steigen auf den Ständer, legen die Füße auf eine Stufe und die Arme auf die Gitterstäbe, und dann heben Sie die Beine an zur Brust oder vor sich. Wenn Sie das hängendes Knieheben an der Stange als zu schwierig empfinden, probieren Sie diese Ausrüstung zuerst aus, bis Sie genug Kraft und Koordination entwickelt haben, um sich an der Stange lange genug fest zu halten.

Tipp 23: Seitenbeugen für den Bauch

Um einen schönen Bauch zu bekommen, sollten Sie auch die seitlichen Bauchmuskeln trainieren. Diese Übung sorgt dafür, dass Sie eine schmale Taille bekommen, die gewünschte Sanduhrform. Dies Übung sieht einfach aus und es ist sicherlich auch leicht zu machen, aber es ist auch eine große Herausforderung für Ihre Bauchmuskeln.

1. Um Seitenbeugen zu machen, stehen Sie gerade, die Beine nur schulterbreit auseinander.
2. Halten Sie in jeder Hand ein freies Gewicht. Die Menge an Gewicht sollte herausfordernd aber überschaubar sein.
3. Nun geigen Sie Ihren Körper langsam nach links, soweit Sie können.
4. Halten Sie dabei das Gewicht nah an Ihren Körper.
5. Kehren Sie jetzt in die Ausgangsposition zurück und wiederholen es auf der rechten Seite.

Gehen Sie sehr langsam vor und hüpfen oder wippen Sie nicht auf und ab, sondern lassen Sie die Muskeln langsam und effektiv durch die Bewegung arbeiten.

Tipp 24: Russischer Twist

Eine weitere Übung, die die Seiten der Taille bearbeitet, aber ein wenig herausfordernder ist, nennt man „Russischer Twist". Für diese Übung brauchen Sie einen Medizinball, also einen gewichteten Ball in der Größe eines Volleyballs. Stellen Sie sicher, dass es ein gewichteter Ball ist. Ein Basketball oder Volleyball wird nicht funktionieren.

1. Setzen Sie sich auf den Boden, Beine geradeaus, Füße zusammen.
2. Halten Sie den Ball in Ihren Händen und heben Sie dann Ihre Füße vom Boden hoch, die Knie leicht gebeugt.
3. Nun drehen Sie sich um die Hüfte, halten den Ball vor sich und berühren dann den Boden an einer Seite von sich.
4. Jetzt drehen Sie sich auf die andere Seite und wiederholen das Ganze. Achten Sie darauf, dass Sie sich sanft drehen und nicht durch die Bewegung hin und her springen oder pulsieren, da dies nur die Muskeln reizt. Ihre Bauchmuskeln werden hart arbeiten, um Ihre Beine zu balancieren. Die seitlichen Muskeln werden ebenfalls trainiert! Für eine sehr anspruchsvolle Variante machen Sie diese Bewegung mit einem Freund, Rücken an Rücken sitzend. Wenn Sie sich zur Seite drehen, dreht sich Ihr Freund auch zur Seite und Sie geben ihm den Ball. Wiederholen Sie diese Drehung für eine Zählung von acht oder zehn und beginnen Sie dann auf der anderen Seite. Sie müssen sich tiefer drehen, um die Hände Ihres Freundes zu erreichen, dadurch wird die Übung sehr effektiv für die Bauchmuskeln.

Tipp 25: Fahrrad Crunch

Mit dem „Fahrrad Crunch" werden die kompletten Bauchmuskeln trainiert. Es hilft auch, die Durchblutung in Gang zu bringen und Ihre Beinmuskeln für eine bessere Körperhaltung und bessere Gesamtkraft zu dehnen.

1. Um diese Bewegung auszuführen, legen Sie sich mit ausgestreckten Beinen, Hände hinter dem Kopf verschränkt, auf die Matte.
2. Heben Sie den Oberkörper halb, nicht höher als einen 45-Grad-Winkel, dann heben Sie auch beide Beine an, sodass die Füße nur leicht vom Boden entfernt sind.
3. Ziehen Sie das linkes Knie nah an die Brust und drehe es, sodass Sie dieses Knie mit dem rechten Ellenbogen berühren.
4. Führen Sie die Übung in einer fließenden Bewegung aus, ohne Ihren Rücken oder Ihre Beine auf die Matte zu senken, das linke Bein gerade und biegen Sie das rechte Knie ein, indem Sie sich in diese Richtung drehen, sodass Ihr linker Ellbogen das rechte Knie berührt.

Sie sollten Ihre Beine in einer etwas kreisförmigen Bewegung bewegen, wie beim Fahrradfahren. Wippen Sie Ihren Oberkörper nicht vor und zurück, sondern halten Sie ihn an einer Stelle und drehen Sie ihn sehr sanft, während Sie mit dem gegenüberliegenden Ellbogen jedes Knie berühren. Ihre Bauchmuskeln werden hart arbeiten, um Sie in Position zu halten und die Beine in Bewegung zu halten.

Tipp 26: Scherenlift

Um die Beine von Ihrer Trainingsmatte abzuheben, müssen Ihre Bauchmuskeln hart arbeiten. Wenn Sie sich flach auf dem Rücken legen, können Sie diese einfache Bewegung für eine noch größere Herausforderung modifizieren. Ein Scherenlift ist sehr effektiv und einfach.

1. Heben Sie Ihre Beine gerade genug vom Boden ab, um Ihre Bauchmuskeln zu spüren.
2. Als nächstes breiten Sie Ihre Beine leicht nach außen aus und bringen Sie sie dann wieder in die Mitte zurück, sodass sie sich kreuzen.

Wenn Sie diese Bewegung ausführen, stellen Sie sicher, dass Ihre Beine nicht höher als in einem 45-Grad-Winkel sind, sodass Ihre Bauchmuskeln Sie ruhig halten. Bewegen Sie sich langsam und stetig, damit die Muskeln hart arbeiten und Sie nicht wippen. Öffnen Sie Ihre Beine nicht zu weit, sondern nur bis hinter den Hüften. Sie können diese Bewegung variieren, indem Sie jedes Bein etwas höher heben, während Sie das andere Bein etwas gesenkt halten, sodass Sie die Scherenbewegung nach oben und unten und nicht nach links und rechts ausführen können.

Tipp 27: Seitenplanken

Seitenplanken ist etwas schwierig, aber sehr effektiv für Ihren gesamten Bauch einschließlich des Rückens.

1. Legen Sie sich auf die Matte, den Arm unter sich.
2. Heben Sie sich auf Ihren Arm und heben Sie gleichzeitig Ihre Beine an, sodass nur Ihr Arm und ein Fuß die Matte berühren. Halten Sie Ihre Beine zusammen. Ihre Bauchmuskeln arbeiten sehr hart, um Sie in dieser Position zu unterstützen, und Sie können es für einige Sekunden halten, um ein gutes Training bekommen.

Wenn Sie eine Herausforderung hinzufügen möchten, verwenden Sie ein freies Gewicht in Ihrer offenen Hand und heben Sie es direkt vor Ihnen an. Ziehen Sie die Bauchmuskeln ein, damit sie gebeugt und angespannt bleiben. Sie können das Gewicht auch in die Luft heben und an die Decke richten. Dies wird Ihr Gleichgewicht herausfordern und helfen, Ihre Mitte zu straffen und zu festigen.

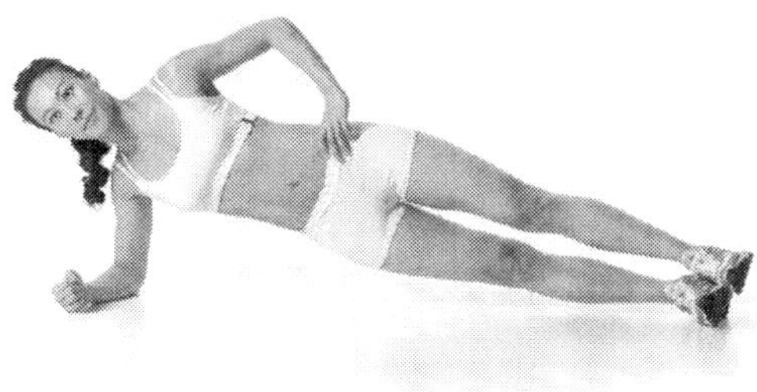

Tipp 28: Vorwärtsbiegungen

Diese Übung kann helfen, die Bauchmuskeln zu trainieren und den Rücken und die Hüften zu strecken, wodurch ein schlankes und straffes Aussehen sowie eine starke Mittelsektion entstehen. Die Bauchmuskeln werden Sie unterstützen, während Sie sich vorwärtsbewegen, aber vor allem, wenn Sie sich aufrichten.

1. Um diese einfache aber herausfordernde Bewegung auszuführen, stehen Sie mit Ihren Füßen ein wenig breiter als schulterbreit auseinander, Arme ausgestreckt zu Ihren Seiten, sodass Ihr Körper eine T-Form bildet.
2. Als nächstes drehen Sie sich um die Taille und beugen Sie sich nach rechts, sodass Sie mit der linken Hand den Boden berühren, der gerade außerhalb Ihres rechten Fußes liegt. Beugen Sie nicht die Arme oder das Knie, sondern lassen Sie die Bauchmuskeln die ganze Arbeit machen.
3. Stehen Sie auf und wiederholen es auf der gegenüberliegenden Seite.

Achten Sie dabei sehr genau auf Ihre Haltung, denn wenn Sie den Rücken gerade halten, wird sichergestellt, dass die Bauchmuskeln die Arbeit machen und Sie Ihre Rückenmuskulatur nicht belasten.

Tipp 29: Gummibänder-Training

Trainieren mit Gummibändern kann Ihnen zusätzlichen Widerstand geben, sodass Sie Ihre Bauchmuskeln trainieren können und einen schlanken Look bekommen. Bänder sind leicht mitzunehmen, wenn Sie unterwegs sind und können einfach verstaut werden. Sie sind also eine gute Wahl, um unterwegs fit zu bleiben und für diejenigen, die in einer Wohnung oder einem kleinen Haus leben und keinen Platz für übergroße Ausrüstungen oder freie Gewichte haben. Für das effektivste Bauchmuskeltraining mit Bändern, wählen Sie eins mit dem höchsten Widerstand aus.

1. Haken Sie sie an einen Türknauf oder etwas anderes, das Sie sicher hält. Halten Sie die Bänder, wenn Sie in Position gehen, um Sit-ups oder Crunches zu machen, und ziehen Sie an den Bändern, während Sie sich bewegen. Dieser Widerstand, den die Bänder bieten, wird helfen, die Bauchmuskeln zu formen.
2. Gehen Sie sehr langsam mit der Bewegung und drehen Sie sich nicht zu weit, da Sie den Widerstand nicht verlieren möchten, sondern Ihre Bauchmuskeln durchgängig angespannt halten wollen, um sich ein gutes Training zu ermöglichen.

Tipp 30: Die Hundert

Die Hundert ist eine weitere beliebte Pilates-Übung. Sie straffen und formen Ihre Bauchmuskeln und den Bauchbereich, indem Sie sicherstellen, dass Sie eine Position lang genug halten können. Es klingt vielleicht einfach, aber es ist wirklich sehr herausfordernd.

1. Legen Sie sich auf den Rücken, die Beine im 45-Grad-Winkel angehoben, die Arme an den Seiten.
2. Heben Sie Ihren Oberkörper nach vorne, halten Sie ihn gerade, sodass Ihre Schultern gerade so über dem Boden sind. Sie werden spüren, dass Ihre Bauchmuskeln sich anspannen, um diese Position zu halten. Heben Sie sich nicht so weit, dass Sie den Widerstand in den Bauchmuskeln verlieren, sondern dass Sie nur ein paar Zentimeter über dem Boden bleiben.
3. Während Sie in dieser Position bleiben, bewegen Sie die Arme nur leicht nach oben und unten, machen Sie dies einhundert Mal.

Die Arme sollten nicht viel höher als der Körper sein, da Sie nur die Arme vom Boden fernhalten sollen. Wenn diese Übung zu herausfordernd erscheint, legen Sie die Beine hoch, die Knie gebeugt, die Füße flach auf dem Boden, da dies den Druck von den Bauchmuskeln verringert. Rollen Sie Ihren Oberkörper sanft zurück auf die Matte und ruhen Sie sich aus, bevor Sie die Übung wiedeholen!

Tipp 31: Reverse Sit-Ups

Für ein sehr anspruchsvolles Training für die Bauchmuskeln sollten Sie unbedingt die umgekehrten Sit-Up machen. Diese Bewegung bewirkt, dass Ihr Körper sehr hart arbeitet, um Sie davor zu bewahren, nach hinten zu fallen, und es ist eine großartige Übung, um Fett zu verbrennen und Ihre Mitte zu formen.

1. Beginnen Sie damit, auf Ihrer Trainingsmatte zu sitzen, die Beine vor sich, die Füße nur leicht auseinander gestellt.
2. Verschränken Sie die Hände hinter dem Kopf.
3. Lehnen Sie sich zurück, indem Sie sich an den Hüften beugen und bewegen Sie sich dann weiter nach hinten, bis Ihr Oberkörper schließlich auf der Matte ist und Sie sich vollständig zurücklehnen.
4. Beugen Sie nicht den Rücken, sondern halten Sie Ihren Oberkörper gerade. Ihre Bauchmuskeln werden während der ganzen Bewegung hart arbeiten, um Sie aufrecht und ausgeglichen zu halten.
5. Da diese Bewegung am besten funktioniert, wenn Sie sich rückwärts und nicht vorwärtsbewegen, können Sie sich selbst wieder in eine sitzende Position bringen, indem Sie sich mit den Händen vom Boden aufdrücken. Legen Sie die Hände hinter Ihren Kopf zurück, wenn Sie bereit sind, die Bewegung zu wiederholen, und bewegen Sie sich langsam, sodass Sie die Bauchmuskeln in Bewegung halten.

Bonus: VIDEOKURS

Um Zugang zum online Videokurs zu bekommen, müssen Sie sich unter **https://goo.gl/sZaKqM** anmelden.
Nach der erfolgreichen Anmeldung haben Sie Zugang zum Kurs.
Wichtig: Schauen Sie sich die Videos über dem PC an, falls es mit dem Smartphone nicht klappt.

1. Auflage

Kontakt: thebooks.amz@gmail.com
Covergestaltung: Fiver
Coverfoto: depositphotos.com

Printed in Germany
by Amazon Distribution
GmbH, Leipzig

16622643R00179